D1703766

Otto Neumaier (Hg.)

FEHLER IN WISSENSCHAFT UND KUNST

ARTES LIBERALES

Beiträge zum Verständnis
von Wissenschaft und Kunst

hg. von

Wolfgang Gratzer und Otto Neumaier

Band 1

Otto Neumaier (Hg.)

FEHLER IN WISSENSCHAFT UND KUNST

Bibliopolis

Gedruckt mit Unterstützung
des Bundesministeriums für Wissenschaft und Forschung, Wien,
des Schwerpunkts »Wissenschaft und Kunst« der Paris-Lodron-Universität Salzburg,
Programmbereich Arts & Humanities,
und des Instituts für Spielforschung an der Universität Mozarteum Salzburg

Abbildung auf der Umschlagvorderseite:
W. Turner, »Hero und Leander« (1. Fassung), Öl auf Leinwand, 58 x 60 cm,
um 1828, Ausschnitt (Aufnahme: Staatsgalerie Stuttgart)
Vgl. dazu den Aufsatz von Andreas Hillert auf den Seiten 113–164 des vorliegenden Bandes

Impressum
Gesamtherstellung: Druckhaus Thomas Müntzer, 99941 Bad Langensalza

INHALT

Vorwort   7

Otto NEUMAIER
   Vom Umgang mit Fehlern in Wissenschaft und Kunst   9

Andreas HILLERT
   Anmerkungen zur sozialmedizinischen Begutachtung von Menschen
   mit psychischen und psychosomatischen Erkrankungen, oder:
   Können sozialmedizinische Gutachten »richtig« sein?   15

Peter Daniel MOSER
   »Wir sind eine moralisch höhere Spezies«. Ein Versuch über den größten
   anzunehmenden Fehler von Wissenschaftlern   39

Christoph LANDERER
   Die Fehler der Kopisten. Vorbemerkungen zu einer kognitiven Theorie
   mittelalterlicher Kunst   61

Gilbert TOURNOY
   Das Verständnis von antiker Literatur im Mittelalter und
   in der Renaissance   87

Andreas HILLERT
   Joseph Mallord William Turner: »Hero und Leander« (erste Fassung).
   Kunsthistorische Wahrheiten und Irrtümer relativ zu
   deskriptiv-detektivischen, technischen, biographischen, historischen,
   nationalen und kommerziellen Perspektiven   113

Wolfgang BRUNNER/Wolfgang GRATZER/Otto NEUMAIER/
Christian OFENBAUER
   Gibt es Fehler in der Musik? Ein Gespräch   165

Rainer BULAND
   Der Fehler als Einsicht und Einfall   187

Kurt F. STRASSER
   Der Irrtum ist dem Menschen zumutbar   199

Herbert HOPFGARTNER
   Jenseits von »richtig« und »falsch«. Gedanken zu einer
   daoistischen Kunstästhetik   215

VORWORT

»Alle Menschen streben von Natur nach Wissen.« Diese Annahme legt zumindest Aristoteles seinen Überlegungen zur *Metaphysik* zugrunde. Was die Versuche der Menschen betrifft, die Welt und das Leben, sich selbst und einander zu verstehen bzw. zu erklären, so sind diese in seinen Augen allerdings keineswegs bloß eine Angelegenheit der *Theoria*, der »betrachtenden Wissenschaft«; vielmehr sind die *Praxis*, ein Handeln, mit dem wir Welt und Leben gestalten, und die *Poiesis*, das Schaffen von Werken durch Kunst, dabei mit jener prinzipiell gleichberechtigt. So gesehen ist es kein Zufall, dass das, was ein gebildeter Mensch wissen soll, bis ins Mittelalter unter dem Begriff der *artes liberales* zusammengefasst wurde. Als diese »freien Künste« galten andererseits Disziplinen, die heute zu den Wissenschaften zählen, nämlich Logik, Grammatik, Rhetorik, Arithmetik, Geometrie, Astronomie und Musiktheorie.

Im Lauf der Jahrhunderte haben sich Wissenschaften und Künste »ausdifferenziert«: Allenfalls eine Minderheit ist heute bereit, auch den Künsten den Status einer Erkenntnisquelle zuzugestehen, während andererseits beim wissenschaftlichen Tun das, was daran Kunst ist, z. B. eine auf Neues gerichtete Kreativität sowie das Schaffen von Werken zur Vermittlung von Erkenntnissen, oft genug ausgeblendet wird. Diesem einseitigen Bild zufolge geht es in den Wissenschaften um Wahrheit, in den Künsten hingegen um Schönheit – wobei in einer auf Nutzen gerichteten Zeit jene als notwendig, diese jedoch als Luxus angesehen werden. Wie bereits Nietzsche in der *Geburt der Tragödie* (1872) beklagte, hat unsere gesamte Erziehung das Ideal eines wissenschaftlichen Weltbildes »im Auge: jede andere Existenz hat sich mühsam nebenbei emporzuringen, als erlaubte, nicht als beabsichtigte Existenz.«

Ähnlich bemerkte Wittgenstein am 13. April 1947, die Wissenschaft sei zwar eine Bereicherung, durch ihre Vorherrschaft jedoch auch eine Verarmung, denn »die eine Methode drängt alle andern beiseite. Mit dieser verglichen scheinen sie alle ärmlich« zu sein. Dies ist jedoch nur ein Schein, den als solchen zu erkennen wir »zu den Quellen niedersteigen« müssen, »um sie alle nebeneinander zu sehen, die vernachlässigten und die bevorzugten.« Wittgenstein kritisiert deshalb das Missverständnis, dass »Schulbildung« bloß in der Vermittlung von wissenschaftlichen *Informationen* über die Welt bestehe (und nicht auch bzw. vor allem in der *Bildung* der Persönlichkeit eines Menschen) und dass umgekehrt das Wesentliche in der *Schule* gelernt wird (und nicht auch bzw. vor allem im *Leben*). Laut Wittgenstein können wir etwa auch lernen, ästhetisch genau zu sein, doch lernen wir dies (anders als etwa die mathematische Genauigkeit) nicht in der Schule; vielmehr bedarf es »langer Erfahrung«.

In den Wissenschaften führte die Ausdifferenzierung der Disziplinen zu einer immer weiter gehenden *Spezialisierung*, durch die selbst in einer einzigen Disziplin kaum jemand mehr den Überblick über das gesamte Fach haben und Kontakt selbst mit theoretisch relativ nahe stehenden Kollegen halten kann. Durch »transdisziplinäre« Ansätze wird neuerdings versucht, diese Situation zu überwinden. Allerdings bleiben diese Ansätze auf den Bereich der Wissenschaften beschränkt, werden die Künste also noch lange nicht als gleichberechtigte Kommunikationspartner bei einer gemeinsamen Suche nach Erkenntnis gesehen.

Die neue Buchreihe »Artes Liberales« soll helfen, dieses Gespräch wieder in Gang zu bringen, und zu einer Begegnung zwischen Wissenschaften und Künsten »auf gleicher Augenhöhe« beitragen, insbesondere zu deren gegenseitigem Verständnis – wozu freilich auch das Verständnis der jeweils eigenen Grundlagen gehört, das keineswegs selbstverständlich ist. Die in dieser Reihe geplanten Bände werden sich mit den verschiedenen Verbindungen zwischen Wissenschaften und Künsten ebenso beschäftigen wie mit der Bestimmung ihrer Spezifika. Dies eröffnet die Möglichkeit, ein seit langer Zeit viel zu wenig genütztes kreatives Potenzial der wechselseitigen Befruchtung zu nützen und zu fördern.

Als Ausdruck der menschlichen Seele haben Wissenschaften und Künste – mit Heraklit zu sprechen – »so tiefen Grund«, dass wir »ihre Grenzen nie erkennen« werden. Deshalb stehen uns beim Streben nach dem Verständnis von Wissenschaft und Kunst nicht nur allgemein unendlich viele Wege offen, sondern es bietet sich auch eine Vielfalt von Ansatzpunkten an, um mit Beiträgen zu beginnen. Viele würden wohl zu allererst an besonders eindrucksvolle künstlerische und wissenschaftliche Errungenschaften denken. Der Gedanke an die Rolle von Fehlern mag in diesem Zusammenhang nicht unbedingt naheliegend erscheinen, doch ist er nicht erst auf den zweiten Blick durchaus reizvoll. Das Verständnis dessen, was wir tun, erschließt sich nämlich oft vor allem durch »Fehler«, d. h. durch Abweichungen von dem, was uns zunächst als das »Richtige« bzw. »Normale« erschienen war. In manchen Fällen gilt es, daraus zu lernen, indem sich die Abweichungen tatsächlich als Fehlschläge herausstellen, in anderen hingegen zeigt sich, dass es ein Fehler wäre, am vermeintlich Richtigen festzuhalten, und wir lernen durch die Abweichung etwas Neues.

In den Beiträgen des vorliegenden Bandes werden »echte« Fehler, die vermieden werden sollten, so dass wir *aus ihnen* lernen, ebenso diskutiert wie solche, die sich als Einsichten bzw. Einfälle herausstellen und bewirken, dass wir *durch sie* lernen – wobei beide Phänomene in Wissenschaften und Künsten gleicherweise zu finden sind. Wenn Goethe recht hat, dann »irrt der Mensch, so lang er strebt«. Deshalb sind wohl auch in diesem Band Fehler zu finden. Wenn deren Erkenntnis dazu beiträgt, dass wir aus ihnen lernen, und wenn der Band und die Buchreihe »Artes Liberales« zu einem besseren Verständnis von Wissenschaft und Kunst beitragen, dann ist es jedoch zumindest kein Fehler, die Reihe mit diesem Band zu beginnen.

Salzburg, im September 2010   Die Herausgeber

Otto Neumaier (Hg.): *Fehler in Wissenschaft und Kunst*, Möhnesee: Bibliopolis, 2010: 9–14

DER UMGANG MIT FEHLERN
IN WISSENSCHAFT UND KUNST

Otto Neumaier

Wissenschaften und Künste lassen sich nicht scharf voneinander abgrenzen, sowohl wegen ihrer gemeinsamen Ursprünge als auch aufgrund ihrer jeweiligen Entwicklung. Deshalb ist ihr Verhältnis immer wieder neu zu bestimmen. Dies betrifft u. a. auch die Frage, inwiefern in den beiden Bereichen von Fehlern zu sprechen ist. Diese Frage ist nicht nur wegen unterschiedlicher Vorstellungen über die Grundlagen und Ziele von Wissenschaft und Kunst schwer zu beantworten, sondern auch deshalb, weil unklar ist, was unter einem Fehler zu verstehen ist.

In einem weiten Sinne können wir immer dann von einem Fehler sprechen, wenn ein Phänomen von etwas bisher Bestehendem *abweicht*; in diesem Sinne wird etwa auch der Umstand, dass das Genom eines Lebewesens bei der Vererbung nicht ganz exakt reproduziert wird, mitunter als Fehler bezeichnet[1], selbst wenn für ein betroffenes Individuum daraus ein Überlebensvorteil erwachsen kann und unbeschadet der Tatsache, dass ohne solche Abweichungen keine Evolution möglich wäre. In einem engeren Sinne erscheint es also sinnvoll, die Verwendung des Ausdrucks ›Fehler‹ auf Fälle zu begrenzen, in denen eine Abweichung von etwas Bestehendem einen *Mangel* darstellt, in denen also z. B. eine Variation im Genom mit einem (eventuell sogar tödlichen) Schaden für das betroffene Individuum einhergeht.

In diesem engeren Sinne haben Fehler demnach damit zu tun, dass etwas *falsch* ist. Wie etwa Hermann Weimer bereits zu Beginn des 20. Jahrhunderts bemerkte, sind mit Bezug darauf jedoch weitere Differenzierungen sinnvoll bzw. notwendig, denn es ist »bei weitem nicht alles, was falsch ist, ein Fehler. Diesen Mangel teilen

---

1. Solche Fälle betrachtet z. B. Manfred Osten als »Fehler der Natur«; vgl. Manfred Osten, *Die Kunst, Fehler zu machen*, Frankfurt/M: Suhrkamp, 2006, 54. Ähnlich verwenden etwa auch Ralf Caspary und Reinhard Kahl den Ausdruck ›Fehler‹; vgl. Ralf Caspary, Fehlerkultur – ein Paradoxon? In: Ralf Caspary (Hg.), *Nur wer Fehler macht, kommt weiter. Wege zu einer neuen Lernkultur*, Freiburg–Basel–Wien 2008, 7–11, hier: 10; Reinhard Kahl, Der Fehler ist das Salz des Lernens, in: Caspary (Hg.), *Nur wer Fehler macht, kommt weiter*, a. a. O., 12–24, hier: 13. Zu einer eingehenderen Diskussion von manchen der hier behandelten Fragen vgl. Otto Neumaier, Wer oder was fehlt bei einem Fehler? In: Otto Neumaier (Hg.), *Was aus Fehlern zu lernen ist – in Alltag, Wissenschaft und Kunst*, Wien–Münster: LIT, 2010, 9–30.

mit dem Fehler auch die Fälschung, die Täuschung, der Irrtum usw.«² Diese weisen andererseits Merkmale auf, die Fehlern sozusagen fehlen:

(i) Im Unterschied zu Lug und Trug sind Fehler etwa nicht mit der Absicht verbunden, etwas falsch zu machen bzw. einen falschen Eindruck zu erzeugen. Fälschungen und Täuschungen suchen laut Weimer »den *Schein* des Richtigen zu erwecken; sie sind sogar bisweilen richtig in der Form, aber falsch, unecht in ihrem Wesen. Sie werden ferner mit Bewußtsein ausgeführt, während der Fehler nicht in der Absicht seines Urhebers liegt.«³ Während es sinnvoll erscheint zu sagen, dass ich jemanden täuschen oder betrügen will, klingt die Rede davon, dass ich einen Fehler oder einen Irrtum begehen möchte, wörtlich verstanden eher seltsam.⁴

(ii) Fehler sind auch von Irrtümern zu unterscheiden (die mit ihnen gemeinsam haben, dass sie nicht bewusst bzw. absichtlich begangen werden), und zwar laut Weimer vor allem dadurch, dass ein Irrtum als »*seelischer Zustand*« aufzufassen sei, als »Fürwahrhalten des Falschen, das bedingt ist durch die *Unkenntnis gewisser Tatsachen*, die für die richtige Erkenntnis von wesentlicher Bedeutung sind.« Ein Fehler sei hingegen »eine *Handlung*, die gegen die Absicht ihres Urhebers vom Richtigen abweicht und deren Unrichtigkeit bedingt ist durch ein *Versagen psychischer Funktionen*.«⁵ Diese Bestimmung ist insofern irreführnd, als es nicht um einen Unterschied zwischen faktischem Unwissen und abweichendem Verhalten geht, doch enthält sie zugleich den wahren Kern, dass Irrtümer Abweichungen sind, für die jemand nichts kann, während durch Fehler eine vorausgesetzte Regel oder Norm verletzt wird. Ein Irrtum liegt in diesem Sinne vor, wenn jemandes Wissen oder Handeln von etwas abweicht, das sie oder er weder kennt noch kennen kann, während das, wovon jemand bei einem Fehler abweicht, etwas ist, das er oder sie aufgrund von objektiv verfügbaren Informationen kennen oder können *sollte*.⁶

Das Wissen oder Können, das jemandem fehlt, ist nicht immer als etwas vorauszusetzen, worüber sie oder er tatsächlich verfügen sollte. Ich mag mich etwa über die genaue Lage eines Hauses in Salzburg *irren*, weil ich zum ersten Mal in der Stadt und damit noch nicht vertraut bin; in einem solchen Fall ist es nicht gerechtfertigt

---

2. Hermann Weimer, *Psychologie der Fehler*, Leipzig: Klinkhardt, 1925, 1.

3. Ebenda. Der Gebrauch des Ausdrucks ›täuschen‹ ist dabei insofern asymmetrisch, als das Gesagte bloß für jene Fälle gilt, in denen es darum geht, dass jemand eine *andere* Person täuschen will; wenn es hingegen darum geht, dass jemand *sich* täuscht (wie dies etwa bei Sinnestäuschungen der Fall ist), geschieht dies gewöhnlich ohne Absicht.

4. Andererseits liegt darin der Witz, wenn Brecht Herrn Keuner die Frage, woran er arbeite, mit der Bemerkung beantworten lässt: »Ich habe viel Mühe, ich bereite meinen nächsten Irrtum vor.« Vgl. Bertolt Brecht, *Geschichten vom Herrn Keuner*, Frankfurt/M.: Suhrkamp, 2006, 18.

5. Weimer, *Psychologie der Fehler*, a. a. O. (Fn. 2), 5.

6. Zu einer umfassenderen und differenzierteren Darstellung vgl. Neumaier, Wer oder was fehlt bei einem Fehler? A. a. O. (Fn. 1), 13–16.

zu sagen, dass ich gegen eine Norm bzw. ein als Standard vorauszusetzendes Wissen verstoße, der bzw. dem zufolge ein Haus auf bestimmte Weise zu lokalisieren ist. Wenn andererseits etwa ein Fremdenführer in Salzburg nicht weiß, wo Mozarts Geburtshaus liegt, sondern das Wohnhaus dafür hält, so irrt er sich nicht nur, sondern begeht er auch einen *Fehler*, der an der Norm gemessen wird, was jemand wissen sollte, um in Salzburg kompetent als Fremdenführer wirken zu können.

Unter solchen Voraussetzungen scheint es, dass in den Wissenschaften viel eher von Fehlern zu sprechen ist als mit Bezug auf die Künste, denn in der »scientific community« werden bestimmte Ziele ebenso vorausgesetzt wie Methoden zu deren Erreichung, weshalb auch angegeben werden kann, welche Fehler dabei zu vermeiden sind bzw. wann jemand tatsächlich einen Fehler begeht. Dies ist in den Künsten nicht ohne weiteres möglich; vielmehr scheint dort die Abweichung von Regeln selbst zur Regel geworden zu sein, welche die Kreativität von Kunstschaffenden anregt und ständig zu Neuem führt. In diesem Sinne meint etwa Christian Ofenbauer, dass es zwar sinnvoll ist, im theoretischen Umgang mit Kunst nach Fehlern zu suchen, dass es jedoch in der Kunst selbst »keine Fehler gibt, denn in der Kunst steht im Prinzip *alles* zur Disposition.«[7] Und doch stellt sich die Frage, ob sich die beiden Bereiche derart klar unterscheiden lassen.

In den Wissenschaften gilt etwa seit Aristoteles die Ökonomie der theoretischen Mittel als Norm, der zufolge eine Theorie einer anderen, die denselben Gegenstandsbereich gleich gut erklären kann, vorzuziehen ist, wenn ihr das mit weniger Annahmen gelingt als dieser. Auf die Künste lässt sich ein derartiges Prinzip auf den ersten Blick anscheinend nicht anwenden, da künstlerisches Schaffen wohl kaum schlichtweg über den Leisten der Ökonomie ästhetischer Mittel zu schlagen ist. Ein solcher Gedanke ist vielmehr in den *Theorien* der Kunst immer wieder zu finden, so etwa bei Kant, nach dessen Ansicht »die objektive innere Zweckmäßigkeit, d. i. Vollkommenheit«, die *Schönheit* eines Kunstwerks ausmacht, also der Umstand, dass die Mannigfaltigkeit der Elemente eines Gegenstandes auf eine Weise zusammenstimmt, die bewirkt, dass der Gegenstand so ist, wie er aufgrund seines Begriffes sein soll.[8] Wenn ein Element für die ästhetische Erscheinung eines Werks überflüssig ist, so fehlt dem Werk ebenso etwas zur ästhetischen Vollkommenheit, wie wenn ihm ein Element abgeht, das für seine vollkommene ästhetische Erscheinung notwendig ist.

Unbeschadet dessen steht Kunstschaffenden frei, Werke nach ihren ästhetischen Vorstellungen zu schaffen, ohne dass sie sich um theoretische Vorstellungen davon

---

7. Vgl. Wolfgang Brunner/Wolfgang Gratzer/Otto Neumaier/Christian Ofenbauer, Gibt es Fehler in der Musik? Ein Gespräch, in: Otto Neumaier (Hg.), *Fehler in Wissenschaft und Kunst*, Möhnesee: Bibliopolis, 2010, 165–186, hier: 165.

8. Vgl. Immanuel Kant, Kritik der Urteilskraft, in: Immanuel Kant, *Kritik der Urteilskraft und Schriften zur Naturphilosophie* (Werke, hg. von Wilhelm Weischedel, 5), Darmstadt: Insel, 1957, 307 ff. (Orig. 1790).

zu kümmern haben, was ästhetisch »richtig« ist.[9] Andererseits können Kunstschaffende selbst zur Einsicht gelangen, ihnen sei beim Schaffen eines Werkes ein Fehler unterlaufen – mit der Konsequenz, dass sie das Werk zurückziehen, umarbeiten oder was auch immer. Dieser Fehler muss nicht unbedingt die »Zweckmäßigkeit« der eingesetzten ästhetischen Mittel betreffen; vielmehr besteht eine Vielfalt von Möglichkeiten, eine vorausgesetzte Regel oder Norm zu verfehlen, die im einen Fall ein *Individuum*, das künstlerisch tätig ist, für sich selbst gesetzt hat, während sie im anderen Fall innerhalb einer *Gemeinschaft* von wissenschaftlich Tätigen akzeptiert wird.

Um wissenschaftlich tätig zu sein, ist ein bestimmtes Maß an Wissen als bekannt vorauszusetzen: Wenn wir in den Wissenschaften die objektiv verfügbaren Informationen und Theorien über ein Problem, mit dem wir uns beschäftigen, nicht berücksichtigen, begehen wir einen Fehler. Eine *Minimalforderung* an die wissenschaftliche Redlichkeit ist also, bei der Gewinnung, Verarbeitung und Weitergabe von Informationen bestimmte Standards einzuhalten. Dabei handelt es sich nicht zuletzt um eine Voraussetzung für wissenschaftlichen *Fortschritt* im Sinne der Wahrheitsannäherung, d. h., die Kenntnis der Theorien, die bisher zur Lösung eines Problems vorgeschlagen worden sind, trägt einerseits zur Entwicklung neuer Lösungsvorschläge bei, andererseits aber auch dazu, dass die Theoriendynamik eben wegen des Strebens nach dem Ziel der »Wahrheit« bzw. nach besseren Erklärungen des fraglichen Problems eine gewisse *Gerichtetheit* aufweist. In den Künsten scheinen dagegen ganz andere Verhältnisse zu bestehen: Allem Anschein nach steht Kunstschaffenden mit Bezug auf die Kenntnis der verfügbaren Techniken und Stile ein unvergleichlich höheres Maß an *Freiheit* zu Gebote, und je mehr an Techniken und Stilen sie kennen, desto größer ist die *Vielfalt* dessen, womit sie ebenso frei wie virtuos neue, unvorhersehbare Werke schaffen können. Dies zeigt etwa Picassos nahezu unbegrenzte stilistische Vielfalt.

Insofern, als der Fehler die Kehrseite des Forschritts ist, erscheint es auch nicht sinnvoll, mit Bezug auf die Künste in ähnlichem Sinne von Fortschritt zu sprechen, wie dies bei Wissenschaften der Fall ist. Karl Popper hält dennoch auch in der Kunst einen Fortschritt für *möglich*, und zwar insofern, als »gewisse neue Möglichkeiten und auch neue Probleme entdeckt werden können. In der Musik haben solche Erfindungen wie der Kontrapunkt eine nahezu unbegrenzte Zahl von neuen Möglichkeiten und Problemen aufgedeckt. [...] Es ist sogar ein Fortschritt in dem Sinne denkbar, daß das musikalische Wissen wächst; nämlich dann, wenn ein Komponist die Entdeckungen seiner Vorgänger beherrscht. Ich glaube aber nicht, daß irgend-

---

9. Theoretische Versuche, künstlerisches Schaffen nicht nur mit Bezug auf bestimmte Kriterien zu beurteilen, sondern in Zusammenhang damit auch Normen aufzustellen, welche den Kunstschaffenden vorschreiben, was sie tun müssen, um gute bzw. gelungene Werke zu schaffen, sind im Sinne von Schönberg »schlechte« Ästhetik; vgl. Arnold Schönberg, *Harmonielehre*, Leipzig–Wien: Universal-Edition, 1911, 7. Ebenso wäre es jedoch ein Fehler, wenn sich die Kunsttheorie vor jeglichem Kriterium für die Beurteilung von Kunstwerken drückte.

einem Musiker etwas Derartiges gelungen ist. (Es mag sein, daß Einstein kein größerer Physiker war als Newton, aber er beherrschte die Technik Newtons; es scheint, daß es auf dem Gebiet der Musik ein ähnliches Verhältnis nie gegeben hat.) Selbst Mozart, der dem vielleicht am nächsten gekommen ist, hat es wohl nie erreicht.«[10]

Diese Überlegung ist in zweierlei Hinsicht bemerkenswert: Zum einen gesteht Popper Kunstschaffenden eine *gewisse* Kenntnis der Entwicklung in ihrem Fach zu, auch wenn er sich (ohne dies zu begründen) anscheinend nicht vorstellen kann, dass diese jener in den Wissenschaften nahekommt. Unabhängig davon, ob es jemals einem Künstler gelingt, *alle* Entdeckungen seiner Vorgänger zu beherrschen, präsentiert Popper zum anderen aber auch eine ausgesprochen *rationalistische* Vorstellung von künstlerischem Schaffen, da Künstler laut Popper »ebenso wie Wissenschaftler« *bewusst* die »Methode des Versuchs und Irrtums« anwenden, indem sie von einem *Problem* ausgehen und durch das Ausprobieren von Möglichkeiten eine Art künstlerischer »Hypothese« aufstellen, deren Wirkung sie kritisch beurteilen und abändern, wenn sie fehlerhaft ist, d. h., wenn sie »das Problem nicht löst«, das ein Künstler »lösen möchte. Und es kann vorkommen, daß eine unerwartete oder zufällige Wirkung seines Versuchs [...] sein Problem verändert oder ein neues Teilproblem, ein neues Ziel schafft: Die Entwicklung künstlerischer Ziele und Maßstäbe [...] vollzieht sich ebenfalls nach der Methode von Versuch und Irrtum.«[11]

Auch wenn diese Überlegung plausibel sein mag, ist zu bedenken, dass ihr *Normen* zugrunde liegen, und es ist zu klären, welcher Art diese sind und was daraus folgt. Als ein Beispiel für Fortschritt in der bildenden Kunst gilt etwa die Einführung der *Zentralperspektive* durch Alberti und Brunelleschi. Wie Patrick Heelan zu zeigen versucht hat, steht diese Art von Raumprojektion jedoch in Zusammenhang mit der Entstehung des *wissenschaftlichen* Weltbildes; sie kann folglich allenfalls mit Bezug auf dessen Norm einer adäquaten Darstellung des Raumes als Fortschritt gelten, und ebenso ist eine in diesem Sinne unvollkommene Darstellung des Raumes nur mit Bezug auf jene Normen als Fehler anzusehen.[12] So gesehen ist die Entwicklung der Raumperspektive von Giotto über Masaccio zu Canaletto und anderen Malern Ausdruck von Versuchen, ein mit wissenschaftlichen Normen verknüpftes Darstellungsproblem zu lösen, von relativ dazu fehlerhaften zu immer souveräneren Ansätzen, die als Fortschritt in Bezug auf die Lösung jenes Problems gelten können – bis van Gogh und andere Künstler diese Norm wieder aufgaben und sich statt-

---

10. Karl R. Popper, *Ausgangspunkte. Meine intellektuelle Entwicklung*, vom Autor überarb. dt. Fassung, Hamburg: Hoffmann und Campe, 1999, 93 f. (Orig. 1994).

11. Karl R. Popper, *Objektive Erkenntnis. Ein evolutionärer Entwurf*, 4. Aufl., übers. von Hermann Vetter, überarb. von Ingeborg, Gerd und Bernd Fleischmann, Hamburg: Hoffmann und Campe, 1984, 265 (Orig. 1972).

12. Vgl. dazu Patrick E. Heelan, Is Visual Space Euclidean? A Study in the Hermeneutics of Perception, in: Otto Neumaier (Hg.), *Mind, Language and Society*, Wien: vwgö, 1984, 1–12.

dessen an einer nicht-euklidischen Raumvorstellung orientierten, die den Untersuchungen von Heelan zufolge auch außerhalb des wissenschaftlichen Denkens oft
anzutreffen ist. Es erscheint indes schwierig, *eine* der räumlichen Perspektiven *für
sich* als Fortschritt oder Rückschritt zu sehen.

Nachdem die Entwicklung der Künste lange Zeit als Prozess der Annäherung an
»natürliche« Darstellungsweisen gesehen wurde und Abweichungen davon als »fehlerhaft« und als »Verfallserscheinungen« galten, versuchte insbesondere Alois Riegl
zu zeigen, wie problematisch Annahmen über Rückschritt als Fehler und Fortschritt
als Beseitigung von Fehlern in der Kunst sind, weshalb er dafür plädierte, eher von
unterschiedlichen Darstellungsformen als von »Verfehlungen« zu sprechen.[13] Wie
Christoph Landerer gegen Riegl argumentiert, ändert die von diesem aufgezeigte
Notwendigkeit eines differenzierteren Blickes auf die Entwicklung der Künste indes
nichts daran, dass Darstellungen fehlerhaft sein oder Techniken schlecht eingesetzt
werden können: Bestimmte »Eigenheiten« in der Darstellung von Gegenständen
durch mittelalterliche Kopisten lassen sich nicht als *Differenzen* der Anschauung erklären, sondern nur als *Defizite* im Verständnis ihrer Vorlagen und mithin als Abweichungen von Normen, die relativ dazu mit Recht als *fehlerhaft* anzusehen sind.[14]

Demnach können wir in den Künsten ebenso wie in den Wissenschaften Fehler
beobachten. Andererseits ist es kein Privileg von Kunstschaffenden, durch die Abweichung von vorgegebenen Regeln Neues zu schaffen; vielmehr gilt etwa auch in
den Sprachwissenschaften das Prinzip: »Die Fehler von heute sind die Regeln von
morgen.«[15] Und gerade für die Naturwissenschaften gilt die Suche nach Neuem als
wesentlich – einschließlich der Möglichkeit, dabei Irrtümer und Fehler zu begehen.[16] Allerdings müssen wir uns dessen bewusst sein, dass der Ausdruck ›Fehler‹
dabei nicht im vorhin bestimmten Sinne verwendet wird, da es um *bewusste* Ver-
stöße gegen bislang angenommene Regeln geht. Das heißt: In solchen Fällen erweist sich nicht die Abweichung als Fehler, sondern die vorausgesetzte Norm selbst,
und wir erkennen, dass es falsch wäre, weiter daran festzuhalten. So gesehen ist es
weniger wichtig, ob wir bewusst oder unbewusst von Normen abweichen. Vielmehr
geht es (nicht zuletzt auch in Wissenschaft und Kunst) darum, dass wir (durch welche Fehler auch immer) *lernen*.

---

13. Vgl. Alois Riegl, *Spätrömische Kunstindustrie*, Darmstadt: Wissenschaftliche Buchgesellschaft,
    1973 (Orig. 1901).
14. Vgl. Christoph Landerer, Die Fehler der Kopisten, in: Otto Neumaier (Hg.), *Fehler in Wis-
    senschaft und Kunst*, a. a. O. (Fn. 7), 61–86, bes. 70 ff., 84 f.
15. Vgl. dazu Helmut Glück/Wolfgang W. Sauer, *Gegenwartsdeutsch*, 2., überarb. u. erw. Aufl.,
    Stuttgart–Weimar: Metzler, 1997, X.
16. In diesem Sinne meinte etwa Albert Einstein: »Nur wer nicht sucht, ist vor Irrtum sicher«;
    vgl. Alice Calaprice (Hg.), *Einstein sagt. Zitate, Einfälle, Gedanken*, übers. von Anita Ehlers,
    Sonderausg., München: Piper, 2007, 147 (Brief an Gustav Bucky, ca. 1945).

Otto Neumaier (Hg.): *Fehler in Wissenschaft und Kunst*, Möhnesee: Bibliopolis, 2010: 15–38

ANMERKUNGEN ZUR SOZIALMEDIZINISCHEN BEGUTACHTUNG VON MENSCHEN MIT PSYCHISCHEN UND PSYCHOSOMATISCHEN ERKRANKUNGEN
ODER: KÖNNEN SOZIALMEDIZINISCHE GUTACHTEN »RICHTIG« SEIN?

Andreas Hillert

Medizin: Kunst und/oder Wissenschaft?

Darüber, ob Medizin eher eine Wissenschaft oder doch vor allem eine Kunst ist (und/oder auch beides zugleich), wird seit Hippokrates trefflich gestritten. Jeweils dort, wo ein Arzt eine diesbezügliche Stellungnahme für nötig und erhellend erachtet, wurde und wird nachdrücklich entweder das eine oder das andere postuliert.[1] Die jeweilige Funktionalität ist meist offensichtlich: Medizin als Wissenschaft suggeriert stetigen Fortschritt und eine maximale Sicherheit der angewendeten Modelle, Methoden und Maßnahmen. Heilkunst hingegen verspricht einen sich in das jeweilige Individuum einfühlenden Behandler, der über trocken-akademisches Faktenwissen hinweg den kranken Menschen nicht als Diagnosenummer, sondern als Subjekt begreift, um ihn ganzheitlich und sanft nicht nur von Krankheiten zu kurieren, sondern im umfassenden Sinn gesund zu machen. Zumal in Grundsatzdiskussionen um Fehler und Irrtümer des medizinischen Systems bzw. in diesem liegt es nahe, entweder dem einen oder dem anderen Standpunkt zuzuneigen. Die daraus erwachsenden Argumente sind dann ebenso unschwer vorauszusehen wie die Gruppe der jeweils Beifall spendenden Zuhörer bzw. Leser. Die Allgegenwart und Unauflösbarkeit dieser Diskussion muss wohl rückwirkend wie zukunftsweisend als Argument dafür verstanden werden, dass Medizin tatsächlich irgendwie beides ist, Kunst und Wissenschaft. Weise Einsichten dieser Art werden den Kreislauf respektive das Wechselspiel der jeweils bevorzugten Standpunkte um das ideale Wesen der Medizin, im Kontext sich wandelnder Werthorizonte, neuer Seuchen (wie aktuell der so genannten Schweinegrippe) und (natur)wissenschaftlicher Innovationen, kaum außer Kraft setzen. Dazu geht Medizin uns allen, wohl bis wehe, zu nahe.

---

1. Vgl. M. Ledochowski, Irrtümer in der Medizin, in: O. Neumaier, (Hg.), *Fehler und Irrtümer in den Wissenschaften*, Wien–Münster: LIT Verlag, 2007, 199–209.

So salomonisch es angesichts der disparaten Wurzeln der Medizin auch ist, nach
verbindenden, gemeinsamen Elementen zu suchen, so unbefriedigend bleiben solche Bemühungen, wenn es um konkrete menschliche Bedürfnisse und Nöte geht.
Die Fürsorge eines einfühlsamen Arztes in möglichst unlimitierter Hingabe, Offenheit und Subjektivität (Patientenorientierung) ist sympathisch; sich als Patient
angenommen und verstanden zu fühlen, hochgradig angenehm und – nachgewie-
senermaßen – für den Therapieerfolg günstig.[2] Seit den epochalen Innovationen im
19. Jahrhundert hat sich Medizin andererseits primär als naturwissenschaftlich-aka-
demische Disziplin etabliert und definiert. Je vitaler ein medizinisches Problem ist,
umso wichtiger wurde, war und ist – mutmaßlich auch für bekennende Anhänger
eines ›ganzheitlichen‹ Medizinverständnisses –, eine möglichst klare Diagnose und
eine darauf bezugnehmende, geradlinig und sicher ein Problem lösende Behandlung. Ganz im Sinne des naturwissenschaftlichen Credos basieren alle rationalen
ärztlichen Urteile, Diagnosen und therapeutischen Handlungen dieser Art, also die
moderne Leitlinien- bzw. »evidence based medicine«, auf hinsichtlich Objektivität,
Reliabilität und Validität (s. u.) möglichst abgesicherten Standards…[3]

Angesichts dieser, wie man auch immer an die Thematik herangehen mag,
fruchtbar-unauflösbaren Zwitter-Konstellation der Medizin bleibt letztlich nur,
wenn denn ergebnisorientiert argumentiert werden soll, den Erwartungshorizont
bezüglich dessen, was man – im Spektrum zwischen naturwissenschaftlich-abgesi-
chert oder aber ganzheitlich-individuell – unter Wahrheit respektive unter Fehlern
und Irrtümern bezüglich der jeweils diskutierten medizinischen Thematik versteht,
vorab zu definieren. Natürlich ist dieser relativistische Vorschlag in dieser unserer
postmodernen Zeit alles andere als innovativ. Medizin ist und bleibt jedoch eine
hochgradig emotionale Angelegenheit. Nüchtern-relativierende Standpunkte laufen angesichts dessen Gefahr, mitunter nicht hinreichend salonfähig zu sein (wobei
die gepflegte, sich kritisch gebende, konsensorientierte öffentliche Diskussion heute selbstredend meist außerhalb von Salons stattfindet). Dem Herausgeber dieses
Buches, Otto Neumaier, sei dafür gedankt, dass er dem vorliegenden, streckenweise
inhaltlich etwas nüchternen Beitrag philosophisches Asyl gewährt hat!

---

2. Zur »Droge-Arzt« zusammenfassend: Z. Di Blasi, E. Harkness, E. Ernst, A. Georgiou &
   J. Kleijnen, Influence of Context Effects on Health Outcomes: a Systematic Review, in: *The
   Lancet* 357 (2001), 757–762.
3. AWMF-Leitlinie: Ärztliche Begutachtung in der Psychosomatik und Psychotherapeutischen
   Medizin – Sozialrechtsfragen (Redaktion W. Burgemeister, P. Henningsen, U. Rüger & W.
   Schneider), http://www.uni-duesseldorf.de/AWMF/ll-na/051-022.htm; s. dazu: P. Henningsen, U. Rüger & W. Schneider, Die Leitlinie »Ärztliche Begutachtung in der Psychosomatik und Psychotherapeutischen Medizin – Sozialrechtsfragen«, in: *Versicherungsmedizin*
   53 (2001), 138–141; vgl. Dohrenbusch, *Begutachtung*, 47 ff.

Wahrheit und Irrtümer am Beispiel von medizinischen Gutachten…

Ein prägnantes Beispiel für die Bedingtheiten von Wahrheiten und Irrtümern in der Medizin sind Gutachten. Im Folgenden soll der Fokus dabei auf der sozialmedizinischen Begutachtung von Menschen mit psychischen und psychosomatischen Diagnosen zur Frage der Arbeitsfähigkeit liegen, einer Milliarden schweren Thematik von hoher, derzeit stetig steigender gesamtgesellschaftlicher Relevanz.[4] Grundsätzlich ist im (hier als Beispiel dienenden deutschen) Sozialrecht geregelt, dass ein Mensch, der hinreichend Beiträge in die Rentenversicherung einbezahlt hat, im Falle eigener dauerhafter Arbeitsunfähigkeit, d. h. konkret, wenn er nicht mehr als 3 Stunden/Tag auf dem allgemeinen Arbeitsmarkt tätig sein kann, Anspruch auf (vorzeitige) Erwerbsunfähigkeits-Rente hat.[5] Sobald der Fall nicht per se eindeutig ist und gerichtsanhängig wird, kommen Gutachter ins Spiel.

Ihrem Auftrag entsprechend müssen Gutachter ein »wissenschaftlich begründetes Gutachten« erstellen, in dem der jeweilige Sachverhalt hinreichend vollständig, differenziert und objektiv darzustellen ist. Auf dieser Grundlage gilt es dann die vom Auftraggeber gestellten Fragen, vornehmlich nach Art und Umfang der dem Begutachteten zumutbaren Arbeit, zu beantworten. Gutachter treffen keine juristischen Entscheidungen und fällen erst recht kein Urteil. Ihre Stellungnahme dient der Rechtssprechung nun als Entscheidungsgrundlage. De facto dürfte das Gutachten in der Mehrzahl der Fälle das Urteil präjudizieren.

…psychische und psychosomatische Störungen?

Ein Charakteristikum psychischer und psychosomatischer Störungen ist das Fehlen diagnoseweisender, mit naturwissenschaftlich-objektiven Methoden (Röntgen, Labor etc.) feststellbarer körperlicher Befunde. Die Diagnose kann somit nur ausgehend von den vom Betroffenen beklagten Beschwerden und dem beobachtbaren Verhalten gestellt werden. Grundlage der medizinisch-therapeutischen Diagnostik

---

4. Vgl. M. Svitak & E. Rauh, Die Zunahme psychischer und psychosomatischer Erkrankungen, in: *Versicherungsmedizin* 56 (2004), 63 ff.; Hillert & Marwitz, *Burnout-Epidemie*, 202 ff., mit Lit.; U. E. Lang & R. Hellweg, Prävalenz und Rolle psychiatrischer Erkrankungen bei Einschränkungen der beruflichen Leistungsfähigkeit, in: *Versicherungsmedizin* 58 (2006), 164–169; A. Regenauer, Schwer objektivierbare Erkrankungen aus der Sicht der Versicherungsmedizin, in: *Versicherungsmedizin* 60 (2008) 3–7.

5. S. zusammenfassend Schneider, Henningsen & Rüger, *Begutachtung*, 19 ff.; A. Gagel, Sozialrechtliche Rahmenbedingungen der psychosomatischen Begutachtung, Behandlung und Rehabilitation – Möglichkeiten und Grenzen, in: Schneider, Henningsen & Rüger, *Begutachtung*, 143 ff., insb. 169 f., mit Lit.

ist aktuell das von der Weltgesundheitsorganisation (WHO) herausgegebene ICD-10 Manual (International Classification of Diseases).[6] Die psychischen und psychosomatischen Störungsbilder, im F-Kapitel abgehandelt, werden jeweils durch eine Auflistung von charakteristischen Symptomen und Instruktionen dargestellt (z. B. »Mindestens zwei der drei [...] angegebenen typischen Symptome und mindestens drei (besser vier) der anderen Symptome müssen vorhanden sein. Die Mindestdauer [...] beträgt mindestens [...].«[7]; da es sich somit um definierte Symptomkonstellationen und nicht um idealerweise auf umschriebene Ursachen zurückführbare Phänomene handelt, spricht die WHO von Störungen, nicht von Krankheiten.

Neben Angststörungen (wobei vergleichsweise harmlose Ängste etwa vor Spinnen und/oder Mäusen häufig und wenig beeinträchtigend sind, was man von Panikstörungen – etwa wegen plötzlich auftretenden Ängsten einen Herzinfarkt zu erleiden – nicht sagen kann) sind affektive Störungen, zumeist Depressionen, weit verbreitet, gefolgt von Schmerz- und somatoformen Störungen (körperlich erlebten Beeinträchtigungen ohne nachweisbare, die Symptomatik hinreichend erklärende körperliche Ursache). Die mit dem Diagnosen dieses Kapitels bezeichneten Störungen sind überaus häufig. Repräsentativen Erhebungen zur Folge erfüllt im Laufe eines Jahres etwa ein Drittel der erwachsenen Bevölkerung die Kriterien von zumindest einer dieser Diagnosen (vgl. Abb. 1).[8]

Den Daten der Krankenkassen zur Folge stieg die Zahl der mit Diagnosen aus diesem Bereich begründeten Krankheitsfälle in den vergangenen Jahren deutlich. Überproportional hierzu nahmen seit 1997 die durch psychische Störungen bedingten AU-Tage / Krankschreibungszeiten um fast 70 % zu. 2004 waren bereits 11,6 % der AU-Tage von Frauen und 8,4 % der Männer durch psychische Störungen bedingt. Bei Frauen sind psychische Störungen bereits heute die häufigste Ursachsache von Frühberentungen (2001: 35 %), bei Männern stehen diese Diagnosen (2001: 22 %) auf der entsprechenden Statistik auf dem zweiten Platz. Die insgesamt

---

6. H. Dilling, W. Mombour & M. H. Schmidt (Hg.), *Internationale Klassifikation psychischer Störungen ICD-10*, 4. Aufl., Bern: Huber, 2000, Kapitel V (F); vgl. R. D. Stieglitz, *Diagnostik und Klassifikation in der Psychiatrie*, Stuttgart: Kohlhammer, 2008. U. a. das ICD-10-System wurde dezidiert deshalb entwickelt, weil ältere Diagnosen wie z. B. die »neurotische Depression« nicht objektiv und reliabel erfasst werden konnten, d. h., angesichts eines Patienten kamen unterschiedliche Ärzte zu ganz unterschiedlichen Diagnosen. Die Operationalisierung der diagnoseweisenden Symptome und Syndrome hat die Diagnosen des ICD-10 erheblich eindeutiger und sicherer gemacht.

7. Das Beispiel stammt aus den Diagnose-Leitlinien der Major Depression, ICD-10, s. Dilling, Mombour & Schmidt, *Internationale Klassifikation*; a. a. O. (Anm. 6), F3, 118 ff.

8. F. Jacobi, M. Klose & H.-U. Wittchen, Psychische Störungen in der Allgemeinbevölkerung, in: *Bundesgesundheitsblatt – Gesundheitsforschung – Gesundheitsschutz* 8 (2004), 736–744; H.-U. Wittchen & F. Jacobi, Die Versorgungssituation psychischer Störungen in Deutschland, in: *Bundesgesundheitsblatt – Gesundheitsforschung -Gesundheitsschutz* 10 (2001), 993–1000.

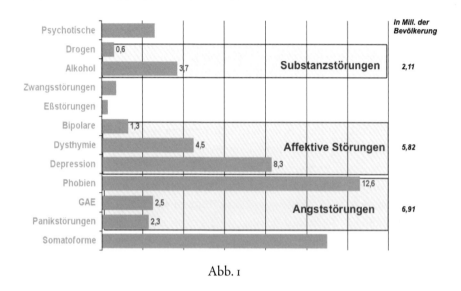

Der Bundes-Gesundheitssurvey (GHS-MHS)
12- Monatsprävalenz nach Diagnose (Wittchen et al 2001)

Abb. 1

resultierenden Kosten, von der individuellen Behandlung, über Krankengeld bis zur Rente, summieren sich in Milliardenbereiche...[9]

Zwei nahe den Extremen des Spektrums angesiedelte, natürlich frei erfundene Fallbeispiele sollen als Matrix für eine Standortbestimmung wissenschaftlich begründeter Gutachten in diesem Bereich dienen sowie die inhaltlichen und u. a. ethischen Dimensionen der Thematik aufzeigen. In beiden Fällen geht es um die Frage der Arbeitsfähigkeit respektive Rentengewährung. Wie würden Sie die beiden Patientinnen diesbezüglich einschätzen? Sie sind kein medizinischer Sachverständiger und können dementsprechend hierzu keine qualifizierte Meinung haben? Ihre Gewissenhaftigkeit ehrt Sie! Legen Sie dennoch, versuchsweise, diese Skrupel vorerst getrost zur Seite... andere tun es auch (was natürlich kein Argument ist); in jedem Fall macht es für Sie die Sache spannender.

Fallbeispiel I – Marianne A.

Marianne A. wurde als Tochter eines Lehrers und einer Verwaltungsangestellten geboren. Sie wuchs von ihrer als ängstlich, liebevoll und kränklich beschriebenen

---

9. M. Kordt (Hg.), *DAK-Gesundheitsreport 2005: Schwerpunkt Angst und Depressionen*, Hamburg: DAK Versorgungsmanagement, 2005; M. Linden & C. Weidner, Arbeitsunfähigkeit bei psychischen Störungen., in: *Der Nervenarzt 76* (2005), 144–151.

Mutter behütet auf. Der als herrschsüchtig beschriebene Vater war kurz nach der Geburt ausgezogen; mehrere Versuche einer Wiederannäherung des Ehepaars scheiterten. Aufgrund schwacher schulischer Leistungen ging Marianne mit dem Realschulabschluss vom Gymnasium ab und wurde Krankenschwester. In diesem Beruf und speziell in ›ihrer‹ Klinik fühlte sie sich über die Jahre hinweg wohl und wurde schließlich Stationsschwester. Weniger geradlinig verlief ihr Privatleben. Sie hatte mehrere, von ihr jeweils sehr intensiv erlebte Beziehungen, die zumeist abrupt scheiterten, weil sich die Partner anderen Frauen zugewandt hatten. Im Alter von 26 Jahren wurde sie schwanger. Den Kindsvater, mit dem sie nach der Geburt des Kindes nur wenige Monate zusammen lebte, musste sie vor Gericht auf Unterhalt verklagen. Marianne zog ihre Tochter, unterstützt von ihrer Mutter, alleinerziehend auf.

Als Marianne 42 Jahre alt war, kam es im Krankenhaus zu Umstrukturierungsmaßnahmen, Stationen wurden geschlossen. In diesem Kontext verlor sie – ohne Gehaltseinbußen – die Stationsleitung, wogegen sie sich letztlich erfolglos wehrte. Mit den Kolleginnen kam es zunehmend zu Konflikten. Marianne erlebte sich zunächst als von der Klinikleitung, dann auch von den Kolleginnen gemobbt. Ihre attraktive Tochter durchlebte in diesen Jahren eine heftige Pubertät. Es kam wechselnd zu ausufernden Konflikten, jeweils gefolgt von ebenso emotionalen Annäherungen von Mutter und Tochter.

In dieser Zeit litt Marianne zunächst zunehmend unter Schmerzen im Bereich der Lendenwirbelsäule, später auch unter Schmerzen praktisch überall am Körper. Von Ärzten wurde die Diagnose einer »Fibromyalgie« gestellt (d. h. einer verschiedene Körperregionen betreffende Schmerzerkrankung ohne nachweisbare körperliche Ursachen). Nachdem sie mehrfach über Wochen hinweg krankgeschrieben war, folgte eine Rehabilitationsmaßnahme in einer auf chronische Schmerzerkrankungen spezialisierten Klinik. Alle verordneten Maßnahmen, einschließlich Medikamente, blieben jedoch ohne nachhaltige Wirkung. Krankengymnastische Übungen und körperliche Aktivierung konnte Marianne aufgrund der darunter als unerträglich erlebten Schmerzen kaum durchführen.

Im Alter von 50 Jahren, die Tochter war zwischenzeitlich ausgezogen und besuchte eine Schauspielschule, ihre Mutter (deren Eigentumswohnung und nicht unbeträchtliches Vermögen Marianne erbte) war verstorben, sah sich Marianne schließlich aufgrund der unerträglichen Schmerzen nicht mehr in der Lage zu arbeiten. Mit Mühen konnte sie den eigenen kleinen Haushalt bewältigen. Angesichts der Fehlzeiten hatte man ihr in der Klinik zu verstehen gegeben, dass man nicht mit ihrer Rückkehr rechne, was sie als weiteren Akt von Mobbing ansah. Schließlich habe ihr der Hausarzt geraten, eine Frühberentung zu beantragen.

Der Gutachter lernte Marianne A. als altersentsprechend entwickelte, körperlich gesunde Frau kennen (die Röntgenaufnahmen der Wirbelsäule zeigten altersentsprechende Normalbefunde, im Labor gab es keine Hinweise auf entzündliche Erkrankung etc.), die hochgradig zurückgezogen lebte und ihren Tag weitgehend vor dem Fernseher verbrachte. Abwechslung brachten lange Telephonate mit der Tochter. Jede körperliche Tätigkeit und selbst leichte Berührungen führten bei Marianne A. unmittelbar zu unerträglichen Schmerzen. Ihre Stimmung war gedrückt, der Schlaf schlecht, die Konzentrationsfähigkeit erlebte sie als stark reduziert. Arbeiten könne sie auf keinen Fall mehr. Nach der Berentung wolle sie sich vom Geld der Mutter eine kleine Wohnung in einem Feriengebiet (und einen Hund) kaufen, um sich so von ihrem stets von Überforderungen geprägten Leben erholen zu können.

Fallbeispiel II – Maria B.

Maria B. wurde als drittes Kind eines Landwirtes geboren und wuchs in der Großfamilie auf. Schon früh an die Arbeit auf dem Hof und in der Familie gewöhnt, stand für sie von Kindesbeinen an fest, dass sie ihr Leben in der Landwirtschaft verbringen werde. Nach dem qualifizierten Hauptschulabschluss besuchte sie die Haushaltsschule. Als sie 20 Jahre alt war, lernte sie auf einem Dorffest ihren späteren Mann kennen, zwei Jahre später war sie verheiratet und schwanger. Als Mutter von vier Kindern versorgte sie den Haushalt und arbeitete, soweit zeitlich möglich, in der Landwirtschaft mit, versorgte die Kälbchen, arbeitete im Melkstand, fuhr Traktor usw.

Im Alter von 40 Jahren konsultierte sie einmalig den Hausarzt wegen Rückenschmerzen. Es wurde eine ausgeprägte Skoliose, eine Verkrümmung der Wirbelsäule, festgestellt und dringend eine weitere orthopädische Behandlung angeraten. Trotz Schmerzen (»es hilft halt nichts«) und anderer Sorgen finanzieller und familiärer Art arbeitete sie in allen Bereichen weiter. Angesichts der Vielzahl und Unaufschiebbarkeit der Aufgaben sah sie von weiteren Arztbesuchen ab. In späteren Jahren, angesichts der zunehmend verkrümmten Wirbelsäle, benutzte sie einen Stock, um auf diesen gestützt in der anderen Hand Milchkannen zu tragen, die Melkmaschine zu bedienen und die ersten Enkelkinder zu betreuen.

Der Hausarzt riet ihr von weiterer beruflicher Arbeit ab, eine Frühberentung über die Landwirtschaftskasse sei aufgrund der massiven Verkrümmung der Wirbelsäule, einhergehend mit einer hochgradigen Fehlhaltung, Veränderungen diverser Nervenkanäle, Verspannungen etc. sicher. Maria B., davon ausgehend, dass auch eine Berentung nichts an ihrem Alltag ändern werde, fand bislang – seit etwa drei Jahren – noch nicht die Zeit dazu, einen Rentenantrag zu stellen. Mit Stock und anscheinend vor allem im Erleben der Zuseher schmerzhaft-gekrümmt aussehendem Rücken, dabei aber offenkundig mit ihrem Leben zufrieden, steht sie in alter Frische allmorgendlich im Kuhstall.

Medizinische Gutachter: neutral und objektiv zwischen allen Fronten?!

Die Erwartungen an medizinische Sachverständige und die von ihnen erstellten, wissenschaftlich fundierten Gutachten sind vielschichtig.[10] Folgende Perspektiven und Erwartungen auf bzw. an Gutachter lassen sich unterscheiden:

– die der Patienten,
– die explizit im Gesetz formulierten und von Experten geforderten,
– die (impliziten) in der Gesellschaft gehegten, sowie
– die der Gutachter selbst.

Dass *Patienten* einen sich in ihre Situation und Problematik sensibel ein- und mit-fühlenden und hiervon ausgehend ihr Anliegen unterstützenden Gutachter erhoffen, liegt in der Natur der Sache.

  Von Seiten des *Gesetzes* bzw. des Gerichtes und der das Gutachten in Auftrag gebenden Stellen werden vom Gutachter höchste fachlich-wissenschaftliche Qualifikation (»die Sachkunde muss auf dem neuesten Stand sein«), hinreichende juristische Kenntnisse (insbesondere bezüglich der für das Gutachten relevanten Rechtsbegriffe, z. B. den Definitionen von Arbeits- und Berufsunfähigkeit) und natürlich sorgfältig-gewissenhafte Arbeit erwartet. Alle im Auftrag niedergelegten Fragen sollen angemessen beantwortet werden und »ein nachvollziehbares und schlüssiges, nachprüfbar und überzeugendes und somit insgesamt richtiges, also ein gutes – nach Gesetz und Recht erstelltes – professionelles Gutachten«[11] abgeliefert werden.

  Die *Gesellschaft* wiederum erhofft vom Gutachter – implizit – nicht mehr und nicht weniger als die Aufrechterhaltung bzw. Gewährleistung von ›Gerechtigkeit‹ (wobei Normalbürger, anders als Philosophen, im Regelfall kaum reflektieren, was sie unter »Gerechtigkeit« verstehen ...). Ein kranker, leidender Mensch soll eine angemessene Unterstützung erhalten, um weiter ein Leben in Sicherheit und Würde führen zu können. So wie er selbst als Teil der Solidargemeinschaft andere unterstützt hat, soll er nun ggf. selbst zum Empfänger entsprechender Leistungen werden, die eben keine Almosen, sondern ihm rechtlich zustehende Ansprüche sind. Dem Gutachter kommt damit zum einen die Aufgabe zu, die Solidargemeinschaft vor unberechtigten Ansprüchen Einzelner zu schützen. Er sollte Simulanten als sol-

---

10. Zu den Beteiligten im Gutachten-Geschehen s. Dohrenbusch, *Begutachtung*, 18 ff.; Hoffmann-Richter, *Begutachtung*, 7 ff. (sehr anschaulich!).

11. Vgl. z. B. P. Becker, Das professionelle Gutachten – Anforderungen aus rechtlicher Sicht, in: *Der medizinische Sachverständige* 105 (2008), 85–92; T. Hagen, Das professionelle Gutachten – Anforderungen aus sozialmedizinischer Sicht, in: *Der medizinische Sachverständige* 105 (2008), 115–117.

che erkennen und beispielsweise hinter expressiv vorgetragenem Leiden (Aggravation) eine tatsächlich nur geringe Beeinträchtigung erkennen. Andererseits (bzw. vor allem?) aber soll der Gutachter natürlich dem erkrankten Individuum gerecht werden. Idealtypischerweise stehen Gutachter damit absolut neutral zwischen den Ansprüchen beider Parteien.[12]

Und die *Gutachter* selbst? Wenn von möglichen Theorie-Praxis-Diskrepanzen abgesehen wird, sind Gutachter medizinisch/therapeutisch hocherfahrene Personen, bezüglich allen die Gutachten-Thematik betreffenden methodischen, wissenschaftlichen (s. u.) und juristischen Aspekte eingehend informiert, moralisch integer und in ihrer Arbeit in hohem Maße sorgfältig-gewissenhaft. Als Menschen haben sie zwar auch eine individuelle Biographie und u. a. bestimmte Vorlieben, Sympathien und Antipathien gegenüber diversen Mitmenschen. Diese Aspekte können sie aber kompetent reflektieren und damit im Rahmen ihrer gutachterlichen Objektivität klar ausschließen. Dass Gutachten auch dem Gelderwerb dienen und sich entsprechend rechnen müssen, kann stillschweigend vorausgesetzt werden.[13]

Inwieweit sind die skizzierten Erwartungen, die in der einschlägigen Literatur noch erheblich ausdifferenzierter dargelegt werden (s. Anm. 10), zumal unter dem Vorzeichen wissenschaftlicher Fundierung von real existierenden Gutachtern erfüllbar respektive auf einen Nenner zu bringen? Die sich hinter dieser naheliegenden Frage auftuenden Abgründe sollen im Folgenden anhand von vier methodisch-inhaltlich zentralen Aspekten aufgezeigt und ein Stück weit, also sicher in keiner Weise und Richtung erschöpfend, ausgelotet werden.

---

12. Hoffmann-Richter, *Begutachtung*, 8 ff.: »Beauftragte Experten gelten als neutrale Fachinstanz«, deren Aufgabe es ist, medizinische Fakten in juristische Sprache zu übersetzen.

13. Hoffmann-Richter, *Begutachtung*, 14 f. »Die Hauptaufgabe der gründlichen Diagnostik steht im Dienst des Helfens.« Entsprechen hohen, idealistischen Standpunkten steht die Lebensrealität entgegen, wobei Gutachter zwangsläufig zwischen Interessen-Fronten stehen. Ein Gutachter, der durch zu viele als gegen die Patienteninteressen gerichtete Gutachten bekannt wird, riskiert, von weiteren Patienten als Gutachter abgelehnt zu werden. Zumal in Rechtsstreitigkeiten mit Lebens- oder Berufsunfähigkeitsversicherungen und Krankenkassen dürften umgekehrt Gutachter, die als zu patientenfreundlich gelten, mit wenig Aufträgen zu rechnen haben. Weitergehende Literatur oder gar Untersuchungen zu diesen mit dem Postulat absoluter Neutralität schwer vereinbaren Aspekten gibt es offenbar nicht. Vgl. U. Wiesing, Verantwortung und Ethik in der Begutachtung, in: *Der medizinische Sachverständige* 105 (2008), 125–129; dazu z. B. M. Linden, Das psychiatrische Gutachten im Rentenverfahren – wie reliabel? In: *Fortschritte der Neurologie und Psychiatrie* 75 (2007), 379–381: »Warum soll ein Gutachter einen offensichtlich kranken Menschen an den Arbeitsplatz zwingen, wenn gleichzeitig viele gesunde keine Arbeit finden und deswegen Sozialleistungen in gleicher Höhe beziehen, auf die der Kranke Anspruch erhebt [...]?«

Diagnose und berufliche Belastbarkeiten: zwei Paar Schuhe…

Dass eine medizinische Diagnose, zumal eine aus dem F-Kapitel des ICD-10 (s. o.), von Extremfällen abgesehen, alleine keine hinreichende Beurteilung des aktuellen Zustandes bedeutet, wird in der einschlägigen Gutachten-Literatur übereinstimmend konstatiert. So gibt es z. B. schwer depressive Menschen, die im Beruf vergleichsweise leistungsfähig sind und ihre Tätigkeit als stabilisierenden Faktor erleben, sowie solche, deren Einschränkungen fast ausschließlich in diesen Bereich fallen.[14] Angesichts dessen hat die WHO, als Ergänzung zur Klassifikation der Diagnosen, unlängst die »Internationale Klassifikation der Funktionsfähigkeit (ICF)« erarbeitet, in denen der individuelle, unter einem Gesundheitsproblem leidende Mensch hinsichtlich seiner Körperfunktionen und -strukturen, seiner Aktivitäten und seiner Partizipation, also seiner Teilhabe u. a. im Arbeitsbereich, jeweils vor dem Hintergrund von relevanten, Einschränkungen relativierenden oder aber aggravierenden Umweltfaktoren (z. B. dem Vorhandensein von Aufzügen bei Gehbehinderten), dokumentiert bzw. kodiert und klassifiziert werden soll.[15] Vom zugrundeliegenden ›bio-psycho-sozialen Störungsmodell‹ (das besagt, dass es sich jeweils um hochkomplexe Phänomene handelt, bei denen interindividuell unterschiedlich gewichtete genetische, biographische, soziale, traumatische, toxische etc. Aspekte interagieren) überzeugend und vom praktischen Ansatz her potentiell nützlich, limitieren tausende von Kategorien und diverse mögliche Gewichtungen die Praktikabilität des das ICF-Systems erheblich.

Und vor allem: gerade bei nicht eindeutig durch körperliche Strukturen bedingten Beeinträchtigungen (ein Beinamputierter kann sich ohne Prothese nur sehr eingeschränkt fortbewegen; bei einem Patienten mit somatoformer Schmerzstörung, der sagt, er könne kaum gehen – vgl. Fallbeispiel I – ist die Sachlage offenkundig anders dimensioniert) läuft jede über reine Deskription hinausgehende, formal so einfach kodierbare ICF-Nummer letztlich auf ein komplexes Gutachten hinaus. Gerade die entschiedensten ICF-Befürworter haben diesen Punkt bislang geflissentlich übersehen und die Dimension »personenbezogene Faktoren«, in die Aspekte wie

---

14. Vgl. etwa K. Birke, W. Schneider, T. Klauer & U. Dobreff, Wie beeinträchtigt in psychosomatisch relevanten Dimensionen sind Gutachtenpatienten wirklich? In: Schneider, Henningsen & Rüger, *Begutachtung*, 195–223.

15. World Health Organization (Hg.), *International Classification of Functioning, Disability and Health, ICF*, Geneva: WHO Library, 2001; zuletzt T. Ewert & G. Stucki, Die Internationale Klassifikation der Funktionsfähigkeit, Behinderung und Gesundheit (ICF), in: A. Hillert, W. Müller-Fahrnow & F. M. Radoschewski (Hg.), *Medizinisch-beruflich orientierte Rehabilitation*, Köln: Deutscher Ärzteverlag, 2008, 65–79 – auch mit Hinweisen auf den Ansatz, durch die Erstellung von sog. ICF-Cores-Sets, die für häufige Diagnosen das potenziell relevante Spektrum an ICF-Kodierungen zusammenfassen, die Praktikabilität des Ansatzes zu verbessern.

persönliche Werte, Krankheitsmodelle, Motivation... Eingang finden müssten, im ICF bislang nicht ausgeführt. Man geruht derzeit offenbar noch zu glauben, dass sich dies mit ein bisschen Fleißarbeit nacharbeiten ließe.

Die in vielen Gutachten dezidiert geforderte medizinische Diagnose reicht somit, selbst wenn vorausgesetzt wird, dass sie nach allen Regeln der Wissenschaft gestellt wurde[16], nicht zur Beantwortung der Gutachtenfrage u. a. nach Arbeitsfähigkeit und Belastbarkeit aus. Dass in Gutachten bis dato zumeist als erstes nach einer (ICD-10)-Diagnose gefragt wird, hat somit wohl vor allem traditionelle Gründe und verweist auf unser zutiefst auf den Glauben an die Aussagekraft von Diagnosen konstituiertes medizinisches Weltbild. Der Frage, inwieweit solche Diagnosen in der Wahrnehmung der Gutachter, Richter, Patienten... für sich alleine betrachtet bereits Vorstellungen bzw. Stereotype hinsichtlich von Leiden und Leistungsfähigkeit der betreffenden Patienten implizieren, wäre ein spannendes, bislang weitgehend brach liegendes Forschungsthema.[17]

Kann ein leicht depressiver Patient hochgradig bezüglich seines Berufes beeinträchtigt sein respektive ein schwer depressiver hochgradig leistungsfähig? Im Alltag offenbar ja (wobei offen bleibt, was dem im Einzelfall zugrunde liegen mag), rhetorischerseits wohl eher nicht... Wie auch immer, der Primat der Diagnose in der Medizin ist wohl bis auf weiteres ungefährdet. Ein diesbezüglicher Paradigmenwechsel würde mutmaßlich sozialmedizinische Gutachten leichter machen.

Berufliche Belastbarkeit: objektiv und reliabel erfasst...

Grundlage jedes sozialmedizinischen Gutachtens zu Fragen der beruflichen Belastbarkeit ist eine differenzierte, umfassende und objektive Darlegung der aktuellen Leistungsfähigkeit respektive der Leistungseinschränkungen eines Menschen. Nur auf dieser Basis ist mit validen, über die reine Zufallswahrscheinlichkeit hinausgehen Prognosen zu rechnen.

Hinter dem, was hier absolut klar und unmissverständlich klingt, steckt vorab – zwischen den Zeilen – eines der zentralen Probleme jeder sozialmedizinischen Begutachtung. Wie sollen bzw. können in einem zeitlichen Rahmen von meist wenigen Stunden, in einer artifiziellen Situation und ggf. angesichts einiger Stapel von Vorbe-

---

16. Die diesbezüglichen Standards werden in der Gutachtenliteratur, zumal von ärztlichen Autoren, zumeist nur am Rande erwähnt, etwa: Schneider, Henningsen & Rüger, *Begutachtung*, 71 f; Hoffmann-Richter, *Begutachtung*, 79 f.

17. Vgl. A. Hillert, J. Sandmann, S. Ch. Ehmig, H. Weisbecker, H. M. Kepplinger & O. Benkert, The General Public's Cognitive and Emotional Perception of Mental Illnesses: Limits of Attitude-Research. Results of a Representative Survey in the Federal Republic of Germany, in: J. Guimòn, W. Fischer & N. Sartorius (Hg.), *The Image of Madness*. Zürich: Karger, 1999, 56–71.

funden und Vorgutachten überhaupt Daten und Befunde erhoben werden, die den oben zitierten kategorischen Anforderungen ansatzweise genügen? Die Vermittlung von Strategien mit denen mutmaßlich relevante Informationen erhoben werden können, ist dementsprechend ein Leitmotiv professioneller Gutachter-Literatur.[18]

Anliegen des Patienten ist es, seine Beschwerden und Einschränkungen, so wie er sie erlebt, überzeugend zu vermitteln. Ziel des Gutachters muss es sein, auch im Sinne der arbeitspsychologischen Unterscheidung von Belastung und Beanspruchung, die ›objektive‹ Leistungsfähigkeit von der diesbezüglichen subjektiven Wahrnehmung und Wertung des Patienten zu differenzieren.[19] Grundlage hierfür ist zunächst der Aufbau eines hinreichend offenen Arbeitsklimas. Nur so können über pauschale Äußerungen hinaus (»Ich kann einfach nicht mehr, Herr/Frau Doktor...«) differenzierte Angaben generiert werden. »Wie sieht aktuell Ihr Tagesablauf aus?« Bewältigt der Patient beispielsweise in der Freizeit Dinge, die er sich im Beruf absolut nicht mehr zutraut? Etwa wie der Schmerzpatient, der die Homepage einer Schmerzselbsthilfegruppe erstellte, sich eine sitzende Tätigkeit am PC im Beruf aber unter keinen Umständen mehr zutraut?

Der Gutachter schlüpft dabei in die Rolle eines Detektivs. Er hält sein Gegenüber emotional freundlich im Kontakt, um so gegebenenfalls auch Informationen zu erhalten, die den primären Intensionen des Patienten entgegenstehen.[20] Neben soziodemographischen Basisdaten und einer Darlegung der sozialen Rahmenbedingungen (einschließlich der finanziellen Situation) gilt es, die biographische und berufliche Anamnese (zuzüglich Hinweisen auf die Arbeitsmotivation), das Krankheitsmodell des Patienten sowie früherer und aktueller Behandlungen zu erheben. Die Basis der Gutachter-Professionalität liegt damit in dessen Fähigkeit, souverän, sozialkompetent und ausreichend hinterlistig (natürlich nicht bösartig, sondern stets an ›objektiven‹ Daten interessiert) mit der schwierigen Gutachen-Situation umzugehen, sowie in der Breite und Relevanz der erfragten Einzelkriterien.

Im Sinne des Gutachtenauftrages ist es – zumal aus Sicht der Auftraggeber – unabdingbar, im Gutachten das positive und negative Leistungsbild des Patienten dif-

---

18. Zur Informationsgenerierung als entscheidendem Aspekt des Gutachten-Handwerks vgl. z. B. Dohrenbusch, *Begutachtung*, 18 ff. sowie 97 ff. (M. Meise); Schneider, Henningsen & Rüger, *Begutachtung*, 37 ff.; U. Venzlaff & K. Foerster, *Psychiatrische Begutachtung*, 4. Aufl., München: Urban & Fischer, 2004; W. Hausotter, *Begutachtung somatoformer und funktioneller Störungen*, 2. Aufl., München: Urban & Fischer, 2004.

19. Vgl. T. W. Taris, Is There a Relationship between Burnout and Objective Performance? A Critical Review of 16 Studies, in: *Work & Stress* 29 (2006), 316–334.

20. Etwa Dohrenbusch, *Begutachtung*, 217 ff.; Rauh, Svitak & Grundmann, *Handbuch Begutachtung*, 63 ff.; vgl. A. Svitak, S. Müller-Svitak & E. Rauh, Zur Anwendung von Glaubwürdigkeitskriterien in der Begutachtung somatoformer Störungen, in: *Versicherungsmedizin* 59 (2007), 107–175.

ferenziert darzulegen und dies mit möglichst konkreten Beispielen zu untermauern. Bei Gutachten, die im Rahmen von Evaluationen inhaltlich ausgewertet wurden, zeigte sich, dass viele dieser Schriftstücke gerade in diesem Punkt mehr oder weniger blank waren.[21] Wie bzw. auf welcher Grundlage konnten diese Gutachter dann überhaupt zu abschließenden Feststellungen hinsichtlich der Leistungsfähigkeit der Patienten kommen? Im Einzelfall bleibt natürlich offen, ob diesbezügliche Informationen zwar erhoben, aber bei der Niederschrift vergessen worden sind. Nachdem solche ›Versäumnisse‹ aber keineswegs selten waren, liegt nahe, dass hier ein systematischer Fehler anderer Art vorliegt. Die Ausbildung von Psychiatern ging zumindest bis vor kurzem von tiefenpsychologischen Paradigmen aus. Unter Bezugnahme auf psychoanalytische Modelle wird darin insbesondere die frühe Biographie eines Menschen als prägend angesehen. Hiervon ausgehend wäre dann die aktuelle Arbeitsproblematik eines Klienten kaum mehr als eine nachgeordnete, frühere Muster spiegelnde Facette, die demnach vernachlässigt werden kann.

Als Grundlage jeder sozialmedizinischen Begutachtung muss die aktuelle Leistungsfähigkeit differenziert, umfassend und objektiv dargestellt werden. ›Differenziert‹ und ›umfassend‹ sind angesichts menschlicher Wesen nach oben hin offene, hochgradig virtuelle Kriterien. ›Objektivität‹, deren Gehalt philosophisch auszuloten bliebe, meint im Kontext der psychologischen Testtheorie, dass unterschiedliche Beurteiler angesichts eines Patienten zum gleichen Ergebnis kommen. Reliabilität bezieht sich darüber hinausgehend u. a. auf die Zuverlässigkeit und/oder Genauigkeit, mit der Befunde erhoben werden.[22] Dass eine wissenschaftliche Diskussion darüber, wie z. B. eine (natur)wissenschaftlichen Kriterien entsprechende objektive und reliable Erhebung der beruflichen Leistungsfähigkeit konkret aussehen könnte, bislang nur ansatzweise geführt wurde, überrascht angesichts der fundamentalen Bedeutung der Thematik. Wie notwendig eine objektive und reliable Erfassung der beruflichen Leistungsfähigkeit von Patienten ist, wird nicht zuletzt durch die in vielen Untersuchungen nachgewiesenen hohen Diskrepanzen zwischen subjektiver Befindlichkeit und objektivem Leistungsvermögen deutlich. So korreliert die Selbstwahrnehmung von Menschen, die sich auf bestimmten Fragebögen als ausgebrannt/burnout schildern, praktisch nicht mit ihrer in standardisierten Test messbaren Leistungsfähigkeit.

---

21. C. Stadtland, H. Gründel & S. Schütt, Beurteilung funktioneller körperlicher Beschwerden und umweltassoziierter Krankheitsbilder aus klinischer und gutachterlicher Sicht, in: *Der Nervenarzt*, Supp. 1 (2002): 32; C. Stadtland, H. Gründel, S. Schütt & N. Nedopil, Kriterien zur Beurteilung der quantitativen Leistungseinschränkung bei der Begutachtung funktioneller Störungen, in: *Versicherungsmedizin* 55 (2003), 111–117. Zusammenfassend Dohrenbusch, *Begutachtung*, 24 ff. (»Die Probleme der Sachverständigen«).
22. Vgl. B. Röhle, in: B. Röhle, F. Caspar & P. F. Schlottke (Hg.), *Lehrbuch der klinisch-psychologischen Diagnostik*, Stuttgart: Kohlhammer, 2008, 11 ff., insb. 18–20.

Die Selbsteinschätzung der Belastbarkeit wird offenkundig von einer Vielzahl von Faktoren, jenseits der reinen Krankheitsschwere, beeinflusst. So erleben sich beispielsweise sozial gut eingebundene Lehrer in erheblich höherem Maße als pensionsbedürftig als alleinstehende, damit in höherem Maße auf den Kontakt zu den Kollegen angewiesene Lehrerinnen – bei gleichem Alter und gleicher Symptombelastung.[23] Ein elaborierter, inhaltlich gut durchdachter Vorschlag – im Sinne einer ausführlichen und systematischen Darlegung zahlreicher zur Beurteilung der Leistungsfähigkeit relevanter Kriterien – wurde unlängst von Elisabeth Rauh, Michael Svitak und Helga Grundmann publiziert.[24] Es ist zu vermuten – und bliebe zu evaluieren –, dass bzw. in wieweit die Anwendung dieser Standards tatsächlich zu einer höheren Reliabilität der Befunde führt.

Im Rahmen menschlicher – und damit eben auch gutachterlicher – Wahrnehmung naheliegend, methodisch aber schwierig, ist dabei nicht zuletzt der Umstand, dass es angesichts von Mitmenschen de facto nahezu unmöglich sein dürfte, komplexere Sachaspekte zu erfassen, ohne zugleich emotional getragene Bewertungen vorzunehmen. So sachlich man es auch immer zu gestalten versucht, Gutachten-Sitzungen haben immensen emotionalen Gehalt. Auf beiden Seiten. Gutachter spüren gewissermaßen instinktiv die Gefahr im Rahmen ihres Gewerbes, von den zu Begutachtenden im Sinne von deren Renten-Zielen instrumentalisiert zu werden. Nicht umsonst ist die Frage, wie Simulanten als solche entlarvt und Aggravationen, mehr oder weniger bewusst die Symptomatik verschlimmernde Außendarstellungen, festgestellt werden können, heiß diskutiert. Andererseits hat der Gutachter erhebliche Macht. Der Umgang damit scheint, wenn man die Gutachter-Literatur diesbezüglich sichtet, vergleichsweise erheblich weniger intensiver Übung zu bedürfen.[25]

Eine gut praktikable Möglichkeit, zumindest Teilaspekte der Leistungsfähigkeit und leistungsbezogene Einstellungen objektiv und reliabel zu erfassen, sind evaluierte psychologische Skalen und testpsychologische Verfahren. Der Stellenwert dieser Methoden bleibt angesichts der vorliegenden Gutachten-Leitlinien und Fachliteratur insgesamt eher vage. Diverse spitze Formulierungen lassen auf einen weiter schwelenden Dauerkonflikt zwischen Ärzten und Psychologen schließen. Während psychologische Autoren, auf Grundlage umfangreicher Erhebungen, von der Sinn-

---

23. A. Hillert & E. Schmitz, *Psychosomatische Erkrankungen bei Lehrerinnen und Lehrern*, Stuttgart: Schattauer, 2004, 248 ff.; zur Begutachtung der Dienst(un)fähigkeit von LererInnen vgl. A. Weber, *Sozialmedizinische Evaluation gesundheitsbedingter Frühpensionierungen von Beamten des Freistaates Bayern*, Stuttgart: Gentner, 1998.

24. Rauh, Svitak & Grundmann, *Handbuch Begutachtung*, 71 ff.

25. Vgl. Anm. 13; Hoffmann-Richter, *Begutachtung*, 14, wobei vor allem das Problem angesprochen wird, wenn medizinische Gutachter letztlich über KollegInnen urteilen, etwa wenn es um die Beurteilung von Behandlungsfehlern geht; vgl. U. Wiesing, Verantwortung und Ethik in der Begutachtung, a. a. O. (Anm. 13).

haftigkeit der von ihnen erarbeiteten Methoden überzeugt sind (Verfälschungs-
intensionen der Probenanten werden z. B. anhand unsystematisch fluktuierender
Antwortqualitäten deutlich), räumen Ärzte psychologischen Verfahren vorzugsweise den Stellenwert von Zusatzgutachten und ergänzenden Befunden ein. Entscheidend bliebe letztlich die kompetente ganzheitliche Wahrnehmung des Patienten durch den (ärztlichen) Gutachter. Die komplexe Problematik lasse sich mit
naturwissenschaftlichen, absehbar eindimensionalen Verfahren nicht angemessen
darstellen, geschweige denn beurteilen…[26]

Womit wir wieder beim Leitmotiv dieses Beitrages, dem Dilemma einer zwischen
ganzheitlich-künstlerischem Impetus und Naturwissenschaft stehenden Medizin,
angelangt wären. Dass Ärzte hier gleichzeitig vom Anspruch wissenschaftlicher
Fundierung ausgehen, ohne dass es zur Gutachten-Thematik eine diesen Namen ver-
dienende, an naturwissenschaftlichen Standards orientierte Grundlagenforschung
gibt (und die Haltung gegenüber psychologischen Methoden ambivalent bleibt), ist
eine der Pointen unseres Themas. Für den Fall, dass die Medizin hier implizit von
einem anderen, nicht- bzw. vor-naturwissenschaftlichen Wissenschaftsverständnis
ausgeht, müsste dieses zumindest näher dargelegt werden.

Prognosen sind schwierig, vor allem, wenn sie die Zukunft betreffen

Gesetzt den Fall, eine objektive und reliable Erfassung der aktuellen Fähigkeiten
und Einschränkungen eines Menschen im Hier und Jetzt wäre möglich. Um auf dieser Basis eine substanzielle Prognose abgeben zu können, müssten (zumindest) zwei
Voraussetzungen erfüllt sein: die betreffenden Problemkonstellationen müssen sich
über die Zeit hin quasi gesetzmäßig entwickeln und es müssen prognostisch relevante Kriterien – Verlaufsprädiktoren – bekannt sein. Bei vielen psychischen und
psychosomatischen Störungsbildern (s. o.) wurden Verlaufsuntersuchungen durchgeführt, wobei sich negative (hohe genetische Belastung, problematische Kindheit,
schlechte soziale Einbindung, schwerwiegende Lebensereignisse etc.) und positive
Prädiktoren (intakte Partnerschaft, stabile Persönlichkeit, Medikamentencom-

---

26. Diesbezüglich besonders prägnant: Dohrenbusch, *Begutachtung*, 62 ff. (»Kommentar zu
　　den Leitlinien der medizinischen Fachgesellschaften […]. Wer sich mit der nötigen Sorgfalt
　　mit psychodiagnostischen Fragestellungen und Methoden auseinander setzt, der weiß, dass
　　Appelle an die Souveränität des Untersuchers und seine ›allgemeine ärztliche Erfahrung‹
　　nicht ausreichen können, um bekannte Probleme der eingeschränkten Messgenauigkeit der
　　fraglichen inhaltlichen Gültigkeit […] zu lösen.«); vgl. W. Wallrabenstein,Was spricht für den
　　Einsatz von Assessments (FCW) in der sozialmedizinischen Begutachtung? In: *Der medizi-
　　nische Sachverständige* 105 (2008), 135–137; entsprechend erfreulich ist der multiprofessio-
　　nelle Zugriff von Rauh, Svitak & Grundmann, *Handbuch Begutachtung*.

pliance u. a.) aufzeigen ließen, allerdings nur im Sinne relativer Faktoren mit mehr oder weniger starker Varianzaufklärung. Von komplexen Interaktionen dieser und anderer Faktoren (im Rahmen bio-psycho-sozialer Modelle, s. o.) ist auszugehen, was insgesamt zwar Prognosen im Hinblick auf größere Gruppen (X Prozent aller Depressionen zeigen einen Y-Verlauf), nicht aber, zumindest nicht mit hinreichender Sicherheit, bezogen auf Einzelfälle erlaubt. Einschränkend kommt hinzu, dass sich diese Verlaufsuntersuchungen mehrheitlich nicht auf sozialmedizinisch begutachtete Patienten beziehen. Im Hinblick auf diese spezielle Gruppe liegen die ›harten‹, prognoserelevanten Faktoren offenbar vorzugsweise auf einer anderen Ebene: Wer sich selbst als rentenbedürftig einschätzt, der wird in Zukunft mit relativ hoher Wahrscheinlichkeit berentet sein. Zudem: Je höhere Renten-Ansprüche bzw. Versicherungen ein Patient im Falle von Arbeits- und/oder Berufsunfähigkeit hat, desto unwahrscheinlicher wird seine Genesung.[27]

Insgesamt ergibt sich ein methodisch schwer entwirrbares Dilemma: der Langzeitverlauf eines psychischen oder psychosomatischen Störungsbildes, zumindest was die berufliche Leistungsfähigkeit anbelangt, wird durch Art und Umfang der sozialen Absicherung, durch die Tatsache der Begutachtung und deren Ergebnis in hohem Maße determiniert! Bei der Begutachtung von Objekten anderer Art, etwa von Kunstwerken[28] ist das grundlegend anders. Hier wirken sich Gutachten zwar auf die Art und Weise aus, wie ein Objekt wahrgenommen und bewertet wird. Das betreffende Werk selber wird aber nicht verändert und kann dann später wieder ganz neu und ggf. ›richtiger‹ beurteilt werden. Im Fall sozialmedizinischer Gutachten hat die Begutachtung demgegenüber unmittelbare Rückwirkungen auf das beurteilte Subjekt. Solche Interaktions-Effekte können potentiell in alle Richtungen gehen, von Reaktionsbildungen (das Gutachten wird als falsch angesehen, Gegengutachten werden gefordert, ein Rentenstreit geführt – oder aber im Sinne eines paradoxen Effektes: »dem Gutachter, der mich für leistungsunfähig hält, werde ich das Gegenteil beweisen…«) bis zur Chronifizierung der Problematik durch Übernahme der gutachterlich festgestellten Patientenrolle (im Sinne selbsterfüllender Prophezeiung). Eine systematische Nachverfolgung von Gutachten-Patienten wäre aus sozialmedizinischer Sicht wichtig. Dass es diesbezüglich bislang nur wenige Untersuchungen

---

27. Zu bio-psycho-sozialen Krankheitsmodellen siehe die Literatur zur ICF-Klassifikation, Anm. 15; vgl. F. Jacobi, Der Zusammenhang von Arbeitsbedingungen und psychischen Störungen aus epidemiologischer Perspektive, in: Bundesanstalt für Arbeitsschutz und Arbeitsmedizin (Hg.), *Arbeitsbedingte depressive Störungen*, Bremerhaven: Wirtschaftsverlag NW, 2005, 7–16; S. Stansfeld: Psychosocial Work Environment and Mental Health – a Meta-Analytic Review, in: *Scandinavian Journal of Work, Environment and Health* 32 (2006), 443–462; J. Wang, Work Stress as a Risk Factor for Major Depressive Episode(s), in: *Psychological Medicine* 25 (2006), 865–871.

28. Vgl. dazu den Beitrag von Hillert, in diesem Band auf den Seiten 113–164.

gibt, hat mehrere Gründe. Berentete Patienten sind mitunter wenig auskunftsfreudig, der Datenschutz tut das seine und die wissenschaftliche Attraktivität der Daten hält sich, da aus den dargelegten methodischen Gründen keine belastbaren Aussagen zur Validität der im Gutachten formulierten Prognosen zu erwarten sind, in Grenzen. Und, inhaltlich vom prognostischen Aspekt (s. o.) schwer zu trennen, stellt sich grundlegend die Frage, ob bzw. inwieweit Gutachter therapeutisch denken dürfen bzw. sollten. Kann ein Gutachter einen Menschen weiter in die Arbeit schicken (also als entsprechend leistungsfähig begutachten), obwohl dieser erheblich beeinträchtigt ist, weil es prognostisch für den Patienten mutmaßlich perspektivisch besser wäre?[29]

Was ist wem zumutbar? Zwischen Werten und Wissenschaft

Kann ein Patient durch »zumutbare Willensanstrengung« seine Einschränkungen überwinden oder zumindest verringern? Im Rahmen der das Ergebnis einer Begutachtung determinierenden Aspekte ist die ›Zumutbarkeit‹ von vermutlich einzigartigem Rang. Wäre es beispielsweise Marianne A. zuzumuten, trotz selbstseingeschätzter Leistungsunfähigkeit und der am Arbeitsplatz erlebten Kränkungen wieder als Krankenschwester zu arbeiten? Üblicherweise nähern sich Gutachter solchen immanent persönlichen und ethischen Fragen über das Konstrukt der ›Bewusstseinsnähe‹ des Störungsbildes an. Dabei wird vorausgesetzt, dass die Überwindung bewusstseinsnaher, z. B. durch (mutmaßlich) bewusste Aggravation auffallender Beeinträchtigungen den betreffenden Klienten leichter fällt und damit eher zumutbar ist als gänzlich in ihrem Leiden gefangenen Betroffenen.[30]

»Bewusstseinsnähe« wird dabei aus dem Verhalten, z. B. inkonsistenten Angaben zur Stärke der Beeinträchtigungen, erschlossen und letztlich wohl ausgehend von einem sich beim professionellen Begutachter einstellenden Gefühl beurteilt. Dass das intellektuelle Niveau des Patienten, therapeutische Vorerfahrung und das Ausmaß des Krankheitsgewinns mit ›Bewusstseinsnähe‹ interagieren, kann vorausgesetzt werden. Der Fokus der Selbstreflexion von Maria B. liegt weitgehend auf ihrem persönlichen, von der organischen Komponente her objektiv geringen, von

---

29. Vgl. W. Schneider & G. Paar, Psychosomatisch-psychotherapeutisches Handeln zwischen Prävention, Therapie und Rehabilitation. In: Schneider, Henningsen & Rüger, *Begutachtung*, 173–194.

30. Dohrenbusch, *Begutachtung*, 262 ff.; Rauh, Svitak & Grundmann, *Handbuch Begutachtung*, 15 f.; vgl. P. Wickler & K. Foerster, Zum Problem der »zumutbaren Willensanspannung« in der sozialmedizinischen Begutachtung, in: *Der medizinische Sachverständige* 92 (1996), 120–124; M. Oliveri, H. G. Kopp, K. Stutz, A. Klipstein & J. Zollikofer, Grundsätze der ärztlichen Beurteilung der Zumutbarkeit und Arbeitsfähigkeit, in: *Schweizer Medizinisches Forum* 6 (2006), 448–454.

den Lebensumständen her von ihr selbst als hochgradig belastend erlebten Leid. Da sie die Relativität dieser Konstruktion und ihre potentiellen Freiräume offenbar konsistent nicht reflektieren kann, ist die Dynamik ihrer Schmerzen ›bewusstseinsfern‹. Insofern geht es nicht um äußere Relationen, sondern um persönliche Maßstäbe. Ausschließlich und bis zu welchem Ausmaß? Wie viele Kränkungen muss man im Leben ertragen können? Nachdem es diesbezüglich keine verbindlichen Normwerte gibt und – von justiziablen Extremen abgesehen – geben kann, bringt jeder Patient und jeder Gutachter hier zwangsläufig eigene Maßstäbe ein.

Die WHO hat Gesundheit seinerzeit als einen durch vollkommenes medizinisches und soziales Wohlbefinden charakterisierten Zustand definiert. Jeder, der Probleme hat, wäre demnach krank. In einer Gesellschaft, in der zumindest vor der aktuellen Bankenkrise praktisch jeder den Anspruch auf Wohlstand und Sicherheit den Grundrechten zurechnet, liegt die Messlatte der Unzumutbarkeit offenkundig viel niedriger als in Epochen und Regionen, in denen der Kampf ums Überleben und/oder die Gemeinschaft im Vordergrund stand bzw. steht. Menschen sind sehr sensibel, wenn es um die Wahrnehmung von realen oder potenziellen Verlusten und Bedrohungen geht. Kränkungen im sozialen Kontext – etwa im Sinne des Erlebens von Gratifikationskrisen – haben, vermittelt über das vegetative Nervensystem, nachweislich weitreichende Auswirkungen auf die Entstehung und Aufrechterhaltung körperlicher (Herz-Kreislauferkrankungen) und psychischer Störungen.[31] Natürlich gab und gibt es in allen Gesellschaften psychische Krankheiten. Die bei uns aktuell rasant zunehmenden Störungsbilder jedoch sind in ihrer Quantität und Qualität mutmaßlich keine Zufälligkeiten oder gar der Ausdruck plötzlich veränderter Erbanlagen, sondern Begleitaspekte gesamtgesellschaftlicher Entwicklungen.[32]

---

31. J. Siegrist, *Soziale Krisen und Gesundheit*, Göttingen: Hogrefe, 1996; R. Peter, Berufliche Gratifikationskrise und Gesundheit, in: *Der Psychotherapeut* 47 (2002), 386–398; J. Siegrist & A. Rödel, Chronischer Distress im Erwerbsleben und depressive Störungen: epidemiologische und psychobiologische Erkenntnisse und ihre Bedeutung für die Prävention, in: Bundesanstalt für Arbeitsschutz und Arbeitsmedizin (Hg.), *Arbeitsbedingte depressive Störungen*, a. a. O. (Anm. 27), 27–37.
32. Etwa E. Shorter, *Moderne Leiden. Zur Geschichte der psychosomatischen Krankheiten*, Reinbek: Rowohlt, 1994; A. Ehrenberg, *Das erschöpfte Selbst. Depression und Gesellschaft in der Gegenwart*, Frankfurt/M.: Campus, 2004; Hillert & Marwitz, *Burnout-Epidemie*, 202 ff.; vgl. M. Linden, Posttraumatic Embitterment Disorder, in: *Psychotherapy and Psychosomatics* 72 (2003), 195–202; A. Hillert & S. Koch, Berufsbezogene Psychotherapie?! Realexistierende Patienten – Therapeutische Perspektiven – Pragmatische Behandlungsansätze, in: A. Weber & G. Hörmann (Hg.), »*Mensch und Neue Arbeitswelt*« – *Psychosoziale Gesundheit im Beruf*, Stuttgart: Gentner, 2006, 447–458.

Zwickmühlen überall…

Fassen wir zusammen: Sozialgeschichtlich betrachtet sind ›wissenschaftlich begründete sozialmedizinische Gutachten‹ ein etablierter, in der juristischen Auseinandersetzung um Renten, Pensionen und Versicherungen zwingend vorgeschriebener Baustein sozialer Gerechtigkeit. Unter dem Vorzeichen naturwissenschaftlicher Maßstäbe stellt sich das sozialmedizinische Gutachtenwesen, bei aller unbestrittenen Integrität, Erfahrung und – im Rahmen dessen – Professionalität der Gutachter, als Entwicklungsland dar. Dass eine solche vor allem theoretisch-methodisch begründete Pauschalkritik leider nicht bodenlos ist, belegen mehrere Untersuchungen. So fiel bei einer systematischen Analyse von in Rehabilitationskliniken erstellten Gutachten bereits vor Jahren auf, dass die Beurteilung von vergleichbar belasteten Patienten vor allem von der Person des jeweiligen Gutachters abhing. Es gab Gutachter, die relativ schnell bzw. großzügig von Rentenbedürftigkeit ausgingen, und eben andere. Ob und welchem der Patienten damit langfristig ein Dienst erwiesen wurde, bleibt in Ermangelung von Verlaufsbefragungen (auch) in diesem Fall offen.[33]

Unlängst wurde der Fall einer Patientin (in Form von Unterlagen und einem Video) verschiedenen Fachgutachtern präsentiert. Diese gaben dazu hochgradig differente Einschätzungen ab, die von kompletter Leistungsunfähigkeit bis zum Gegenteil dessen reichten.[34] Es gibt Kollegen, die angesichts von alledem davon ausgehen, dass eine Absicherung von sozialmedizinischen Gutachten hinsichtlich Objektivität bis Validität grundsätzlich unmöglich seien. Menschen, Patienten, Fälle und die möglichen Maßstäbe seien schlicht zu komplex, auf hoher See und vor Gericht sei man eben in Gottes Hand. Und wer bei einem Verfahren Schiffbruch erlitten hat, kann in Revision gehen. Neues Spiel, neues Glück.[35] Diese Haltung ist sicher be

---

33. I. Marx, G. Grafe & H. Weishaupt, Erfahrungen mit stationärer Rentenbegutachtung, in: *Deutsche Rentenversicherung* 4–5 (1988), 275–300.

34. A. J. R. M. Dickmann & A. Broocks, Das psychiatrische Gutachten im Rentenverfahren – wie reliabel? In: *Fortschritte der Neurologie und Psychiatrie* 75 (2007), 397–401; vgl. S. Becher, Qualitätssicherung in der ärztlichen Begutachtung, in: *Versicherungsmedizin* 60 (2008), 105 f.

35. Vgl. M. Linden, Das psychiatrische Gutachten im Rentenverfahren, a. a. O. (Anm. 13; zu Dickmann und Broocks, s. o. Anm. 33): »Multivarianter Bedingungsraum […], der seiner Natur nach keine eindeutigen Schlüsse zulässt […], aus grundlagenwissenschaftlichen Überlegungen völlig ausgeschlossen, dass es eindeutige Urteile und zwingende Schlussfolgerungen daraus gäbe.« – »Es sind nur Tendenzurteile bzw. probabilistische Aussagen möglich. In der Arbeit wird in diesem Sinne fälschlicherweise suggeriert, es gebe eine Gutachterobjektivität.« Wenn es aus grundlagenwissenschaftlichen Überlegungen auf der Basis der vorgenannten Argumente gilt, dass es keine »objektiven« Urteile gibt, sondern es sich letztlich um Wertentscheidungen handelt, dann muss eine Einheitlichkeit auf diesem Niveau hergestellt werden, also vorab festgelegt werden, ob eher streng und ablehnend oder eher sozial und unterstützend beurteilt werden soll. Vgl. Hoffmann-Richter, *Begutachtung*, 14 f.: »Denn Medizin ist eine humanisti

stechend fatalistisch, wobei aber das Kind mit dem Bade ausgeschüttet wird, so als sei an sozialmedizinischen Gutachten alles heillos der Subjektivität bzw. der Willkür des Gutachters unterworfen. Was lässt sich bei sozialmedizinischen Gutachten potentiell mit naturwissenschaftlichem Anspruch ›wissenschaftlich‹ begründen – und was nicht?

Eine systematische und reliable Erfassung von für die aktuelle Beurteilung der Leistungsfähigkeit relevanten und prognostisch wichtigen Symptomen und Daten ist methodisch – in Analogie zum operationalisierten Vorgehen aktueller Diagnosesysteme – durchaus möglich. Ein substanzieller Vorschlag hierzu, dessen Evaluation anstünde, liegt vor.[36] Neben der akribischen Detailarbeit, die beispielsweise eine Evaluation der Interrater-Reliabilität (also der Feststellung, inwieweit verschiedene Gutachter mit/ohne die Vorgaben bei unterschiedlichen Aspekten in ihrer Beurteilung übereinstimmen) bedeutet, wäre dann perspektivisch ein Umdenken der Gutachter selbst nötig. Wer sich an ein enges, empirisch gesichertes Raster hält, gibt zwangsläufig etwas von seiner persönlichen Souveränität ab. Charismatische Gutachter-Autokraten, die sich empirisch-kleinlichem Firlefanz, wie er in diesem Beitrag erörtert wird, dank doktoraler oder gar professoraler Machtvollkommenheit enthoben fühlten, gibt es heute erfreulicherweise kaum noch... Gelegentliche Nachbeben sind zu verzeichnen.

Dass sich Wert-Aspekte jeder Art, was die Zumutbarkeitsfrage und diverse Facetten von Schuld und Sühne betrifft, demgegenüber auch weiterhin standardisierten Setzungen und Normierungen entziehen werden, liegt in der dynamisch-komplexen Natur der Sache. So wurden vor Jahren, in Zeiten wirtschaftlicher Höhenflüge, beispielsweise viele tausend eher minimal belastete Post- bzw. Telekom-Beamte von Ärzten als arbeitsunfähig begutachtet und sozialverträglich in die Frühpension abgebaut. Diesbezüglich bestand seinerzeit offenbar Konsens zwischen den angehenden Frühpensionären, Arbeitgebern, Gutachtern und öffentlichen Kassen. Ist einem sich belastet erlebenden Beamten tatsächlich eine Tätigkeit unter den Bedingungen des freien Marktes oder das Dahinvegetieren in einer Auffanggesellschaft unzumutbar? Wenn das Individuum in solchen Konstellationen zum letztendlichen Maßstab seiner selbst wurde, dann konnte bzw. kann es außerhalb des jeweiligen Individuums natürlich keine verbindlichen und – in welchem höheren Sinn auch immer – richtigen Maßstabe geben. Und das war und ist vermutlich gut so, solange sich die

---

sche oder auch Erfahrungswissenschaft, die nur an wenigen Stellen auf naturwissenschaftliche Grundlagen zurückgreifen kann, während die Jurisprudenz eine normative Wissenschaft ist«.

36. Vgl. Rauh, Svitak & Grundmann, *Handbuch Begutachtung*; vgl. Stadtland, Gündel, Schütt & Nedopil, Kriterien zur Beurteilung der quantitativen Leistungseinschränkung, a. a. O. (Anm. 21). Unter einschlägigen »Rentenbegehren« werde hinter vorgehaltener Hand kommuniziert, es im Falle der Ablehnung eines Rentenantrages wegen körperlicher Erkrankung doch mit »etwas Psychischem« zu versuchen; die Chancen seien dort besser...

Gesellschaft eben dies leisten konnte und wollte. Angesichts von Wirtschaftskrise und Rezession haben sich die Maßstäbe zwischenzeitlich verschoben. Die jeweils aktuellen Wert-Konstellationen lassen sich durch repräsentative Befragungen der Bevölkerung eruieren. Wie fatal jedoch eine im- oder explizite Verpflichtung von Gutachtern auf die jeweilige ›öffentliche Meinung‹ wäre, wurde in der deutschen Vergangenheit hinreichend bewiesen.

Ein anderes Beispiel: In den Jahren bis etwa 2001 erreichten keine 10 % der deutschen Beamten den Altersruhestand. Dass es aktuell (2009) mehr als 25 % sind, liegt keineswegs an gesundheitsfördernden Maßnahmen, sondern an deutlich erhöhten Pensionsabschlägen. Eine vorzeitige Ruhestandsversetzung ist heute demnach schlicht erheblich unattraktiver.[37] Es kann davon ausgegangen werden, dass psychische und psychosomatische Störungen, zumal was die damit begründete Arbeitsunfähigkeit anbelangt, früher anders verlaufen sind als zehn, zwanzig, dreißig Jahre später bzw. heute. Sich verändernde Werte respektive der Wertewandel dürften dabei direkt und indirekt (z. B. durch Gesetzesänderungen) von erheblicher Bedeutung sein. Diese Zusammenhänge und Abhängigkeiten z. B. durch Zeitreihenuntersuchungen wissenschaftlich differenziert aufzuzeigen wäre verdienstvoll. Anhand solcher Daten ließe sich dann mutmaßlich auch beweisen, warum bzw. dass auch in professionellen Gutachten eine wissenschaftlich-fundierte valide Prognose *un*möglich ist respektive dass solche nur von Gutachtern mit hellseherischen Fähigkeiten zu erwarten wären.

Ausblicke, Ausreden, Automatismen

Zum einen kann, sollte und muss an der Qualität der Gutachten gearbeitet werden, dort, wo es methodisch möglich ist. Qualitätsmanagement hat zwischenzeitlich alle Bereiche der Medizin erobert, vor dem sozialmedizinischen Gutachterwesen wird es nicht Halt machen. Wie schwer es sein wird, über formale Aspekte hinaus (an-

---

37. Pressemitteilung des Statistischen Bundesamtes Nr. 519 vom 9. Dezember 2005: Lehrer gehen mit durchschnittlich 62 Jahren in Pension: »Wie das Statistische Bundesamt mitteilt, wurden im Jahr 2004 in Deutschland knapp 15 400 verbeamtete Lehrer in den Ruhestand versetzt. Dies waren 7 % mehr als 2003. Dabei ist nach Ergebnissen der Versorgungsempfängerstatistik der Anteil der Pensionierungen wegen Dienstunfähigkeit von 34 % im Jahr 2003 auf 28 % im Jahr 2004 zurückgegangen. Durchschnittlich waren die im Jahr 2004 pensionierten Lehrer zum Zeitpunkt ihrer Pensionierung 62 Jahre alt. Im Jahr 2000 waren es 59 Jahre. Seit der Einführung von Abschlägen bei der Pensionierung auf Grund von Dienstunfähigkeit vor Vollendung des 63. Lebensjahres ist die Zahl der Pensionierungen wegen Dienstunfähigkeit kontinuierlich gesunken. Im Jahr 2000, dem Jahr vor Einführung dieser Abschläge, waren noch 64 % aller Pensionierungen von Lehrern wegen Dienstunfähigkeit erfolgt [...].«

gemessene Fristen für die Erstellung von Gutachten, Beantwortung aller Gutachtenfragen, dezidierte Schilderung der aktuellen Arbeitssituation etc.) eine objektive und reliable Befunderhebung zu gewährleisten, dürfte deutlich geworden sein.

Zudem ginge es darum, Gutachten-Formen zu finden, in denen das Bedingungsgefüge der jeweiligen Konstellation einschließlich der prognostischen und therapeutischen Unwägbarkeiten – dem tatsächlichen Stand einer von naturwissenschaftlichen Paradigmen geprägten medizinischen Wissenschaft entsprechend – angemessen dargestellt werden können. Dass Auftraggebern Gutachten, die auf realiter eben nicht mit ›an Sicherheit grenzender Wahrscheinlichkeit‹ postulierbare Festlegungen verzichten sowie potenzielle Fehler und Irrtümer der Einschätzungen aufzeigen, nicht gefallen werden, ist vorauszusehen. Mit normativer Pseudo-Klarheit kraft Gutachter-Potenz argumentiert es sich für Juristen bislang erheblich leichter als mit angemessen relativistischen Einschätzungen.

Wäre es letztlich angemessen, auf sozialmedizinische Gutachten in solchen Fällen ganz zu verzichten? Wenn die spontane Einschätzung von Laien letztlich ebenso (bzw. ebenso wenig) objektiv, reliabel und valide ist wie das aufwendige Gutachten eines Experten, ließe sich damit nicht viel Geld sparen? Wie auch immer diese Frage beantwortet wird, angesichts der dargelegten Sachlage mutet der Begriff ›wissenschaftlich‹ im Kontext sozialmedizinischer Gutachten aktuell wie ein Feigenblatt an. Damit geschmückt lässt sich einerseits an der gemütlichen Illusion von Objektivität und sozialer Gerechtigkeit gegenüber gesundheitlich eingeschränkten Menschen und andererseits an langjährig institutionalisierten Abläufen, Gewohnheiten und Ansprüchen festhalten. Für den Fall, dass dieses Feigenblatt verwelken oder aus der Mode kommen sollte: Sind alternative Lösungen vorstellbar, etwa im Sinne dessen, was bereits (s. o.) bei deutschen Beamten in ersten Schritten vollzogen wurde? Indem Gratifikationen für Störungen respektive damit verbundene Einschränkungen reduziert wurden, hat sich die Zahl arbeitsunfähig-kranker Beamter offenbar deutlich verringert. Dass Maßnahmen dieser Art letztlich so unzumutbar-sarkastisch sind, wie es dem geneigten Leser dieser Zeilen spontan aufstoßen mag, kann bezweifelt werden.

Wie gesagt, eine (zu) gute Absicherung ist der potenteste, eine Chronifizierung psychischer und psychosomatischer Störungen fördernde Faktor. Therapeutisch betrachtet ist dies übrigens absolut plausibel: je besser es Patienten gelingt, die Aufmerksamkeit auf etwas anderes als ihre jeweiligen Symptome und Einschränkungen zu lenken, um so mehr relativiert sich die Problematik. Mit technisch aufwendigen Untersuchungen des Gehirns lässt sich dies übrigens bereits organisch/optisch nachweisen. So schrumpfen z. B. durch chronische Schmerzen gut geschulte, relativ große Hirnareale wieder, wenn die Fokussierung auf den Schmerz abnimmt. Wenn man sich psychische und psychosomatische Störungen nicht mehr leisten kann, dann geht es den Menschen natürlich nicht per se besser. Die jeweiligen Diagnosen, wie immer von Extremfällen abgesehen, diffundieren gewissermaßen, und Probleme verlagern sich auf andere Bereiche, wo sie mitunter besser lösbar sind; zumindest werden Gutachter und Gerichte seltener bemüht…

Abschließend sei nochmals betont, dass es in keiner Weise darum geht, die persönlichen Leistungen oder gar die Integrität sozialmedizinischer Gutachter zu hinterfragen. Sie sind ihrerseits Teil der skizzierten komplexen, historisch gewachsenen gesellschaftlichen Gesamtkonstellation. In diesem Kontext machen es ihnen die aktuellen sozial-gesetzlichen Vorgaben nicht leicht: Wie konnte der Gesetzgeber etwa auf die hehre Idee kommen, dass sich – von wem und wie auch immer – überhaupt konkret/objektiv bestimmen lässt, ob eine Person nun 2 Stunden und 59 Minuten oder aber 3 Stunden und 1 Minute pro Tag arbeiten kann (im erstgenannten Fall gäbe es Rente, im letztgenannten nur eine Teilrente)? Natürlich müssen Abgrenzungen aus juristischen Gründen sein, aber sie derart an den Haaren herbeizuziehen? Inhaltlich-distanziert betrachtet gehören diese Gesetze zweifellos zu den großen Mysterien der Menschheit!

Warum lassen sich Gutachter und Staatsbürger wie wir alle darauf ein? War bzw. ist wirklich derart unerkennbar, dass der Kaiser bzgl. der sozialmedizinische Gutachter praktisch nackt ist? Offenbar geht niemand wirklich davon aus, dass es bei sozialmedizinischen Gutachten um Wissenschaft, also um den systematischen Versuch, Irrtümer und Fehler zu minimieren, geht. Realiter handelt es sich in hohem Maße um ein maßgeblich von Machtpositionen und Konventionen dominiertes Gesellschaftsspiel. Dank ihrer Doppel-Identität, Kunst und Wissenschaft, hat sich Medizin auch in diesem Kontext seit Menschengedenken gut positionieren können. Ein zu intensives Suchen nach Fehlern und Irrtümern wäre angesichts dessen offenbar eher unzuträglich.

P. S.: Marianne A. wurde zwischenzeitlich aufgrund eines entsprechenden Fachgutachtens berentet (»durch zumutbare Willensanstrengung nicht überwindliche Konstellation«). Sie zog in eine kleine Wohnung in ein Feriengebiet und kaufte einen Hund. Aufgrund fehlender Sozialkontakte völlig vereinsamt, zog sie knapp zwei Jahre später wieder an ihren ursprünglichen Wohnort zurück. Ihre Außenkontakte, bei stetig zunehmenden Schmerzen, beschränken sich heute weitestgehend auf Arztbesuche. Formal war das Fachgutachten mutmaßlich korrekt. Maria B. kam noch nicht dazu, sich um die ihr vom Hausarzt in Aussicht gestellte Rente zu kümmern. Ihr eine Rente aufzudrücken, wäre medizinisch gesehen sicher richtig, ansonsten aber vermutlich ein Kardinalfehler.[38]

---

38. Für weiterführende Hinweise und eine anregende Diskussion der Thematik danke ich Elisabeth Rauh, Michael Svitak, beide in Staffelstein, Christina Lemnitz, Hochstätt, und Andreas Weber, Essen.

Abgekürzt zitierte Literatur

Dohrenbusch, *Begutachtung* – R. Dohrenbusch, *Begutachtung somatoformer Störungen und chronifizierter Schmerzen*, Stuttgart: Kohlhammer, 2007.

Hillert & Marwitz, *Burnout-Epidemie* – A. Hillert & M. Marwitz, *Die Burnout-Epidemie, oder: Brennt die Leistungsgesellschaft aus?* München: Beck, 2006.

Hoffmann-Richter, *Begutachtung* – U. Hoffmann-Richter, *Die psychiatrische Begutachtung. Eine allgemeine Einführung*, Stuttgart: Thieme, 2005.

Rauh, Svitak & Grundmann, *Handbuch Begutachtung* – E. Rauh, M. Svitak & H. Grundmann, *Handbuch Psychosomatische Begutachtung. Ein praktisches Manual für Ärzte und Versicherer*, München: Urban & Fischer, 2008.

Schneider, Henningsen & Rüger, *Begutachtung* – W. Schneider, P. Henningsen & U. Rüger, *Sozialmedizinische Begutachtung in Psychosomatik und Psychotherapie*, Bern: Huber, 2001.

Otto Neumaier (Hg.): *Fehler in Wissenschaft und Kunst*, Möhnesee: Bibliopolis, 2010: 39–60

»WIR SIND EINE MORALISCH HÖHERE SPEZIES«

EIN VERSUCH ÜBER DEN GRÖSSTEN ANZUNEHMENDEN FEHLER VON WISSENSCHAFTLERN[1]

Peter Daniel Moser

1. Problemstellung

Philippe Patry hat kürzlich in einigen sehr bemerkenswerten Publikationen[2] zur Abgrenzung zwischen Wissenschaft und Nicht- bzw. Pseudowissenschaft Stellung genommen. Ich möchte mich davon an dieser Stelle zu einigen Überlegungen zum Wesen von Wissenschaft sowie zu ihrer Abgrenzung von anderen nichtwissenschaftlichen Formen der Weltorientierung inspirieren lassen.

2. Abgrenzung: *Was ist das?* – *Wissenschaft zwischen Demarkation und Definition*

Der (durch die Werke Karl Poppers sozialisierte) Wissenschaftstheoretiker von heute neigt dazu, Abgrenzung als eine Entdeckung des Begründers des Kritischen

---

1. Im Interesse besserer Lesbarkeit wird im vorliegenden Text auf das Binnen-I verzichtet. Wenn ich also im Folgenden die männliche Form verwende, ist damit selbstverständlich keine Diskriminierung von Frauen oder von Personen mit besonderer geschlechtlicher Entwicklung beabsichtigt.

    Ein zweites *Caveat* vorab: Ich werde mich in diesem Aufsatz auf die abendländische Tradition beschränken. Dies geschieht nicht aus unangemessener Überheblichkeit gegenüber nichteuropäischen Kulturen, sondern weil ich über diese zu wenig weiß, um seriöse Aussagen über sie treffen zu können.

2. *Wissenschaft und Pseudowissenschaft. Ein Beitrag zur Abgrenzungsproblematik*, Dissertation an der Kultur- und Gesellschaftswissenschaftlichen Fakultät der Universität Salzburg 2004 (im Folgenden Patry 2004); geringfügig verändert (vgl. unten, Anm. 97!), ist diese Doktorarbeit unter demselben Titel als Buch erschienen: Saarbrücken (VDM Dr. Müller) 2008 (im Folgenden: Patry 2008a); »Psychologische Erklärungen für Irrtümer in Wissenschaft und Nichtwissenschaft«, in: Otto Neumaier (Hg.): *Fehler und Irrtümer in den Wissenschaften*, Wien–Berlin: LIT, 2007, 245–272 (im Folgenden: Patry 2007); »Kritisches Denken im Psychologie- und Philosophie-Unterricht«, in: Martina Fürst et al. (Hg.): *Analysen, Argumente, Ansätze. Beiträge zum 8. Internationalen Kongress der Österreichischen Gesellschaft für Philosophie in Graz*, Bd. 2, Frankfurt/M.–etc.: ontos, 2008, 477–485 (im Folgenden: Patry 2008b).

Rationalismus zu betrachten (höchstenfalls das Problem bis zu dessen »Lehrer«[3] Moritz Schlick und den Wiener Kreis zurückzuverfolgen).[4]

Man darf aber nicht vergessen, dass »Abgrenzung« ein doppeldeutiger Begriff ist, denn er steht sowohl für die Übersetzung von *Definition* als auch von *Demarkation*. In beiden Bezeichnungen stecken Wörter, die im Lateinischen »Grenze« umschreiben: »finis« bzw. »margo«.[5] Auf welchem Weg lässt sich nun eher Klarheit über das Wesen von Wissenschaft gewinnen: auf dem der *Definition* – also dem Verfahren der möglichst adäquaten Begriffsbestimmung – oder der *Demarkation* (im Sinne der Suche nach einem einschlägigen Kriterium, das Wissenschaft von Nichtwissenschaft unterscheidet)?

Omnis definitio ... periculosa est...[6] Nie war der römische Jurist Iavolenus so klar[7] wie an dem Tag, als er diese Einsicht hatte – die vom antiken Zivilrecht eins zu eins auf die Wissenschaftstheorie übertragbar ist! Gleichwohl, so scheint mir, ist der lateinischen Sentenz ein *sed necesse est* anzufügen. Auch für »Wissenschaft« gilt, was für Wissenschaft gilt:

> »So wird also die Sprache zuerst dazu gebraucht, die Namen richtig zu definieren; hierin liegt der Anfang aller Wissenschaft. Und ihr erster Mißbrauch liegt darin, daß man falsche oder gar keine Definitionen gibt.«[8]

Leider harrt Thomas Hobbes noch seiner (Wieder-) Entdeckung und Rehabilitation als großer Wissenschaftstheoretiker! Vor die Demarkation haben also die Göttinnen, Pallas Athene und Minerva, die Definition gesetzt! Man muss sich *erst* über das Wesen einer Sache (so gut wie möglich) klar werden, *bevor* man sie von einer andern Sache abgrenzen kann. In diesem Sinne hier eine erste Definition (eine weitere wird unter 4. folgen):

---

3. Moritz Schlicks »einstigen Schüler« nannte die Hilde Spiel Karl Popper (»Zentrum im Wiener Kreis – Gedenkblatt für Moritz Schlick«, erstveröffentlicht in der *Frankfurter Allgemeinen Zeitung* am 21. Juni 1986; hier zitiert nach Hilde Spiel, *Die Dämonie der Gemütlichkeit*, hg. v. Hans A. Neunzig, 2. Aufl., München: List, 1991, 273–276, hier: 274); ich danke Traudi Bardosch für den Hinweis auf dieses Zitat. Popper selbst bezeichnete sich (nur) als »ein[en] Hörer Schlicks« (im 1963 verfassten »Vorwort zur zweiten deutschen Auflage« der *Logik der Forschung*; hier zitiert nach der 10. Auflage Tübingen: Mohr Siebeck, 1994, XXIf.)

4. So Patry (2004), 57–70, und (2008a), 67–81.

5. Letzteres verwandt mit dem gotisch-althochdeutschen *marka*. Näheres in P. G. W. Glare (Hg.): *Oxford Latin Dictionary*, repr., Oxford: Clarendon, 1994, 703 f.; 1079.

6. Jede Definition (scil. im Zivilrecht) ist gefährlich (Digestae 50,17,202).

7. Sein Zeitgenosse Plinius der Jüngere deutet freilich einmal an, dass es um Iavolens geistige Gesundheit nicht zum Besten bestellt sei: *Epist.* 6,15; vgl. Wolfgang Kunkel/Martin Schermaier, *Römische Rechtsgeschichte*, 13. Aufl. Köln–etc.: Böhlau, 2001, 155.

8. Thomas Hobbes, *Leviathan oder Stoff, Form und Gewalt eines kirchlichen und bürgerlichen Staats*, hg. u. eingel. v. Iring Fetscher, übers. v. Walter Euchner, Frankfurt/M.: Suhrkamp, 1984, 28.

Wissenschaft ist ein Versuch, die Welt zu verstehen und durch begründete und überprüfbare Sätze zu erklären sowie gegebenenfalls auf dieser Grundlage durch wiederum begründete Sätze Voraussagen zu treffen.[9]

Zwei Bemerkungen zu dieser Definition. Der angesprochene Zukunftsbezug ist (selbstverständlich) von der jeweiligen Disziplin abhängig. Ein Literaturwissenschaftler, der eine Abhandlung über die Erscheinungsformen der Ironie in der Weltliteratur schreibt, braucht darin – hoffentlich auch noch – in kommenden Generationen entstehende Meisterwerke nicht zu berücksichtigen; von einem Klimaforscher dagegen darf man füglichst erwarten, dass er sein Erkenntnisinteresse nicht nur auf die Witterungsverhältnisse des Jahres 1050, sondern auch – und nicht zuletzt – auf die von 2050 richtet. Dabei gilt freilich das gerne zitierte Bonmot, dass Prognosen immer dann besonders schwer sind, wenn sie die Zukunft betreffen. (Woraus folgt, dass wissenschaftliche Aussagen über die Wahrscheinlichkeit zukünftiger Entwicklungen mit noch größerer Vorsicht zu genießen sind. Gleichwohl – wie das Beispiel Klimaforschung verdeutlicht – sind solche Aussagen in bestimmten Wissenschaftsbereichen unerlässlich notwendig!) Und am allerschwersten sind Prognosen dann, wenn sie auf das zukünftige Verhalten von Menschen abzielen. Eindrucksvoll belegt dies Stefan Bienensteins »Blumen-Fall«: Eine Psychotherapeutin kommt zum ersten Treffen mit einer neuen Patientin zu spät, weil sie noch rasch einen Blumenstrauß aus ihrem in der Sonne geparkten Auto »retten« möchte; überraschenderweise ist die Dame über dieses rücksichtslose Verhalten ihr gegenüber gar nicht verärgert, sondern erklärt: »Ich habe bemerkt, wie achtsam Sie mit den Blumen umgehen – ich weiß, dass ich gut bei Ihnen aufgehoben bin!«[10] – Der Faktor Mensch ist »schuld« an der chronischen Unzuverlässigkeit von Wahl- und Wirtschaftsprognosen.[11] Und auch der Grund dafür, dass Ideologien nur schlecht mit »Wissenschaftlichkeit« in

---

9. In der einschlägigen Literatur finden sich naturgemäß unzählige Definitionen von »Wissenschaft«. Mein (erster) Definitionsversuch verdankt die meisten Anregungen folgenden beiden Autoren: Gerhard Ernst, *Die Objektivität der Moral,* Paderborn: mentis, 2008, 176, und Harald Walach, »Wissenschaft als Entdeckungsreise – mein Begriff von Wissenschaft«, in: Hamid Reza Yousefi (Hg.): *Wege zur Wissenschaft: eine interkulturelle Perspektive. Grundlagen, Differenzen, interdisziplinäre Dimensionen. Festschrift für Lutz Geldsetzer,* Nordhausen: Bautz, 2008, 375–399, hier: 376. Vgl. auch Patry (2004), 26–30, und Patry (2008a), 32–37.

10. Vgl. Stefan Bienenstein & Mathias Rother, *Fehler in der Psychoanalyse. Theorie, Beispiele und Lösungsansätze für die Praxis,* Wien–New York: Springer, 2009, 153–155; vgl. auch Bienensteins Beitrag im *vorliegenden* Band.

11. Laut einem von Mareike Fuchs gestalteten Bericht des TV-Magazins »Zapp« (Erstausstrahlung: Norddeutscher Rundfunk, 16. September 2009, 23.00–23.30) erwiesen sich die in den letzten 15 Jahren von deutschen Bundesregierungen offiziell in Auftrag gegebenen Sachverständigengutachten zur voraussichtlichen volkswirtschaftlichen Entwicklung nur in einem Jahr als zutreffend.

Verbindung zu bringen sind. Denn jedes politische Programm reproduziert ja ein bestimmtes Menschenbild. So steht auf der einen Seite die liberalistische Vorstellung, dass der Mensch ein zuallererst für sich selbst verantwortliches Lebewesen sei, dessen Eigeninitiative auch in so genannten »schlechten Zeiten« tunlichst nicht durch Sozialtransfers gehemmt werden dürfe; und dem gegenüber steht, auf der andern Seite, die Auffassung, dass nur ein umfassendes soziales Sicherungssystem Sorge dafür biete, dass das einzelne Individuum in einer Notsituation nicht buchstäblich »auf der Strecke bleibt«. Beide Lager rechnen nicht mit der Tatsache, dass verschiedene Menschen verschieden reagieren. Während die Person X durch den Vorenthalt sozialer Leistungen zur Entfaltung der angesprochenen Eigeninitiative motiviert wird, kann ebendies im Fall von Y zu einer menschlichen Katastrophe führen…

Zweitens ändern sich nicht nur Art und Weise sowie Grundsätze, nach denen Wissenschaft betrieben wird[12] – es ändert sich auch deren (Selbst)Verständnis. Im 19.Jahrhundert etwa stand Wissenschaft im Zentrum eines schier unermesslichen Fortschrittsglaubens. Literarischen Ausdruck fand diese Überzeugung in einem Sonett des Dichters – und Forschungsreisenden! – Adelbert von Chamisso[13], welches der 1835 den einhundert Rindern widmete, die Pythagoras nach der Entdeckung des nach ihm benannten Lehrsatzes

»Den Göttern, die den Lichtstrahl ihm gesandt«[14],

als Dankopfer dediziert haben soll.

Die Lichtmetaphorik ist eindeutig: Wissenschaft erleuchtet die Welt[15] – ein Prozess, der sich seit Pythagoras unaufhörlich zu wiederholen scheint. Denn

---

12. Walach, »Wissenschaft als Entdeckungsreise«, a. a. O. (Anm. 9), 377 f.

13. Dazu Gisela Menza, *Adelbert von Chamissos »Reise um die Welt mit der Romanzoffischen Entdeckungs-Expedition in den Jahren 1815–1818«*, Frankfurt/M.–etc.: Peter Lang, 1978.

14. »Vom Pythagoräischen Lehrsatz«, in: Adelbert v. Chamisso, *Gesammelte Werke,* Bd.2, hg.v. Max Koch, Stuttgart: Cotta'sche Buchhandlung, o. J., 126, v. 6.

15. Diese Licht-Metaphorik ist heute noch nachweisbar; zur Konzeption so genannter »Exzellenzuniversitäten« als *Leuchttürme der Wissenschaft* durch die deutsche Bundesregierung vgl. Elisabeth Pernkopf, »Wenn Elfenbeintürme zu Leuchttürmen werden. Metaphern für die Wissenschaften«, in: Fürst (Hg.), *Analysen, Argumente, Ansätze,* a. a. O., wie Anm. 2), 175–183, insb. 180 f. Allerdings ist der von Pernkopf referierte Metaphernwechsel eine monströse intellektuelle Totgeburt, denn erstens haben dessen Propagandisten offenkundig übersehen, dass »die Zeiten des traditionellen Leuchtturms heute endgültig vorbei« sind und Leuchttürme heute Orte ohne Menschen sind oder nur noch touristisch-museale Bedeutung haben – sofern sie nicht gar (wie »Terrible Tilly« an der Küste Oregons) als Friedhof (sic!) zweckentfremdet werden (vgl. Peter Williams, *Leuchtfeuer über der Brandung,* a. d. Engl. v. Wiebke Krabbe u. Frauke Watson, Herford: BusseSeewald, 2002, 176, 190). Und zweitens ist umgekehrt an die Wurzel des metaphorischen »Elfenbeinturms« im Alten Testament zu erinnern:

»Die Ochsen seit dem Tage, wenn sie wittern,
Daß eine neue Wahrheit sich enthülle,
Erheben ein unmenschliches Gebrülle;

Pythagoras erfüllt sie mit Entsetzen;
Und machtlos, sich dem Licht zu widersetzen,
Verschließen sie die Augen und erzittern.«[16]

Prosaischer, aber nicht minder überschwänglich, formulierte knapp zwei Jahrzehnte später, 1851, der deutsche Kommunist German Mäurer:

»Die Erbsünde aller Geschlechter ist aber, leider, die Unwissenheit, und nur die Wissenschaft hat die messianische Bestimmung – an ihnen das große Werk der Erlösung zu vollenden.«[17]

Soweit die utopische Illusion in der Mitte des neunzehnten Jahrhunderts. In der Mitte des zwanzigsten Jahrhunderts war der Glaube an die »messianische Bestimmung« und das »Werk der Erlösung«, das die Wissenschaft leisten sollte, in den Atom- und Wasserstoffbombenlabors vernichtet worden. Die 18 deutschen Atomforscher, die am 12. April 1957 die »Göttinger Erklärung«[18] veröffentlichten, bedrückte vielmehr die Verantwortung für die Folgen ihrer nicht mehr »reinen Wissenschaft«, deren lebensausrottender Wirkung »keine natürliche Grenze« mehr gesetzt schien.

Um es mit einem Lieblingswort der Wissenschaftstheorie zu sagen: Es hatte ein Paradigmenwechsel stattgefunden. Jener, den ich an anderer Stelle[19] als Übergang vom *Star Trek-* zum *Kassandra*-Paradigma beschrieben habe. Wissenschaft funktioniert demnach nicht mehr wie das *Raumschiff Enterprise*, das in Fernseh- und Kinofilmen immer tiefer in die Weiten des Alls vorstößt, um durch deren Erkundung alle

---

»[4]Deine zwei Brüste sind wie zwei Kitzen, / wie Zwillinge einer Gazelle. [5]Dein Hals ist wie ein **Elfenbeinturm.**« (Hohelied 7,4f.; Hervorhebung von mir). Der Elfenbeinturm versinnbildlicht also das Objekt einer leidenschaftlichen Liebe. Und sollte nicht auch die Universität ein Ort der Liebe sein, der leidenschaftlich strebenden Liebe nach Erkenntnis?

16. Chamisso, »Vom Pythagoräischen Lehrsatz«, a. a. O. (Anm. 14), v. 9–14.

17. Zitiert nach: Lorenz Jäger, »Gegen die Selbstvergötterung des Menschen«, in: *Frankfurter Allgemeine Zeitung*, 20. Juli 2009, 25.

18. Abgedruckt in: Carl Friedrich v. Weizsäcker, *Der bedrohte Friede. Politische Aufsätze 1945–1981*, München–Wien: Hanser, 1981, 29f. Zu den Unterzeichnern gehörten neben v. Weizsäcker u. a. Max Born, Otto Hahn, Werner Heisenberg und Fritz Strassmann.

19. Peter Daniel Moser, »*Kassandra*-Paradigma und Leugnung der Gaskammern: Die sogenannte ›Auschwitz-Lüge‹ als Herausforderung an die Wissenschaftsethik« in: Michael Fischer & Heinrich Badura (Hg.): *Politische Ethik II – Bildung und Zivilisation*, Frankfurt/M.–etc.: Peter Lang, 2006, 229–244.

zivilisierten Einwohner des Universums von den Bedrohungen und Schrecknissen zu befreien, die in bis dahin unbekannten Galaxien lauern.[20] In einer Welt, in der nicht nur die falschen, sondern auch die wahren und richtigen Ideen(ansätze) der Forscher gefährlich sein können[21], muss sich Wissenschaft nicht nur gegen Aberglauben und Pseudowissenschaft behaupten, sondern auch – immer – die Folgen ihres eigenen Tuns bedenken, gegebenenfalls davor warnen (*Kassandra*-Funktion) und diese bekämpfen.[22] Auf dass nicht am Ende die gesamte Menschheit an Stelle von Pythagoras' Ochsen zu Blutzeugen des szientistischen Fortschritts werde…

3. Abgrenzung: *Wie funktioniert das?* – *Immer nur relativ, nie absolut*

Ich stimme mit Philippe Patry[23] bezüglich der Wichtigkeit der Abgrenzungsproblematik ebenso überein wie mit der Aussage von Holm Tetens, dass es »*selber ein Teil des wissenschaftlichen Ethos*« sei, »*der permanenten metatheoretischen Kontroverse um die Abgrenzung zwischen W<issenschaft> und Nicht-W<issenschaft> nicht aus dem Wege zu gehen*«.[24]

Dabei muss allerdings die Relativität einer solchen Abgrenzung bedacht werden. Wie schon angedeutet, existiert das Abgrenzungsproblem nicht erst seit Karl Popper. Es ist vielmehr so alt wie die Wissenschaft selbst. Und sogar noch älter! Denn noch ehe die einzelnen Disziplinen ausdifferenziert waren, grenzten sich die griechischen Philosophen untereinander ab: Heraklit von den Schwindlern und »Schlechtkünstlern« (womit er die Pythagoräer meinte; Fragmente B 81, 129); Parmenides von den »schwankenden Doppelköpfen« (womit er vielleicht auch Heraklit meinte; Fragment B 6,5); Platon und Aristoteles von den »Sophisten« (mit welchem Schimpfwort sie konkurrierende Weisheitslehrer verunglimpften).

---

20. Moser, »*Kassandra*-Paradigma«, a. a. O. (Anm. 19), 229. Zur Metapher von der Ausfüllung der weißen Flecken auf der Landkarte vgl. ferner Pernkopf, »Wenn Elfenbeintürme zu Leuchttürmen werden«, a. a. O. (Anm. 15), 177; Kathrin Passig & Aleks Scholz, *Lexikon des Unwissens: Worauf es bisher keine Antwort gibt*, 3. Aufl., Berlin: Rowohlt, 2007, 7 f.; sowie zutreffend kritisch Michael Fischer, *Vernunft als Norm. Gesellschaftskonstruktion und Lebenshorizont*, Frankfurt/M.–etc.: Peter Lang, 2005, 246.

21. Vgl. dazu nunmehr John Brockman (Hg.): *Was ist Ihre gefährlichste Idee? Die führenden Wissenschaftler unserer Zeit denken das Undenkbare*, übers. v. Hans Günter Holl, Frankfurt/M.: Fischer, 2009, 32.

22. Vgl Stefan Böschen & Peter Wehling, *Wissenschaft zwischen Folgenverantwortung und Nichtwissen*, Wiesbaden: Verlag für Sozialwissenschaften, 2004.

23. Vgl. insb. Patry (2004), 180, u. (2008a), 208: »Überlegungen zur Abgrenzungsfrage sind wichtiger denn je.« Noch eindeutiger Patry (2008b), 483 f.: »dass […] die Unterscheidung Wissenschaft-Nichtwissenschaft für die Menschen und die Gesellschaft von größter Relevanz ist«.

24. Holm Tetens, »Wissenschaft«, in: Hans Jörg Sandkühler (Hg.): *Enzyklopädie Philosophie* Bd. 2: *O–Z*, Hamburg: Meiner, 1999, 1763–1773, hier: 1771; Hervorhebung von Tetens.

Um Abgrenzung geht es auch im *Corpus Hippocraticum* – der eigentlichen Unabhängigkeitserklärung der abendländischen Wissenschaft. Besonders die Schrift *Von der Heiligen Krankheit* ist eine Generalabrechnung mit denjenigen, die aus Unwissenheit um ihre natürlichen Ursachen »zuerst diese Krankheit für heilig erklärt haben«; als da sind: »Zauberer, Sühnepriester, Bettler und Schwindler«.[25] Doch dieser verbal eindeutigen Abgrenzung zum Trotz: So modern (»wissenschaftlich«) die Beobachtungen des hippokratischen Autors, insbesondere seine grundlegend bedeutenden Anschauungen von Natur und Funktion des Gehirns, auch gewesen sind –, was die Behandlungsmethoden der Epilepsie und ihr verwandter Krankheiten[26] in der Antike betraf, wurden in erster Linie Praktiken und Substanzen empfohlen, die einen deutlichen Bezug zur Magie aufwiesen.[27] Im Übrigen zeichnet die im *Corpus Hippocraticum* kompilierten Abhandlungen generell eine gewisse Unterordnung der Medizin unter das letztlich Göttliche aus, etwa wenn im Krankheitsfall das Beten als gut und angemessen empfohlen wird.[28]

Vergleichen wir diese Aussage mit einem erheblich jüngeren Text, einer Szene aus einem zeitgenössischen Kriminalroman, in der sich der ermittelnde Polizeibeamte im Krankenhaus beim behandelnden Arzt nach dem Zustand einer bewusstlosen Patientin erkundigt:

> »›Weiß jemand…?‹ begann Brunetti, verstummte dann aber, weil er gar nicht wußte, was er fragen sollte.
>
> ›Wir wissen gar nichts, Guido. Sie kann heute aufwachen. Oder bewußtlos bleiben. Oder sterben.‹ Er stieß die Hände in die Taschen seines Arztkittels.
>
> ›Was macht man in so einem Fall?‹ fragte Brunetti.
>
> ›Als Arzt?‹
>
> Brunetti nickte.
>
> ›Wir untersuchen und untersuchen. Und dann beten wir.‹«[29]

---

25. c. 1; zitiert nach Hippokrates, *Fünf auserlesene Schriften*, übers. v. Wilhelm Capelle, Zürich: Artemis, 1955, 65.

26. Inwieweit die »Heilige Krankheit« tatsächlich mit der Epilepsie identisch ist – eine Streitfrage unter Medizinhistorikern –, braucht in unserem Kontext nicht erörtert zu werden.

27. Näher ausgeführt von Jorit Wintjes in seinem Vortrag »Epilepsie und die Welt der *paideia* in der Spätantike« beim Salzburger Kongress »Disablement in the Ancient World / Behinderung in der Antike« (1.–4. Okt. 2008; der Tagungsband – hg. vom Salzburger Althistoriker Rupert Breitwieser – wird in Kürze im Verlag Archaeopress in Oxford erscheinen.)

28. *Über die Träume* (= *Über die Diät IV*), c. 87; dazu Werner Golder, *Hippokrates und das Corpus Hippocraticum*, Würzburg: Königshausen & Neumann, 2007, 119.

29. Donna Leon, *Sanft entschlafen*, übers. v. Monika Elwenspoek, Zürich: Diogenes, 1998, 157. – Im Lichte dieses Zitats scheint die Charakterisierung der Ärzte als *Priester der Wissenschaft*, die Tolstoi in seiner »Kreutzersonate« an mehreren Stellen der Hauptfigur Posdnyschew in den Mund legt, nicht ganz ohne Berechtigung!

Zwischen dem *Corpus Hippocraticum* und den spannenden Abenteuern von Donna Leons Commissario Brunetti liegen rund zweitausendvierhundert Jahre – aber irgendwie scheint sich in diesen fast zweieinhalb Millennien die Überzeugung von der heilungsunterstützenden Kraft des Betens nicht geändert zu haben. Wir gewinnen daraus nicht nur einen starken Beleg für die bereits von Goethe erfasste »Constanz der Phänomene«[30] – sondern auch die Erkenntnis, dass gerade in der ersten und edelsten Wissenschaft, der Medizin, die Grenzen zwischen Glauben, Hoffen und Wissen fließend sind. Und ist es denn verwunderlich, dass die Menschen, wenn es um Leben oder Tod geht, sich nicht allein auf die ärztliche Kunst verlassen wollen? Wer mit scheinbar aufgeklärter Attitüde über die antiken Athener die Nase rümpft, die während der großen Seuche im Peloponnesischen Krieg auch zu Tempeln und Weissagern ihre Bittgänge unternahmen[31], übersieht, dass – bis zu einem gewissen Grad! – auch der Glaube gesund macht.[32] Und wenn heute ein Onkologe dem Krebspatienten einschärft, er müsse schon auch *daran glauben*, dass die Behandlung wirkt, so hat das durchaus Sinn. Das Karzinom hat nicht Karl Popper gelesen. Es hält sich nicht exakt an die Grenzen der Wissenschaft.

Übrigens kam die Heilkunde seit Hippokrates auch ohne Himmelskunde nicht aus.[33] Der Arzt – so heißt es in einer andern Schrift des *Corpus Hippocraticum* –, »will er durch seine Kunst bei den Menschen Erfolg haben«, wird »einsehen, daß die Sternkunde keinen geringen Teil zur Heilkunst beiträgt, sondern vielmehr einen ganz bedeutenden. Denn zugleich mit den Jahreszeiten wandeln sich auch die Krankheiten und die Unterleibsverhältnisse bei den Menschen.«[34] Dabei ist zu bedenken, dass *Astrologie* und *Astronomie* in der Antike, ja bis spät in die Neuzeit nicht voneinander abgegrenzt, sondern *promiscue* verwendet wurden.[35] Erst Johannes Kepler, der 1609 in seiner *Astronomia Nova* die ersten beiden Gesetze der Planetenbewegung veröffentlichte – nicht zuletzt deswegen hat die UNO das Jahr 2009 zum »Jahr der Astronomie« ausgerufen –, sprach 1610 in seiner Schrift *Tertius interveniens* eine »Warnung an etliche Theologos, Medicos und Philosophos« aus: »dass sie bey billicher Verwerffung der Sternguckerischen Aberglauben / nicht das

---

30. Vgl. »Maximen und Reflexionen«, Nr. 1229; in: Johann Wolfgang von Goethe, *Sämtliche Werke*, Bd. 17, hg. von Gonthier-Louis Fink et al., München: Hanser, 1991, 923.

31. Thukydides, *Geschichte des Peloponnesischen Kriegs*, II 47; zit. nach d. Übers. v. Georg Peter Landmann, Darmstadt: Wissenschaftliche Buchgesellschaft, 1993, Bd. 1, 251.

32. Vgl. das Interview mit dem Religionspädagogen Anton Bucher in den *Salzburger Nachrichten*, 15. Dez. 2006, 12.

33. Zum Folgenden überaus anschaulich Uwe Justus Wenzel, »Närrische Tochter, vernünftige Mutter«, in: *Neue Zürcher Zeitung* 15. Mai 2009, 23 (Internationale Ausgabe).

34. *Von der Umwelt*, c. 2, in: Hippokrates, *Schriften*, a. a. O. (Anm. 25), 91 f.

35. Vgl. Wenzel, »Närrische Tochter«, a. a. O. (Anm. 33). So bezeichnet z. B. Heraklit sowohl Thales als auch Homer als »Astrologen« (B 38, 105).

Kindt mit dem Badt ausschütten / und hiermit ihrer Profession zuwider handeln«. Aber – so fragte er im selben Werk: » [...] lieber Gott, wo wolt ihr Mutter die hochvernünfftige *Astronomia* bleiben, wann sie diese ihre närrische Tochter nit hätte, ist doch die Welt noch viel närrischer...«[36]

Kepler schrieb dies gewiss auch als eine Selbstrechtfertigung – bestritt er doch seinen Lebensunterhalt nicht zuletzt als Sterndeuter. Heute freilich erscheint die Astrologie – die ihre Dienste nicht mehr nur hochgestellten Persönlichkeiten feilbietet, sondern sich zu einem Massenartikel entwickelt hat, der nicht nur, quasi als Beilage zum Frühstückskipferl, in der Morgenzeitung, sondern, finanziell sehr viel aufwändiger, via Telefonhotlines und Internetabrufe konsumiert wird – als eine Top-Kandidatin für Pseudowissenschaft.[37]

Als anderes Beispiel gelten die so genannten »Kreationisten«[38], Christen, die den biblischen Schöpfungsbericht für bare Münze nehmen. Dabei entbehrt es nicht einer pikanten Note, dass – mit seiner komplexen Äußerung vom Darwinismus als metaphysischem Forschungsprogramm[39] – ausgerechnet Karl Popper zu einem Kronzeugen des Kreationismus[40] wurde. In diesem Fall erwies sich der wissenschaftstheoretische Magus – der vielleicht »hervorragendste Philosoph des 20. Jahrhunderts«[41] – als unbedarfter Zauberlehrling, der die Geister, die er rief, auch durch ein späteres Addendum[42] nicht mehr loszuwerden vermochte.

Und Poppers eigene Beispiele für Pseudowissenschaft, Marxismus und Psychoanalyse?

Die wenigsten Staaten bekennen sich heute noch zu der nach Karl Marx benannten Ideologie. Noch weniger praktizieren sie. In Karl Poppers Jugend sah dies anders aus. Die furchtbaren sozialen Probleme nach der Jahrhundertwende, Elend, Hunger, Kälte, Obdachlosigkeit[43], ließen vielen Menschen den Marxismus als letzte und einzige Hoffnung erscheinen. Auch Karl Poppers »Flirt mit dem Kommunis-

---

36. Beide Zitate nach Wenzel, »Närrische Tochter«, a. a. O. (Anm. 33).

37. Vgl. z. B. Patry (2004), 53; (2008a), 62; (2008b), 477.

38. Eingehend dazu nunmehr Martin Neukamm & Andreas Beyer, »Kreationismus und Intelligent Design – Wissenschaft oder Pseudowissenschaft?« In: Martin Neukamm (Hg.), *Evolution im Fadenkreuz des Kreationismus*, Göttingen: Vandenhoeck & Ruprecht, 2009, 37–51.

39. Vgl. Karl R. Popper, *Ausgangspunkte: Meine intellektuelle Entwicklung*, Hamburg: Hoffmann & Campe, 243–262, insb. 248.

40. Beispielsweise beruft sich der australische Kreationist Don Batten auf das Popper-Zitat. In John F. Ashton (Hg.): *Die Akte Genesis: Warum es 50 Wissenschaftler vorziehen, an die Schöpfung in 6 Tagen zu glauben*, übers. v. Hansruedi Stutz et al., 2. Aufl., Berneck: Schwengeler, 2003, 293–303, hier: 298.

41. Vgl. Martin Morgenstern & Robert Zimmer, *Karl Popper*, München: Deutscher Taschenbuch Verlag, 2002, 9.

42. Gemeint ist der »Zusatz 1982«, in: Popper, *Ausgangspunkte*, a. a. O. (Anm. 39), 262.

43. Popper selbst spricht dies in seiner Autobiographie an; vgl. ebenda, 4.

mus war intensiv, aber nur kurz«.[44] Und eine zweite geistige Strömung beherrschte das damalige Wien: Sigmund Freuds Psychoanalyse. Sie wurde nicht nur, wie es ihr Urheber gewünscht haben dürfte, in wissenschaftlichen Zirkeln diskutiert, sondern auch »im Kaffeehaus, auf der Cocktailparty, auf der Bühne«.[45] Das Abschießen von »psychoanalytischen Phallrückzieher(n)«[46], das Aufspüren von *Fehlleistungen* und das An-den-Kopf-Werfen von Ödipuskomplexen dienten dem Bürgertum als »eine Art von Gesellschaftsspiel«.[47] Freuds Schwester Rosa Graf – sie wird später von den Nationalsozialisten ermordet werden[48] – war mit Poppers Eltern eng befreundet, machte sogar mit ihnen gemeinsam Urlaub.[49] Karl Poppers Beziehung zur Psychoanalyse ist vor dem Hintergrund dieser persönlichen und sozialen Kontakte zu sehen und zu verstehen. Könnte es womöglich sein, dass wir es hier mit einer Art Konträr-Faszination zu tun haben?[50]

So notwendig Überlegungen zum Demarkationsproblem sind – sie waren und sind immer zeitbedingt. Und Abgrenzung ist auch keine chemische Reaktion oder mathematische Gleichung, sie lässt sich nicht – das zeigen die historischen Exempla – mit unzweifelhafter Eindeutigkeit durchführen.

4. Abgrenzung: *Wodurch?* – Kennzeichen für Nichtwissenschaft(lichkeit)

Doch wo verlaufen die Grenzen zwischen ungewöhnlichen, aber vernünftigen Ideen und Wissenschaften, die keine sind?[51] Leider funktioniert es ja nicht so, wie sich's der wackere Chamisso gedacht hatte. Man erkennt die Wahrheit einer wissenschaftlichen Erkenntnis nicht daran, dass die Ochsen, wie am Spieß, zu brüllen anfangen.

---

44. So Morgenstern & Zimmer, *Karl Popper*, a.a.O. (Anm. 41), 24: Popper war kurz nach dem Ersten Weltkrieg einer der Kommunistischen Partei nahe stehenden Mittelschülerorganisation beigetreten.

45. Peter Gay, *Freud – Eine Biographie für unsere Zeit*, übers. v. Joachim A. Frank, Frankfurt/M.: Fischer, 2006, 505.

46. Der Begriff stammt von Harald Fricke, *Literatur und Literaturwissenschaft – Beiträge zu einer verunsicherten Disziplin*, Paderborn: Schöningh, 1991, 180.

47. Wohl am eindrucksvollsten beschrieben bei: Elias Canetti, *Die Fackel im Ohr*, München–Wien: Hanser, 1980, 137–139.

48. Gay, *Freud*, a.a.O. (Anm. 45), 731.

49. Popper, *Ausgangspunkte*, a.a.O. (Anm. 39), 13.

50. Aus dem Hinweis auf den historischen Hintergrund folgt natürlich nicht *eo ipso*, dass Poppers Einschätzung der Psychoanalyse als Pseudowissenschaft unberechtigt ist. Näheres dazu unten.

51. Vgl. Richard P. Feynman, »*Sie belieben wohl zu scherzen, Mr.Feynman!*« – *Abenteuer eines neugierigen Physikers*, hg. v. Edward Hutchings, übers. v. Hans-Joachim Metzger, München–Zürich: Piper, 2008, 450 f. In seiner dort abgedruckten Rede zur Caltech-Abschlussfeier von 1974 äußerte der Nobelpreisträger von 1965 die Sorge, Leute mit vernünftigen Ideen könnten von der Pseudowissenschaft eingeschüchtert werden; a.a.O., 450.

(Wobei, wenn's so wäre: Würden wir dann in kakophonischem Lärm ersticken oder von tödlicher Stille umfangen sein???)

In Ermangelung der Ochsen als unfehlbare *arbitri scientiae* haben Wissenschaftstheoretiker diverse Kriterienkataloge zur Abgrenzung entwickelt. Philippe Patry kommt dabei auf acht typische Merkmale von Nichtwissenschaften[52], Anthony Derksen in seinen beiden primär gegen Freud gerichteten Aufsätzen[53] jeweils auf sieben. Ich möchte hier nur – demonstrativ – auf zwei Punkte hinweisen, die mir besonders wesentlich erscheinen.

Der erste betrifft ein *inhaltliches* Kriterium, die Frage der *Kausalität*.[54] Wissenschaft, so haben wir in unserer (ersten) Definition gesagt, besteht aus begründeten Sätzen. Es geht also um das Erkennen von Ursachenzusammenhängen. Der römische Dichter nannte den

> »Selig, wer es vermochte, das Wesen der Welt zu ergründen,
> wer so all die Angst und das unerbittliche Schicksal
> unter die Füße sich zwang und des gierigen Acheron Tosen!«[55]

Und von Demokrit, »von allen Philosophen vor Aristoteles der vielseitigste und kenntnisreichste, ein Denker von seltener Schärfe«[56], stammt das Bekenntnis, das bis heute das Credo jedes wahren Wissenschaftlers geblieben ist: LIEBER EINE URSÄCHLICHE ERKLÄRUNG FINDEN ALS HERRSCHER ÜBER GANZ PERSIEN WERDEN (i. e. der mächtigste Mensch der Welt werden)![57] Das Zutreffen von Kausalzusammenhängen ist ein Qualitätskriterium für Wissenschaft. Falsche Aitiologie – fehlerhafte Wissenschaft. Eben aus diesem Grunde kann

---

52. Vgl. Patry (2004) 118–180; (2008a), 135–196.

53. Anthony Derksen, »The Seven Sins of Pseudo-Science«, in: *Journal for General Philosophy of Science* 24 (1993), 17–42; ders., »The Seven Strategies of the Sophisticated Pseudo-Scientist: A Look into Freud's Rhetorical Tool Box«, in: *Journal for General Philosophy of Science* 32 (2001), 329–350.

54. Ich gebrauche den Begriff auf sehr allgemeine, unspezifische Weise. Genaueres, insb. zur Frage, inwieweit die Quantenphysik eine veränderte Anschauung von Kausalität nach sich zog: Ion-Olimpiu Stamatescu, »Vom Wesen physikalischer Gesetze«, in: Wolfgang Bock (Hg.): *Gesetz und Gesetzlichkeit in den Wissenschaften*, Darmstadt: WBG, 2006, 169–184, insb. 173–180.

55. »felix, qui potuit rerum cognoscere causas, / atque metus omnis et inexorabile fatum / subiecit pedibus strepitumque Acherontis avari.« Vergil, *Georgica* II 490–492; zitiert nach: Vergil, *Landleben*, lateinisch und deutsch, hg. v. Johannes und Maria Götte, München–Zürich: Artemis, 1987, 140 f.

56. Eduard Wellmann, »Demokritos (6)«, in: *Paulys Real-Encyclopädie der classischen Altertumswissenschaften*, Bd. 5. Stuttgart: Metzler, 1905, 135–140, hier: 136.

57. Frg. B 118 (in der Zählung von Hermann Diels/Walther Kranz, *Fragmente der Vorsokratiker* II, 16. Aufl., Dublin–Zürich: Weidmann, 1972, 166); Übersetzung und Hervorhebung vom Verfasser.

etwa der Astrologie der Charakter der Wissenschaftlichkeit abgesprochen werden. Denn es lässt sich kein experimentell überprüfbarer Konnex zwischen den astrologisch schon in der Antike kanonisierten Tierkreiszeichen und dem menschlichen Verhalten nachweisen. (Zumal es durch die Bewegung der Erdachse zu einem fortschreitenden Auseinanderdriften zwischen Tierkreissternbildern und Tierkreiszeichen kommt – eine Inkongruenz, die von wohlwollenden Beobachtern[58] als »Einwand« gegen die Astrologie, aber mit wohl wesentlich größerer Berechtigung als Widerlegung derselben anzusprechen ist.)

Was ist kausal? Was ist Zufall? Das auseinander zu klamüsern ist ein Bestandteil des forscherischen Tuns. In diesem Sinne ist es gerechtfertigt, wenn sich ein Wissenschaftsphilosoph als »Erforscher der Zufälligkeit«[59] bezeichnet. Es ist aber verfehlt, Zufälligkeit mit »unvollständiger Information«[60] gleichzusetzen. Wenn beispielsweise ein mit Salzburg verbundener Dichter am Vorabend des Ersten Weltkriegs im Badener Kurpark lustwandelte und am 10. September 2001 wieder ein Autor aus Salzburg dort spazieren ging – dann kann keine Information der Welt etwas daran ändern, dass es sich hier um einen Zufall handelt und es keine wissenschaftlich nachweisbare Gesetzmäßigkeit gibt, wonach ein Besuch von Salzburger Autoren im Badener Kurpark einen welthistorisch bedeutsamen Zivilisationsbruch auslösen würde.

Das führt uns zum zweiten, zum *methodologischen* Kriterium. Um herauszufinden, was kausal, was Zufall ist, muss das zur Verfügung stehende Datenmaterial so gut und so umfassend als möglich ausgewertet werden. Es geht also um den korrekten *Umgang mit den Fakten*, die für jede wissenschaftliche These gebraucht werden. Entgegen der Ansicht von Derksen[61] beginnt Pseudowissenschaft aber nicht schon dort, wo es an angemessener Beweislage fehlt. Giorgiones Gemälde *Die drei Philosophen* entschlüsseln zu wollen ist nicht von vornherein unwissenschaftlich, nur weil wir über das Leben des Malers sehr wenig und über die Entstehungsumstände des Bildes so gut wie gar nichts wissen. Auch Überlegungen darüber, ob der Ependichter Homer ein Eunuch oder eine Frau war, sind dies nicht – vorausgesetzt, man macht den spekulativen Charakter solcher Mutmaßungen entsprechend deutlich.[62]

---

58. Vgl. Udo Becker, *Herders Lexikon der Astrologie*, Erftstadt: Hohe, 2007, 148 f.

59. So Nassim Nicholas Taleb in seinem Interview mit der *Frankfurter Allgemeinen Zeitung*, 13. Nov. 2008, 33.

60. Taleb, a. a. O. – Die Tendenz, das Zufällige und Akzidentielle aus dem wissenschaftlichen Diskurs eliminieren zu wollen, finden wir aber schon bei Aristoteles (insb. in der *Metaphysik* IV, 1027 a 20–22).

61. Derksen, »The Seven Sins of Pseudo-Science«, a. a. O. (Anm. 53), 21: »*The first sin: the dearth of decent evidence*«.

62. In diesem Punkt vorbildlich: Raoul Schrott, *Homers Heimat*, München: Hanser, 2008, der seine Thesen über die Herkunft von Homers Eltern und dessen mögliches Eunuchentum im Kapitel »Ein völlig spekulatives Homer-Porträt« vorträgt (167–169).

Pseudowissenschaftlichkeit beginnt vielmehr dort, wo vorliegendes Faktenmaterial schlichtweg *ignoriert* wird. Dies trifft beispielsweise zu auf

- jemanden, der bestreitet, dass Rauchen gesundheitsschädlich ist;
- jemanden, der den nationalsozialistischen Massenmord an den Juden leugnet;
- einen Anhänger des Kreationismus.

(Schon an dieser Stelle[63] sei festgehalten, dass dies **keine moralische Gleichsetzung** der in der Aufzählung genannten Personen impliziert.)

Richtig verstanden beschränkt sich die kritische Funktion der Wissenschaft also nicht auf die (vermeintlichen) Erkenntnisse Anderer, sondern wird auch immer in Bezug auf das eigene forscherische Tun manifest. In gewisser Weise lässt sich Wissenschaft mit Fußball vergleichen.[64] Damit der Spielbetrieb funktioniert, bedarf es unter den Teams der Übereinkunft, das jeweilige Ergebnis zu akzeptieren. Nur wer dazu bereit ist, darf mitspielen. Und nur wer bereit ist, die Widerlegung der eigenen Theorie als möglich in Betracht zu ziehen und gegebenenfalls zu akzeptieren, kann und darf als Wissenschaftler angesehen werden. Wer dies nicht tut, ist *kein* Wissenschaftler. Mit anderen Worten: Wissenschaftler ist, *wer aus Fehlern lernt*.

Diese Auffassung war nicht immer vorherrschend. Über das Gelehrtenideal zur Zeit Goethes und Schillers gibt uns ein Xenion aus deren Nachlass Auskunft, dessen Überschrift als *pars pro toto* für alle Vertreter der (damals betriebenen) Disziplinen verstanden werden kann:

Philosoph
Alles nennt sich jetzt so, ich kann nur den dafür halten,
Der in der ganzen Natur fürchtet den Irrtum allein.[65]

Es ist wohl das größte Verdienst des Wissenschaftstheoretikers Karl Popper, eine neue Einstellung gegenüber Fehlern bewirkt, eine neue Fehlerkultur etabliert zu haben. Man sollte Fehler zwar immer noch vermeiden, aber wenn man – was unvermeidlich ist – trotzdem welche macht, sind diese als Chancen zu begreifen, daraus zu lernen.[66]

---

63. Näheres dazu unter 5.
64. Diesen Vergleich entlehne ich von Jochem Kotthaus, *Propheten des Aberglaubens. Der deutsche Kreationismus zwischen Mystizismus und Pseudowissenschaft.* Münster: LIT, 2003, 9–11.
65. Zitiert nach: Friedrich Schiller, *Sämtliche Werke*, Bd. 1: *Gedichte*, Berlin: Aufbau, 2005, 395. Das Xenion kann nicht eindeutig einem der beiden Weimarer Klassiker zugeordnet werden.
66. Vgl. dazu das Stichwort »Fehler, neue Einstellung« in: Hans-Joachim Niemann, *Lexikon des Kritischen Rationalismus*, Tübingen: Mohr Siebeck, 104. (Dieses von Niemann als »Einzelkämpfer« erstellte Handbuch ist ein unentbehrliches Hilfswerk für alle, die sich mit den Theorien von Karl Popper und Hans Albert befassen.)

Wissenschaft vollzieht sich demnach in einem Dreischritt: (1) Sammeln von Material (so viel wie möglich); (2) Reflektieren desselben; (3) kritische Schlüsse daraus ziehen. Oder um es in ein Haikugedicht zu kleiden:

> Wissenschaft, das heißt:
> *Tolle et lege*[67], über-
> Und widerlege!

Mitunter auch die eigenen Ideen.

Die Bereitschaft, Fehlschläge einzugestehen, ist nicht vorhanden bei zwei Persönlichkeiten, die Patry deshalb völlig zu Recht als Pseudowissenschaftler einstuft. Die Sektenführerin, die vorgibt, ein Heilwasser gegen AIDS zu besitzen, wird dessen Versagen damit erklären, es wirke nur bei denen, die daran glauben.[68] Und Erich von Däniken, der im deutschen Sprachraum bekannteste Verfechter der Theorie von den außerirdischen Götterbesuchern? Bei ihm ist der Titel eines seiner Bücher verräterisch: *Habe ich mich geirrt?*[69] Die Frage ist rein rhetorisch gemeint, ein ungeschriebenes *»Natürlich nicht!«* steht dahinter. Ebendieses trotzige Nichtgeirrthaben, dieses Überzeugtsein des Nichtirrenkönnens[70], soll die Wissenschaftlichkeit des Autors beweisen – und entlarvt doch seine im Grunde unwissenschaftliche Haltung: Unbekanntes wird durch noch Unbekannteres zu erklären versucht.[71]

Etwas anders verhält es sich bei Patrys prominentestem Kandidaten für Pseudowissenschaft: Sigmund Freud. Die vielleicht wichtigste Lektion, die ihm sein Pariser Mentor Charcot erteilt hatte, lautete: »Die Theorie ist gut und schön, aber das hindert Tatsachen nicht daran zu existieren.«[72] Wenn es je einen Arzt gab, der bereit war, seine Fehler in Quellen der Einsicht zu verwandeln, so war es Freud.[73] Peter Gay bezieht sich bei dieser Einschätzung auf die Abkehr von der Hypnose, doch ließen sich auch die später von Freud verworfene Theorie von der frühkindlichen Verführung als Auslöser von seelischen Störungen[74] oder die Modifikation der Trieblehre

---

67. Leicht verändert nach: Augustinus, *Bekenntnisse* VIII 12; *lege* wird hier von mir in der (Grund)Bedeutung *sammle* verwendet.

68. Patry (2008a), 246f.

69. Erich von Däniken, *Habe ich mich geirrt? Neue Erinnerungen an die Zukunft*, München: Goldmann, 1985.

70. Nur bei einigen aus seiner Sicht nicht entscheidenden Belegen für seine Theorie räumt er ein, dass er »beim Verifizieren [...] manchmal böse Überraschungen« erlebt habe; vgl. von Däniken, *Habe ich mich geirrt?* A. a. O. (Anm. 69), 8.

71. Vgl. Passig & Scholz, *Lexikon des Unwissens*, a. a. O. (Anm. 20), 16.

72. Sigmund Freud, »Charcot«, in: ders., *Gesammelte Werke. Chronologisch geordnet*, unter Mitwirkung von Marie Bonaparte hg. v. Anna Freud et al., Bd. 1, London: Imago, 1940, 24.

73. Gay, *Freud*, a. a. O. (Anm. 45), 86.

74. Dazu ebenda, 110–114.

als Beispiele anführen. Die Psychoanalyse ist also nicht deswegen unwissenschaftlich, weil ihr Schöpfer nicht bereit gewesen wäre, Faktenmaterial zu respektieren.[75]

Zweifel ergeben sich aber bei der Kausalität. Beispielsweise in der Traumanalyse: Wenn ein junger Mann den Unfalltod seines Vaters träumt, würde dies nach Freuds Theorie auf einen »Ödipuskomplex« schließen lassen. Es ist aber keineswegs zwingend so, dass der Traum unbewusste Tötungsfantasien zum Ausdruck bringt, es könnte auch sein, dass sich im Gegenteil darin die aufrichtige Sorge des Sohnes um seinen Vater manifestiert. Recht eigenwillig muten auch einige Ausführungen in der Schrift »Zur Psychopathologie des Alltagslebens« an, etwa diejenige, in der er aus einer in einem seiner Briefe verwendeten vierstelligen Zahl (2467) eine besondere psychische Bedeutung herausliest.[76] (Wiewohl Freud beteuert, »den gleichen Versuch vielfach mit dem nämlichen Erfolge wiederholt«[77] zu haben, erinnert diese Methode, »*unterdrücktes psychisches Material*«[78] zu gewinnen, doch ein wenig an die Figur aus einem Woody Allen-Stück, von der ihre Kollegin Phyllis sagt, sie »gehört zu der Sorte Psychiater, die ohne Fachwissen auskommen – sie benutzt Tarot-Karten.«[79])

Vielleicht wäre es daher am sachgerechtesten, die Psychoanalyse als nur teilweise wissenschaftlich zu bezeichnen[80].

5. Abgrenzung: **Wodurch nicht?** – Wider den Einsatz der »Moralkeule«

Nota bene: das Abgrenzungsproblem ist keine Moralfrage.

Machen wir uns dies an den oben genannten Beispielen für nichtwissenschaftliche Theorien klar.

---

75. Dies räumt auch einer der schärfsten Kritiker Freuds ein: »In fact, and ironically, many methodological remarks of Freud read like an anticipation of Popper«; vgl. Derksen, »The Seven Strategies of the Sophisticated Pseudo-Scientist«, a. a. O. (Anm. 53), 347, n. 3.

76. Sigmund Freud, »Zur Psychopathologie des Alltagsleben«, in: ders., *Gesammelte Werke*, a. a. O. (Anm. 72) Bd. 4, 1941, 270 f.

77. Freud, »Zur Psychopathologie des Alltagsleben«, a. a. O. (Anm. 76), 272.

78. Ebenda, 310 (Hervorhebung von Freud).

79. *Central Park West*, zitiert nach der Übersetzung von Nils Tabert, Frankfurt/M.: Fischer, 2006, 114. (Der Einakter wurde im Mai 2007 – meines Wissens: in Österreich bisher zum einzigen Mal – von der Wiener Theatergruppe *Theater privat* auf die Bühne gebracht.) Im Übrigen kommt in der Rezeption der Psychoanalyse durch den Film- und Bühnenschaffenden Woody Allen vermutlich weniger deren »sinkendes Ansehen« seit den Sechzigern (so Eli Zaretsky, *Freuds Jahrhundert. Die Geschichte der Psychoanalyse*, übers. v. Klaus Binder u. Bernd Leineweber, Wien: Zsolnay, 2006, 445) als vielmehr eine gesunde Portion an (Selbst-)Ironie zum Ausdruck.

80. So auch der britische Historiker Richard Webster, der allerdings den Anteil der neurologisch überprüfbaren Erkenntnisse Freuds auf nur zehn Prozent bemisst; in Angelika Hager & Sebastian Hofer, »Wie tot ist Freud?«, in: *profil*, 21. Sep. 2009, 92–101, hier: 94, 99.

Beim Holocaustleugner erfolgt das Bestreiten der Gaskammern kaum aus wissenschaftlichen Motiven. Vielmehr ist davon auszugehen, dass, wer solches leugnet, dies – mutmaßlich – im Interesse einer extrem antisemitischen und daher die Menschenwürde verletzenden Ideologie tut.[81]

Wer die Gesundheitsschädlichkeit des Rauchens leugnet, steht mit an Sicherheit grenzender Wahrscheinlichkeit im Sold der Tabakindustrie.

Anders verhält es sich jedoch beim Kreationisten. Wer – wider alle paläontologische Evidenz – behauptet, Gott habe die Welt in sechs Tagen erschaffen (wobei »Tage« im buchstäblichen Sinne verstanden wird), äußert sich zwar nach unseren bisherigen Ausführungen unwissenschaftlich; wenn jemand mehr dem Zeugnis der Bibel als den Naturwissenschaften vertraut, ist diese Haltung jedoch ein Ausdruck seines Rechts auf freie Religionsausübung und daher moralisch legitim.

Nicht- oder Pseudowissenschaftlichkeit hat also nicht in jedem Fall unredliche Motive.

Verfehlt wäre es auch zu glauben, dass man echte Wissenschaft daran erkennen könnte, dass sie die »moralisch richtigen« Ergebnisse produzieren würde. Zu unseren moralischen Basiswerten gehört primär die Überzeugung von der *Freiheit des einzelnen Menschen*. So paradox es sein mag: Während die pseudowissenschaftliche Astrologie zunehmend von einem deterministischen Weltbild abrückt und sich Johannes Keplers Wort »Sterne zwingen nicht, sie machen nur geneigt«[82] verspätet aneignet – wohl weniger um Kepler zu ehren als sich gegen Fehlprognosen zu immunisieren –, ist es heute die hochwissenschaftliche Neurobiologie, die das traditionelle Konzept der Willensfreiheit immer mehr in Frage stellt. Jenes ideellen Konstruktes, das »die unverzichtbar scheinende Grundlage unseres gesamten moralischen Universums und unseres modernen Rechtssystems«[83] darstellt. (Wir können einem Anderen nur dann Schuld vorwerfen, wenn wir ihm bescheinigen können, dass er in einer bestimmten Situation sich hätte anders verhalten können, als er sich tatsächlich verhalten hat. – Wie wir den Konflikt zwischen dem nach dem Stand der Naturwissenschaft Seienden und dem nach normativem Maß Gesollten überwinden werden, ist völlig ungewiss – vielleicht indem wir die Willensfreiheit hinfort als *notwendige Fiktion* betrachten?!)

---

81. Näher habe ich dies ausgeführt in meinem diesem Thema gewidmeten Aufsatz »*Kassandra-Paradigma und Leugnung der Gaskammern*«, a. a. O. (Anm. 19), insb. 238 f.

82. Zitiert nach Wenzel, »Närrische Tochter, vernünftige Mutter«, a. a. O. (Anm. 33).

83. So Rudolf Burger, »Wie frei ist unser Wille?«, in: *Spectrum* (= Wochenendbeilage der Tageszeitung *Die Presse*), 26. Sep. 2009, I–III, hier: II. Burger gibt in diesem Artikel einen ausgezeichneten Überblick über die Begriffsgeschichte des »freien Willens« im abendländischen Denken.- Kritisch gegenüber der These vom illusionären Charakter von »Körperbild, Ichgefühl, Weltkontakt, Willensfreiheit« aber Peter Strasser, »Es gibt Sie nicht!«, in: *Spectrum*, 10. Okt. 2009, X. (Ich danke Mag. Magda Schupfer für die Überlassung der beiden Artikel.)

Und gab es nicht, gibt es nicht noch immer Ansätze, welche die *Gleich*(berechtigt)
heit aller Menschen herausfordern? Historisch gesehen, tat sich da die Physiognomik
hervor, auf die fürwahr Christian Meiers Buchtitel *Von Athen bis Auschwitz* passt.
Mochten deren Anmutungen in der Antike noch belustigen[84], hatten die durch die
»Deutsche Physiognomik«[85] Ausgegrenzten nichts mehr zu lachen. Denn während
der römische Dichter dem von seinem Äußeren her Benachteiligten – mutmaßlich
einem Nicht-Römer (!) – noch zutraute, trotzdem ein guter Mensch zu sein[86], wurde
dies den in der NS-Anschauung physiognomisch und damit »rassisch Minderwerti-
gen« natürlich nicht zugebilligt. Nun, heute siedelt ein Standardlehrbuch der An-
thropologie »die Erkennung psychischer Wesenszüge an morphologischen Merkmalen des Gesichtes (Physiognomik)« in einer »vorwissenschaftlichen Ära«[87] an
– richtiger wäre es, die Physiognomik schlicht als »unwissenschaftlich« zu bezeichnen[88] –; aber Forschungsansätze, die etwa von rassen- oder geschlechtsspezifischen
Intelligenzunterschieden[89] ausgehen, werden auch heute noch betrieben. Solche

---

84. Cicero berichtet gleich an zwei Stellen, wie der Physiognom Zopyros ausgelacht wurde, als
 er ausgerechnet aus der Gestalt des Sokrates dessen Dummheit und Lasterhaftigkeit ablas: *De
 fato* 10; *Tusculanae disputationes* IV 80.

85. So ein Buchtitel von Willy Hellpach, Berlin: de Gruyter, 1942. Korrekterweise muss allerdings
 hinzugefügt werden, dass die Instrumentalisierung der Physiognomik für die Rassenideologie
 des Nationalsozialismus hauptsächlich von anderen Autoren, vor allem von Hans Günther,
 betrieben wurde. Vgl. zum »Rassengünther«: Claudia Schmölders, *Das Vorurteil im Leibe.
 Eine Einführung in die Physiognomik*, Berlin: Akademie, 1995, 33, 225 f.

86. Martial XII 54: »Crine ruber, niger ore, brevis pede, lumine laesus, / rem magnam praestas,
 Zoile, si bonus es.« (Das Haar rot, schwarz das Gesicht, zu kurz ein Fuß, ein Auge lädiert: /
 Großes leistest du, Zoïlus, wenn du dennoch ein guter Mensch bist); zit.nach: Martial, *Epi-
 gramme*. Lateinisch/deutsch, hg. u. übers. v. Paul Barié u. Wilfried Schindler, 2. Aufl., Düsseldorf–Zürich: Artemis & Winkler, 2002, 888 f. – Zu beachten ist, dass der Name Zoïlus auf
 griechische oder syrische Herkunft hindeutet.

87. Rainer Knußmann, *Vergleichende Biologie des Menschen. Lehrbuch der Anthropolgie und Hu-
 mangenetik*, 2. Aufl. Stuttgart etc.: Gustav Fischer, 1996, 220.

88. Der Terminus »vorwissenschaftlich« evoziert die völlig falsche Vorstellung, als würde die Geistesgeschichte nach dem Paradigma *Vom Mythos zum Logos*, sukzessive von der Nichtwissen-
 schaftlichkeit zur Wissenschaftlichkeit, verlaufen. Also so, als ob der Biedermeier-Dichter
 Adalbert Stifter, der die Sonnenfinsternis am 8. Juli 1842 – siehe seine gleichnamige Erzählung
 – als Ausdruck eines autonomen göttlichen Willens interpretierte, vor dem ionischen Natur-
 philosophen Thales von Milet, einem der Sieben Weisen im antiken Griechenland, gelebt hätte!

89. Vgl. Steven Pinker, »Zwischen verschiedenen Menschengruppen können genetische Unterschiede der Begabungen und Temperamente bestehen«, in Brockman, *Was ist Ihre gefährlichste
 Idee?* A. a. O. (Anm. 21), 45–47. Laut Pinker (a. a. O., 46) sprächen die bisher vorliegenden
 Daten recht deutlich für geschlechtliche Unterschiede. So auch Heinrich Zankl, *Das verflix-
 te X – Sind Frauen intelligenter als Männer?* Darmstadt: Wissenschaftliche Buchgesellschaft,
 2006. (Die darin referierten Forschungsergebnisse entlarven die über Jahrhunderte hinweg
 vorherrschende Auffassung von der intellektuellen Überlegenheit des Mannes als Vorurteil.)

Ideen sind aber nicht schon deshalb falsch, weil sie unseren moralischen Intuitionen zuwiderlaufen. Sondern nur dann, wenn sie auf wissenschaftlich-empirischem Wege widerlegt werden.

Mit dem dritten Argument kehren wir zum Beispiel der Sektenführerin zurück. Wenn diese behauptet, ein Heilmittel gegen AIDS zu besitzen, handelt sie moralisch unverantwortlich. Nicht weniger jedoch würde dies ein **Arzt** tun, der wahrheitswidrig behauptet, den absolut zuverlässigen Impfstoff gegen AIDS entwickelt zu haben. Und dass auch Wissenschaftler nicht davor gefeit sind, im Dienste einer Ideologie[90] oder aus reiner Profit- oder Geltungssucht[91] zu lügen und zu betrügen, lehrt uns die historische Erfahrung.

Aus alldem folgt: ES WÄRE DER GRÖSSTE ANZUNEHMENDE FEHLER VON WISSENSCHAFTLERN, SICH FÜR EINE HÖHERE MORALISCHE SPEZIES ZU HALTEN.

Das Surplus der Wissenschaft gegenüber der Nichtwissenschaft liegt nur darin: Während aus den Versammlungsräumen einer Sekte wie »Fiat Lux« niemals eine Lösung für irgendein drängendes Menschheitsproblem kommen wird – das ist eine *U-chronie*! –, besteht eine einigermaßen begründete Aussicht, diese in den Forschungslaboratorien zu finden – auch wenn diese derzeit noch *U-topie* sein mögen. (In Sachen AIDS-Prävention verstärken die jüngsten Meldungen über ein relativ erfolgreiches Impf-Experiment zwar diese Hoffnung, ein Durchbruch ist aber noch nicht in Sicht.[92] Fraglich ist im Übrigen auch, ob tatsächlich ein einziger Wissenschaftsansatz, etwa die Mikroorganismentechnologie[93], alle Probleme unseres Planeten wird lösen können.)

Dieses Surplus ist es, das eine Abgrenzung zwischen Wissenschaft und Nichtwissenschaft erst sinnvoll macht. Und aufgrund dieses Surplus sind die Wissenschaftler gegenüber den Nichtwissenschaftlern im Vorteil. Dieses Privileg sollte aber nicht Anlass zu intellektuellem Hochmut, sondern – ganz im Sinne Poppers[94] – zu einer Kultur der Demut und Bescheidenheit sein.

---

90. So wollte z. B. der unter Stalin führende Genetiker Trofim Lyssenko (1898–1976) beweisen, dass man Pflanzen genauso gut wie Menschen »umerziehen« könne; vgl. Rudolf Hausmann, *Die Entdeckung des Lebens*, Darmstadt: Wissenschaftliche Buchgesellschaft, 2009, 130–137.

91. So behauptete der südkoreanische Genforscher Hwang 2005, erfolgreiche Klonexperimente mit Stammzellen durchgeführt zu haben. Später stellten sich die Resultate als gefälscht heraus. Vgl. Günther Bernatzky & Simon Strickner, »Betrug und Irrtum in der Biologie«, in: Neumaier (Hg.): *Fehler und Irrtümer in den Wissenschaften*, a. a. O. (Anm. 2), 181–197, hier: 187–190.

92. So auch Harro Albrecht, »Kein Durchbruch«, in: *DIE ZEIT*, 1. Okt. 2009, 37.

93. So aber Teruo Higa, *Eine Revolution zur Rettung der Erde. Wie effektive Mikroorganismen die Probleme unserer Welt lösen*, übers. v. Edith Sassenscheidt u. Franz-Peter Mau, Bremen: edition EM, 2009.

94. Vgl. die Stichworte »Intellektuelle Bescheidenheit« und »Intellektuelle Laster« bei Niemann, *Lexikon des Kritischen Rationalismus*, a. a. O. (Anm. 66), 167.

6. Exkurs: Zu Philippe Patrys Aussagen über Sigmund Freud

Patry vertritt die Auffassung, dass man »Pseudowissenschaft« nicht in einem (moralisch) abwertenden Sinn verwenden soll.[95] Ja, er tadelt an dieser Stelle sogar den berühmten Physik-Nobelpreisträger Richard Feynman wegen dessen Charakterisierung von Pseudo-Wissenschaft als Cargo-Kult-Wissenschaft.[96]

Nach den bisherigen Ausführungen wird es niemanden überraschen, dass ich mit Patry in diesem Punkt übereinstimme. Zu fragen wäre allerdings, inwieweit er selbst der eigenen Maxime folgt, speziell was die Person Sigmund Freuds angeht. Ist es wirklich legitim, ihn in einem Atemzug mit Präastronautikern wie von Däniken zu nennen[97] oder gar eine Ähnlichkeit im Vorgehen zwischen dem Vater der Psychoanalyse und einer – mutmaßlich – betrügerischen Sektenführerin zu behaupten[98]? Wird hier nicht doch mit solchen Vergleichen ein moralisches Unwerturteil gefällt?

In der Podiumsdiskussion, die zu diesem Thema am 16. Januar 2008 zwischen uns beiden vor der Philosophischen Gesellschaft Salzburg stattfand, hat Philippe Patry wiederholt auf die Gefahr des Missbrauchs der Psychoanalyse hingewiesen. Diese Gefahr ist natürlich gegeben und unbestreitbar auch schon des Öfteren Realität geworden. Aber abgesehen davon, dass Missbrauch vom Grundsatz her kein Argument gegen einen ordentlichen Gebrauch darstellt (*abusus non tollit usum*), ist an die einschlägigen (österreichischen) Gesetzesnormen zu erinnern. Laut § 14/1 Psychotherapiegesetz (BGBl. 1990/361) haben (nichtärztliche) Psychotherapeuten ihren Beruf »nach bestem Wissen und Gewissen« auszuüben; für Psychotherapeuten, die zugleich Mediziner sind, ergibt sich die Verpflichtung, »gewissenhaft zu betreuen«, aus § 49/1 Ärztegesetz (BGBl. 1998/169). Sämtlichen psychoanalytisch orientierten Therapeuten diese Gewissenhaftigkeit abzusprechen erschiene also nicht nur als ein Vorurteil, sondern wäre auch die Vorab-Unterstellung eines Rechtsbruches.

Bei allen berechtigten – und, wie ausgeführt, auch von mir geteilten – Vorbehalten gegenüber der Wissenschaftlichkeit der Psychoanalyse: Was Sigmund Freud von einem Erich von Däniken und vor allem von der Sektenführerin mit dem Pseudonym »Uriella« unterscheidet, sind seine unbestreitbaren Leistungen als Kulturphilosoph. Niemand Geringerer als Albert Einstein höchstpersönlich – von Karl Popper bekanntlich als das wissenschaftliche Gegenbeispiel gegen Freud ins Treffen

---

95. Patry (2004) 53; (2008a), 62.

96. Vgl. Feynman, »*Sie belieben wohl zu scherzen, Mr.Feynman!*«, a. a. O. (Anm. 51), 448–460, insb. 451. Interessant ist, dass Erich von Däniken selbst von »Cargo-Kult« spricht; vgl. z. B. von Däniken, *Habe ich mich geirrt?* A. a. O. (Anm. 69), 109–112. Insofern scheint die Begriffsbildung von Feynman, der Däniken nicht namentlich erwähnt, durchaus legitim.

97. Patry (2004), 101; (2007), 258. Anders aber in der Buchfassung seiner Doktorarbeit (Patry 2008a, 117), in der er nunmehr (begrüßenswerterweise) diese Gleichsetzung weglässt.

98. Patry (2007), 268.

geführt[99] – bezeugt dies. Denn als Einstein 1932 vom Internationalen Institut für geistige Zusammenarbeit des Völkerbundes eingeladen wurde, mit einer Person seiner Wahl eine Korrespondenz zu führen, entschied er sich für den Wiener Psychoanalytiker. Der Briefwechsel der beiden Männer über die Ursachen des Krieges gehört zu den klassischen Texten der Sozialphilosophie des 20. Jahrhunderts und ist (leider) heute noch von ungebrochener Aktualität.[100]

So hat auch Peter Gays so provokant scheinender Vergleich zwischen Freud und Platon[101] durchaus seine Berechtigung. Auch Platon war für seine Zeit, und darüber hinaus, überragend als Geistesgestalt und als geistiger Gestalter; doch ein »Wissenschaftler« wie sein von ihm nicht erwähnter Zeitgenosse Demokrit[102] – das war Platon *nicht*![103]

7. Abgrenzung: *Wovon?* – Nicht nur von Pseudowissenschaft

Platon ist ein gutes Stichwort. Einer seiner wichtigsten Dialoge handelt von nichts anderem als davon, wie ein weiser alter Philosoph – er heißt Sokrates – einem naiven jungen Mathematiker – er heißt Theaitet und gab dem Werk den Namen – den Glauben daran austreibt, dass Wissen(schaft; *episteme*) und Weisheit (*sophia*) dasselbe seien.

Sokr. ›Also ist Wissen(schaft) und Weisheit dasselbe?‹
Tht. ›Ja.‹

---

99. Vgl. Popper, *Ausgangspunkte*, a. a. O. (Anm. 39), 48.

100. Albert Einstein & Sigmund Freud, *Warum Krieg?* Zürich: Diogenes, 1972. In Freuds *Gesammelten Werken* (a. a. O. [Anm. 72], Bd. 12, 1947, 11–27) ist leider nur dessen Antwortbrief zur Gänze abgedruckt.

101. Gay, *Freud*, a. a. O. (Anm. 45), XIII.

102. Diogenes Laërtios (*Leben und Meinungen berühmter Philosophen* IX 46–48) überliefert eine Zusammenstellung von (leider nicht erhaltenen) 60 Schriften Demokrits aus den fünf Bereichen Ethik, Physik, Mathematik, Musik, Technik.

103. Anders Karen Gloy, die in Platon den »Vater und Begründer der Naturwissenschaften, sogar der mathematischen« sieht; vgl. Karen Gloy, *Das Verständnis der Natur*, Bd. 1: *Die Geschichte des wissenschaftlichen Denkens*, München: C.H. Beck, 1995, 79. Dabei bezieht sie sich vor allem auf den *Timaios*, in welchem ich allerdings weniger »das erste wissenschaftliche Konzept der Natur« (Gloy, a. a. O.) als vielmehr eine geniale kosmologische Spekulation erblicke. Meines Erachtens daher sachgerechter die viel zitierte Einschätzung von Alfred North Whitehead: »The safest general characterization of the European *philosophical* tradition is that it consists of a series of footnotes to Plato«; vgl. Alfred North Whitehead, *Process and Reality. An Essay in Cosmology*, corr. ed., hg. v. David Ray Griffin u. Donald W. Sherburne, London–New York: Macmillan, 1978, 39 (Hervorhebung von mir).

Sokr. ›Genau das ist meine Verlegenheit: dass ich das bei mir selber nicht genug klären kann, was Wissen(schaft) eigentlich ist.‹[104]

In der Tat ist Wissenschaft nicht nur von Nichtwissenschaft, von Ideologie und Aberglauben, von Betrug und Scharlatanerie abzugrenzen – Wissenschaft ist auch etwas anderes als Religion und Mystik, etwas anderes als Dichtung und Kunst.[105] Zu allen diesen höchst ehrenwerten Formen der Weltorientierung steht die Wissenschaft in einer nicht immer spannungsfreien, gleichwohl immer spannenden Beziehung.

Im Anfang waren die Bereiche noch nicht voneinander geschieden. Parmenides, dessen Welt Karl Popper sein letztes Buch widmete, begann sein Lehrgedicht mit der Schilderung einer seltsamen Reise, hinauf ins Reich des Lichts, wo ihm eine Göttin – wahrscheinlich ist es Dike, die Göttin des Rechts[106] – die Wahrheit über die seienden Dinge enthüllt.[107] Doch kehrt dieses archaische Motiv in der Dankesrede des Literatur-Nobelpreisträgers von 1960 wieder:

> »Und von zwei Blindgeborenen, die ihren Weg sich ertasten durch die Urnacht, der eine ausgerüstet mit dem Werkzeug der Wissenschaft, der andere nur von den Blitzen der Eingebung geleitet – wer denn steigt rascher wieder empor, wer bringt zu kurzem Leuchten eine stärkere Phosphoreszenz herauf? Die Antwort ist nicht von Belang. Das Mysterium ist beiden gemeinsam. Und das große Abenteuer des poetischen Geistes steht den dramatischen Eröffnungen der modernen Wissenschaft nicht nach.«[108]

Wer rascher und höher emporsteigt, ist in der Tat nicht von Belang. Aber was von Belang ist, ist die Frage, ob die beiden so unterschiedlich ausgestatteten Reisenden nicht doch gemeinsam besser vorwärts kommen? »Dante kann nur mit Hilfe der Quantentheorie verstanden werden«, notierte einmal der große russische Dichter Ossip Mandelstam.[109]

---

104. *Theaitetos* 145 e; Übersetzung von mir.

105. Vgl. Tetens, »Wissenschaft«, a. a. O. (Anm. 24).

106. Warum ich dieser Ansicht bin, habe ich in *Heraklits Kampf ums Recht: ein antiker Beitrag zur Rechtsphilosophie*, Frankfurt/M. etc.: Peter Lang, 1993, 75, 131, dargelegt.

107. Parmenides B 1; zitiert nach Diels/Kranz, *Fragmente*, a. a. O. (Anm. 57), I, 228–230.

108. Saint-John Perse, »Poesie« in: ders., *Preislieder. Ausgewählte Dichtungen*. Französisch und deutsch, hg. u. übertr. v. Friedhelm Kemp, München: dtv, 1987, 147–151, hier: 148.

109. Vgl. Ossip Mandelstam, »Entwürfe zum ›Gespräch über Dante‹ (Notizbuch)« in: ders., *Gespräch über Dante. Gesammelte Essays 1925–1935*, hg. u. übers. v. Ralph Dutli, Frankfurt/M.: Fischer, 1994, 176–193, hier: 181. Dazu Friederike Felicitas Günther, »Welle und Teilchen. Ossip Mandelstams poetologische Anverwandlung der Quantentheorie im ›Gespräch über Dante‹«, in: Anne-Kathrin Reulecke (Hg.): *Von null bis unendlich. Literarische Inszenierungen naturwissenschaftlichen Wissens*, Köln etc.: Böhlau, 2008, 115–129.

Für den Versuch, Dante zu verstehen, dürfte freilich auch noch die Ornithologie ganz hilfreich sein...[110]

Aber ist es nicht umgekehrt genauso? Können wir Wissenschaft nicht auch nur durch die Dichtung verstehen? Tatsache ist, dass wir unseren Kosmos nur dann beschreiben können, wenn wir zur Sprache des Märchens Zuflucht nehmen und von *Roten Riesen, Weißen Zwergen* und *Schwarzen Löchern* reden ...

Es gibt aber einen noch viel wichtigeren Grund, warum es ein *Fehler* wäre, nur das Trennende zwischen den unterschiedlichen Bereichen zu sehen. Der Mensch lebt nicht vom Reagenzglas allein; und um »Blumen in seine Seele zu pflanzen«, vermag die Wissenschaft vergleichsweise wenig beizutragen. In aller Regel ist sie nur im Verbund mit emotionalen Formen der Welterfahrung in der Lage, den Weg zur Weisheit zu ebnen.[111] Daher:

WISSENSCHAFT BRAUCHT ABGRENZUNGEN – ABER AUCH BRÜCKEN.[112]

---

110. Vgl. Bettina Bosold-DasGupta, »Schweben, kreisen, gleiten, flattern... Zur Semantik der Vögel und Flugbewegungen in Dantes *Divina Commedia*«, in: Sabine Obermaier (Hg.): *Tiere und Fabelwesen im Mittelalter. Einführung und Überblick*, Berlin–New York: de Gruyter, 2009, 281–306.

111. Vgl. dazu Hans Weder, *Wissenschaft und Weisheit*, Rektoratsrede zum Dies academicus anlässlich der 175. Stiftungsfeier der Universität Zürich, Zürcher Universitätsschriften Nr. 10, Zürich 2008, 35–39.

112. Veranstaltungen wie das Ende Mai 2009 in Wien abgehaltene Symposion »Fehler in Wissenschaft und Kunst« sowie die Tätigkeit der Arbeitsgemeinschaft »Wissenschaft und Kunst« sind hervorragende Beispiele für derartige »Brücken«, für deren Zustandekommen der Österreichischen Forschungsgemeinschaft einerseits und Herrn Universitätsprofessor Otto Neumaier andererseits nicht genug gedankt werden kann.

Otto Neumaier (Hg.): *Fehler in Wissenschaft und Kunst*, Möhnesee: Bibliopolis, 2010: 61–86

DIE FEHLER DER KOPISTEN

VORBEMERKUNGEN ZU EINER KOGNITIVEN THEORIE
MITTELALTERLICHER KUNST

Christoph Landerer

1. Der problemgeschichtliche Ausgangspunkt

Kunsthistorische Einführungsdarstellungen, welche die Malerei des Mittelalters zum Gegenstand haben, folgen in der Schilderung der problemgeschichtlichen Akzentverschiebungen, die sich in der theoretischen Beschäftigung mit mittelalterlicher Kunst seit dem Beginn einer im eigentlichen Sinn wissenschaftlichen (akademisch institutionalisierten) kunsthistorischen Diskussion ergeben haben, oft einem klaren und vorhersehbaren Schema: In der akademischen Frühzeit der Disziplin waren demnach die Werke mittelalterlicher Kunst noch als Zeugnisse einer »primitiven« Geisteshaltung und als Produkte technischen und stilistischen Unvermögens angesehen worden. Das Jahrtausend zwischen dem Untergang der antiken Welt und der Wiederaufnahme antiker Gestaltungs- und Formideale zu Beginn der Renaissance galt als »dunkel«, die gesamte mittelalterliche Kultur als eine Epoche des Verfalls. Die wissenschaftliche Fragwürdigkeit einer solchen »Kunstgeschichte des Könnens«, die ihre Urteilsprinzipien im Wesentlichen der normativen Ästhetik einer Klassik-begeisterten Zeit entnahm, wurde in vollem Umfang erst gegen Ende des 19. Jahrhunderts erkannt, und so konnte sich der – die heutige kunsthistorische Forschung leitende – Gedanke des Eigenwerts kunsthistorischer Epochen, dem zufolge jede Epoche ausschließlich an ihren eigenen Maßstäben gemessen werden kann, erst in jüngerer Zeit durchsetzen.[1]

Im Unterschied zur heutigen Auffassung, die von einer Vielzahl von Entwicklungsmöglichkeiten ausgeht, war die ältere Kunstgeschichte noch stark im Evolutionismus und linearen Fortschrittsdenken des 19. Jahrhunderts verhaftet und sah so den allgemeinen kunsthistorischen Entwicklungsgang als Prozess der Annäherung an das Ideal naturalistischer Darstellung, dessen Stadien in der Geschichte der europäischen Kunst mustergültig beobachtet werden können. Die naturalistische Dar-

---

1. Siehe dafür etwa Irmgard Hutter & Hans Holländer, *Kunst des frühen Mittelalters* (Belser Stilgeschichte, Bd. III), Stuttgart: Belser, 1993, 20 ff.

stellung, und mit ihr die Perspektive, galt als Ziel des historischen Entwicklungsprozesses; sie lieferte den Maßstab, der bei der Beurteilung historischer europäischer
Kunstepochen wie auch rezenter außereuropäischer Kunststile angelegt wurde. Gemessen an diesem Ideal musste nun etwa die Kunst des Mittelalters notwendig als
»defizitär« erscheinen, ihre Raumbewältigung galt demgemäß als »fehlerhaft«, als
Beleg für eine noch nicht erworbene Fertigkeit. Diese Auffassungsschule verlor zwar
bereits gegen Ende des 19. Jahrhunderts kontinuierlich an Bedeutung, aber erst der
radikale Umbruch in der Kunst des 20. Jahrhunderts machte endgültig klar, dass die
Vorstellung eines linearen, auf das künstlerische Ideal naturalistischer Darstellung
ausgerichteten Fortschritts der Vielfalt künstlerischer Ausdrucksmöglichkeiten
nicht angemessen ist. Und wenn die moderne Kunst die Perspektive nun bewusst
verließ und sich anderen Darstellungskonventionen zuwandte, so schien sich eine
Auffassung, die den kontinuierlichen Abbau der Perspektive in der spätantiken und
frühmittelalterlichen Kunst als analogen Vorgang – als stufenweise Realisierung eines mit der späteren naturalistischen Ästhetik inkommensurablen »Kunstwollens«
– deuten könnte, geradezu aufzudrängen. Das Ideal naturalistisch-perspektivischer
Darstellung konnte nun nicht länger als absoluter Maßstab und Ziel des kunsthistorischen Entwicklungsganges angesehen werden; aus der Vorstellung eines gerad-
linigen und final gesteuerten Progressionsprozesses begann sich allmählich unsere
heutige Vorstellung einer Vielfalt von Möglichkeiten, die je nach der gesellschaftlichen und allgemein-kulturellen Ausgangslage unterschiedlich realisiert werden,
zu entwickeln. Erst die Aufhebung dieses älteren (antikisierend-klassizistischen)
Kunstideals und die systematische Ausschaltung der damit verbundenen Wertungs-
gesichtspunkte erlaubt uns heute, die Werke mittelalterlicher Kunst mit unbefange-
nen Augen zu betrachten und so zu einer vorurteilsfreien und wissenschaftlich an-
gemessenen Würdigung mittelalterlicher Malerei zu gelangen.

    Vor dem Hintergrund dieser ideengeschichtlichen Ausgangslage können die
nachfolgenden Bemerkungen nur allzu leicht antiquiert erscheinen. Denn die
kognitive Auffassung mittelalterlicher Kunst, die ich hier nur kurz skizzieren kann,
läuft in gewisser Weise auf eine Wiederbelebung jedenfalls einer Variante jener
»Verfallstheorie« spätantiker und mittelalterlicher Kunst hinaus, die seit dem Ende
des 19. Jahrhunderts (insbesondere seit Riegls epochemachender *Spätrömischer
Kunstindustrie*) allgemein als »überwunden« gilt. In dieser stärker psychologisch
geprägten Perspektive werden wesentliche Züge der mittelalterlichen Malerei nur
dann verständlich, wenn wir sie als Ausdruck bestimmter kognitiver Beschränkungen, denen der historische Künstler unterlegen war, bzw. (allgemeiner) als Ausdruck
einer von heutigen westlichen Erwachsenen erheblich abweichenden kognitiven
Orientierung dieses Künstlers, auffassen. Diese abweichende kognitive Orientierung wird zwar im Kontext der mittelalterlichen Kultur verwirklicht, sie ist aber an
die einzigartige weltgeschichtliche Situation der mittelalterlichen Kultur insofern

nicht gebunden, als die dafür charakteristischen Merkmale sehr viel weniger von den individuellen Inhalten dieser Kultur abhängen als von bestimmten strukturellen Parametern, die sich erst am Ausgang der Epoche entscheidend zu wandeln beginnen. Eine Analyse der mittelalterlichen Kultur unter kognitiven Gesichtspunkten muss auf die Identifikation jener strukturellen Parameter ausgerichtet sein, die mit kognitiven Veränderungen gekoppelt werden können; sie muss versuchen, kulturelle »Schlüsselfaktoren« in den Blick zu bekommen, die den kognitiven Wandel erklären. Sind solche Faktoren zu schwach – zentral dürfte hier die Rolle formaler Bildung und damit die Rolle entsprechender Veränderungen im Schulwesen sein –, dann ist ein kulturelles Dominantwerden naturalistisch-perspektivischer Bildgestaltung nicht zu erwarten. Da kognitive Faktoren im Rahmen eines solchen Ansatzes nur als kulturelle Ermöglichungsbedingungen wirken können, ist der kulturelle »Umkehrschluss« etwa von formaler Schulung auf perspektivische Bildgestaltung nicht anwendbar. Ein solcher Ansatz könnte allerdings die kulturgeschichtlich späte Ausbildung perspektivischer Stile erklären, da deren konsistente Bewältigung bestimmte kognitive Probleme stellt, die auf basaleren Kognitionsebenen nicht gelöst werden können. Diese Form der Analyse unterscheidet sich schließlich auch erheblich von den Ansätzen der Mentalitäts- bzw. Ideengeschichte, da sich in ihrem Rahmen auch eine klare Vorstellung kausal-genetischer Entwicklungszusammenhänge etablieren lässt. Die darauf basierende Entwicklungstheorie hat eine gewisse Verwandtschaft mit den Theorien der ökonomisch-materialistischen Schule, sie teilt aber nicht den ökonomisch-materialistischen Reduktionismus solcher Ansätze, da sie Faktoren dieser Art nicht als letzte Begründungsgrößen betrachtet und die entscheidenden Erklärungsgrößen der kognitiven Theorie entstammen.

Ein theoretischer Ansatz, der perspektivisches Vermögen an so verstandene kognitive Faktoren bindet, wird sich problemgeschichtlich am stimmigsten in die Gruppe der »Verfallstheorien« mittelalterlicher Kunst einordnen lassen, die seit Riegl kaum mehr kunsthistorische Fürsprecher gefunden haben. Seit Riegl ist die Kunstgeschichte daran gewöhnt, nur jene Urteile über die Kunst des Mittelalters als »objektiv« gelten zu lassen, die in ihr eine »Fortbildung von eigenem Werte« (Riegl) sehen und die ihr eigenen Darstellungsprinzipien als spezifisch mittelalterliche Antwort auf die konkrete theologische, sozio-ökonomische und allgemeinweltanschauliche Situation des mittelalterlichen Menschen begreifen. An diesem, ihrem eigenen Maßstab gemessen, verwirklicht die mittelalterliche Kunst demnach lediglich einen alternativen – und mit dem antiken wie auch neuzeitlichen Kunstverständnis inkommensurablen – Darstellungsmodus, dessen innere Logik und kulturelle Motivation die Kunstgeschichte zu analysieren und *wertfrei*, d. h. ohne Ansehung unserer heutigen, spezifisch neuzeitlichen Urteilsvorlieben, darzulegen hat. War die mittelalterliche Kunst jahrhundertelang – von den Kunstschriftstellern der Renaissance bis zur akademisch institutionalisierten Kunstwissenschaft des

19. Jahrhunderts – stets als Ausdruck archaischer Gesinnung und gestalterischen Unvermögens erschienen, so hatte im wesentlichen erst Riegl »die subjektive Kritik, die unser moderner Geschmack an den uns vorliegenden Denkmälern vornimmt« als einzig ausschlaggebenden Grund ausgemacht, der »bisher verhindert hat, das Wesen der spätrömischen [und analog auch der daran anschließenden mittelalterlichen, C. L.] Kunstwerke mit unbefangenem Auge zu betrachten«.[2] Die »Verfallstheorie« spätantiker und mittelalterlicher Kunst, wie wir sie in etwa seit Petrarca finden, kann so nur als Versuch gewertet werden, die Kunst dieser Zeit an einem Ziel zu messen, dem sie gar nicht gehorchen *wollte*, und so sind auch die »Verfehlungen«, deren sich die Künstler dieser Theorie zufolge schuldig gemacht haben sollen, in Wahrheit positive Formulierungen eines völlig anders gearteten gestalterischen Lösungsansatzes, den wir in seiner – für uns befremdlichen – Andersartigkeit erst als in sich stimmig verstehen lernen müssen, um überhaupt zu *wissenschaftlichen* Urteilen über die mittelalterliche Kunstproduktion gelangen zu können.[3]

2. Defizite und Differenzen

Vor diesem theoretischen Hintergrund ist in den letzten Jahrzehnten, beginnend aber bereits mit Riegl, eine – verglichen mit jenen Urteilen, wie sie in den Jahrhunderten davor gefällt wurden – äußerst »wohlmeinende« Interpretationshaltung gängig geworden, die eben jene Züge der spätantiken und mittelalterlichen Malerei, die in früherer Zeit als Ausdruck ihrer »primitiveren« Verfassung gesehen wurden[4], positiv

---

2. Alois Riegl, *Spätrömische Kunstindustrie*, Darmstadt: WBG, 1973, 10.

3. In Bezug auf die Geschichte der Perspektive hat Pavel Florenskij (*Die umgekehrte Perspektive. Texte zur Kunst*, München: Matthes & Seitz, 1989) diesen Standpunkt besonders klar zum Ausdruck gebracht. Demnach muss davon ausgegangen werden, »daß in jenen historischen Epochen künstlerischen Schaffens, in denen die Verwendung der Perspektive nicht zu beobachten ist, die Schöpfer der darstellenden Kunst die Perspektive keineswegs ›nicht beherrschten‹, sondern sie einfach *nicht benutzen wollten*. Oder genauer ausgedrückt: Sie wollten *andere* Prinzipien der Darstellung benutzen als die der Perspektive. Und sie wollten diese deshalb verwenden, weil sie als Genies ihrer Zeit die Welt auf eine Art und Weise fühlten und verstanden, die in sich auch diese Verfahren der Darstellung miteinschloß« (30). Hatten die Künstler perspektivische Darstellungsmethoden nicht angewandt, so müssen wir annehmen, »daß dies ganz und gar nicht aus Unkenntnis ihrer Voraussetzungen geschah, sondern aus irgendwelchen anderen und tieferen Gründen. Vor allem aber aufgrund von Überzeugungen, die auf einer *höheren Gesetzmäßigkeit der reinen Kunst* gründeten. [...] Es fällt sehr schwer, daran zu zweifeln, daß sie die Regeln der Perspektive nicht anwendeten, weil sie dies einfach nicht wollten und weil sie diese für überflüssig und unkünstlerisch hielten« (18; Hervorhebungen jeweils im Original).

4. Demnach glaubte man etwa, in der mittelalterlichen Kunst Belege für mangelndes Raumverständnis, Unstimmigkeiten der Komposition, missverstandene Übernahme perspektivi-

zu werten versucht und vor allem bemüht ist, die ihnen zugrunde liegende »Grammatik« aufzuspüren. Dem tiefgreifenden Wandel der praktischen kunsthistorischen Analysesituation, der damit verbunden war, hat die moderne historische Kunstforschung insofern sehr konsequent Rechnung getragen, als Eigenheiten mittelalterlicher Komposition, die den älteren Theorien – vor dem Hintergrund eines Geschichtsmodells, das die naturalistisch-perspektivische Malerei als Ziel und damit auch als Urteilsmaßstab des kunsthistorischen Entwicklungsprozesses ansah – nur als *Defizite* erscheinen konnten, nun als bloße *Differenzen* konzeptualisiert wurden. Die mittelalterliche Kunst stellt demnach (in Hinblick auf ihre antiken Vorläuferformen, die perspektivische Stilmittel bereits auf weitgehend überzeugende Weise zu nutzen wussten) keinen »Rückschritt« dar, noch kann sie in irgendeiner Weise als »primitiv« angesehen werden. Sie führt vielmehr ein System von Darstellungsprinzipien vor, das keinem anderen Maßstab verpflichtet werden kann als seinem *eigenen* und damit nur vor dem Hintergrund des Weltanschauungs- und Erfahrungskontexts des mittelalterlichen Menschen verständlich wird. Darüber hinaus noch irgendwelche andere, der mittelalterlichen Kunst fremde Maßstäbe anzulegen, in Hinblick auf die erst ihre angeblichen »Verfehlungen« bewertet werden können, hieße einen Stil (den naturalistisch-perspektivischen) willkürlich zum Ziel des historischen Prozesses zu erklären. Lediglich im Rahmen eines kruden Evolutionismus, wie er dem 19. Jahrhundert vielleicht noch als angemessen erscheinen konnte, kann ein solcher Anspruch – so die heute gängige Auffassung – gerechtfertigt werden. Wirklich zeitgemäße Kunstforschung muss dagegen – vor allem auch im Kontext der modernen Kunstentwicklung, die ja die Beliebigkeit stilistischer Grundentscheidungen besonders krass vor Augen führt – von der fundamentalen methodologischen Prämisse einer Art »Äquidistanz« zu allen derartigen Grundentscheidungen ausgehen; die Möglichkeit, ein bestimmtes historisches Darstellungssystem als Maßstab auszuweisen und in Hinblick darauf die eine Bildersprache als »primitiv«, die andere aber als »fortgeschritten« auszuweisen, ist ihr damit grundsätzlich genommen.

Diese Umdeutung von *Defiziten* in *Differenzen*, die die moderne historische Kunstforschung so wesentlich von jener früherer historischer Epochen unterscheidet, ist aber keine bloß kunsthistorische Erscheinung, sondern bildet zugleich auch einen wesentlichen Grundkonsens moderner human- und kulturwissenschaftlicher Forschung überhaupt. Auch die Ethnologie des 20. Jahrhunderts sieht sich vor das

---

scher Elemente von älteren Vorlagen oder schlichte Verzeichnungen zu finden. Heute kann die historische Kunstforschung dort, wo früher Grobheiten und »Primitivismus« konstatiert wurden, häufig nur »Abstraktion«, »Vergeistigung« und »Stilisierung« entdecken. Überhaupt hat nach heutigem Urteil erst der Abbau der Perspektive, wie wir ihn in der Kunst der spätklassischen Epoche finden, »die Maler nun wirklich frei zu absoluter Malerei mit rein spirituellem Gehalt« werden lassen; vgl. Bernard Andreae, Artikel ›Malerei‹, in: Theodor Kraus, *Das römische Weltreich*, Berlin: Propyläen, 1990 (Propyläen Kunstgeschichte), 204.

Problem gestellt, die von der unsrigen offenkundig stark abweichende mentale Verfassung traditionaler Stammeskulturen bzw. »Naturvölker« auf eine Weise zu konzeptualisieren, die erkennbar die oft chauvinistisch-rassistischen Beiklänge älterer Theorien vermeidet. Und war die ältere Ethnologie auch hier zu dem Ergebnis gekommen, dass es zu einem wesentlichen Teil *Defizite* sind, welche die grundlegenden Urteils- und Anschauungsformen des »Naturmenschen« von jenen des gebildeten Europäers unterscheiden (Abwesenheit rationaler Naturerklärung, mangelnde Beherrschung von Klassifikationen und hypothetisch-schlussfolgerndem Denken, Fehlen einer »Persönlichkeit« im westlich-individualistischen Sinn, etc.), so ist heute die Auffassung gängig, dass wir es dabei lediglich mit *Differenzen* zu tun haben. Wenn das Mitglied einer alten Stammeskultur kein »wissenschaftliches« Denken im modern-westlichen Sinn ausbildet, magische Erklärungsweisen bevorzugt und sich mit aus unserer Sicht höchst verbesserungsbedürftigen Klassifikationen zufrieden gibt, so geschieht das in Reaktion auf *seine* spezifischen Lebensprobleme und die Anforderungen *seiner* spezifischen sozialen und natürlichen Umwelt. Darin ein Manko zu sehen, sind wir ebenso wenig berechtigt, wie etwa ein traditional lebender Afrikaner berechtigt wäre, die kognitiven Kompetenzen urbanisierter Europäer ihrer geringeren Fertigkeit im Fallenstellen wegen für »defizitär« zu erklären. Die Welt des traditionalen Afrikaners ist schlichtweg *anders* beschaffen als die des urbanisierten Europäers, und *anders* beschaffen sind daher auch seine geistigen Operationen. Auch für die Kunst des »Naturmenschen« gilt demgemäß – ebenso wie für die Kunst des mittelalterlichen Menschen: »Wenn die Formen der Stammeskunst, am Naturvorbild gemessen, falsch und verzeichnet erscheinen, so liegt das nicht an mangelndem Können und Unvermögen, sondern an einer anderen Auffassung, einer anderen Deutungsabsicht, einem anderen Sinn.«[5]

Dieser »vornehme Ton«, der für die Diskussion von für uns fremdartigen (historischen wie rezenten) Denk- und Darstellungsgewohnheiten heute kennzeichnend geworden ist, führt – so ehrenwert die Absicht, mögliche eurozentristische Vorurteile schon im Ansatz zu vermeiden, auch sein mag – aber auch einige höchst unangenehme Konsequenzen im Bereich der Theoriebildung im Gefolge. Eine Konzeptualisierung fremder Darstellungssysteme als bloß abweichende Stilvorschriften, die lediglich *intern*, nach ihren eigenen Maßstäben, beurteilt werden können, lässt eine Metatheorie künstlerischer Darstellungssysteme (bzw. allgemeiner: eine Metatheorie kulturell geformter Anschauungs-, Urteils- und Gestaltungsaktivität) von vornherein unerreichbar erscheinen. Wenn die »geistige Kultur« tatsächlich nur als Funktion einer jeweils historisch kontingenten Umwelt angesehen werden kann und es stets nur der *innere* Sinn, die *innere* Stimmigkeit ihrer Äußerungen ist, die

---

5. Elsy Leuzinger, *Kunst der Naturvölker*, Berlin: Propyläen, 1990 (Propyläen Kunstgeschichte), 13.

sich wissenschaftlich erfassen lassen, dann ist es schwierig, wenn nicht gar unmöglich, ein *allgemeines* Erklärungsmodell zu konstruieren, das die Eigenheiten eines Stils als Anwendungsfall einer breiter angelegten vergleichenden Kulturtheorie verständlich werden lässt. Eine Folge dieser Auffassung – in deren Rahmen ein übergeordneter, »objektiver« Gesichtspunkt, von dem aus eine *wissenschaftliche* Beurteilung von Kulturäußerungen in erklärender Absicht nur als Illusion erscheinen kann – ist der Kulturrelativismus, der heute von vielen Ethnologen vertreten wird. So berechtigt ein solcher Relativismus auf dem Gebiet der Werte, moralischen Urteile und menschlichen Setzungen allgemein aber auch sein mag, so problematisch ist er außerhalb des unmittelbaren Bereichs präskriptiver Geltungsfragen; auf dem Gebiet wissenschaftlicher Theoriebildung und intersubjektiv-empirischer Fakten. In dem Maß, in dem Kulturen sozusagen als »fensterlose Monaden« angesehen und ihre Äußerungen von externen Beurteilungsinstanzen abgeschottet werden, kann Wissenschaft überhaupt nur mehr im Sinn einer deskriptiven Bestandsaufnahme, im anspruchsvollsten Fall mit vorgeblich »verstehender« Intention, betrieben werden. Und auch wenn eine solche Bestandsaufnahme mit allen Raffinessen moderner Quellenkritik und ausgeklügelten inhaltlichen Analysemethoden zu Werke gehen könnte, so bleibt als letztes Ziel doch nur eine vergleichende Überschau der erhobenen Kulturäußerungen im Kontext der ihnen empirisch beistellbaren sozialen, ökonomischen, weltanschaulichen und anderen Begleitphänomene.

Auch die Kunstgeschichte muss sich demnach mit Ansprüchen zufrieden geben, die gemessen an der Zielsetzung moderner Naturwissenschaft, die nach allgemeinem Gesetzeswissen und integrativ-vereinheitlichenden Erklärungsmodellen strebt, bescheidener sind. Dieses bescheidenere Erklärungsziel ist seit Heinrich Wölfflins klassischer Formulierung nur mehr wenig abgewandelt worden: »Einen Stil *erklären* kann nichts anderes heißen als ihn nach seinem Ausdruck in die allgemeine Zeitgeschichte einreihen, nachweisen, daß seine Formen in ihrer Sprache nichts anderes sagen als die übrigen Organe der Zeit.«[6] Die Geschichte der Kunst gerät so zu einem bunten Panorama von Stilen und Darstellungskonventionen, die zwar in irgendeiner Weise dem allgemeinen »Zug der Zeit« zu folgen scheinen, ohne dass aber genau auszumachen wäre, worin diese Korrespondenzbeziehung eigentlich besteht.[7] Wie auch immer aber dieses Verhältnis genau beschaffen sein mag: Die Kunst und die

---

6. Heinrich Wölfflin (in: *Renaissance und Barock*, 1888), zit. nach Ernst Gombrich, *Die Krise der Kulturgeschichte*, Stuttgart: Klett Cotta, 1983, 45.

7. Zu einer klareren Auffassung hat sich – soweit ich sehen kann – bislang nur die stärker materialistisch orientierte Fraktion der sozialgeschichtlichen Kunstgeschichtsschreibung durchringen können, die Wandlungen künstlerischer Gestaltungsprozesse sehr konsequent auf Veränderungen der ökonomischen »Basis« zurückführt. In ihrer »klassischen« – und eben darin konsequenten – Interpretation wird diese Position, die zudem auch mit sehr schweren internen Problemen kämpft, heute im Allgemeinen allerdings nicht mehr vertreten.

Kultur ihrer Zeit stehen zueinander im Verhältnis einer Art »prästabilierten Harmonie«: Die Kunst bringt zum Ausdruck, was in der Kultur gedacht und empfunden wird. Ihre Äußerungen sind daher *per se* (und sozusagen a priori) konsistent. Was uns *heute*, vor dem Hintergrund *unserer* Wertungs- und Anschauungskonventionen, verzeichnet, fehlerhaft oder unstimmig erscheint, erhält seine innere Schlüssigkeit erst im Zusammenhang mit der Kultur seiner Zeit, aus deren eigentümlicher Beschaffenheit sich auch die absonderlichste Gestaltungslösung erklärt.

3. Können und Wollen

Diese systematische Umdeutung von Defiziten in Differenzen, welche die kulturwissenschaftliche Forschung des 20. Jahrhunderts in einen entscheidend veränderten methodologischen Rahmen stellt und sie damit wesentlich von jener der vorangegangenen Jahrhunderte unterscheidet, steht im Bereich der Kunstgeschichte vor allem aber auch im Kontext einer sehr bewusst reflektierten Umdeutung des für die Erklärung stilistischer Unterschiede maßgeblichen Faktors, den man nun allgemein nicht mehr im *Können*, sondern im *Wollen* lokalisiert. Diese »Umwertung aller Werte auf kunstwissenschaftlichem Gebiet«[8] – eine Art »Paradigmenwechsel«, der schon in den Anfangsjahren dieses Umdeutungsprozesses als einschneidend empfunden worden war – musste sich besonders nachhaltig natürlich in jenen Bereichen künstlerischer Produktion bemerkbar machen, die den älteren Theorien als Beleg für echtes Unvermögen, für Missverständnisse, Verzeichnungen und kompositorische Unstimmigkeiten erschienen waren. Denn sollte nun »als Axiom gelten, dass man alles konnte, was man wollte, und daß man nur das nicht konnte, was nicht in der Richtung des Wollens lag«[9], so musste auch hinter jedem vermeintlichen »Unvermögen« grundsätzlich eine positive Intention angenommen werden und es konnte – im Gegensatz zur früheren Auffassung, deren vorrangiges Anliegen es sein musste, den Gründen für diesen Verständnismangel nachzuspüren – Aufgabe der historischen Kunstforschung nur sein, Funktion und Erscheinungsweise dieser speziellen Intention im Rahmen des »Kunstwollens« der Zeit zu ermitteln.

Heute, vor allem nachdem Ernst Gombrich auf spezifisch psychologische Voraussetzungen jeder stilistisch fortgeschritteneren Kunstproduktion hingewiesen hat, die eine derart »radikale« Fassung der Kunstwollenstheorie nicht mehr vertretbar erscheinen lassen, verläuft zwischen »Können« und »Wollen« zwar sicherlich keine so scharfe theoretische Frontlinie mehr, die Verlagerung der kunsthistorischen Betrachtungsperspektive von der *Kompetenz* zur *Intention* hat sich aber dennoch

---

8. Wilhelm Worringer, *Formprobleme der Gotik,* München: Piper, 1912, 7
9. Worringer, *Formprobleme,* a. a. O. (Anm. 8), 7.

als dauerhaft erwiesen. Mangelndes »Können« wird dem mittelalterlichen Künstler heute am ehesten noch in einem rein *technischen* Sinn unterstellt, etwa in Hinblick auf jene sehr speziellen kompositorischen Anforderungen, wie sie kompliziertere planperspektivische Konstruktionen stellen.[10] Von solchen Fällen abgesehen, wird als Erklärung vorgeblicher Defizite heute häufig eine »neue Vorstellung von Figur, Raum und Bild«[11] angeboten, welche die Künstler zu »Abstraktion« und »Stilisierung« geführt haben soll und die sich heute – zumindest näherungsweise – lediglich durch »Einsichten in die ›Grammatik‹ und ›Semantik‹ einer höchst differenzierten Bilder- und Zeichensprache« erschließen lässt.[12] Diese Situation ist aber insofern theoretisch unbefriedigend, als es tatsächlich Beispiele für echte Verständnisprobleme und auch ebenso offenkundige Fälle unbewältigter konstruktiver Anforderungen (wie sie die Übernahme architektonischer Details von antiken Vorlagen stellte) zu geben scheint, die kaum auf rein *technische* Schwierigkeiten zurückgeführt werden können. So ist etwa gelegentlich bemerkt worden, dass mittelalterliche Künstler antike, byzantinische oder auch karolingische Vorlagen vor allem dort, wo kompliziertere Raumstrukturen abgebildet wurden, häufig »missverstanden«[13] und dabei auf oft erstaunliche Weise umbildeten; eine systematische Diskussion dieser »Missverständnisse« scheint heute aber noch auszustehen.

---

10. Panofsky gibt eine Schilderung der *rein technischen* Probleme, die sich etwa bei der Konstruktion eines perspektivisch verkürzten Fußbodenmusters ergaben; vgl. Erwin Panofsky, *Die Renaissancen der europäischen Kunst*, Frankfurt/M.: Suhrkamp, 1990, 386. Derartige Probleme waren bis zur Entdeckung der *costruzione legittima* durch Alberti in der ersten Hälfte des 15. Jahrhunderts häufig aufgetreten und sicherlich muss ein (wahrscheinlich bedeutender) Teil der Unstimmigkeiten, die wir heute auf Bildern des Trecento erkennen, auf technische Unzulänglichkeiten dieser Art zurückgeführt werden.

11. Hans Holländer, *Kunst des frühen Mittelalters*, Stuttgart: Manfred Pawlak, 1981, 129.

12. Hutter & Holländer, *Kunst des frühen Mittelalters*, a. a. O. (Anm. 1), 20. Ernst Gombrich hat dazu – im Kontext einer Bemerkung über den Wandbehang von Bayeux – sehr treffend festgestellt: »Das Wort ›Kunstwollen‹ und der Begriff Stil erledigen die Angelegenheit noch nicht. Eines können wir gleich ausschalten. Der Vorzeichner des Wandbehanges hat gewiß die Bäume nicht einfach seinem Kunstwollen gemäß ›stilisiert‹. Der Begriff paßt höchstens auf die Kunstgewerbler des 19. Jahrhundert, die die Bäume, Blumen und andere Naturformen bewußt in ornamentale Formen umsetzten«; vgl. Ernst Gombrich, *Kunst und Illusion*, Stuttgart-Zürich: Belser, 1986, 84.

13. Dazu Panofsky, *Die Renaissancen*, a. a. O. (Anm. 10), 382: »Kein architektonisches Motiv in einer karolingischen oder ottonischen Darstellung ist frei von Unstimmigkeiten nicht nur in der Perspektive, sondern auch bautechnischer Art – Unstimmigkeiten, die zeigen, daß wir es mit mißverstandenen oder […] halbverstandenen Zitaten und nicht mir rationalen Konstruktionen zu tun haben.« Missverstanden wurde übrigens auch die Natur der Schatten; vgl. dazu Miriam Bunim, *Space in medieval painting and the forerunners of perspective*, New York: Columbia University Press, 1940, 39; zu den »Missverständnissen« mittelalterlicher Kopisten allgemein: 43.

Diese »Missverständnisse« mittelalterlicher Kopisten stellen die historische Kunstforschung vor ein sehr schwerwiegendes theoretisches Problem, das in seiner ganzen Tragweite möglicherweise noch gar nicht richtig erkannt ist. Denn offenkundig kann es kein *technisches* Problem gewesen sein, das den mittelalterlichen Kopisten davon abhielt, auch perspektivisch anspruchsvollere Details der Vorlage korrekt, d. h. ohne schwere sinnstörende Abweichungen, wiederzugeben. Es scheint aber auch nicht sinnvoll, in all diesen Fällen davon auszugehen, der Künstler habe die Vorlage eben gemäß einer (zwischenzeitlich) veränderten ästhetischen Intention »umgeformt«. Zwar kann kein Zweifel daran bestehen, dass viele dieser »Missverständnisse« auf simplen Flüchtigkeitsfehlern beruhen[14], die Tendenz eines großen Teils dieser Fehler scheint aber auf tatsächliche Verständnisprobleme hinzuweisen. »Missverständnisse« von Vorlagen, die eine solche Erklärung erfordern, fallen – zumindest in der Analyse der kognitiven Mechanismen, die zu den entsprechenden Fehlern führen – klar in den Kompetenzbereich der Psychologie. Dennoch sind die psychologischen Aspekte dieser Problemstellung meines Wissens noch nicht thematisiert worden. Die intentionalistische Auffassung, die auf bewusste Umgestaltung bzw. ein verändertes »Kunstwollen« abstellt, gilt weiterhin als aussichtsreiche Erklärungsoption.

Eine andere als eine solche intentionalistische Interpretation kann die heutige historische Kunstforschung im Rahmen einer Werkauffassung, die primär dem Gesichtspunkt bewusster gestalterischer Intention und reflexiver Ästhetik verpflichtet sein möchte, nur sehr schwer aufnehmen. Hans Holländer etwa hat gerade in Hinblick auf die Kunst des 9. Jahrhunderts, der Panofsky seine Beispiele für »Missverständnisse« entnimmt, festgestellt: »Die paradox konstruierten Bilder und ihre Widersprüche kann man weder auf Unvermögen noch auf eine ›andere Sehweise‹ abschieben. Sie folgen Gedanken und spitzfindigen Spekulationen«.[15] Diese Auffassung dürfte im Wesentlichen auch den Standpunkt wiedergeben, der heute allgemein vertreten wird.

Betrachten wir ein besonders prägnantes Beispiel eines solchen »Missverständnisses« bzw. »paradox konstruierten Bildes«, so zeigt sich aber schnell, weshalb eine derartige Erklärung keinesfalls befriedigen kann. Die »Lebensbrunnen«-Miniatur aus dem »Codex aureus« von St. Emmeram (Abb. 1b), um 870 in den Jahrzehnten zwischen dem Ende der karolingischen und dem Beginn der ottonischen Renaissance entstanden, zeigt, wenn wir sie mit einer etwa 7 Jahrzehnte früher entstan-

---

14. Konrad Eberlein hat darauf hingewiesen, dass – vor allem auch infolge einer Arbeitsorganisation, die ein Verständnis des Gesamtzusammenhanges häufig nicht erforderte –, mit solchen Flüchtigkeitsfehlern in der mittelalterlichen Miniaturkunst grundsätzlich gerechnet werden muss; vgl. Johann Konrad Eberlein, *Miniatur und Arbeit*, Frankfurt/M.: Suhrkamp, 1995, 135.

15. Holländer, *Kunst des frühen* Mittelalters, a. a. O. (Anm. 11), 92.

Abb. 1a: Karolingische »Lebensbrunnen«-Miniatur (um 800), aus: Irmgard Hutter & Hans Holländer, *Kunst des frühen Mittelalters* (Neue Belser Stilgeschichte, Bd. III), Stuttgart–Zürich: Belser, 1987, 240 (Tafel 169)

Abb. 1b: Die »Lebensbrunnen«-Miniatur aus dem »Codex aureus« von St. Emmeram (um 870), aus: Erwin Panofsky, Die Perspektive als symbolische Form, in: ders., *Aufsätze zu Grundfragen der Kunstwissenschaft*, hg. v. Hariolf Oberer & Egon Verheyen, Berlin: Spiess, 1992, Tafel VIII

denen karolingischen Miniatur (mit demselben Thema und einer im Ganzen sehr ähnlichen Gestaltung; Abb. 1a) vergleichen, nicht nur, wie stark vergröbert die einzelnen Züge der karolingischen Miniatur[16] hier wiedergegeben werden, sondern fällt vor allem durch ein sehr merkwürdiges und befremdliches Detail der Raumbehandlung auf: Die mittlere (hintere) Säule scheint sich wenig um »vorne« und »hinten« zu kümmern. Genauso wie eine der vorderen Säulen wird sie durch den gesamten Radius der Brunnenöffnung geführt, um sich schließlich hinten mit dem rückwärtigen Teil des Daches zu verbinden. Eine spezielle ästhetische Intention, die eine gelegentliche Vermengung vorderer und rückwärtiger Elemente in (annähernd) perspektivisch gestalteten Architekturansichten vorschrieb, ist hier – auch unter der Annahme noch so »spitzfindiger Spekulationen« – sicherlich nicht eben die nahe liegendste Erklärungsoption.

Aber wie kann es überhaupt geschehen, dass »vorne« und »hinten« auf eine so verblüffend unbekümmerte Weise im Bild vermengt werden? Untersucht man Werke mittelalterlicher Kunst in Hinblick auf analoge Eigenheiten der Raumbewältigung, so fällt auf, dass eine solche Vermengung von »hinten« und »vorne« offenbar auch abseits unmittelbarer Kopistentätigkeit (und selbst in technischen Zeichnungen!) mit einer gewissen Regelmäßigkeit auftritt. Eine nicht minder verblüffende Variante dieser mittelalterlichen Gestaltungseigentümlichkeit bilden gelegentliche Fälle »falscher Überschneidungen« (einer Vertauschung von Verdeckendem und Verdecktem). Vielleicht noch frappierender ist ein Abbildungsvorgang, der an vielen mittelalterlichen Tisch- und Stuhldarstellungen zu beobachten ist: Sollte eine Tisch- oder Stuhlkonstruktion mittels perspektivischer Mittel (d. h. Verkürzungen und Fluchtlinien) wiedergegeben werden, so scheint der Künstler sehr häufig dann, wenn eine Strebe im hinteren Bereich an eines der vorderen Beine getroffen war, dieses Bein als eine Art »Barriere« empfunden zu haben, die eine Fortsetzung der Strebe entweder gar nicht oder nur leicht versetzt erlaubte. Auch in diesem Fall haben wir es offenkundig mit einer ungerechtfertigten Einmischung des vorderen Bildbereichs in den hinteren zu tun, denn Strebe und Bein sind real ja gar nicht miteinander verbunden.

Überhaupt sind die meisten mittelalterlichen Tisch- und Stuhldarstellungen dann, wenn sie sich in irgendeiner Weise in die Tiefe erstrecken (d. h. wenn keine reine Profil- oder Frontaldarstellung gegeben wird) auf eine sehr eigenartige Weise fehlkonstruiert. Ein besonderes Problem scheint dabei vor allem die Etablierung einer gleichberechtigten hinteren Standlinie, auf der das rückwärtige Beinpaar platziert werden muss, aufgeworfen zu haben. Sehr häufig sehen wir die vier Tisch- bzw.

---

16. Die karolingische Miniatur war möglicherweise nicht die unmittelbare Vorlage der vorottonischen Kopie. In diesem Fall haben wir aber wohl von einer ähnlichen Darstellung auszugehen, die dem Künstler als Vorlage zur Verfügung gestanden hatte.

Stuhlbeine zur Gänze auf einer Linie oder lediglich das äußere, unverdeckte Bein auf einem separaten Stand*punkt* platziert, während die verbleibenden drei Beine auf einunderselben Stand*linie* zu stehen kommen. Gelegentlich wird das vierte, partiell verdeckte Bein überhaupt weggelassen. Diese Etablierung gleichberechtigter Standlinien, wie sie jede entwickelte perspektivische Darstellung unabdingbar voraussetzt, führt vor allem auch dann zu Gestaltungsproblemen, wenn etwa in eine nach hinten zurückweichende Wand wiederum Linien (beispielsweise für eine untere/obere Fensterlaibung) eingezogen werden müssen, die dann konsequenterweise auf eine – in eine Fluchtlinie eingereihte – zurückweichende Standlinie zu beziehen sind. Auch hier finden wir, dass viele mittelalterliche Künstler an einer fiktiven Grundlinie sozusagen »kleben« bleiben und Fenster frontal in die zurückweichende Wand einsetzen, sodass deren untere Laibung nicht auf die Standlinie der fluchtenden Wand, sondern auf die untere Begrenzung des Bildfeldes (bzw. die Vorderfront des Gebäudes) bezogen wird.

Fälle wie dieser zeigen, wie schwer es vielen mittelalterlichen Künstlern offenbar gefallen war, sich von gewissen phänomenalen Eigenschaften des dargestellten Gegenstandes zu trennen – phänomenal zeichnet sich ein Fenster durch eine gerade untere Begrenzungslinie aus, an deren beiden Rändern die seitlichen Begrenzungswände in rechtem Winkel anschließen. Und selbst wenn der Widerstand gegen die Einordnung einer solchen unteren Begrenzungslinie in eine der zurückweichenden Standlinie angepasste Fluchtlinie aufgegeben worden war, konnten sich viele Künstler dennoch nicht entschließen, auch die Darstellung intakter rechter Winkel aufzugeben. Als Ergebnis dieser Weigerung, sich den Gesetzen der Perspektive (die in ihrer entwickelten Form rechtwinkelige Repräsentationsschemata grundsätzlich in spitz- und stumpfwinkelige umwandelt) auch im Verzicht auf rechte Winkel anzupassen, finden wir in der mittelalterlichen Malerei bei vielen Fensterdarstellungen – und etwas klarer noch bei sichtbarem Mauerwerk, Zinnen und ähnlichen Dachabschlusskonstruktionen – die eigenartige und häufig praktizierte Gewohnheit, derartige Architekturdetails dann eben in rechtem Winkel auf die entsprechende Fluchtlinie zu setzen, sodass etwa Zinnen in den zurückweichenden Partien wie durch einen seitlichen Druck nach vorne verschoben erscheinen. Diese Weigerung, perspektivisch korrekte Repräsentationen anzuerkennen, geht sogar so weit, dass selbst dann, wenn bereits perspektivisch (mehr oder minder) stimmige Vorlagen vorhanden waren – Vorlagen, die etwa die Seitenwand eines kubus- oder quaderförmigen Körpers nach hinten zurückweichen lassen – ein Abweichen von einer einheitlichen Grundlinie vermieden wird und solche Vorlagen auf eine Weise »korrigiert« werden, dass Front und Seite wieder auf einunderselben Linie zu liegen kommen.

4. Kinderpsychologische Parallelen

Diese scheinbar nur lose miteinander zusammenhängenden Gestaltungseigentümlichkeiten mittelalterlicher Malerei geraten in der Regel nicht in den Gesichtskreis der historischen Kunstforschung. Ihre wissenschaftliche Aufbereitung scheint im Rahmen gegenwärtiger kunsthistorischer Theoriebildungsgewohnheiten aber auch besondere Probleme zu bereiten, denn einerseits handelt es sich bei diesen zwar nicht durchgehend, aber doch mit einer gewissen Frequenz auftretenden Kompositionseigenheiten nicht um jene weitgehend konstanten und den gesamten Bildaufbau organisierenden Züge, die für das, was Kunsthistoriker als *Stil* bezeichnen, konstitutiv sind. Eher scheint es sich um – allerdings erstaunlich überzufällige – Irrtümer oder Nachlässigkeiten zu handeln, ähnlich eben jenen »Missverständnissen«, welche die historische Kunstforschung zwar gelegentlich bemerkt, ohne sie aber systematisch zu diskutieren. Andererseits, und dieser Punkt ist wahrscheinlich eher entscheidend, ist es – damit zusammenhängend – aber auch außerordentlich schwierig, Irregularitäten wie diesen eine auf irgendeiner Weise *positive* Deutung im Sinn einer (zumindest annähernd rational rekonstruierbaren) »grammatikalisch« bzw. »semantisch« verwertbaren Repräsentationsintention zu geben, sodass etwa eine Vermengung von rückwärtigen und vorderen Bildelementen einen speziellen *ästhetischen Sinn* oder auch nur eine wie auch immer aufweisbare Stimmigkeit im Kontext der »geistigen Kultur« der Zeit erhalten könnte.

Frappierender noch ist aber sicherlich der Umstand, dass all diese »Gestaltungseigentümlichkeiten«, die viele Werke mittelalterlicher Kunst kennzeichnen, sich in den Zeichnungen heutiger westlicher Kinder wiederfinden. Speziell im Alter von 7/8 bis etwa 12/13 Jahren, wenn perspektivische Elemente in Kinderzeichnungen zwar bereits aufgenommen, aber noch nicht in eine restlos stimmige Gesamtkomposition integriert werden, stellt sich für das Kind eine Fülle von Gestaltungsproblemen, die sich vor allem auch daraus ergeben, dass die ältere Orientierung nur schrittweise und mühsam überwunden werden kann. Diese ältere Orientierung, eine Art »Idealismus«, die das Kind dazu führt, nicht die reale Erscheinung des darzustellenden Gegenstandes abzubilden, sondern vielmehr die Elemente und Eigenschaften wiederzugeben, die dem Gegenstand der Darstellung seiner Ansicht nach wesentlich angehören[17], hat aber ihrerseits so überraschend viele und auffällige Ähnlichkeiten mit dem flächigen, unperspektivischen Pol mittelalterlicher Malerei, dass die Frage nach einer möglichen Verbindung der beiden Entwicklungsmuster bereits seit etwas über einem Jahrhundert immer wieder gestellt worden ist.

---

17. Seit Luquets klassischer Studie *Le dessin enfantin* (1927) hat es sich allgemein eingebürgert, diese Phase als »intellektuellen Realismus« zu bezeichnen und ihr den späteren »visuellen Realismus« – der zur Beherrschung der Perspektive führt – entgegenzustellen.

Ein wesentliches Hindernis, das sich einer für die Zwecke kunsthistorischer Theoriebildung fruchtbaren Verwertung derartiger Parallelen in den Weg stellt, muss sich aber zunächst – von der banalen Beobachtung, dass es sich im einen Fall um heutige Kinder, im anderen aber um historische Erwachsene handelt, einmal abgesehen – vor allem auch daraus ergeben, dass der Wechsel der graphischen Grundorientierung, wie er sich bei Kindern vollzieht, völlig anders beschaffen zu sein scheint als jene breit geschichteten kulturellen Wandlungsprozesse, auf die sich das Interesse der historischen Kunstforschung bisher gerichtet hat. Der psychologische Vorgang, der die Entwicklung perspektivischer Kompetenz bei Kindern steuert, hat ganz und gar keine Ähnlichkeit mit jenem intentional gerichteten und hochgradig reflexiven Umgestaltungsprozess, der die mittelalterliche Kunst nach heute gängigem Urteil eine »Hinwendung zu einer neuen Ästhetik« vollziehen lässt und so »bildhafte Weltallegorien und spekulative Weltansichten, Ketten von Metaphern und Analogien«[18] ermöglicht. Im Gegensatz zu dem, was über den mittelalterlichen Künstler heute angenommen wird, haben Kinder – in der Regel schon lange, bevor es ihnen selbst gelingt, perspektivisch stimmige Ansichten wiederzugeben – sehr klare Präferenzen für perspektivische Darstellungen.[19] In dem Maß, in dem sie die perspektivische Repräsentation zu beherrschen beginnen, werden Kinder auch auf Mängel der eigenen Zeichnung aufmerksam, die sie bis zur Beherrschung der Perspektive als Defizite erleben.[20] Dennoch wird dieser Vorgang kaum bewusst reflektiert, ja bis zu einem Alter von etwa 10 Jahren nehmen Kinder sogar an, sie hätten immer so gezeichnet, wie sie aktuell zeichnen.[21] Und selbstverständlich steht die graphische Produktion heutiger Kinder auch außerhalb des kulturellen Kontexts der mittelalterlichen Lebens- und Weltauffassung, in deren größeren Rahmen nach heute gängiger Ansicht notwendig auch die formalen Veränderungen der Bildgestaltung gestellt werden müssen.

Wenn sich nun aber dennoch – und fern aller theologischen Diskurse, aller philosophischen »Vergeistigung« und »spitzfindiger Spekulation« – ein auffallend

---

18. Holländer, *Kunst des frühen* Mittelalters, a. a. O. (Anm. 11), 6.

19. Bereits die Hälfte der Kindergartenkinder zieht perspektivische Darstellungen nichtperspektivischen vor. Im dritten Schuljahr gelten so gut wie allen Kindern perspektivische Darstellungen als »richtig«; vgl. Christiane Lange-Küttner, *Gestalt und Konstruktion. Die Entwicklung der graphischen Kompetenz beim Kind*, Bern-etc.: Huber 1994, 23.

20. Lange-Küttner, *Gestalt und Konstruktion*, a. a. O. (Anm. 19), 24. Diese »Defizite« sind durchaus real. Viele Eigenheiten kindlicher Bildgestaltung, vor allem im Bereich der Raumbewältigung, lassen sich auf verschiedene beim Kind noch nicht entwickelte kognitive Fertigkeiten, etwa im Umgang mit Relationen, bei der Koordination verschiedener Blickpunkte oder der Verarbeitung komplexerer Raumpläne, zurückführen.

21. Anastasia Tryphon & Jacques Montangero, The Development of Diachronic Thinking in Children: Children's Ideas about Changes in Drawing Skills, in: *International Journal of Behavioral Development* 15 (1992), 411–424.

ähnlicher Entwicklungsprozess auch in den graphischen Produktionen heutiger Kinder auf verblüffend analoge Weise nachzeichnen lässt, sollten wir dann nicht zumindest zu fragen beginnen, ob der ganze Vorgang bisher vielleicht unter einem falschen Blickwinkel betrachtet und daher möglicherweise völlig unangemessen beschrieben worden ist? Könnte es vielleicht sein, dass der Abbau der Perspektive in der spätantiken und frühchristlichen Kunst, ihre »Wiederentdeckung« in der Epoche beginnender Bürgerkultur im frühneuzeitlichen (bzw. spätmittelalterlichen) Europa und der so unsichere und unstimmige Umgang mit perspektivischen Darstellungselementen in den etwa tausend Jahren dazwischen sehr viel weniger mit den individuellen Inhalten der mittelalterlichen Kultur – ihrer christlichen Theologie, ihrer spezifischen ideologischen Situation und den damit verbundenen philosophischen Doktrinen – zusammenhängt und sehr viel stärker mit bestimmten kognitiven Vorgängen und Besonderheiten der internalen Repräsentation verbunden werden muss? Und wenn wir die kindliche Entwicklung zunächst lediglich als eine Art »Modell« ansehen, dem vielleicht einige allgemeine Einsichten in die Natur jener kognitiven Widerstände entnommen werden können, die dem Erwerb perspektivischer Repräsentationsschemata entgegenstehen (das »Kleben« an der Grundlinie, die Fixierung auf rechte Winkel, die Neigung, rückwärtige Bildelemente mit vorderen zu vermengen, etc.): Sollten wir dann nicht auch damit rechnen, dass wir bestimmte Züge der mittelalterlichen Malerei nicht länger als kulturell kontingente Differenzen ansehen, sondern möglicherweise nur als Äußerungsform eines »Vorstadiums« im Rahmen einer allgemeinen Entwicklungstheorie begreifen können – eines Stadiums, in dem tatsächlich die kognitiven Mittel (das kognitive »Können«) zu einer konsistenten Meisterung perspektivischer Repräsentation noch nicht bereit stehen? Auch wenn man die Verbindung zur Kinderpsychologie überhaupt als irrelevant betrachtet, sollte sich doch eine allgemeine Übereinkunft zumindest dahingehend herstellen lassen, dass wir eine *kognitive* Theorie benötigen, um jene – »technisch« weitgehend anspruchslosen – Eigentümlichkeiten mittelalterlicher Komposition (einschließlich der »Missverständnisse« mittelalterlicher Kopisten) zu erklären, für die eine Theorie der ästhetischen Intention bzw. des »Kunstwollens« nicht den geringsten Ansatzpunkt liefert.

5. Perzeption und internale Repräsentation

Der Entwurf einer solchen Theorie erfordert zunächst eine Klärung des maßgeblichen psychologischen Faktors, der für die perspektivischen Eigentümlichkeiten mittelalterlicher Bildgestaltung verantwortlich gemacht werden soll. Hier stoßen wir auf eine dritte theoretische »Schräglage« moderner kunsthistorischer Forschung, welche die Entwicklung einer kognitiven Theorie behindert. Spätestens seit

Heinrich Wölfflins Schlagwort einer »Geschichte des Sehens«, die den eigentlichen
Gegenstand kunsthistorischer Theoriebildung kennzeichnen sollte, ist es vor allem
das »Sehen« gewesen, dem die Aufmerksamkeit der historischen Kunstforschung
gegolten hat. Auch Samuel Edgerton, einer der wenigen Kunsthistoriker, die der
Einbeziehung kognitiv-kinderpsychologischer Befunde (jedenfalls solcher, die im
Rahmen der Theorie Jean Piagets erhoben wurden) in kunsthistorische Forschungs-
programme positiv gegenüberstehen, hat diese Befunde vor allem in Hinblick auf
den Wahrnehmungsaspekt auszuwerten versucht und sein Interesse damit auf eine
Fragestellung konzentriert, die etwa auch in Piagets entwicklungspsychologischem
System eigentlich eine deutlich untergeordnete Stellung einnimmt:

> »Modern scholars have seen a distinct parallel between the manner of painting
> of the medieval artist and that of young children of our times. [...] Particularly
> relevant to our inquiry here are Piaget's ideas concerning the development in
> young children of the ability to perceive spatial relationships, and to make
> what he calls ›logico-mathemathical‹ judgments about them. As Piaget be-
> lieves, the process of perception is fundamentally linked with an innate ability
> to order sensory information into such logico-mathematical patterns, but this
> ability is not manifest until the child, at about eight or nine, begins to venture
> more forthrightly into the world beyond his securely self-oriented universe.
> Piaget's experiments show that the child's abstract comprehension of space, as
> a vertical-horizontal reference system, occurs at about the same time that he
> begins to relate himself to a wider range of experiences in the sensory world.
> Could one not also say that the peoples of the Middle Ages began to exercise
> their own innate seeing and structuring capacities in much the same way? Did
> they not also begin to apply logico-mathematical perspective only after begin-
> ning to experience the secular world outside their borders?«[22]

Diese Konzentration auf den Wahrnehmungsaspekt führt Edgerton zu Feststellungen wie: »the medieval artist *viewed* the world quite subjectively. He *saw* each
element in his composition separately and independently«[23], und er rückt die allgemeine Fragestellung »how did people in early fifteenth-century Florence ›see‹?«[24]
in den Mittelpunkt.

Es ist aber nur sehr schwer plausibel zu machen, wie unter einer solchen primären
Bezugnahme auf den Wahrnehmungsaspekt, das »Sehen«, eine Erklärung jener ei-

---

22. Samuel Edgerton, *The Renaissance Rediscovery of Linear Perspective*, New York-etc.: Basic
    Books, 1975, 21 ff.
23. Edgerton, *The Renaissance Rediscovery*, a. a. O. (Anm. 22), 21 (Hervorhebungen C. L.).
24. Ebenda, 32.

genartigen Konstruktionsprobleme am Übergang zu perspektivischer Gestaltung zustande kommen könnte, auf die wir sowohl in den graphischen Produktionen heutiger Kinder wie auch in den künstlerischen Hervorbringungen mittelalterlicher Erwachsener stoßen. Kein Kind, und auch kein mittelalterlicher Erwachsener, hat je frontal eingesetzte Fenster in nach hinten zurückweichenden Wänden, Tische mit drei Beinen auf der vorderen und nur einem Bein auf der hinteren Standlinie oder gar eine Vertauschung von vorderen und rückseitigen Bildelementen »gesehen«. Und noch abwegiger wäre es wohl, Kompositionseigenheiten präperspektivischer Stile wie Bedeutungsperspektive, Simultandarstellung, Transparenzbilder, etc. aus Eigenheiten des »Sehens« erklären zu wollen, ja es ist nicht einmal einsichtig, wie eine Theorie des »Sehens« zu einer solchen Erklärung auch nur entscheidend beitragen könnte. Im Wesentlichen müssen wir wohl von einer Annahme ausgehen, die Ernst Gombrich sehr prägnant formuliert hat: »Wäre Kunst nur oder doch hauptsächlich ein Ausdruck persönlicher Wahrnehmung, könnte es keine Kunstgeschichte geben.«[25] Und selbst wenn es in verschiedenen historischen Epochen leichte Verschiebungen der Wahrnehmungsleistung bzw. andere »Arten von visuellen Fähigkeiten« gegeben haben könnte, so reichen diese für eine Erklärung historischer Kompositionseigenheiten nicht hin.

Diese Fokussierung auf den Beitrag des »Sehens« ist symptomatisch für kunsthistorische Theoriebildung. Bis heute sind die originär kognitiven Leistungen, auf die der Erwerb perspektivischer Gestaltungskompetenz bezogen werden muss, nahezu ausschließlich auf den Wahrnehmungsaspekt begrenzt geblieben; auch Ernst Gombrichs einflussreiche Analysen, denen zweifellos eine nachhaltige Modernisierung der Diskussion über die psychologische Basis künstlerischer Abbildungs- und Gestaltungsvorgänge zu verdanken ist, bewegen sich noch ganz in diesem Rahmen.[26] Auch in den letzten Jahrzehnten wurde immer wieder darauf hingewiesen, dass »die sich auf der Basis der Feudalordnung entwickelnde Kunst der nördl. Völker [...] weithin darauf [verzichtete], das räumliche *Sehen* der antiken Maler zu übernehmen«[27] und eine vor allem in den letzten drei Jahrzehnten aktive sozialgeschichtlich orientierte Erklärungsrichtung setzt wie selbstverständlich voraus, die

---

25. Ernst Gombrich, *Kunst und Illusion*, a. a. O. (Anm. 12), 20.
26. Gombrich thematisiert – im Rahmen seines Schema-Korrektur-Modells – allerdings bereits Effekte, die über rein perzeptive Faktoren hinausgehen, vor allem Erwartungshaltungen, die von einem tradierten »Schema« geprägt werden und die Aufmerksamkeit des Künstlers gezielt auf bestimmte visuelle Eigenschaften des Vorbilds lenken. Derartige Schemata spielen eine unverzichtbare Rolle bei jedem Versuch einer koordinierten graphischen Bildgestaltung, denn »ohne einen Ausgangspunkt, ohne ein schon vorgegebenes Schema, könnten wir niemals die Fülle der Erscheinungen meistern« (a. a. O. , 110).
27. Artikel ›Perspektive‹, in: Harald Olbrich (Hg.), *Lexikon der Kunst*, begr. v. Gerhard Strauss, Leipzig: Seemann, 1993, 523.

perspektivische Form der Gestaltung sei »an eine bestimmte *Seh*kultur gebunden, die den Kaufmann wie den Maler zum Augenmaß, zu einer Art Geometrie der Augenlust« erzog.[28] Selbst die wenigen spezifisch psychologischen Arbeiten, die der perspektivischen Darstellung in historischen Kontexten bisher gewidmet worden sind, sind so gut wie ausschließlich dem Aspekt der Wahrnehmung verpflichtet.[29]

Diese starke Zentrierung des Interesses auf den Wahrnehmungsaspekt, das »Sehen«, wird schließlich auch durch eine Form der wissenschaftlichen Aufbereitung des kunsthistorischen Materials wesentlich gefördert, die vor allem kulturell dominante Gestaltungsweisen, und damit den mehr oder minder einheitlichen »Stil« einer Epoche, im Auge hat. Die Perspektive beginnt demnach erst dort von vorrangigem Interesse zu werden, wo die stilistische Entwicklung bereits erkennbar auf perspektivische Repräsentationsformen hintendiert. So kann es auch nicht verwundern, dass kunsthistorische Untersuchungen, welche die Entwicklung der perspektivischen Darstellung zum Gegenstand haben, in der Regel erst im Vorfeld der Renaissance einsetzen und damit in einer Epoche, die perspektivische Verfahren bereits bewusst zu entwickeln beginnt. John White etwa lässt seine heute schon »klassische« und noch immer grundlegende Studie[30] – nicht anders als Vasari vier Jahrhunderte vor ihm – mit Cimabue und Giotto beginnen, und auch neuere Untersuchungen[31] wählen häufig, aber lediglich als Einstieg in die Probleme perspektivischer Konstruktion, die verschiedenen perspektivischen Errungenschaften der florentinischen und sienesischen Malschulen des Trecento, um dann aber gleich die Entwicklung perspektivischer Verfahren in der Kunst der Renaissance zu behandeln.

Von diesem Blickwinkel aus betrachtet, kann es nun sicherlich so scheinen, als wäre tatsächlich wenig mehr als eine immer systematischere und theoretisch immer besser reflektierte Intensivierung der Aufmerksamkeit erforderlich, um das einmal – und eben erst im Vorfeld der Renaissance geweckte – Interesse an perspektivischer Gestaltung zu ausgereiften technischen Konstruktionen zu führen. Den historischen Vorgang der Aneignung perspektivischer Darstellung haben wir uns demnach auch psychologisch nicht sehr viel anders denn als einen Prozess vorzustellen, in dessen Verlauf erst mit der Zeit das tatsächliche Verhalten der Orthogonalen beobachtet wurde, die verschiedenen Blickpunkte, die früheren Kompositionen

---

28. Wolfgang Kemp, Masaccios ›Trinität‹ im Kontext, in: *Marburger Jahrbuch für Kunstwissenschaft* 21 (1986), 45–72, hier: 65.

29. An jüngeren Arbeiten sind dabei vor allem erwähnenswert: Joscijka Gabriele Abels, *Erkenntnis der Bilder. Die Perspektive in der Kunst der Renaissance*, Frankfurt/M.: Campus, 1985 (eine primär phänomenologisch orientierte Arbeit), und Michael Kubovy, *The Psychology of Perspective and Renaissance Art*, Cambridge: Cambridge University Press, 1986 (eine Untersuchung auf der Basis moderner kognitiver Wahrnehmungspsychologie).

30. John White, *The Birth and Rebirth of Pictorial Space*, London: Faber and Faber, 1957.

31. So etwa Martin Kemp, *The Science of Art*, New Haven/CT: Yale University Press, 1990.

zugrunde lagen, erst visuell koordiniert werden mussten, und so über verschiedene
tastende Zwischenlösungen von einem Fluchtbezirk schließlich zu einem Fluchtpunkt und damit zu einem vereinheitlichten Bildraum gefunden wurde.[32]

Solange wir unsere historischen Erklärungsbemühungen auf die Epoche einer sich
bereits entwickelnden perspektivischen Konstruktion beschränken, hat eine solche
Einschätzung gewiss viel für sich. Wenden wir den Blick aber weiter zurück und richten wir ihn auf die Kunst des europäischen Mittelalters, dann zeigt sich schnell, dass
es offenbar auch eine ganz andere Gruppe von Problemen gab, die mit originär kunsthistorischen Mitteln – und ohne die Einbeziehung eines kognitiven Theoriefundus
– nicht erklärt werden kann. Die »Missverständnisse« mittelalterlicher Kopisten
liegen klar an einer solchen entscheidenden theoretischen Schnittstelle zwischen
Kunstgeschichte und Psychologie. Im Rahmen eines konventionalistisch-intentio-
nalistischen Ansatzes, der auf Konventionen vor dem Hintergrund eines spezifisch
mittelalterlichen »Kunstwollens« und damit auf bewusste gestalterische Intention
zentriert, sind diese Phänomene theoretisch nicht in den Griff zu bekommen.

Dass Konventionen an der Konstitution der stilistischen Eigenschaften mittelalterlicher Malerei maßgeblich beteiligt sind, wird sich nicht bestreiten lassen. Die
Beschränkungen eines rein konventionalistischen Ansatzes macht aber schon der
Umstand klar, dass mittelalterliche Intellektuelle ihre eigenen »Konventionen« gelegentlich offenbar selbst nicht zu deuten wussten. Samuel Edgerton hat auf die
wissenschaftliche Buchillustration des frühen Mittelalters hingewiesen, die häufig
zu charakteristischen Missverständnissen führt. So findet sich in den »Etymologi-
ae« des Isidor von Sevilla folgende verblüffende Beschreibung eines Zylinders:

> »Cylindrus est figura quadrata, habens superius semicirculum.«

Edgerton zeigt, dass diese überaus exotische »Definition« auf frühmittelalterliche
Diagramme zurückgeht, die tatsächlich einen Zylinder als ein Quadrat mit darauf
aufliegendem Halbkreis abbilden. Es scheint klar, dass eine solche Form der Gestaltung nicht durch die bewusste Anwendung eines spezifisch mittelalterlichen – und
durchaus rationalen – Konventionensystems, sondern nur durch einen tatsächlichen Mangel an perspektivischer Darstellungskompetenz erklärt werden kann.

Darstellungsprobleme dieser Art waren gerade dann, wenn Illustrationen aus
dem geometrisch-technischen Bereich gefordert waren, nach Edgertons Schilderung überaus häufig, und sie führten zu Gestaltungslösungen, die auch ihre
Schöpfer nicht befriedigen konnten: »Medieval scribes were continually frustrated

---

32. Hier bleibt allerdings unerklärlich, wie dieser Vorgang Jahrhunderte beanspruchen kann. Ist
    tatsächlich die bloße Beobachtung das Entscheidende, dann wäre eigentlich ein entsprechend
    beschleunigter Ablauf der beschriebenen Entwicklungssequenz zu erwarten.

by their inability to depict three-dimensional volumes.«[33] Während die vorherr-schende Lehre mittelalterliche Kunstformen – auch dann, wenn diese auf antiken Vorlagen beruhen – in aller Regel als Ausdruck einer bewussten Abweichung, in Übereinstimmung mit einer veränderten Ästhetik, interpretiert, macht Edgerton klar, dass die Quelle einer solchen Abweichung in vielen Fällen nur durch einen tatsächlichen Mangel einer bestimmten Fähigkeit erklärt werden kann: »[...] by the early Middle Ages, the aptitude of people to map three-dimensional forms both in their mind's eye and in pictures seems to have atrophied significantly.«[34] Eine kognitive Erklärung für diesen sehr eigenartigen Verfall der Fähigkeit zu dreidimen-sionaler Darstellung findet sich bei Edgerton allerdings nicht – im Rahmen einer Form der Theoriebildung, die auch bei Edgerton auf das »Sehen« und damit auf historische Besonderheiten der menschlichen Wahrnehmung zentriert bleibt, ist eine solche Erklärung aber auch kaum formulierbar.

6. Die Perspektive als kognitive Konstruktion

Edgerton hatte – aus der Sicht der 1970er Jahre – noch keine Anhaltspunkte für eine Theorie, die psychologischen Faktoren jenseits des »Sehens« eine entscheidende Rolle für den Erwerb perspektivischer Kompetenz zuspricht. Tatsächlich hat erst die psychologische Forschung der letzten Jahre gezeigt, dass diese Kompetenz auch völlig unabhängig (!) von optischer Wahrnehmung entwickelt werden kann. Von zentraler Bedeutung sind hier die Arbeiten des kanadischen Wahrnehmungspsychologen John M. Kennedy zu den perspektivischen Fähigkeiten Blinder. Kennedys Forschun-gen haben erwiesen, dass – unter Ausschluss freilich der Farbwerte – alle für natura-listisch-perspektivische Bildgestaltung maßgeblichen Kompositionselemente auch ohne jedes »Sehen« beherrscht werden können. Von Geburt an Blinde basieren die-se Fähigkeit auf dem Objektwissen, das ihnen der Tastsinn bietet. Auf dieser Grund-lage sind selbst Blinde in der Lage, zentralperspektivische Zeichnungen anzufertigen, die auch die für sie optisch nicht wahrnehmbaren Fluchtlinien und Verkürzungen erstaunlich korrekt wiedergeben.[35] Untersuchungen wie diese legen den Schluss

---

33. Edgerton, *The Renaissance Rediscovery*, a. a. O. (Anm. 22), 24.
34. Ebenda, 24.
35. Die Londoner »Times« listete Kennedys Forschungen unter den »top 10 ideas and inventions of 2002«. Für neuere Arbeiten John Kennedys siehe »Blind Man Draws Using Diminution in Three Dimensions« (http://www.utsc.utoronto.ca/~kennedy/Kennedy-Juricevic.pdf), »Foreshortening, Convergence and Drawings From a Blind Adult« (http://www.utsc.uto-ronto.ca/~kennedy/one-point.pdf) und »Drawings By A Blind Adult: Orthogonals, Paral-lels and Convergence In Two Directions Without T-junctions« (word-Dokument auf http://www.utsc.utoronto.ca/~kennedy).

nahe, dass die Bedeutung der internalen, kognitiven Repräsentation – also der geistigen Konstruktion von Weltwissen im Unterschied zur optisch-perzeptiven Aufnahme der entsprechenden Objekteigenschaften – bisher krass unterschätzt wurde.

Wenn aber die psychologisch grundlegenden Fähigkeiten zur Perspektivenkonstruktion in diesen geistigen, nicht-perzeptiven Bereich verlegt werden müssen, dann bieten sich völlig andere Erklärungsmöglichkeiten auch für den eigenwilligen Umgang mit Perspektive im Mittelalter an. Abermals könnten es die kinderpsychologischen Parallelen sein, die hier wertvolle Aufschlüsse vermitteln, denn sowohl heutige westliche Kinder als auch spätantike/mittelalterliche Maler stehen vor einer durchaus ähnlichen Problemsituation: Beide verwirklichen ihre Gestaltungslösungen in einem graphischen Umfeld, in dem perspektivisch entwickelte Vorlagen – antike Buchkunst bzw. moderne Gebrauchsgraphik – zwar verfügbar sind, diese Vorlagen aber auf charakteristische Weise »missverstanden« werden. Der kinderpsychologische Befund bietet zudem den theoretisch entscheidenden Vorteil, dass die kognitiven Ursachen der entsprechenden Gestaltungslösungen sich auf experimentellem Weg abklären lassen. Hier hat eine vor allem seit den 1970er Jahren sehr aktive kognitive Theorieschule gerade auch für die kindliche Kopiertätigkeit Ergebnisse erzielt, die auch für historische Anwendungen von Interesse sein könnten.

Erstaunlich – und vor einem optisch-perzeptiven Theoriehintergrund unerwartet – ist dabei zunächst vor allem die Rolle des abstrakten Objektwissens (im Unterschied zu den konkret-sinnlich wahrnehmbaren Objekteigenschaften). Kognitive Untersuchungen haben immer wieder demonstriert, dass bekannte Objekte von Kindern eines bestimmten Alters sehr viel schlechter kopiert werden als unbekannte. Phillips, Hobbs und Pratt, die dieses Ergebnis in einer frühen Untersuchung anhand kindlicher Würfeldarstellungskopien erbracht haben, schildern ihre Verwunderung über diesen mittlerweile gut belegten Sachverhalt:

> »It is astonishing to see a child copy drawings of cubes using only squares and rectangles but copy similar designs not seen as cubes quite accurately. It is particular astonishing when the child is looking continuously at the drawing being copied.«[36]

---

36. W. A. Phillips, S. B. Hobbs & F. R. Pratt, Intellectual Realism in Children's Drawings of Cubes, in: *Cognition* 6 (1978), 15–33, hier: 27. Zu diesem Phänomen ist in der Folge eine Reihe von Studien entstanden: Vanessa Moore (The Influence of Experience on Children's Drawings of a Familiar and Unfamiliar Object, in: *British Journal of Developmental Psychology* 5 [1987], 221–229) konnte die Ergebnisse von Phillips, Hobbs und Pratt im Wesentlichen bestätigen. Monica Lee (When Is an Object Not an Object? The Effect of ›Meaning‹ upon the Copying of Line Drawings, in: *British Journal of Psychology* 80 [1989], 15–37) hat ähnliche Umgestaltungseffekte in kindlichen Tischdarstellungen gefunden. Karen Littleton (*The Representation of Depth in Children's Drawings*, York: Phil. Diss., 1992) berichtet analoge Effekte für die Darstellung von Straßen mithilfe konvergierender Fluchtlinien. In allen Untersuchungen konnte

Wie Phillips, Inall und Lauder[37] zeigten, lassen sich solche Umgestaltungen von Vorlagen am ehesten so erklären, dass die mentale Beschreibung, die das Kind dem darzustellenden Gegenstand gibt, mit dessen graphischer Repräsentation in Konflikt gerät. So erscheint es dem Kind in der gebotenen Vorlage unstimmig, dass die Seiten eines Würfels nicht auf der gleichen Linie zu liegen kommen wie die Vorderfront, dass zwei eine Straße repräsentierende Linien konvergieren, anstatt parallel zu verlaufen, oder dass Tischplatten sich in gleicher Weise verjüngen. Das Kind gestaltet in diesen Fällen die Vorlage auf eine Weise um, die solche Konflikte vermeidet. Umgestaltungsvorgänge dieser Art scheinen demnach verschiedene Elemente eines »intellektuellen Realismus« (Luquet) zu enthalten, die perspektivischen »Verzerrungen« entgegenwirken. Entscheidend ist die Beobachtung, dass Konflikte dieser Art erst durch die kindliche Zeichenaktivität induziert werden. Das Kind selbst hat keine Probleme, den Gegenstand in der perspektivischen Vorlage zu erkennen. Vor die Aufgabe gestellt, das erkannte Objekt in der eigenen Zeichnung zu kopieren, wird ihm aber die Differenz zwischen kognitiver und graphischer Repräsentation bewusst – hier liegt die psychologische Quelle eines großen Teils jener Darstellungseigentümlichkeiten, für die ein auf das »Sehen« zentrierter Ansatz keine Lösung anbieten kann.

Die kindliche Kopie einer Würfeldarstellung (Abb. 2) scheint dabei durchaus ähnlichen Gesetzen zu folgen wie die Kopie ähnlicher Objektdarstellungen in der spätantiken/mittelalterlichen Kunst. So zeigt ein ravennatisches Mosaik (Abb. 3 a auf der folgenden Seite, San Vitale) eine Form der Darstellung, die auch den Altarsockel in Fluchtlinien einreiht – ein offenkundiger Rest antiker perspektivischer Ver-

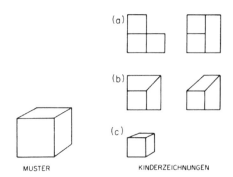

Abb. 2: Kindliche Kopien einer Würfeldarstellung, aus: Heinz Wimmer & Josef Perner, *Kognitionspsychologie*, Stuttgart: Kohlhammer, 1979, 168

bestätigt werden, dass sich der Umgestaltungseffekt dann nicht zeigt, wenn der zu kopierenden Vorlage eine für das Kind erkennbare objekthafte Bedeutung fehlt.
37. On the discovery, storage and use of graphic description, in: N. Freeman, M. Cox: *Visual Order: The Nature and Development of Pictorial Representation.* Cambridge: Cambridge University Press 1985, 35-50.

Abb. 3 a: San Vitale in Ravenna, Südwand des Presbyteriums: Abel und Melchisedek bringen ihr Opfer dar, aus: Ernst Uehli, *Die Mosaiken von Ravenna*, 4. Aufl., Basel: Schwabe, 1957, Abb. 28

fahren, auch wenn sich schon hier verschiedene Unstimmigkeiten einstellen (etwa die fünf (!) Beine des Altars[38]), die darauf hindeuten, dass der Künstler die von ihm angewandten Darstellungsprinzipien nicht mehr ganz verstanden hat. Die etwa zwei Jahrhunderte später ausgeführte Kopie dieses Altars in San Apollinaris in Classe vor den Toren Ravennas (Abb. 3 b) hingegen vermeidet – wie die kindliche Würfelkopie (Abb. 2 (b)) – jedes Abweichen von einer einheitlichen Grundlinie und führt den fluchtenden Altarsockel wieder auf diese Grundlinie zurück. Dass die dabei verwirklichte graphische Darstellungslösung nicht auf die Zeit nach dem Untergang der antiken Kunst beschränkt ist, sondern sich offenbar universaler in Epochen mit bereits bzw. noch immer verfügbaren perspektivischen Vorlagen findet, zeigen vergleichbare Darstellungen aus klassischer Zeit (Abb. 4 a/b, 4. Jahrhundert v. Chr.).

Dieses in der entwicklungspsychologischen Literatur als »flat bottom error« bekannte Umgestaltungsphänomen, das in einem eigentümlichen »Kleben« an der Grundlinie resultiert, demonstriert mustergültig, dass eine *technische* Erklärung für ein Nichtzustandekommen der visuell realistischen Darstellungsform jedenfalls im Fall der kindlichen Raumdarstellung ausscheidet. Es stellt zweifellos keinerlei technische Probleme, die untere Begrenzungslinie der schon oben ausgeführten fluchtenden Linie anzupassen. Der entscheidende psychologische Faktor ist hier vielmehr die *kognitive Repräsentation* des entsprechenden Gegenstandes, die zu kognitiven Konflikten bei seiner graphischen Repräsentierung führt.

---

38. Auf neueren Abbildungen fehlt das fünfte Bein, was wohl auf die Restaurierungen zurückgeht, die im 20. Jahrhundert laut Poeschke mehrfach durchgeführt wurden; vgl. Joachim Poeschke, *Mosaiken in Italien 300 – 1300*, München: Hirmer, 2009, 164 sowie 179, Taf. 69.

Abb. 3 b: Sant'Apollinare in Classe bei Ravenna, rechte Seite der Apsis: Abel, Melchisedek und Abraham bringen ihr Opfer dar, aus: William J. Hamblin & David Seely, *Solomon's Temple. Myth and History*, London: Thames & Hudson, 2007, 111

Abb. 4: Perspektive im 4. Jhdt. v. Chr., links (a): Zeichnung nach einem apulischen Krater aus Neapel, rechts (b): Detail eines Glockenkraters, aus: Gisela M. Richter, *Perspective in Greek and Roman Art*, New York: Phaidon, 1970, Tafel 176 und 177

Kognitive Konflikte solcher Art dürften für eine Vielzahl jener eigentümlichen Gestaltungslösungen ausschlaggebend sein, die sich analog auch in der spätantiken/ mittelalterlichen Kunst finden. Ein weiteres prominentes Beispiel liefert hier etwa die sog. »umgekehrte Perspektive« – eine Form perspektivischer Gestaltung, die die Fluchtlinien nicht auf einen imaginären Fluchtpunkt im Hintergrund des Bildes, sondern direkt auf den Betrachter zu konvergieren lässt. Im kindlichen Zeichnen könnte die umgekehrte Perspektive auf einen »criterion shift« hinweisen, der sich im Wechsel von einer Merkmals-basierten auf eine Richtungs-basierte Form der Darstellung vollzieht.[39] Die umgekehrte Perspektive erlaubt es, die bei korrekter perspektivischer Darstellung nicht sichtbaren Seitenwände ins Bild aufzunehmen und liefert damit Merkmale, die als »feature-based« beschrieben werden können (vgl. Abb. 5). Auf die-

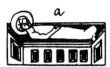 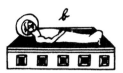

Abb. 5: Rudolf Arnheim: Die umgekehrte Perspektive und das Axiom des Realismus, in: ders., *Neue Beiträge*, Köln: DuMont, 1991, 230

se Weise werden – worauf bereits Arnheim hingewiesen hat[40] – Überlappungen vermieden, die die Darstellung wichtiger Elemente des Geschehens stören könnten. Zugleich wird aber auch ein Element der *Richtung* in die Bildgestaltung aufgenommen, das tiefenräumliche Erstreckung andeutet, auch wenn die Verhältnisse »umgekehrt« sind. Wir haben es demnach mit einer Form der Gestaltung zu tun, die zugleich als »feature-based« und als »direction-based« beschrieben werden kann. Die »umgekehrte Perspektive« bietet so ein Mittel, eine im Ansatz tiefenräumliche Gestaltung mit den intellektuell realistischen Merkmalen einer Umgehung von Überlappungen und einer Ausklappung der Seitenwände zu kombinieren. Dass Ansätze, die auf das »Sehen« zentrieren, hier jedenfalls im entwicklungspsychologischen Kontext wenig Erfolg versprechend sind, zeigt abermals der Umstand, dass die umgekehrte Perspektive sich auch in den Zeichnungen blinder Kinder findet. Generell lassen sich auch die Zeichnungen blinder Kinder in eine entwicklungspsychologische Sequenz bringen, die sich nicht wesentlich von jener sehender Kinder unterscheidet.[41]

Völlig im Dunkeln liegt heute indes noch die psychologische Natur jener Verbindung, die eine Übertragung des entwicklungspsychologischen Befundes auf die Phänomene der spätantiken und mittelalterlichen Kunstgeschichte erlauben könnte. Eine kognitive Progressionstheorie könnte auf die viel stärkere Rolle formaler Schulbildung verweisen, die im Florenz des späten 13. Jahrhunderts vielleicht zum Abbau kognitiver Widerstände beigetragen hat. Klar ist jedenfalls, dass die Veränderung historischer Stilauffassungen und konkreter mittelalterlicher Darstellungsbedürfnisse mit originär kognitiven Faktoren auf komplizierte Weise verzahnt ist und weder Kunstgeschichte noch Psychologie alleine eine plausible Lösung der Probleme anzubieten haben. Hier sind interdisziplinäre Ansätze gefordert, die weit über den bisher meist praktizierten gelegentlichen Blick über die Disziplingrenzen hinausgehen.

---

39. Ich verwende hier die Terminologie von Kennedy und Nicholls; vgl. Andrea L. Nicholls & John M. Kennedy: Drawing Development: From Similarity of Features to Direction, in: *Child Development* 63 (1992), 227–241.

40. Rudolf Arnheim, *Neue Beiträge*. Köln: Du Mont, 1991.

41. John M. Kennedy, persönliche Mitteilung.

Otto Neumaier (Hg.): *Fehler in Wissenschaft und Kunst*, Möhnesee: Bibliopolis, 2010: 87–112

DAS VERSTÄNDNIS VON ANTIKER LITERATUR IM MITTELALTER UND IN DER RENAISSANCE[1]

Gilbert Tournoy

Mit dem Untergang des römischen Reiches nahm das Wissen über die Antike und besonders über griechische Kultur drastisch ab. Dies führte dazu, dass viele Geschichten, Vorstellungen und Anspielungen im Mittelalter und in der Folgezeit nur halb verstanden oder gar völlig falsch interpretiert wurden. In einer seiner Mittelalter-Studien, die später in sein bahnbrechendes Buch mit dem Titel *Europäische Literatur und Lateinisches Mittelalter* aufgenommen wurde, nennt Ernst Robert Curtius einige Beispiele für mittelalterliche Fehlinterpretationen antiker Texte, Bilder und Kunstwerke.[2] Einige dieser Missverständnisse lassen sich auf ein geringes Maß an Wissen zurückführen, genauso wie im Witz, den der italienische Humanist Poggio Bracciolini in seinen *Facetiae* erzählte[3]:

> Sacerdos fuit, qui populo nuntians Epiphaniae celebritatem futuram, »Cras«, ait, »summa devotione veneremini Epiphaniam; maximum est enim et praecipuum festum: nescio autem vir fuerit an femina, sed quisquis extiterit, a nobis summo timore hic dies custodiendus.«

---

1. Der vorliegende Aufsatz ist die überarbeitete und mit Anmerkungen versehene Fassung eines Vortrags, den ich am 28. April 2008 an der Universität Innsbruck und am 29. April auf Einladung meines Salzburger Kollegen Gerhard Petersmann an der Universität Salzburg gehalten habe. Frühere Fassungen dieses Vortrags erschienen auf Italienisch: »Il mito di Apollo e Admeto dalla letteratura greca a quella umanistica«, in: L. Rotondi Secchi Tarugi (Hg.), *Il mito nel Rinascimento*, Milano 1993, 353–390; und auf Englisch: »Apollo and Admetus: the Forms of a Classical Myth through the Middle Ages and the Renaissance«, in: George Hugo Tucker (Hg.), *Forms of the »Medieval« in the »Renaissance«: a Multidisciplinary Exploration of a Cultural Continuum*, Charlottesville/NC 2000, 175–203. Mit herzlichem Dank an meinen Freund und Kollegen Heinz Hofmann für die kritische Lektüre des Beitrags.
2. E. R. Curtius, »Mittelalter-Studien XVIII«, in: *Zeitschrift für Romanische Philologie* 63 (1943), 225–230; ders., *Europäische Literatur und Lateinisches Mittelalter*, Bern–München 1967, 407–411.
3. Le Pogge, *Facéties – Confabulationes*, texte latin, note philologique et notes de S. Pittaluga, traduction française et introduction de E. Wolff, Paris 2005, 148–149.

Einem ganz ähnlichen Fall begegnen wir in einer Predigt, die im achten Jahrhundert in merowingischem Latein von einem Autor verfasst wurde, der Venus für einen Mann hielt – zumindest wenn wir Wilhelm Levison[4] und seinem Aufsatz glauben, der den Titel: »Venus, a man. From an unpublished sermon« trägt :

> Et alia mulier fuit Iunae-Menerva meretrix, quia non solum sufficiebat cum aliis fornicare, sed etiam cum patre suo Iove *et fratres suos Martem et Venerem* fornicata est.
> [Eine andere Frau war die Hure Iunae-Minerva, denn es genügte ihr nicht, mit anderen Unzucht zu treiben, sondern sie trieb auch Unzucht mit ihrem Vater Jupiter und ihren Brüdern Mars und Venus.]

Andere Missverständnisse sind schlicht auf Schreibfehler zurückzuführen. Laut dem Schreiber der Würzburger Handschrift des *Dialogus super auctores* von Conrad von Hirsau aus dem 12. Jahrhundert stammte zum Beispiel der spanische Dichter Prudentius aus einem Land, in dem es Ungeheuer gab:

> Traconensis fuisse dicitur; est enim Traconia quaedam regio nunc inhabitabilis a serpentibus.
> [Er soll Trakonier gewesen sein. Trakonien ist nämlich eine Landschaft, die heute von Drachen bewohnt wird.][5]

Abgesehen vom wenig logischen »nunc« stellte der Schreiber also einen Zusammenhang her zwischen »Traconensis« und »drago«, einen Zusammenhang, der noch

---

4. W. Levison, *England and the Continent in the Eighth Century*, Oxford 1946; Nachdr. 1973, 302–314: »Venus, a man. From an unpublished sermon«. Es muss jedoch darauf hingewiesen werden, dass der lateinische Ausdruck »fratres«, ebenso wie das griechische ἀδελφοί und das deutsche »Geschwister«, benutzt werden kann, wenn von Geschwistern die Rede ist, ohne dass das Geschlecht spezifiziert wird.

5. »Inhabitabilis« muss hier also unbedingt in der nachklassischen Bedeutung »bewohnt« verstanden werden (wie z. B. auch »inhabitare, inhabitator« usw.) : es ist eine Landschaft, die heute – wie früher – von Ungeheuern bewohnt wird, ein »Drachenland«. In diesem Kontext ist eine andere Erklärung, nämlich gemäß der ciceronianischen Bedeutung von »inhabitabilis« (»unbewohnbar«), nicht möglich, und man kann nicht übersetzen : »eine Landschaft, die heute *wegen* der Ungeheuer *un*bewohnbar ist«; sonst wäre es für Prudentius oder andere Leute nämlich auch nicht möglich gewesen, dort zu wohnen. Der *Accessus Prudentii (I)* versucht mindestens teilweise den Gegensatz zwischen früher und heute aufzuheben: »Prudentius genere Terraconensis esse dicitur. Terraconia quaedam fuit regio serpentibus inhabitabilis, modo autem habitabilis facta.« Cf. R. B. C. Huygens (Hg.), *Accessus ad auctores. Bernard d'Utrecht. Conrad d'Hirsau, Dialogus super auctores*, édition critique entièrement revue et augmentée, Leiden 1970, 19.

deutlicher zum Ausdruck kommt in seiner Vorlage, dem *Accessus Prudentii Psicho-machiae*, wo man in der grundlegenden Handschrift aus Tegernsee (jetzt clm. 19475) liest: »Draconensis« und »Draconia.« In Wirklichkeit ist »Traconensis« natürlich nichts weiter als ein Schreibfehler für »Tarraconensis«, das Adjektiv abgeleitet von Tarraco(n), heute Tarragona, das tatsächlich als einer der möglichen Geburtsorte von Prudentius gilt.[6]

Diese Arten von Fehlinterpretation waren nicht von langer Dauer. Andere aber hinterließen ihre Spuren in Kunstwerken, oder sie wurden allgemein in der Literatur von Generation zu Generation weitergereicht, bis nach und nach die korrekte Interpretation wieder die Oberhand gewann.

Die Darstellung von Venus mit einer Ente in der Hand anstelle einer Muschel – in einer Handschrift, die zur Zeit in Paris in der Bibliothèque Nationale aufbewahrt wird (ms. fr. 373) – wird von Jean Seznec in seinem epochemachenden Buch *Das Fortleben der antiken Götter. Die mythologische Tradition im Humanismus und in der Kunst der Renaissance* (1990) = die deutsche Übersetzung von *La survivance des dieux antiques*[7]) auf eine falsche Lesart »auca marina« statt »conca marina« zurückgeführt. Die Verwechslung von Iole und Omphale im Herkulesmythos wurde nach Giovanni Boccaccio üblich, obwohl er nicht der Urheber dieses Fehlers war, wie Paul Gerhard Schmidt gezeigt hat.[8] Und die Darstellung der *Fama* auf einigen Wandteppichen und Gemälden mit einem Schwert in der einen Hand und einer kleinen Figur in der anderen scheint auf die falsche Lesart »homo d'oro« statt »pomo d'oro« (goldener Apfel) in Boccaccios *Amorosa visione* zurückzugehen.[9] Ein Hinweis in Boethius' *De consolatione philosophiae* auf den schönen Körper von Alkibiades veranlasste einen Kommentator im 10. Jahrhundert zu der Annahme, der berühmte griechische General sei eine Frau gewesen. Dieser Fehler wurde weit verbreitet, besonders nachdem er in einem lateinischen Kommentar wiederholt wurde, der Thomas von Aquin zugeschrieben wird:

---

6. Curtius, »Mittelalter-Studien«, a. a. O. (Anm. 2), 228; ders., *Europäische Literatur*, a. a. O. (Anm. 2), 408; Conrad d'Hirsau, *Dialogus super auctores*, ed. Huygens, a. a. O. (Anm. 5), 100. Die andere wichtige Handschrift des 12. Jhdts., aus dem Augustiner-Chorherrenstift von Neustift bei Brixen und eine Zeit lang aufbewahrt in der UB von Innsbruck, Cod. 360, nach 1919 in Bressanone, bietet die mehr oder weniger korrekten Formen »Terraconensis / Terraconia«.

7. J. Seznec, *La survivance des dieux antiques. Essai sur le rôle de la tradition mythologique dans l'humanisme et dans l'art de la Renaissance*, Paris, 1980, 175, n. 10.

8. P. G. Schmidt, »Herkules indutus vestibus Ioles«, in: D. H. Green, L. P. Johnson & D. Wuttke (Hg.), *From Wolfram and Petrarch to Goethe and Grass. Studies in Literature in Honour of Leonard Forster* (= Saecula Spiritalia, 5), Baden-Baden 1982, 103–107.

9. D. Shorr, »Some Notes on the Iconography of Petrarch's Triumph of Fame«, in: *The Art Bulletin* 20 (1938), 100–107; G. Delmarcel, »Présence de Boccace dans la tapisserie flamande des XVe et XVI siècles«, in: G. Tournoy (Hg.), *Boccaccio in Europe. Proceedings of the Boccaccio Conference, Louvain, December 1975*, Leuven 1977, 67–90, hier: 71 f.

Alcibiades fuit mulier pulcherrima, quam videntes quidam discipuli Aristotelis duxerunt ad Aristotelem, ut ipsam videret.

[Alkibiades war eine wunderschöne Frau. Als einige Schüler des Aristoteles sie sahen, führten sie sie zu Aristoteles, damit er sie selbst sehen könne.]

Aus diesem Kommentar fand dieser Fehler seinen Weg in die volkssprachlichen Literaturen: Er findet sich nicht nur in der italienischen, französischen, katalanischen und niederländischen Version von Boethius' *De consolatione philosophiae*, sondern auch im *Roman de la Rose* und in der *Ballade des dames du temps jadis* von François Villon.[10] Der Dichter und Chronist Jean Molinet aus Valenciennes (1435–1507), der den *Roman de la Rose* in Prosa übersetzt hat, sowie wahrscheinlich auch der Lyriker Clément Marot (1497–1544) blieben bei dieser Auffassung, obwohl der flämische Drucker und Gelehrte Judocus Badius (1462–1535) sie in seinem *Commentum duplex in Boethium de consolatione philosophiae* (Lyon 1499) schon widerlegt hatte.

Diese wenigen Beispiele zeigen, wie vorsichtig bei der Interpretation mittelalterlicher oder humanistischer Texte vorgegangen werden muss. Ein höchst interessantes und noch nicht völlig erklärtes Phänomen ist die Frage, womit wir uns jetzt beschäftigen möchten, nämlich, wie der Mythos von Apollo und Admetus in der Renaissance überliefert wurde.

Meine Untersuchung begann bei einem seltsamen Satz in einem Liebesbrief, den Enea Silvio Piccolomini, der spätere Papst Pius II., im Namen von Fürst Sigismund von Österreich im Dezember 1443 verfasste. In diesem Brief heißt es[11]:

Ex duce me servum tuum fecerunt (mores tui et forma) [...]. Nam et Phoebus, ut inquiunt fabule, licet esse Iovis regis Crete, quem vetustas pro deo coluit, filius, Admeti tamen regis filiam amans pastorem se fecit et gregem pavit.

[Ich war ein Fürst, aber deine Schönheit und dein Verhalten machten mich zu deinem Sklaven [...]. Denn auch Phoebus machte, wie die Geschichten erzählen, obwohl er der Sohn Jupiters war, des Königs von Kreta, den die alte Zeit als Gott verehrte, sich selbst zu einem Hirten und weidete seine Herde, weil er die Tochter des Königs Admetus liebte.]

Es wird hier bezeugt, dass Apollo die Tochter des Admetus liebte und aus diesem Grund als Hirte diente. Kein früherer Herausgeber oder Übersetzer scheint sich über diese Aussage gewundert zu haben. Maria Luisa Doglio von der Universität

---

10. F. Villon, *Œuvres*, édition critique avec notices et glossaires par L. Thuasne, Bd. 3: *Commentaire et notes*, Paris 1923, 624–642.

11. E. S. Piccolomini, *Briefwechsel*, hg. von R. Wolkan, 1. Abt.: *Briefe aus der Laienzeit (1431–1445)*, Bd. I, Wien 1909, 246f., ep. 104.

von Turin beschränkt sich in ihrer kürzlich erschienenen Ausgabe mit Übersetzung auf den folgenden Kommentar[12]:

> Admeto, mitico re Tessalo marito di Alcesti, ospitò Apollo il quale era stato condannato da Giove a servire un mortale per un anno perché aveva ucciso i Ciclopi.

Ich muss gestehen, dass ich der Sache zunächst nicht nachging, obwohl diese Zeilen mir ungewöhnlich vorkamen: ungewöhnlich, weil ich mich nicht erinnern konnte, jemals von einer Liebe zwischen Apollo und der Tochter des Admetus gehört zu haben. Doch ich behielt es im Hinterkopf, und als ich einige Zeit später die frühe Liebesdichtung des forlivesischen Dichters Fausto Andrelini (1462–1518) las, entdeckte ich, dass dieser italienische Humanist auf denselben Mythos anspielte, als er die Schwierigkeiten beschrieb, die ein Verliebter durchlaufen muss, um die geliebte Person für sich zu gewinnen (*Livia*, I, 5, 20–26)[13]:

> Nil praeter facilem curat *amator heram.*
> Foemineum fortis stamen versavit Achilles,
> > Dum cupit amplexus, Deidamia, tuos.
> Nec minus Alciden memorant data pensa trahentem
> > Illa, qua fuerant monstra subacta, manu.
> 25.   *Adde quod herboso tauros de monte Pheraeos*
> > Rusticus ad vilem duxit Apollo casam.

> [Der Liebende kümmert sich um nichts als darum, eine willige Geliebte zu haben.
> Der tapfere Achill drehte die Kornrolle – Beschäftigung einer Frau –, während er sich nach deinen Umarmungen sehnte, Deidamia.
> Ebenso sprechen die Leute davon, dass Herkules mit derselben Hand, durch die Ungeheuer bezwungen wurden, die tägliche Wollmenge kämmte.
> Ferner führte ein ländlicher Apollo die pheräischen Stiere vom grasreichen Berg zu seiner bescheidenen Hütte.]

---

12. E. S. Piccolomini, *Storia di due amanti* [...], trad. e introd. di M. L. Doglio, con un saggio di L. Firpo, Mailand 1990, 57, n. 3 (Orig. Turin 1973, 21, n. 3).

13. P. F. Andrelini, *Amores sive Livia*, met een bio-bibliografie van de auteur uitgegeven door G. Tournoy-Thoen (Verhandelingen van de Koninklijke Academie voor Wetenschappen, Letteren en Schone Kunsten van België. Klasse der Letteren, jaargang 44, nr. 100), Brüssel 1982, 292. Deze letzten Verse wurden nahezu wörtlich vom ersten Liebesdichter in den Niederlanden, Remaclus Arduenna, im ersten Buch seiner *Amores* (5, 33 f.) übernommen.

Es waren dieser Zusammenhang und die Wiederholung des Themas, die mich neugierig machten. Ich entdeckte weiter, dass das Thema in den Epigrammen von Michele Marullo (III, 36, 13–20), in der *Pamphila* (19–34) von Bartolomeo Pagello von Vicenza (ca. 1445–ca. 1526) und zweimal in den Gedichten von Tito Vespasiano Strozzi (1424–1505) wieder vorkommt. Lassen Sie uns nun diese Texte lesen.

Zunächst der lateinische Text, gefolgt von einer deutschen Übersetzung:

M. MARULLUS, *Epigr.* 36, 13–20 (ed. Perosa, 1951)

Quin et hiberna Lycia suisque
Cynthius Delphis genitor relictis,
15. *Candidum Admeti pecus et iuvencos*
     Pavit heriles,

Cum sub umbroso recubans salicto,
Immemor laudum patrii triumphi,
Flevit immitis leviore plectro
20. *Damna sagittae.*[14]

[Ja, auch der cynthische Ahn ließ das winterliche Lykien und sein eigenes Delphi zurück und *weidete die weiße Herde des Admetus und die Rinder seines Herrn,*
während er sich unter der schattigen Weide zurücklehnte, und des Ruhms seiner Vorfahren vergessend / klagte er mit sanften Klängen über die Wunden, die ihm der grausame Pfeil zugefügt hatte.]

B. PAGELLUS, *Pamphila*, 19–34 (ed. Zordan, 1894)

Nec minus et Lyciae sortes, Delonque reliquit,
20. *Pavit et Admeti Cynthius ipse boves,*
Et pastas clausit stabulis, et poplite nixus
     Siccavit mulcens ubera plena manu.
Et modo firmantes nondum vestigia foetus
     Dicitur uberibus supposuisse bovis.
Liquerat ille arcum Patarae, baculumque gerebat
     Illi pro cithara canna palustris erat.
Saepius Aemoniae mirati carmina montes,

---

14. M. Marullus, *Carmina*, ed. A. Perosa (= Thesaurus mundi, Bd. 3), Zürich 1951, 71.

Et sacer Amphrysus lenibus haesit aquis.
Saepe ferunt adiisse duces oracula Phoebi,
30.   Inconsulta retro vela dedisse duces.
Non fuerant igitur Paridi, Phoeboque pudori ;
    Uni rura mihi, Cosmice, crimen erunt ?
At magno in silvis nimirum accensus amore
    Phoebus erat, Paridi candida Nais erat.[15]

[Und nicht weniger ließ der cynthische Gott die Prophezeiungen von <Patara in> Lykien und Delos zurück, und er selbst weidete die Rinder des Admetus. Und als sie gefüttert waren, schloss er sie in ihren Ställen ein, und auf sein Knie gestützt molk er ihre vollen Euter mit seiner Hand und leerte sie.
Und er soll die Kälber, noch unsicher auf den Beinen, unter den Euter ihrer Mutter gesetzt haben.
Seinen Bogen hatte er in Patara gelassen und er trug einen Stab.
Anstelle seiner Leier hatte er eine Flöte, die aus Sumpfgras gefertigt war.
Sehr oft bewunderten die Berge Thessaliens seine Lieder,
und der heilige Amphrysus hielt seinen sanften Strom an.
Es heißt, Fürsten hätten sich oft den Orakeln Apollos genähert, ihre Schiffe <aber> ungeleitet <von der Führung des Gottes> in die Heimat zurückgelenkt.
Die Felder waren also für Paris und Apollo keine Quelle der Scham.
Sollen sie, Cosmicus, mir allein zum Vorwurf werden?
Phoebus aber wurde natürlich von einer großen Liebe in den Wäldern entflammt, und Paris hatte seine weißhäutige Naiade.]

T. V. STROZZI, *Erotica*, IV, 1 (ed. Della Guardia, 1916)

Materna quoties Delo Delphisque relictis
    Saucius haemonias pavit Apollo boves?
Aeger et artis inops nullis est iutus ab herbis,
40.   Cum toties aliis ipse tulisset opem.
Populeis ramis, pro lauri fronde, corona
    Cinxerat impexam nexa sine arte comam.
Pauperis indutus rigido pastoris amictu
    Sedit in umbrosis vallibus Aemathiae.
45.   Perditus ipse suos illic cantabat amores
    Carmine Phoebeis conveniente modis.

---

15. B. Pagello, *Poesie inedite*, con biografia e note per cura di F. Zordan, Tortona 1894, 92 f.

> *Aoniaeque vicem citharae supplerat amanti*
>   *Stridula septenis canna foraminibus.*
>   [...]
> 55. Ad vaga desertis idem mox flumina campis
>   Pastor agis pastas sole cadente boves;
>   Nec subiisse casam puduit, foenoque rigenti
>   Inter cornigerum procubuisse pecus.
>   Ergo quicquid Amor suasit, decuisse putemus,
> 60.   Cum possit magnos sollicitare Deos.[16]

[*Wie oft ließ Apollo verwundet <von Liebe> Delos und Delphi, die Stätten seiner Vorfahren, zurück und weidete die thessalischen Rinder?*
Keine Kräuter halfen ihm, als er leidend war und seine Kunst entbehrte – obwohl er selbst so oft anderen Hilfe gewährt hatte.
Sein ungekämmtes Haar hatte er mit einem Kranz umwunden, den er kunstlos aus den Zweigen einer Pappel geflochten hatte anstatt aus dem Laub des Lorbeers.
Mit dem rauhen Mantel eines armen Hirten bekleidet saß er in den schattigen Tälern von Emathia.
Dort sang er, hoffnungslos verloren, von seiner eigenen Liebe, wobei sein Lied zu seinen phoebischen Klängen passte.
Die Rohrflöte, schrilltönend mit ihren sieben Löchern, war für den verliebten Apollo ein Ersatz für seine aeonische Leier. [...]
Auch du treibst als Hirte die Rinder bei Sonnenuntergang am gewundenen Strom entlang, nachdem die Felder verlassen sind.
Und du hast dich nicht geschämt, die Hütte zu betreten und dich neben dem gehörnten Vieh ins stoppelige Heu zu legen.
Lasst uns daher annehmen, dass angemessen ist, zu was auch immer die Liebe drängt, da die Liebe <sogar> die großen Götter in Wallung versetzen kann.]

T.V. STROZZI, *Unbekannte Gedichte*, I, 31–34 (ed. Prete)

31. *Cinthius Admeti fertur pavisse iuvencos*[17]
       Et posito plectro carmen agreste dedit.

---

16. T.V. Strozzi, *Poesie latine*, ed. A. della Guardia, Modena 1916, 86 f.
17. Vgl. Ov. *ars* II, 239 f.:
       Cynthius Admeti vaccas pavisse Pheraei
         Fertur et in parva delituisse casa.

Haud tunc erubuit saltus errare per altos
    Armentumque rudi voce vocare deus.[18]

[Der Cynthier soll die Herde des Admetus geweidet haben, und er legte seine
Leier beiseite und sang ein ländliches Lied.
Dann scheute sich der Gott nicht, durch die tiefen Weidegründe zu ziehen
und seine Herde mit ungeschliffenen Worten zu rufen.]

Nach der Lektüre aller dieser Texte könnte man argumentieren, dass einige der Passagen auf sehr allgemeine und manchmal unklare Weise formuliert sind, und das
gebe ich gerne zu; doch sollte jedem, der den gesamten Kontext betrachtet, klar
werden, dass das Objekt von Apollos Liebe nicht Admetus ist, sondern eine Frau.
Darüber hinaus kann ich als endgültigen Beweis, und diesmal völlig unmissverständlich, Cristoforo Landino anführen, der in einem Gedicht, das an Bartolomeo
Scala gerichtet ist, das Beispiel Apollos erwähnt, um seine Liebe zu Xandra zu rechtfertigen. Ich zitiere aus dem ersten Buch von Landinis *Xandra*:

C.LANDINUS, *Xandra*, I, 23, 15–16 (ed. Perosa)

Et crinitus oves ad flumina pavit Apollo
    Ut posset *dominae* se refovere sinu.[19]

[Der langhaarige Apollo weidete Schafe bei den Flüssen,
um sich in der Umarmung seiner Geliebten zu erquicken.]

In diesem Zusammenhang möchte ich das Wort »dominae« – »Geliebte« – betonen.

Es ist einmal gesagt worden: »The humanists of the Quattrocento followed, not
only in language, but also in content, the model of the Latin poets.«[20] Folglich sollte
man zuerst diejenigen Textstellen in der lateinischen Literatur der klassischen und
späteren Zeit untersuchen, die dieses Thema behandelten. Einige von ihnen sind
lediglich kurze Anspielungen, wie zum Beispiel Statius, *Silvae*, III, 3, 58:

---

18. T.V. Strozzi, *Some unknown poems*, ed. by S. Prete, Fano 1968, 12.

19. C. Landini, *Carmina omnia*, ex codicibus manuscriptis primum edidit A. Perosa, Firenze
    1939, 24. Landino folgt hier Verg. *Ecl.* 10, 18 nach: »et formosus ovis ad flumina pascit Ado-
    nis.«

20. S. Prete, *Studies in Latin Poets of the Quattrocento* (University of Kansas Humanistic Studies,
    49), Lawrence/KS 1978, 58.

nec erubuit famulantis fistula Phoebi

[und nicht schämte sich die Flöte des dienenden Phoebus.][21]

oder Lukan, *Bellum civile*, VI, 368:

[...] et flumine puro
Inrigat Amphrysos famulantis pascua Phoebi

[und mit klarem Geriesel wässerte der Amphrysos jenes Weideland, wo Apollo als Hirte diente].[22]

Andere waren deutlicher. Ovid schreibt in der *Ars amatoria*, II, 239–242:

Cynthius Admeti vaccas pavisse Pheraei
240. Fertur, et in parva delituisse casa.
Quod Phoebum decuit, quem non decet ? exue fastus,
Curam mansuri quisquis amoris habes.

[Cynthius soll die Rinder des Admetus von Pherae geweidet und in einer kleinen Hütte Unterschlupf gesucht haben. Was sich für Phoebus schickte, für wen schickt sich das nicht? Legt euren Hochmut ab, alle, die ihr wollt, dass eure Liebe dauern soll.][23]

Und in den *Heroides* heißt es (V, 151–152):

Ipse repertor opis vaccas pavisse Pheraeas
Fertur et a nostro saucius igne fuit.

[Selbst der Erfinder der Heilkunst habe die Kühe in Pherae, heißt es, gehütet, und wund war er von Sehnsucht nach mir.][24]

Nicht weniger einflussreich als Ovid waren Tibull und Lygdamus. In der dritten Elegie des zweiten Buches vergleicht Tibull seine eigene Situation mit der Apollos (II, 3, 11–14 und 27–32):

21. P. Papinius Statius, *Silvae*, übers. und erl. von H. Wissmüller, Neustadt/Aisch 1990, 82.
22. M. Annaeus Lucanus, *Bellum civile. Der Bürgerkrieg*, hg. und übers. von W. Ehlers, München 1973, 265.
23. P. Ovidius Naso, *Ars amatoria. Liebeskunst*, übers. und hg. von M. von Albrecht, Stuttgart 1992, 73.
24. P. Ovidius Naso, *Liebesbriefe. Heroides – Epistulae*, hg. und über. von B. W. Häuptli, München–Zürich 1995, 53.

Pavit et Admeti tauros formosus Apollo,
12.　　Nec cithara intonsae profueruntve comae
Nec potuit curas sanare salubribus herbis:
　　Quidquid erat medicae vicerat artis amor.
　　[...]
Delos ubi nunc, Phoebe, tua est, ubi Delphica Pytho?
　　Nempe Amor in parva te iubet esse casa.
Felices olim, Veneri cum fertur aperte
30.　　Servire aeternos non puduisse deos.
Fabula nunc ille est : *sed cui sua cura puella est,*
　　Fabula sit mavult quam sine amore deus.[25]

[Auch Apollo, schön von Gestalt, weidete die Rinder des Admetus; und seine Laute und sein lang herabwallendes Haar nützten ihm nichts, noch vermochte er seine Sorgen durch heilende Kräuter zu lindern: All seine ärtzliche Kunst hatte die Liebe besiegt.

Wo, Phoebus, ist nun dein Delos und wo dein delphisches Pytho? Nun, Amor gebietet dir, in einer bescheidenen Hütte zu wohnen. Glücklich die Menschen in alter Zeit, als, wie man sagt, die ewigen Götter sich nicht schämten, offen Sklaven der Liebe zu sein. Jetzt wird er bloß zum Gespött: Doch wer ein Mädchen liebt, dem ist es lieber, er wird zum Gespött, als dass er ein Gott ohne Liebe wäre.]

Und Tibulls Rivale Lygdamus entwickelt ähnliche Vorstellungen in der vierten Elegie des dritten Buches des Corpus Tibullianum (III, 4, 65–74):

65.　Saevus Amor docuit validos temptare labores,
　　Saevus Amor docuit verbera posse pati.
Me quondam Admeti niveas pavisse iuvencas
　　non est in vanum fabula ficta iocum.
Tunc ego nec cithara poteram gaudere sonora
70.　　nec similes chordis reddere voce sonos,
Sed permulcenti cantum meditabar avena
　　Ille ego Latonae filius atque Iovis.
Nescis quid sit amor, iuvenis, si ferre recusas
　　immitem dominam coniugiumque ferum.[26]

25. A. Tibullus, *Elegies II*, ed. with introd. and comm. by P. Murgatroyd, Oxford 1994, 6.
26. Lygdamus, *Elegiarum liber* (= Corpus Tibullianum III.1–6), ed. and comm. by F. Navarro Antolín (= Mnemosyne, Suppl. 154), Leiden 1996, 65 f.

[Der herrische Amor lehrte uns, harte Mühen auf uns zu nehmen, der herrische Amor lehrte uns, die Peitsche zu erdulden. Denn dass ich einst die schneeweißen Rinder des Admetus geweidet habe, ist keine Geschichte, die nur zum Scherz erfunden wurde. Damals konnte ich keine Freude finden an den Tönen der Leier, noch vermochte meine Stimme, in Einklang mit den Saiten zu singen, sondern ich übte ein Lied auf der zarten Hirtenflöte, ich, der Sohn Latonas und Jupiters. Du weißt nicht, was Liebe ist, junger Mann, wenn du dich sträubst, eine grausame Geliebte und eine schlimme Frau zu ertragen.]

Was sagen uns diese Texte? Wer diese Verse liest, ohne die Tradition zu kennen, aus der sie stammen, wäre versucht zu glauben, das Objekt von Apollos Liebe sei ein Mädchen. Das trifft besonders auf die Gedichte von Tibull und Lygdamus zu. Und wenn man sich diese Verse näher ansieht, lässt sich in Tibulls Gedicht eine symmetrische Anordnung bei den Versen 31 und 32 feststellen, wobei die Schlüsselworte »puella« und »deus« jeweils am Schluss des Verses stehen. Und Lygdamus leitet uns noch mehr in die Irre, indem er sein Apollo-Beispiel mit den Versen 73–74 enden lässt:

Nescis quid sit amor, iuvenis, si ferre recusas
    immitem *dominam* coniugiumque ferum.

[Du weißt nicht, was Liebe ist, junger Mann, wenn du dich sträubst, eine grausame Geliebte und eine schlimme Frau zu ertragen.]

Doch welcher Tradition entnehmen diese und andere lateinische Autoren ihr Material?

Die Geschichte von Admetus ist Ihnen allen wenigstens teilweise bekannt. In der allerersten Szene aus Euripides' *Alcestis*, kurz bevor er den königlichen Palast verlassen will, erläutert Apollo die Gründe, warum er bei Admetus verblieben ist: Zeus hatte Apollos Sohn Asclepius mit seinem Blitz erschlagen, und aus Rache tötete Apollo den Zyklopen, der die Blitze hergestellt hatte. Um dieses Verbrechen zu sühnen, musste Apollo den Dienst eines Sterblichen versehen und wurde der Hirte des Admetus. Spuren dieser Episode lassen sich von Homer an finden – mit einer Reihe von Unterschieden im Detail, wie zum Beispiel das Motiv für Apollos Bestrafung, die Dienste, die Apollo verrichtet, oder die Dauer seines Dienstes.[27]

---

27. G. Solimano, »Il mito di Apollo e Admeto negli elegiaci latini«, in: G. Lanata (Hg.), *Mythos. Scripta in honorem Marii Untersteiner* (= Pubblicazioni dell'Istituto di Filologia Classica dell'Università di Genova, 20), Genua 1970, 255–268.

Für unsere Zwecke ist besonders die Tatsache interessant, dass seit dem Beginn des dritten vorchristlichen Jahrhunderts ein neues Motiv eingeführt wird, um zu erklären, warum Apollo bei Admetus bleibt. Nach Autoren wie Kallimachos oder dem epischen Dichter Rhianus (3. Jhdt. v. Chr.)[28] trat Apollo in die Dienste des Admetus ein, weil er in *ihn* verliebt war.

KALLIMACHOS, *Hymnen*, 2, 47–54

Φοῖβον καὶ Νόμιον κικλήσκομεν ἐξέτι κείνου,
ἐξότ’ ἐπ’ Ἀμφρυσσῷ ζευγίτιδας ἔτρεφεν ἵππους,
ἠιθέου ὑπ’ ἔρωτι κεκαυμένος Ἀδμήτοιο.
ῥεῖά κε βουβόσιον τελέθοι πλέον, οὐδέ κεν αἶγες
δεύοιντο βρεφέων ἐπιμηλάδες ᾗσιν Ἀπόλλων
βοσκομένησ’ ὀφθαλμὸν ἐπήγαγεν· οὐδ’ ἀγάλακτες
οἴιες οὐδ’ ἄκυθοι, πᾶσαι δέ κεν εἶεν ὕπαρνοι,
ἡ δέ κε μουνοτόκος διδυμητόκος αἶψα γένοιτο.

[Phoibos rufen wir an als ›Nomios‹ seit jener Zeit, als er am Fluss Amphryssos die Jochstuten weidete, *von Liebe entflammt zum jungen Admet* [...].][29]

RHIANUS VON BENE (= Schol. Eur. *Alc.* 2)[30]

Ῥιανὸς δέ φησιν ὅτι ἑκὼν ἐδούλευσεν αὐτῷ ἐρῶν τοῦ Ἀδμήτου.

[Rhianus sagt, dass er freiwillig sein Sklave war, denn er war in Admetos verliebt.]

Das Thema von Apollo als ἐραστής erscheint auch bei Autoren wie Plutarch (*Vita Numae*, 4, und *Erotikos*, 17), Antoninus Liberalis (*met.* 23, 2) und Nonnus (*Dionysiaca*, X, 322–325):

---

28. Zu diesem kaum bekannten Autor vgl. C. Castelli, »I *Messeniaca* di Riano. Testo ed esegesi dei frammenti«, in: *Acme* 51 (1998), 3–50, mit weiteren Literaturangaben.
29. Kallimachos, *Werke. Griechisch und deutsch*, hg. und übers. von M. Asper, Darmstadt 2004, 397.
30. J.U. Powell (Hg.), *Collectanea Alexandrina. Reliquiae minores Poetarum Graecorum Aetatis Ptolemaicae 323–146 A.C. Epicorum, Elegiacorum, Lyricorum, Ethicorum. Cum epimetris et Indice Nominum*, Oxford 1970, 11, fr. 10 (Orig. 1925); E. Schwartz (Hg.), *Scholia in Euripidem*, Bd. 2: *Scholia in Hippolytum, Medeam, Alcestin, Andromacham, Rhesum, Troiades*, Berlin 1891, 216.

PLUTARCH, *Vita Numae*, 4, 5

Καὶ οὐ πλημμελοῦσιν οἱ τὸν Φόρβαντα καὶ τὸν Ὑάκινθον καὶ τὸν Ἄδμητον
ἐρωμένους Ἀπόλλωνος γεγονέναι μυθολογοῦντες, ὥσπερ αὖ καὶ τὸν Σικυώνιον
Ἱππόλυτον.

[Dass aber ein Gott Freundschaft für einen Menschen empfindet und Liebe
in diesem Sinn, die seinen Charakter zur Tugend hin bildet, das ist wohl ein
schicklicher Gedanke, und so vergehen sich auch diejenigen nicht, die von
Phorbas, Hyakinthos und Admetos als Geliebten Apollons berichten, ebenso
auch von dem Sikyonier Hippolitos.][31]

PLUTARCH, *Erotikos*, 17 (761E)

καὶ γὰρ τὸν Ἀπόλλωνα μυθολογοῦσιν ἐραστὴν γενόμενον
    Ἀδμήτῳ πάρα θητεῦσαι μέγαν εἰς ἐνιαυτόν.

[Auch Apollon, so heißt es in der mythischen Überlieferung, sei dessen Lieb-
haber gewesen und » Habe als Knecht bei Admet ein volles Jahr lang gedient «.][32]

ANTONINUS LIBERALIS, *Metamorphoses*, 23, 1–2[33]

Ἄργου τοῦ Φρίξου καὶ Περιμήλης τῆς Ἀδμήτου θυγατρὸς ἐγένετο Μάγνης. [...]
Ἐγένετο δ᾽ αὐτῷ παῖς περιβλέπτος τὴν ὄψιν Ὑμέναιος. Ἐπεὶ δὲ Ἀπόλλωνα
ἰδόντα ἔρως ἔλαβε τοῦ παιδὸς καὶ οὐκ ἐξελίμπανε τὰ οἰκία τοῦ Μάγνητος,
Ἑρμῆς ἐπιβουλεύει τῇ ἀγέλῃ τῶν βοῶν τοῦ Ἀπόλλωνος. Αἱ δὲ ἐνέμοντο ἵναπερ
ἦσαν αἱ Ἀδμήτου βόες.

[Argos, der Sohn des Phrixus, und Perimele, die Tochter des Admetos, hatten einen Sohn, Magnes. [...] Dieser hatte einen Sohn, Hymenaios, der seiner
Schönheit wegen von allen bewundert wurde. Apollon sah den Jüngling und
verliebte sich in ihn und verliess Magnes' Haus nicht. Deswegen schmiedete
Hermes hinterhältige Pläne hinsichtlich Apollons Rinderherde, die dort wei-
dcte, wo auch die Rinder des Admetos weideten.]

31. Plutarch, *Große Griechen und Römer*, Bd. I, eingel. und übers. von K. Ziegler, Zürich–Stutt-
    gart 1954, 173.
32. Plutarch, *Dialog über die Liebe. Amatorius*, eingel., übers. und mit interpretierenden Essays
    versehen von H. Görgemanns, B. Feichtinger, F. Graf, W. Jeanrond und J. Opsomer, Tübingen
    2006, 93.
33. Antoninus Liberalis, *Les Métamorphoses*, hg., übers. und komm. von M. Papathomopoulos,
    Paris 1968, 40.

NONNUS, *Dionysiaca*, 10, 322–325

οὐχ οὕτω λασίης Μαγνησσίδος ἔνδοθεν ὕλης
βουκόλος Ἀδμήτοιο βόας ποίμαινεν Ἀπόλλων,
παιδὸς ἐρωτοτόκου βεβολημένος ἡδέι κέντρῳ,
ὅσσον ἐπ᾽ ἠιθέῳ φρένα τέρπετο Βάκχος ἀθύρων.

[Nicht so ward Apollon, als in Magnesias dichtem
Walde er die Herden des hehren Admetus geweidet,
von dem süßen Stachel des herrlichen Knaben getroffen,
wie sich der spielende Bakchos an jenem Jüngling [= Ampelos] ergötzte.][34]

Nun wird deutlich, wo die lateinischen Autoren, und besonders die elegischen Dichter, ihre Inspiration fanden, wenn sie die Macht der Liebe darstellen wollten. Und weil ihre Art der Formulierung mehrdeutig war, scheint es mir durchaus möglich, dass die meisten humanistischen Autoren der Überzeugung waren, dass ihre klassischen Vorgänger auf die Liebe Apollos zu einem Mädchen anspielten, besonders weil ihr Wissen über griechische Literatur dürftig, wenn nicht gar nicht-existent war.

Auch in der volkssprachlichen Literatur ist dasselbe Thema schon ziemlich früh nachzuweisen. Im ersten Buch von Chaucers *Troilus and Criseyde* (das vor März 1388 vollendet wurde) finden sich einige Verse, die genau das Thema darstellten, das wir im Liebesbrief des Enea Silvio Piccolomini gesehen haben: Apollo, der um die *Tochter* des Admetus wirbt (I, 659–665)[35]:

»Phebus, that first fond art of medicyne«,
660. Quod she, »and couthe in every wightes care
Remedye and reed, by herbes he knew fyne,
Yet to hymself his konnyng was ful bare;
For love hadde hym so bounden in a snare,
Al for the doughter of the kyng Amete,
665. That al his craft ne koude his sorwes bete.«

Die Anmerkungen in Bensons ausgezeichneter Ausgabe (*The Riverside Chaucer*) bieten lediglich folgende spärliche Erläuterung[36]:

---

34. Nonnos, *Dionysiaka*, verdeutscht von T. von Scheffer, 2. Aufl., Wiesbaden 1995, 168.
35. L. D. Benson (Hg.), *The Riverside Chaucer*, 3. Aufl., Boston 1987, 482.
36. Ibid., 1029.

[For a time he [= Apollo] acted as shepherd for King Amete, Admetus, of Thessaly [...] and fell in love with Admetus's daughter.]

Um meine Neugier zufriedenzustellen, schlug ich bei anderen Herausgebern von Chaucers Werken nach.[37] Walter Skeat, Herausgeber der *Complete Works of Chaucer* (1900), betrachtete diese Verse ebenfalls als enigmatisch, obgleich er meinte, die Quelle für die Verse sei bei Ovid zu finden[38]:

> Not at all a literal translation, but it gives the general sense of *Heroides*, V, 149–152. [...] Chaucer seems to adopt a theory that Apollo loved Admetus chiefly for his daughter's sake. The usual story about Apollo is his love for Daphne.

Der Herausgeber von *Chaucer's Major Poetry*, Albert Baugh, bringt uns einen Schritt weiter, selbst wenn er nicht ganz das Richtige traf. Er war überzeugt, dass der Name von Admetus' Tochter in einer Glosse zu Ovids Versen erschien. Ich zitiere[39]:

> The story of Apollo's love for the daughter of Admetus is probably from a gloss to ll. 151–2 of the epistle mentioned in the previous note. In one such gloss the daughter's name is given as Perimele.

Baugh entnahm diese Information einem 1930 von Sanford Brown Meech veröffentlichten Aufsatz, in dem dargelegt wurde, dass Chaucer in diesen speziellen Versen tatsächlich von Ovid abhängig ist, jedoch nur indirekt. Seine unmittelbare Quelle war eine italienische Ovid-Version aus dem 14. Jahrhundert von einem gewissen Filippo Ceffi, der Ovids Verse folgendermaßen übersetzte:

> E lo nominato Iddio Febo, che da prima trovò la scienza della medicina, già per amore diventò pastore, amando la bella figliuola del Re Ameto.

Es ist mir nicht ganz klar – und vielleicht ist es an dieser Stelle auch nicht wichtig, sich festzulegen –, ob Chaucer die Prosaversion von Filippo Ceffi benutzt hat oder die Versübersetzung von Domenico de Monticchiello aus Siena, der Ceffis Gedicht in diesem Punkte sklavisch folgte[40]:

---

37. Geoffrey Chaucer, *Complete Works*, ed., from Numerous Manuscripts, by W.W. Skeat, 2nd ed., Oxford 1900 (Nachdr. 1963); ders., *Major Poetry*, ed. by A.C. Baugh, London 1963.
38. W.W. Skeat, in: Chaucer, *Complete Works*, a.a.O. (Anm. 37), 465.
39. A.C. Baugh, in: Chaucer, *Major Poetry*, a.a.O. (Anm. 37), 92.
40. Ich zitiere aus der Ausgabe, die 1515 in Mailand von Zanotto da Castelliono unter dem Titel: *Epistole del famosissimo Ovidio vulgare. In octava rima Instoriato nova stampa* gedruckt wurde. Am Ende liest man: »Finiscono le Epistole del famosissimo auctore Ovidio in rima per vul-

el nominato febo fu phelice
in trovar medicina primamente
e divento pastore come si dice
sol per amor amando ardentemente
la bella figlia delo Re admeto
che tanto tempo silo meno dreto.

Während nicht bestritten werden kann, dass die Hauptquelle für Chaucer's *Troilus and Criseyde* Giovanni Boccaccios *Filostrato* war, muss für *diese* kleine Passage auch die Möglichkeit einer direkten Beeinflussung durch Boccaccios *Teseida*[41] in Betracht gezogen werden (IV, 46, 1–4):

Sì come te alcuna volta Amore
costrinse il chiaro cielo abandonare,
e lungo Anfrisio, in forma di pastore,
del grande Ameto a gli armenti guardare.

Dieser Abschnitt wird von einer erklärenden Bemerkung Boccaccios begleitet, wo es heißt:

Fu Febo inamorato d'una figliuola d'Ameto, re di Tesaglia, la quale non potendo altrimenti avere, si transformò in pastore, e posesi col detto re, e stette con lui guardandogli il bestiame suo, in così fatta forma, sette anni.

Es stellt sich daher die Frage: Woher bekam Boccaccio diese Art von Information?

Es ist eine wohlbekannte Tatsache, dass Boccaccio aufmerksam italienische Versionen lateinischer Texte aus den letzten Jahrzehnten des 13. und dem Anfang des 14. Jahrhunderts las.[42] Und in den Randbemerkungen, die eine Textstelle aus dem zweiten Buch von Ovids *Arte d'Amare* (II, 239) erläutern, mag er gelesen haben[43]:

---

gare. Impressum Mediolani per Zanotto da Castelliono. MDXV. Die XX Nove(m)br(is)«. Ich habe das Exemplar in der Bibliothèque Nationale von Paris eingesehen (m. Yc. 549). Es ist höchstwahrscheinlich ein Nachdruck einer nicht datierten venezianischen Edition: *Epistole Del famosissimo Ovidio vulgare In octava Rima* (Paris, Bibliothèque Nationale, m. Yc. 548), die bei S. lr beginnt: »Incomincia el Libro delle Epistole di Ovidio: vulgarigiate in rima per Missere Dominico da monticiello Toschano«.

41. *Teseida delle nozze di Emilia*, ed. A. Limentani, in: G. Boccaccio, *Tutte le opere*, a cura di V. Branca, vol. 2, Mailand 1964, 367 f.

42. V. Lippi Bigazzi (Hg.), *I volgarizzamenti trecenteschi dell'Ars amandi e dei Remedia amoris*, ed. crit., Florenz 1987, Bd. I, 7.

43. Ebenda, Bd. II, 756.

il quale [= Apollo], inamorato della figliuola del re Ameto sette anni per lei il
servie guardando le sue vacche.

Wenn sich auch die Quelle für Boccaccios Interpretation höchstwahrscheinlich
auf derartige Übersetzungen zurückverfolgen lässt, wird das kaum für Humanisten
des 15. und 16. Jahrhunderts gelten. Für sie muss entscheidender gewesen sein, dass
es Randbemerkungen gab, die die Texte klassischer Autoren erklärten. In einer
Handschrift von Ovids *Heroides* aus dem 12. oder 13. Jahrhundert, die jetzt in der
Bayerischen Staatsbibliothek München aufbewahrt wird (clm 4612 aus Benedikt-
beuern), findet sich folgende Glosse (f. 10v)[44]:

Phareas habuit filiam pulcherrimam nomine [...], quam ille ardebat et ibat ad
eum pro pascenda grege ut per illam viam posset ipsam habere.
[Der Pharier hatte eine wunderschöne Tochter namens [...], die er [= Apollo]
begehrte, und er ging zu ihm mit dem Plan, seine Herde zu weiden, damit er
sie auf diese Weise haben könnte.]

Der Schreiber hat deutlich einen Freiraum nach »nomine« gelassen, um den Namen des Mädchens später zu ergänzen. Brown Meech aber fügte in Klammern den
Namen »Perimele« hinzu, wo es eigentlich »pulcherrimam« heißen sollte, und
führte so Baugh in die Irre, wie ich schon gezeigt habe.

Nach einer weiteren Handschrift aus derselben Bibliothek, dem clm 19475 aus
dem 12. Jahrhundert, der aus Tegernsee stammt, wurde das Wort »Phareas« im Text
des fünften Heroidenbriefes Ovids mit folgender Glosse versehen[45]:

Phareas: a Pharo patre Admeti regis, cuius vaccas a divinitate suspensus Leucadie Admeti filie <amore> captus pavit.
[Phareas: <der Name> stammt von Pharus, dem Vater des Königs Admetus,
dessen Kühe <Apollo>, seiner Gottheit entledigt, weidete, weil er von Liebe
zu Leucadia, der Tochter des Admetus, ergriffen war.]

Hier erscheint also Leucadia als Tochter Admets. Der Name *Leucadia* ist in der antiken Literatur nicht nur bekannt als Name einer Insel im Jonischen Meer und des

---

44. Zitiert von S.B.Meech, »Chaucer and an Italian Translation of the Heroides«, in: *Proceedings
of the Modern Language Association* 45 (1930), 110–128. hier: 113, n. 13.
45. R.J. Hexter, *Ovid and Medieval Schooling. Studies in Medieval School Commentaries on Ovid's
Ars Amatoria, Epistulae ex Ponto, and Epistolae Heroidum* (= Münchener Beiträge zur Mediä-
vistik und Renaissance-Forschung, 38), München 1986, 251. Im Codex clm 29208, ebenfalls
aus dem 12. Jahrhundert und aus Tegernsee stammend, wird als Name des Mädchens »Leucodie« angegeben.

Standortes eines berühmten Apollotempels, sondern auch als Titel einer (verlore-nen) Liebeselegie von Parthenius sowie als Name einer Frau, die von Publius Teren-tius Varro Atacinus gerühmt wird. Ich wage es vorzuschlagen, dass der folgende Vers aus Ovids *Tristia* (III, 1, 42) der Grund für die Verwechslung sein kann:

> An quia Leucadio semper amata deo est,
> [oder weil es [= das Haus des Augustus] vom leukadischen Gott immer ge-liebt wurde]

In diesem Zusammenhang nehme ich an, dass jemand »Leucadia« statt »Leucadio« gelesen hat.

Eine weitere mögliche Erklärung für den Namen »Leucadia« ist, dass die Kom-mentatoren an Leucothoe dachten, die in Ovids *Metamorphosen* (IV, 190 ff.) er-wähnt wird. Der Gott der Sonne wurde von der Liebesgöttin durch eine unkontrol-lierbare Liebe zu diesem Mädchen bestraft, weil er durch seine Neugierde die heimliche Liebe zwischen Mars und Venus enthüllt hatte. Die Überlieferung des Namens »Leucadie« als »Leucodie« im Codex clm 29208 stützt diese Hypothese.

Doch wir können noch weiter schauen. Die Suche in der Literatur des frühen Mittelalters hat keine Ergebnisse gebracht, aber die lateinischen christlichen Auto-ren der Spätantike scheinen vielversprechend zu sein. Einige von ihnen, wie zum Beispiel Minucius Felix (*Octavius*, 23, 5) oder Augustinus *(civ.* 18, 13), sagen nur wenig, andere hingegen bieten mehr Informationen. Dracontius zum Beispiel lässt Apollo in *Romulea*, VIII, 206–210 seine eigene Situation beschreiben[46]:

> Nec pudeat, quod pavit oves : ego pastor Apollo
> Ipse fui domibusque canens pecus omne coegi,
> Cum procul a villa fumantia tecta viderem ;
> *Alcestam* sub nocte *pavens* deus ubera pressi,
> 210. Admetus intrantes haedos numerabat et agnos.

> [Doch es soll keine Schande sein, dass er Schafe weidete: Ich selbst, Apollo, war Hirte, und singend versammelte ich die gesamte Herde in ihren Ställen, während ich weit weg vom Bauernhaus den Rauch über den Dächern sah. Bei Anbruch der Nacht zitterte ich, obwohl ich ein Gott bin, vor Alcestis und molk die Euter; Admetus zählte die Kitze und Lämmer, als sie eintraten.]

---

46. In diesen Versen ist der Einfluss Vergils offensichtlich (*ecl.* 3, 33–34):
    »est mihi namque domi pater, est iniusta noverca,
    bisque die ambo numerant ambo pecus, alter et haedos.«

Könnten die Worte »Alcestam pavens« nicht auf Apollos Liebe zu Admetus an-
spielen?[47] Können wir folgenden Satz in den *Divinae Institutiones* des Laktanz (I,
10, 3) nicht in der gleichen Weise interpretieren:

> quid Apollo pater eius? Nonne ob amorem, quo flagrabat turpissime, gregem
> pavit alienum [...]?
> [Was ist mit seinem Vater Apollo? Hat er nicht die Herde eines anderen ge-
> weidet wegen einer Liebe, die ihn höchst schändlich entflammte?]

Oder müssen wir annehmen, dass die Wörter »flagrabat« und »turpissime« nicht
zusammengehören und dass Laktanz nicht auf eine homosexuelle Beziehung zwischen Apollo und Admetus hinweist? Um ganz ehrlich zu sein, muss ich zugeben,
dass der Herausgeber des Textes im *Corpus Scriptorum Ecclesiasticorum Latinorum*,
S. Brandt, sich für eine andere Interpunktion und damit für eine andere Interpretation entschieden hat. Er liest[48]:

> quid Apollo pater eius? Nonne ob amorem, quo flagrabat, turpissime gregem
> pavit alienum [...]?

Seiner Interpretation folgte Pierre Monat in seiner Ausgabe für die Reihe *Sources
chrétiennes*, wie sich nicht aus der Interpunktion erschließen lässt, die es in diesem
Fall nicht gibt, sondern aus der französischen Übersetzung[49]:

---

47. Auch in humanistischer Zeit finden sich bisweilen unwidersprechliche Anspielungen auf eine
    homosexuelle Beziehung zwischen Apollo und Admetus, z. B. in einem Gedicht des fran-
    zösischen Hellenisten Jean Dorat von 1578 (in *J.M. Toscani Peplus Italiae*, Paris, 1578, fol.
    A.vi.r):

> Nominibus cum sis unus tot amabilis hospes
>   Phoebo et Phoebaeis dignus amore viris,
> Ut pius Admetus, cui non famulatus Apollo
>   Iussus ad Amphrysi flumina pavit oves,
> Sed quia casta placent Superis nec inhospita corda,
>   *Hospitis est hominis captus amore Deus.*

> [Da du alleine ja liebenswürdiger Gastgeber bist für so viele berühmte Leute , bist du der
> Liebe von Phoebus und seinen Leuten [= den Dichtern) würdig, genau so wie der fromme
> Admetus, dessen Schafe Apollo als Diener bei den Wassern des Amphryssos weidete, ohne
> dazu gezwungen zu sein. Weil aber reine und gastfreundliche Herzen den Göttern gefal-
> len, hat der Gott sich in seinen menschlichen Gastgeber verliebt.]

48. L. Caecilius Firmianus Lactantius, *Divinae Institutiones et epitome divinarum institutionum*
    (= ders., *Opera Omnia*, eds. S. Brandt & G. Laubmann, Pars I, Prag–Wien–Leipzig 1890, 34.

49. L. Caecilius Firmianus Lactantius, *Institutions divines*, livre I, ed. P. Monat (= Sources chré-
    tiennes 326), Paris 1986, 101 ff.

N'a-t-il pas, à cause de la passion qui le dévorait, gardé, dans les conditions les plus honteuses, le troupeau d'un autre?

Doch man könnte die Frage stellen, ob diese Interpretation nicht von der Vorstellung beeinflusst wurde, dass der Autor der *Divinae Institutiones* und der *Epitome divinarum institutionum* dieselbe Person war. Und was lesen wir in der *Epitome*? Dort erscheint (8, 2), soweit ich feststellen kann, zum ersten Mal eine Dame als Apollos Geliebte[50]:

> Apollo autem pater eius non dedignatus est alienum gregem pascere, ut acciperet uxorem.
> [Doch sein Vater Apollo war sich nicht zu schade, die Herde eines anderen zu weiden, um eine [oder »die« oder: »dessen«?] Frau zu bekommen.]

Zumindest lässt sich sagen, dass es auffällig ist, dass derselbe Autor in seiner *Epitome* mehr an Informationen bietet als in seinem vollständigen Text.

Auf jeden Fall deutet das darauf hin, dass Laktanz sich in der griechischen Literatur nicht besonders gut auskannte[51] und dass er sich von mehrdeutigen Formulierungen bei lateinischen Autoren wie Ovid und Tibull in die Irre führen ließ, es sei denn, wir nehmen an, dass für Laktanz eine homosexuelle Beziehung undenkbar war[52], selbst wenn er über heidnische Götter schrieb und die heidnische Religion angriff.

---

50. Lactantius, *Divinae Institutiones*, a. a. O. (Anm. 48), 682; L. Caecilius Firmianus Lactantius, *Epitome Divinarum Institutionum*, ed. E. Heck & A. Wlosok, Stuttgart–Leipzig 1994, 9.

51. Cf. R. M. Ogilvie, *The Library of Lactantius*, Oxford 1978, 109: »his familiarity with Greek literature is slight.«
Oder müssen wir annehmen, dass der Autor der Epitome auf die Geschichte anspielt, die durch griechische Autoren wie Apollodorus und Zenobius überliefert wird, dass nämlich Apollo Admetus dabei hilft, seine Frau Alcestis zu gewinnen, indem er einen Löwen und einen Eber vor einen Wagen spannt?

52. Ein analoger Fall lässt sich in den vielen Schul- und Ordensdramen feststellen, in denen homoerotische Geschichten bis zum Ende des 18. Jahrhunderts unangebracht waren. Deswegen hat z. B. der Benediktinermönch Pater Rufin Widl, der für sein Zwischenspiel *Apollo et Hyacinthus* die homoerotische Geschichte aus Ovid (*met.* 10, 162–219) 1776 in Salzburg dramatisiert hat, die Thematik grundsäzlich geändert: Apollo hat sich in die von Widl erfundene Schwester des Hyacinth verliebt und heiratet sie. Cf. G. Petersmann, »*Sic saecla te futura clementem sonent*: Pater Rufin Widls *Clementia Croesi* und Wolfgang Amadeus Mozarts *Apollo und Hyacinthus* – Text und Kontext«, in G. Petersmann & V. Oberparleiter (Hg.), *The Role of Latin in Early Modern Europe: texts and contexts. Akten der Tagung The Role of Latin in Early Modern Europe: texts and contexts II, Salzburg, 2.–4. Mai 2003* (= Grazer Beiträge, Suppl. 9), Salzburg–Horn 2005, 121–131.

Lassen Sie uns an dieser Stelle zur humanistischen Epoche zurückkehren, um die Entwicklung dieser speziellen Geschichte weiterzuverfolgen. Wir haben gesehen, dass einige Autoren, wie zum Beispiel Enea Silvio Piccolomini oder Cristoforo Landino, offensichtlich einfach ihren mittelalterlichen Vorgängern gefolgt sind. Es ist erstaunlich, dass sich in mythologischen Handbüchern wie in der *Genealogia deorum gentilium* von Giovanni Boccaccio, dem Werk *De Deis gentium* von Lilio Gregorio Giraldi (ed. pr. Basel 1548; Nachdruck New York 1976) oder den *Mythologiae* des Natale Conti (ed. pr. 1551; Nachdruck der venezianischen Ausgabe von 1567: New York 1976) über die weitere Entwicklung dieses Mythos keine darüber hinausgehenden Informationen finden. Diese Autoren befassen sich mit Apollo, doch Admetus wird fast nie erwähnt, und es geht niemals um mehr als allgemeine Vorstellungen von der Antike.

Doch die Herausgeber und Kommentatoren seit Ovid der zweiten Hälfte des 15. Jahrhunderts gaben sich große Mühe, das Rätsel um das Mädchen, das von Apollo geliebt wurde, zu lösen. Eine sehr erfolgreiche Ausgabe von Ovids *Heroides*, mit einem Kommentar von Antonius Volscus aus Privorno, wurde im Dezember 1481 von Battista de Tortis in Venedig veröffentlicht. In dieser Ausgabe werden die Verse 151–152 des fünften Heroidenbriefes folgendermaßen erläutert (fol. b. viii.r):

> Ipse repertor opis: exemplo monstrat amorem nulla arte medicari posse. Apollo captus amore alcestae pelii filiae admethi uxoris in campis phereis admethi pavit armenta. [...] Alii tradunt amasse apolinem ipsen macharei filiam cum admethi pavit armenta: ut in Matamorphosi diximus.
> [Ipse repertor opis: <der Verfasser> zeigt mit diesem Beispiel, dass Liebe mit keiner Kunstfertigkeit geheilt werden kann. Ergriffen von Liebe zu Alcestis, der Tochter des Pelius [sic] und Gemahlin des Admetus, weidete Apollo die Herden des Admetus auf den Feldern von Pherae. [...] Andere sagen, dass Apollo Ipsa liebte, die Tochter des Macareus, als er die Tiere des Admetus weidete, wie wir <in unseren Anmerkungen zu> den Metamorphosen erwähnt haben.]

Ich weiß nicht, ob Volscus' Kommentar zu den Metamorphosen je ediert wurde oder ob es ihn überhaupt noch gibt, aber die zwei Möglichkeiten, die er erwähnt, sind sehr interessant und bezeugen die beständige Suche nach einer zufriedenstellenden Lösung des Problems. Volscus selbst vertritt die Theorie, dass Apollo Admetus diente, um die Liebe von Alcestis, der Frau des Admetus, zu gewinnen. Wir finden sie ebenfalls im Kommentar zu Ovids *Ars amatoria*, den der mantovanische Humanist Bartolomeo Merula 1494 in Venedig herausgab[53]:

---

53. Der Text auf fol. d. iii.v. Ich habe das Exemplar 11.3 Poet. fol. (2) in der Herzog August Bibliothek Wolfenbüttel benutzt.

Apollinis exemplo amatorem quoque dicit debere omnia perferre, ut amica potiatur. Apollo (ut Servius scribit) ob occisas cyclopas spoliatus divinitate Admeti regis thessaliae novem annis pavit armenta: quod ideo fingitur, quoniam (ut Macrobius scribit) sol pascit omnia quae terra progenerat, unde non unius generis, sed omnium pecorum pastor canitur: pastor autem Apollo amavit Issen macarei filiam. Ovidius in met. »Ut pastor machareida luserit Issen«: amavit quoque oenonem nympham dicente ipsa apud Ovidium: Ipse repertor opis vaccas pavisse pheraeas Fertur et e notro saucius igne faut.
Amavit etiam (ut alii volunt) Alcestem Peliae filiam, et uxorem Admeti regis: quam rem hic Ovidius significare videtur.

Diese Theorie scheint mir in der *Epitome* des Laktanz ihren Ursprung zu nehmen, die ich bereits zitiert habe (8, 1):

Apollo autem pater eius non dedignatus est alienum gregem pascere, ut acciperet uxorem.

Was die Theorie betrifft, die laut Volscus von »alii« vertreten wurde, so lässt sich diese vielleicht mit einer eher rätselhaften Passage in Ovids *Metamorphosen* (VI, 124) in Verbindung bringen, die schon von Bartolomeo Merula herangezogen wurde:

[Phoebus …] ut pastor Macareida luserit Issen.

In diesem Zusammenhang erscheint Apollo wieder als Hirte, genau wie in unserer Geschichte von Admetus. Man ist versucht zu vermuten, dass es eine Verwechslung zwischen diesem wenig bekannten Mythos und dem von Admetus gab und dass folglich der Name dieses Mädchens, das von Apollo geliebt wurde, in die Geschichte von Admetus und Apollo eingeführt wurde. Es ist bemerkenswert, dass sich beinahe dieselbe Verwechslung im Text des Ersten Vatikanischen Mythographen beobachten lässt, der schreibt (I, 201)[54]:

Admetus de Alcesta genuit Nisam et Stenobeam. Pro Nisa servivit ei Apollo septem annis.
[Admetus zeugte mit Alcestis Nisa und Sthenobea. Apollo diente ihm [= Admetus] für Nisa sieben Jahre lang.]

Der Name des Mädchens, in diesem Text zu »Nisa« verzerrt, wurde im Kommentar des Volscus zu »Ipsen«.

---

54. P. Kulcsár (Hg.), *Mythographi Vaticani I et II* (= Corpus Christianorum, series Latina, XCIC), Turnhout 1987, 81.

Volscus' Kommentar erlebte jedenfalls etliche Auflagen[55], wenn sich auch in einigen[56] von ihnen nichts über die Liebe Apollos findet.

Wenn wir uns jetzt ins 16. Jahrhundert begeben und die Ergebnisse dieser eifrigen
Generation lesen, wird deutlich, dass bis zu diesem Zeitpunkt das Wissen über griechische Autoren gewisse Fortschritte gemacht hatte. Die venezianische Ausgabe der
Heroides von 1525 wird bereichert durch den Kommentar nicht nur von Volscus,
sondern auch von Janus Parrhasius, Joh. Baptista Egnatius (1478–1553) und vielen
anderen. In dieser Edition und in mehreren, die von ihr abhängen, findet sich eine
höchst bemerkenswerte Dichotomie. Einerseits sind die Erklärungen des Volscus
noch immer vorhanden (fol. XXVIIv), doch andererseits offenbaren die Anmerkungen von Egnatius deutlich Wissen über alexandrinische Literatur (fol. A.A.3 r):

Callimachus diversam ab aliis causam servitii canit, cum scilicet Admeto
Apollinem servisse prodat, quod adolescentis amore captus esset, atque ad
emerendum eius amorem gregem ab eo pueri pastum.
[Kallimachos berichtet über einen Grund für den Dienst, der sich von den anderen unterscheidet, denn er erzählt, dass Apollo dem Admetus diente, weil er
von Liebe zu dem jungen Mann ergriffen war, und dass die Herde des jungen
Mannes von ihm [= Apollo] geweidet wurde, um seine Liebe zu gewinnen.]

Und in derselben Edition erscheint zwischen den »excerpta« des paduanischen
Professors Marinus Becichemus (Scutari 1468 – Padua 1526)[57] ein überraschendes
neues Element, für das ich bislang noch keine zufriedenstellende Erklärung gefunden habe. Nach Becichemus war das Objekt von Apollos Liebe die *Schwester* des
Admetus names Lycides. Ich zitiere (fo. BB.4r):

Quamvis Callimachus id factum ferat, ut demereretur amorem ipsius Admeti,
cuius formam ardebat, alii fabulatores (inquit) aliam adducunt causam: ut Ly-
ciden Admeti sororem falleret, quam multis versibus celebrat Parthenius.
[Obwohl Kallimachos sagt, dass er das tat, um selbst die Liebe des Admetus
zu gewinnen, von dessen Schönheit er angezogen wurde, führen andere Er-

---

55. Ich habe die meisten Exemplare in Paris und Cambridge eingesehen, zum Beispiel die Ausgabe
   von Venedig, 1582, fol. b.viii.v (Paris, BN, Rés. g. Yc. 96 = Cambridge, UL, Inc. 2.B.3.58 (1567);
   Mailand 1496, fol. b.iiii.r (Paris, BN, Rés. g. Yc. 97); Venedig 1501, fol. f. ii. r; Mailand 1510,
   p. 13v (Cambridge, UL, F. 151.a.2.6); Parma 1517, fol. XXIII. r (Paris, BN, Rés. g. Yc. 1031);
   Venedig 1525. fol. XXVII. r. (Brüssel, Königliche Bibliothek, inc. B. 1176).
56. Zum Beispiel Venedig 1497 (Paris, BN, Rés. g. Yc. 94), Turin 1510 (Paris, BN, Rés. g. Yc. 1032),
   Lyon 1529 (Paris, BN, Rés. g. Yc. 518), oder Venedig 1538 (Paris, BN, Rés. g. Yc. 402).
57. Zu Marino Becichemo vgl. den Artikel von C. H. Clough im *Dizionario Biografico degli Ita-
   liani*, Bd. 7, Rom 1965, 511–515.

zähler (wie er sagt) einen anderen Grund an, nämlich dass er Lycides täuschen wollte, die Schwester des Admetus, die Parthenius in vielen Versen rühmt.]

Die Elegien des Parthenius sind verlorengegangen. Wir können daher nur die Frage stellen, ob diese »Lycides« ein Fehler für die bereits erwähnte Leucadia sein könnte.

Diese Art der Neuerung war jedenfalls nicht sehr erfolgreich. Es ist in erster Linie die Interpretation von Volscus, die sich in den lateinischen Ausgaben und Interpretationen von Ovids Heroides bis ins späte achtzehnte Jahrhundert findet. Ich möchte nur einige Beispiele aus den Niederlanden erwähnen. Dieselbe Bemerkung (»Apollo amore Alcestae Admeti regis Thessaliae pavit armenta«) findet sich in den Antwerpener Editionen von 1661 (von Arnold van Brakel) und 1670 (von Renier Sleghers), in den Leidener Ausgaben von Ovids *Opera Omnia* aus den Jahren 1662 (von Cornelius Schrevelius) und 1670 (von Burchard Cnippingius) ebenso wie in der französischen Übersetzung von Thomas Corneille (1625 – 1709), die 1670 auch in Rouen erschien[58]:

Apollon [...] se donna au service d'Admete Roy de Thessalie pour avoir soin de ses troupeaux. Les uns disent qu'il y devint amoureux d'Alceste femme du Roy, les autres, qu'il aima Issé, Fille de Macarée.

Selbst der berühmte niederländische Philologe Petrus Burmannus (Utrecht 1668 – Leiden 1741), der im Jahre 1727 eine neue Edition von Ovids *Opera Omnia* in vier Bänden etablierte[59] und die korrekte Erklärung für Vers 151 von Ovids *Heroides* V einführte, indem er auf Kallimachos verwies, wiederholte den alten Fehler in seiner Erklärung des darauf folgenden Verses (152):

sensus est: Phoebus, postquam me amavit, etiam Alcestida deinde amavit.[60]
[Der Sinn ist: »Nachdem Phoebus mich geliebt hatte, liebte er später auch Alcestis.«]

---

58. P. Ovidius Naso, *Pièces choisies*, traduites en vers françois par T. Corneille, Rouen 1670, 137 f. Exemplar im Antwerpener Museum Plantin-Moretus, BH 2039.

59. P. Ovidius Naso, *Opera Omnia IV Voluminibus comprehensa* [...] cura et studio Petri Burmanni, Amsterdam 1727, Bd. I, 69. Eingesehenes Exemplar: Cambridge, UL, X.8.25. Die Ausgabe der *Heroides*, die im selben Jahr von Giovanni Minellio veröffentlicht wurde, erwähnt nur Apollos Liebe zu Alcestis; vgl. P. Ovidius Naso, *Epistolarum Heroidum liber*, cum Notis Joannis Min-Elii, Amsterdam 1727, 46, n. 8. Eingesehenes Exemplar: Leuven, KUL, Universiteitsbibliotheek, A 90680.

60. P. Ovidius Naso, *Opera Omnia*, ed. Burmannus, a. a. O. (Anm. 59), Bd. I, 170.

Und zu Beginn des 19. Jahrhunderts hält es sein Landsmann David van Lennep (1774–1853) noch immer für notwendig, gegen diese Art der Erklärung zu reagieren[61]:

Burmanno visum est exponere: Phoebus, postquam me amavit, etiam Alcestidem deinde amavit. De Alcestide, quam Phoebus amarit, legere me non memini. Veriora dabunt Broukhus. ad Tibull. II.3.11 et ipse Burman. ad Ovid. Met. II.683.

[Burman hielt folgende Erklärung für richtig: »Nachdem Phoebus mich geliebt hatte, liebte er später auch Alcestis.« Ich kann mich nicht erinnern, von der Liebe Apollos zu Alcestis gelesen zu haben. Bessere Auskunft werden Broukhusius in seinen Anmerkungen zu Tibull II.3.11 und Burman selbst in einem Kommentar zu Ovids Metamorphosen II. 683 bieten.]

* * *

Ich möchte zum Schluss kommen. Unsere Untersuchung begann mit einer überraschenden Episode bei einigen humanistischen Autoren. Von dort aus mussten wir die griechischen Ursprünge dieser Geschichte suchen, in der Apollos Dienst als die normale Strafe für die Tötung eines Menschen angesehen wurde. Während der alexandrinischen Zeit wurde Apollos Liebe zu Admetus das Hauptmotiv dafür, dass Apollo sich bei einem Sterblichen aufhielt. Dieses neue Element wurde von den lateinischen Autoren übernommen, die die Macht der Liebe betonen wollten, doch ihre mehrdeutige Formulierung führte Leser und Kommentatoren ab der Spätantike in die Irre. Die Humanisten übernahmen zunächst diese falsche Interpretation, wenn auch ihre Verse oft die Vagheit ihrer antiken Vorgänger widerspiegelten. In ihren Kommentaren bemühten sie sich, eine bessere Lösung für das Rätsel um das Mädchen, das von Apollo geliebt wurde, zu finden; doch erst nachdem sie Kallimachos gelesen hatten, waren sie in der Lage, ihre lateinischen Vorgänger richtig zu verstehen. Die Schwierigkeiten bei der Beseitigung mittelalterlicher Traditionen wurden jedoch deutlich, indem auf einige Editionen und Übersetzungen des 17., 18. und 19. Jahrhunderts hingewiesen wurde.

---

61. P. Ovidius Naso, *Heroides* [...] e Burmanni maxime recensione editae cura Davidis Jacobi Van Lennep, Amsterdam 1809, 192. Exemplar in Paris, BN, Yc. 6383.

Otto Neumaier (Hg.): *Fehler in Wissenschaft und Kunst*, Möhnesee: Bibliopolis, 2010: 113–164

JOSEPH MALLORD WILLIAM TURNER:
»HERO UND LEANDER« (ERSTE FASSUNG)
KUNSTHISTORISCHE WAHRHEITEN UND IRRTÜMER
RELATIV ZU DESKRIPTIV-DETEKTIVISCHEN, TECHNISCHEN,
BIOGRAPHISCHEN, HISTORISCHEN, NATIONALEN
UND KOMMERZIELLEN PERSPEKTIVEN

Andreas Hillert

1. Entdeckung eines Meisterwerks und erste Annäherungen

Tagtäglich werden irgendwo auf der Welt, auf Flohmärkten, Dachböden oder ent-
legenen Auktionen, Meisterwerke entdeckt. Vielleicht hatten Sie auch schon das
Glück... Natürlich ist in solchen Fällen grundlegende Skepsis angesagt, zumal wenn
das betreffende Bild keine weiter zu verfolgende Provenienz hat. Gegenstand dieses
Aufsatzes ist ein eben solches, quasi aus dem Nichts aufgetauchtes Gemälde von
William Turner (1775–1851) (vgl. Abb. 1, nach Seite 128). Von einem Händler,
mehr wurde nicht preisgegeben, war es in ein mittelgroßes deutsches Auktionshaus
eingeliefert worden. Im Katalog wurde es wie folgt beschrieben:

Anonym
Phantastische Szene bei Nacht
Öl auf Leinwand. Ca. 58 : 80 cm. Gerahmt.
Traumartige Szene mit einem prä-romantischen Gefühl für Atmosphäre. Mit
kleinen Retuschen in dem dunklen Hintergrund über der hellen Figur sowie
auf dem Weg. Ein paar kleine Farbabplatzer, sonst in gutem Zustand. Nicht
ausgerahmt.

Dieses Gemälde wird im Folgenden eingehend beschrieben, analysiert und als Werk
William Turners, konkret als erste, gegen 1828 entstandene Fassung des 1837 in der
Royal Academy ausgestellten Bildes »The Parting of Hero und Leander – from the
Greek of Musaeus« (Abb. 2, nach Seite 128) identifiziert.

Die Zahl der als Sensationen zu Tage kommenden, enthusiastisch gefeierten neu
entdeckten Meisterwerke ist annähernd eben so groß wie die Zahl der wenig später
als Kopie, Falschzuschreibung oder auch Fälschung von der Bildfläche verschwin-
denden Machwerke. Die schiere Unwahrscheinlichkeit, im Heuhaufen eine golde-
ne Stecknadel zu finden, erklärt – aber rechtfertigt nicht –, dass wohl die meisten

dieser vermeintlichen Entdeckungen nach kurzem Expertenblick unversehens in den Orkus gestürzt werden. Auch das hier diskutierte Gemälde wurde von einem der weltweit führenden Turner-Experten umgehend ›erledigt‹. Bereits nach wenigen Stunden retournierte er eine als Mail geschickte Anfrage. Das Bild sei sicher eine Kopie. Zum einen stimme die Farbe nicht, so grün habe Turner nicht gemalt. Zudem habe man in der Tate Galerie ja bereits die Vorstudie zu dem Hero-und-Leander-Bild. So und nicht anders habe der Meister eben seine Bilder vorbereitet. Bei Gelegenheit könne er sich das Bild natürlich ansehen, er gehe aber davon aus, dass er seine Meinung nicht ändern werde.

Die Einschätzung aller verstorbenen Künstler, zumal solcher, deren Werk nur teilweise gesichert ist, basiert letztlich auf psychologischen Zirkelschlüssen. Ausgehend von als authentisch angesehenen Werken wird so etwas wie eine Künstlerpersönlichkeit rekonstruiert. Durch definierte Werke bzw. Punkte wird – im Rahmen eines teils bewussten, teils aber auch bei Experten unbewussten psychologischen Prozesses – quasi eine Linie gezogen, die dann bei Zu- oder Abschreibungen zum Maßstab wird.[1] Dass Wahrnehmungen bzw. neue Werke, die zu einer Verlegung einmal gezogener Linien zwingen würden, Gefahr laufen, spontan abgelehnt zu werden, ist ein emotionspsychologisch wohlbekanntes Phänomen.[2] Gleichzeitig liegt eben hier ein zentrales Dilemma menschlicher Wissenschaft: Als Forscher will man selbstverständlich das Wissen – in unserem Falle über W. Turner – erweitern. Gleichzeitig hat man aber, als Ergebnis langjähriger Beschäftigung damit, recht konkrete Vorstellungen von dem, was man da sucht. Und so läuft es oft im Sinne selbsterfüllender Prophezeiung darauf hinaus, dass man zwar findet was man sucht – sich aber eben dadurch von dem gegebenenfalls ganz anderen Umständen verpflichteten Künstler entfernt. Experten sind hier naheliegenderweise stärker gefährdet als Menschen, die sich einem Thema weniger verpflichtet fühlen. Umgekehrt ist natürlich Expertenwissen unabdingbar. Ansonsten wird der allzumenschliche Wunsch – nach der Sensation, nach Geld und Ruhm – zum Vater des Gedankens, der aus mehr oder weniger oberflächlichen Par-

---

1. Beispielsweise Peter Klotz, Ekphratische Betrachtungen. Zur Systematik von Beschreiben und Beschreibungen, in: Heiko Hausdorfer (Hg.), *Vor dem Kunstwerk. Interdisziplinäre Aspekte des Sprechens und Schreibens über Kunst*, München: Wilhelm Fink, 2007, 77–98.
2. Zu den Begriffen »Assimilation« und »Akkomodation«, die wesentlich vom Entwicklungspsychologen Jean Piaget (1896–1954) geprägt wurden, vgl. J. Piaget, Jean Piaget über Jean Piaget. Sein Werk aus seiner Sicht (1981), u. a. in: K. Grawe, R. Donati & F. Bernauer, *Psychotherapie im Wandel. Von der Konfession zur Profession*, 4. Aufl., Bern: Hogrefe, 1995, 757 ff.; vgl. I. Prigogine & I. Stengers, *Dialog mit der Natur. Neue Wege naturwissenschaftlichen Denkens*, München: Piper, 1981; E. v. Glasersfeld, Piagets konstruktivistisches Modell. Wissen und Lernen, in: G. Rusch & S. J. Schmidt (Hg.), *Piaget und der radikale Konstruktivismus*, Frankfurt/M.: Suhrkamp, 1994, 6–42. Vgl. Reynold, *Turner*, 95 f. – auch Sir George Beaumont konnte seine scharfe Kritik an Turner später nicht zurücknehmen, in Ermangelung weiterer Argumente genügte die Feststellung, Turner male »in a false taste«.

allelen weitreichende, de facto falsche Schlüsse zieht. Das methodische Ideal bzw. Integral aus inhaltlicher Offenheit bei gleichzeitig hohem Sachwissen bleibt als solches stets nur annäherungsweise erreichbar (dass Menschen dazu neigen, sich grundsätzlich als offen und objektiv zu erleben, steht auf einem anderen Blatt).[3]

----

3. Die Spezialisierung auch in den Kunstwissenschaften hat dazu geführt, dass Kunst und Künstler weitgehend unter Experten bzw. Expertengruppen aufgeteilt sind, die jeweils die maßgeblichen wissenschaftlichen Arbeiten verfassen, meist an prominenten Institutionen tätig sind und insofern, zumal im Hinblick auf den Kunstmarkt, so etwas wie die Deutungshoheit innehaben. Darüber hinaus wurden seit dem 19. Jahrhundert die Werke namhafter Künstler zu einer Frage nationalen Interesses und Bewusstseins. In dieser Tradition steht u. a. das Rembrandt Research Project. Der Anspruch der Neutralität (als Voraussetzung von Objektivität) ist dabei mit institutionellen bzw. nationalen Interessen mutmaßlich nicht immer nahtlos zur Deckung zu bringen. Zudem: je höher das Werk eines Künstlers gehandelt wird, desto größer wird die Diskrepanz zwischen dem Angestellten- bzw. Beamtengehalt der Experten und dem Mehr-Wert, den ihre Stellungnahmen für die Besitzer der betreffenden Werke besitzen. Hierzu anregend: Werner Sumowski, Kritische Bemerkungen zur neuesten Gemäldekritik, in: Otto v. Simson (Hg.), *Neue Beiträge zur Rembrandt-Forschung*, Berlin: Jan Kelch, 1973, 91 ff.; zusammenfassend Thomas Ketelsen, Rembrandt, oder nicht? Zur Kritik der Kennerschaft, in: Thomas Ketelsen (Hg.), *Rembrandt, oder nicht?* Ausstellung in der Hamburger Kunsthalle, Ostfildern-Ruit: Hatje Cantz Verlag, 2000, 9–41, wobei Indizienbeweisen der Vorzug vor der Stilkritik gegeben wird und das Problem rhetorischer Experten-Gesten »für die, die den Stil [...] gut kennen, spricht der Stil in jedem Aspekt zu Gunsten Rembrandts [...]« kritisch reflektiert wird. Hiervon ausgehend soll im vorliegenden Turner-Aufsatz nach Möglichkeit primär nach Indizien bzw. dem Verhältnis der kleinen Fassung von Hero und Leander zu etablierten Turner-Werken gesucht werden.

Im Gegensatz u. a. zur Rembrandt-Forschung, in der die Frage der Eigenhändigkeit ein zentrales Forschungsthema ist, spielte dieser Aspekt in Bezug auf Turner bislang so gut wie keine Rolle. Die Überlieferung des Rembrandt-Werkes ist erheblich lückenhafter; darüber hinaus leitete Rembrandt eine Werkstatt, viele Schüler replizierten Werke des Meisters und lernten, in seinem Stil zu malen. Turner hatte demgegenüber praktisch keine Schüler, das Kopieren seiner Werke suchte er zu Lebzeiten möglichst zu unterbinden. Die Provenienzen der in seinem Nachlass vorhandenen Werke und vieler anderer wichtiger Bilder lassen sich unmittelbar auf Turner zurückführen. Insofern war und ist es in der Regel unschwer möglich, Falschzuschreibungen Turner-ähnlicher Bilder, Kopien und Fälschungen als solche zu identifizieren, s. Butlin & Joll, *Paintings*, XV, 281 ff. – »Most of these are lamentably bad and are usually pastiches of Turner's late style, consisting of an amalgam of Turnerian motifs, thrown together more or less anyhow.«. Insbesondere die Karthago- und vor allem die späten Venedig-Bilder wurden vielfach kopiert und paraphrasiert, wobei diese oft durch mangelndes Verständnis für die – ohne innere Logik und Struktur wiedergegebene – Architektur auffallen. Andererseits ist die Frage nach der Authentizität einiger fraglich von Turner gemalter Zweitfassungen und kleinerer Studien für das Verständnis von Turners Werk insgesamt belanglos. Insofern gibt es für die Diskussion um das hier vorgestellte Bild in der Turner-Forschung wenig Parallelen.

Berühmt-berüchtigt wurde der Experten-Streit um Van-Gogh-Gemälde. Die Diskussion um die Authentizität der sogenannten Yasuda-Sonnenblumen, die 1987 in London für umgerechnet 72 Millionen Mark versteigert wurden, gilt als offen. Der Yasuda-Konzern, der den An-

Sich selbst hat der betreffende Experte durch seine vermeintlich souveräne Bemerkung, wonach er seine Meinung auch zukünftig kaum revidieren werde, eine offene wissenschaftliche Auseinandersetzung mit dem Werk und den sich für ›seinen‹ Künstler daraus gegebenenfalls ergebenden Konsequenzen vorab praktisch unmöglich gemacht. Experten, zumal solche, irren sich nicht. Und die Turner rezipierende postmoderne Gegenwart hat es damit möglicherweise noch ein Stück schwerer, der eigenwilligen Persönlichkeit Turners, die vielleicht in mehreren Hinsichten doch ganz anders – und vielleicht noch interessanter – war, als es die gegenwärtige Wissenschaft und die sie tragende Gesellschaft bislang wahrhaben will, zu begegnen. Verwicklungen dieser Art machen Zuschreibungsdiskussionen wichtig und spannend. Einerseits geht es in bestem detektivischem Sinne darum, historische Wahrheit zu erschließen (wer war der Täter, der Maler des Bildes?). Zum anderen ergibt sich die Möglichkeit, wenn man denn Schnellschüsse aus der Hüfte eigener (unvermeidlicher) Voreingenommenheiten heraus vermeidet, einen systematischen Abgleich zwischen eigenen Erwartungen und der Realität des Forschungsgegenstandes vorzunehmen. Wie anders ließe sich der Prozess (kunst-)historischer Erkenntnis definieren? Eine objektiv-neutrale Haltung in einer Zuschreibungs-Diskussion ist dabei, so oder so, unmöglich. Die Tatsache, dass heute originale Werke Turners mit astronomischen Summen bezahlt werden, potenziert das Problem erheblich. Eben deshalb ist es entscheidend, einen hinreichend breit angelegten, mehrdimensionalen Zugang zum fraglichen Werk zu wählen, um zumindest die Chance zu haben, auf Turner selber und nicht auf etablierte Meinungen über ihn zu stoßen.

Wie bereits erwähnt: die Komposition des zur Diskussion stehenden Gemäldes ist der des von William Turner im Jahr 1837 in der Royal Academy ausgestellten, nun als Leihgabe der National Gallery in der Tate Gallery aufbewahrten Hero-und-Leander-Bildes so nahe verwandt, dass die Szene als solche unmittelbar identifiziert werden kann. Das am Meeresufer stehende Paar sind Hero und Leander...

---

bau des Amsterdamer Van-Gogh-Museums finanzierte und dessen Experten konsequent die Eigenhändigkeit des Bildes bestätigen, stehen dort ungern gesehene andere Experten, u. a. Mattias Arnold, gegenüber, die substanzielle Einwände erhoben (u. a. in FAZ vom 15.2.2002, Nr. 47, S. 50). Dagegen Stephan Koldenhoff, *Van Gogh. Mythos und Wirklichkeit*, Köln: Dumont, 2003, der mit journalistischem Verve die Voreingenommenheit der »Fälschungstheoretiker« geißelt, u. a. mit dem Hinweis, dass – laut Vertretern des Van-Gogh-Museums – offensichtliche maltechnische Auffälligkeiten einschließlich der fehlenden Signatur des fraglichen Bildes auf den Malgrund, grobes Juteleinen, zurückzuführen sei. Dass angesichts der Möglichkeiten der beteiligten Institutionen bis dato keine maltechnischen Untersuchungen vorliegen, lässt zumindest vermuten, dass die betreffenden Stellen von der Authentizität des Bildes nicht absolut überzeugt sind. Wenn Summen und Verbindlichkeiten zu groß werden, wird neutrale Wahrnehmung, aus guten psychologischen Gründen, schwer bis unmöglich, mit entsprechenden Konsequenzen für die wissenschaftlichen Ergebnisse (s. o. Anm. 2).

2. Beschreibung und Deutung einer »phantastischen Szene bei Nacht«

Vor einer linksseitig von einer auf einem Berg emporwachsenden Tempelstadt und rechts von Felsen gerahmten Bucht öffnet sich das nächtliche, mondbeschienene Meer. Rötliches Sonnenlicht, ein flach gezogener Bogen, liegt über dem Horizont. Wolken ziehen über den dunkel-türkisblauen Himmel, am Felsen brechen sich Wellen, Gischt schäumt auf. Eine von hinten gezeigte Figur, offenbar eine Frau mit nacktem Oberkörper, hält zwei Lichter empor. Edelmetallgefäße sind auf dem Strand ausgebreitet und ein schemenhaft wirkendes Paar, Hero und Leander, steht – bildmittig – an einer Mole, unmittelbar am Ufer.

Ein steiniger Strand liegt vor einer architektonisch prunkvoll gestalteten Uferbefestigung, die auf die Tempelstadt im Hintergrund links ausgerichtet ist. Der Boden der den unteren Bereich des Bildes einnehmenden Promenade wird von annähernd parallelen weißen und schwarzen Balken, gemeint sind wohl Reihen aus weißen und schwarzen Steinplatten, strukturiert. Diese fassen zwei auf die Stadt hin fluchtende Flächen ein, von denen die untere, offenbar im Schatten liegend, eine schemenhaft angelegte, in dunklen Brauntönen gehaltene Innenstruktur zeigt. Während diese Fläche leicht schräg nach rechts hin ausgerichtet ist, führt die dahinter liegende, die über einer braunen Untermalung u. a. Spuren hellblauer Farbe aufweist, geradewegs auf die Tempelstadt zu. Dort, wo die beiden Flächen – in auf beiden Seiten unterschiedlichen Winkeln – aufeinander treffen, zeichnet sich ein Wechsel des Bodenniveaus ab. Rechts, zum Meer hin, hat es den Anschein, als läge hier das Niveau tiefer, was dann aber an der linken Seite so nicht nachvollzogen werden kann (s. u.). Zum Meer wird die Promenade in diesem Bereich durch ein vorgelagertes steinernes Geländer, palmettenbekrönte Pfeiler und dahinter von mächtigen, im oberen Teil reliefverzierten, mit flachen Giebeln bekrönten Stelen abgegrenzt. Letztere sind ihrerseits durch eine niedrige Mauer miteinander verbunden.

Auf der vom Meer abgewandten Seite der Promenade, weitgehend im Dunkeln bzw. im Schatten liegend, ist ein Springbrunnen mit aufsteigender Fontäne erkennbar. Von der Promenade aus, flankiert von einem amphorenförmigen, mit Blumen geschmückten Ziergefäß, führt eine leicht nach links ausgerichtete Treppe empor auf eine erste Terrasse. Auf deren Balustrade stehen, nahe des linken Bildrandes, zwei monumentale Gefäße antiker bzw. antikisierter Form.

Über der ersten Terrasse erheben sich weitere Ebenen, die in unregelmäßig stufenförmiger Anordnung die Basis der Tempelstadt bilden. Zuunterst, nahe am bzw. über dem Meer, thront ein durch enge Säulenstellung auffallender Rundtempel. Dahinter ragt ein pfeilerförmiges, einem Obelisken ähnliches Monument empor. Auf halber Höhe dieses Monumentes, linksseitig, befindet sich ein auf einem bogenförmigen Unterbau stehendes, von einem Giebel bekröntes Tor. Schräg links darüber zeichnet sich ein Säulenportikus bzw. die Längsseite eines Tempels ab. Rechts davon, auf

einer aus weißem Gestein gemauerten, auffallend hohen Substruktion erscheint ein
Tempelkomplex. Ein schlichtes Langhaus mit zentralem, von fünf Säulen getragenem
Giebel, steht seinerseits auf einem runden, von Säulen umstandenen Unterbau.
Zugänglich wird dieser Bezirk durch einen von monumentalen Pfeilern getragenen
Viadukt, zwischen denen zwei oben bogenförmig abschließende Joche erkennbar
sind. Nach links hin, allerdings weitgehend im Dunst (bzw. durch darüber gemalte
Lasuren unkenntlich), zeichnen sich weitere Säulenreihen ab. Ganz oben schließlich,
unterhalb der linken oberen Ecke des Bildes, wird das höchste Plateau des Berges
von einem mächtigen Tempel bekrönt, einem Bauwerk mit auffallend weit gestellten
Säulen und relativ spitz zulaufendem Giebel. Zum Meer hin, auf relativ dazu wieder
etwas niedrigerem Bodenniveau, schließen ein weiteres Pfeiler-Monument sowie
mehrere räumlich versetzte Säulen-Formationen an. Über der Stadt liegen, wie bereits erwähnt, Dunstschwaden bzw. Wolkenformationen, die in ihrer Transparenz
und in der aus Mischungen der vom Mond und von der am Horizont liegenden
Sonne ausgehenden, unterschiedlichen Lichtqualitäten resultierenden Farbigkeit
changieren. Auch dadurch bleibt die genaue architektonische Gliederung der wie
eine Kulisse wirkenden Tempelstadt unklar. Rechts des von der Akropolis eingenommenen Berges, mit diesem durch einen gemauerten Bogen verbunden, schließt sich
eine im Meer liegende Felsenformation an, bestehend aus einem spitz aufragenden
Monolith und einem sich daran angliedernden höckerförmigen Felsen.

Eine Abfolge von Bergen und Felsen dominiert auch das Ufer am rechten Bildrand. Ganz vorne steht ein zuckerhutförmiger, von der Brandung umtoster mächtiger Monolith. Hinter diesem, ein Stück weit entfernt respektive deutlich niedriger, ragen spitz zulaufende Formationen, darunter ein torförmiges Gebilde, und
einzeln im Meer stehende Gesteinsblöcke aus den Fluten empor. Ganz hinten, am
Horizont, ist – rechtsseitig – schemenhaft ein hügeliges Ufer erkennbar.

Im Vordergrund der Komposition zieht die als Rückenhalbakt gezeigte Frau –
wobei im Kontext der Geschichte nur Hero gemeint sein kann (s. u.) – mit erhobenen, auf das Meer hinaus weisenden Armen stehend, die Aufmerksamkeit auf sich. In
hellem Rosa gehalten, setzt sich diese Figur schon farblich deutlich von dem hinter
ihr liegenden Meer ab. In beiden Händen hält Hero rötlich leuchtende, brennende
Gebilde, von denen Rauch aufsteigt. Der Gegenstand in der Linken meint offenbar
eine Fackel. In der Rechten hält sie eine – vermutlich an kurzen Ketten hängende
– Öllampe. Mit ihrem scharf angewinkelten rechten Bein scheint Hero auf einem
Steinquader bzw. einem von einem roten Tuch bedeckten Teil der Balustrade zu
knien. Ihr linkes Bein ist gestreckt, als stünde sie auf den Zehen. Links wird sie von
einer schräg hinter ihr stehenden Frau – wohl einer Dienerin – gestützt. Das zur
Hüfte und über den rechten Oberschenkel zu Boden gefallene Gewand der Hero
ist in Rottönen ausgeführt. Zuoberst, auf dem blassen Rosa des Schenkels, kommen
grell-rosa gefärbte Gewandpartien zu liegen bzw. bauschen sich auf. Das zu Boden

gesunkene Tuch ist braunrot. Die Dienerin, mit frontal gezeigtem Gesicht und glat-
ten blonden Haaren, trägt ein hellblaues, seitlich auch rosa aufleuchtendes Gewand.

Rechts neben den beiden Frauen, deutlich kleiner und schon deshalb auch ein
gutes Stück dahinter zu denken, steht vor einer in das Meer hinausgebauten Mole,
unmittelbar an der Brandungszone, ein sich mit gesenkten Köpfen innig zugetanes
Paar: Hero und Leander. Die zum Land hin leicht erhöht stehende Figur wird in
Seitenansicht gezeigt. Sie ist in Schrittstellung begriffen, ein Bein ist angewinkelt.
Die andere, dem Meer nähere Figur, wohl Hero, hat sich an die Brust des Geliebten
gelehnt. Auf dem Rücken von Leander liegt ein weißer Schatten, vielleicht die Hand
Heros, oder aber die Andeutung eines – ansonsten nicht definierten – Gewandes.
Obwohl hier die Protagonisten der Szene dargestellt sind, bleiben deren Gestal-
ten, verglichen insbesondere mit der Rückenfigur und der begleitenden Dienerin,
auffallend transparent bzw. schemenhaft; die dunkle Mole scheint durch Hero und
Leander hindurch (s. u.).

Auf dem Strand, rechts von der prominenten Rückenfigur, liegen und stehen –
abgesehen von einer großen Muschel – mehrere Gefäße aus Edelmetall. Von rechts
nach links (und gleichermaßen von vorne nach hinten) sind eine offenbar mit einem
Bild bzw. Relief verzierte Giebelstele, daneben ein henkelloser Kelchkrater, ein
schräg liegender, bauchiger Krug, ein weiterer Krug, eine runde Opferschale (mit
im Schaleninneren sich aufwölbendem Omphalos[4]) sowie ein dritter Krug und eine
prächtige Amphora mit geriffelter Wandung dargestellt. Die letztgenannten Objekte liegen auf nicht näher differenziertem karmesinrotem Untergrund, wobei an
eine Decke, aber auch an Blut zu denken ist. Daneben, unmittelbar zu Füßen Heros,
liegt ein bucharitger Gegenstand, auf dem wiederum ein kleines Gefäß, eine Dose
mit Deckel steht. Zusammengenommen handelt es somit vorzugsweise um Gefäß-
typen, die – wie auch die Stele – auf einen kultischen Kontext, möglicherweise auf
ein vollzogenes Opfer, verweisen.

In den Brandungswellen, die den großen Felsen rechts vorne umspülen, lassen sich
in dunklem Rosa ausgeführte, an menschliche Formen erinnernde Schemen, einzelne Köpfe und Oberkörper, von dort offenbar im Wasser schwimmenden bzw. auftauchenden Figuren erkennen. Innenzeichnung bzw. die Angabe von Details fehlen hier.

Das Bild wird insgesamt durch dunkles Türkisblau und Braun dominiert. Der
Himmel ist von sich nach rechts hin auflockernden Wolken bzw. Dunst überzogen.
Die weite Szene wird dabei gleichzeitig vom Licht des abnehmenden Mondes und

---

4. Zur Omphalosschale / Phiale, dem häufig im kultischen Kontext, beim Trankopfer eingesetzten Gefäß, vgl. Heinz Luschey, *Die Phiale*, Bleicherode: Nieft, 1939, 36 ff. Insgesamt mutet
das Opfergerät-Silberschatz-Stilleben auf dem Gemälde wie ein antiker Schatzfund an, wobei
Turner durchaus von entsprechenden Funden inspiriert worden sein dürfte, ohne jedoch –
was auch bei der geringen Größe der Darstellung unwahrscheinlich wäre – konkrete antike
Werke wiederzugeben.

von der links am Horizont rotaufleuchtenden Sonne beschienen. Der sichelförmige
Mond wirft sein weißliches Licht auf die sich kräuselnden Wellen eines vom Horizont
bis zum Ufer leicht bewegten Meeres. Ausgehend von der zwischen der Akropolis-
Formation und dem vorgelagerten Felsen knapp über dem Horizont erscheinenden
Sonne, spannt sich ein flacher Bogen kräftig-kaminroten Lichtes. Dieses Licht bricht
sich auf dem Wasser und fällt, angedeutet durch rosafarbene Akzente in dem über
der Stadt liegenden Dunst, auch auf Teile der Tempelanlage. Helles, weißes Licht
scheint dann wiederum auf die heftig aufgepeitschte Brandung am Fuße des Felsmas-
sives vorne rechts. Aus alledem resultiert eine komplexe, magisch-surreal wirkende,
gleichwohl im Wesentlichen nachvollziehbare, in sich stimmige Lichtregie.

Als Einstieg in die Erschließung des Bildes bot sich eine vergleichsweise detaillierte Bildbeschreibung an. Wir haben uns, wie bei akademischen Bildbeschrei-
bungen üblich, vom Großen-Ganzen zu Details vorgearbeitet. Bestimmte Details,
etwa die Rückenfigur der Frau, erwiesen sich jedoch als so bildmächtig, dass sie in
der spontanen Wahrnehmung vermutlich eher präsent sind als diverse großflächige,
zuvor beschriebene Bildelemente (Felsen, Tempel etc.). Zudem: benennt man das,
was der Maler hat darstellen wollen (etwa den Dunst über der Stadt), oder die Art
und Weise, wie er dieses technisch umgesetzt hat (über die zuvor gemalten Tempel
gezogene Lasuren)? Eine gleichermaßen formal-systematischen Kriterien und der
– individuell zudem unterschiedlichen – Wahrnehmung gerecht werdende deskriptive Vorgehensweise ist letztlich unmöglich.[5]

Wenn wir das Bild, in einem zweiten Schritt, primär als Gemälde sehen, rücken
maltechnische Aspekte in den Vordergrund. Schon bei spontaner Betrachtung fällt
auf, dass das Bild in mehreren Schritten gemalt, verändert, übermalt und schließlich
mit den als Dunst-Schwaden imponierenden Lasuren versehen wurde. Zunächst
wurden die großen Flächen, das türkisblaue Meer, der Himmel, der braune Felsen
und der Strand angelegt. Diese wurden dann mehrfach mit immer helleren Farben
übergangen, zuletzt mit einem kräftigen, teils grieselig-ausfallenden Bleiweiß, aus
dem die Architektur, die Wellenkronen und einige aufgesetzte Glanzlichter bestehen.[6] Dabei fällt die hohe Präzision auf, mit der u. a. die Architektur gemalt ist.
Treppen, Balustraden und Säulen liegen haarfeine, wie mit dem Lineal gezogene
gerade Striche zugrunde. Entsprechend fein und dabei, etwa was die Wiedergabe
der runden Körper der Krüge anbelangt, souverän sind die Gefäße und Utensilien,
einschließlich einer Muschel rechts unten, mit wenigen Strichen, Schattierungen

---

5. Vgl. Gottfried Boehm & Helmut Pfotenhauer (Hg.), *Beschreibungskunst – Kunstbeschreibung.
    Ekphrasis von der Antike bis zur Gegenwart*, München: Wilhelm Fink, 1995.
6. Zu Turners Maltechnik s. Joyce H. Townsed, Turner's Painting Materials: A Preliminary Dis-
    cussion, in: *Turner Studies* 9 (1989), Nr. 1, 23–33; ders., The Changing Appearance of Tur-
    ner's Painting, in: *Turner Studies* 10 (1990), Nr. 2, 12–24.

und Glanzlichtern charakterisiert. Demgegenüber bleibt der Körper der Rückenfigur in den Konturen merkwürdig weich und ohne dass darunter ein menschliches Skelett zu erahnen wäre. Ihre Arme, wobei die Oberarme zu kurz und in ihrem Ansatz an der Schulter undefiniert sind, schwingen annähernd bogenförmig aus. Dass das Hero-und-Leander-Paar am Ufer, verglichen mit dieser Figur, schemenhaft-transparent wirkt (vgl. Abb. 1a, nach Seite 128), resultiert offenkundig auch daraus, dass es erst nachträglich über die bereits fertige Mole gemalt wurde.

Bei aller Virtuosität der kompliziert verschachtelten Architektur fällt eine perspektivische Unstimmigkeit an prominenter Stelle besonders auf: die beiden Flächen im linken unteren Bildbereich sind von weißen Balken / Steinplatten gerahmt und dabei perspektivisch anders konzipiert als die sie umgebenden Platten bzw. die sie einfassenden architektonischen Elemente der Uferbefestigung. Hieraus resultiert eine regelrechte, so wohl kaum beabsichtigte, optische Täuschung. Hierbei bleibt unklar, ob die beiden – im Kontext der Perspektivkonstruktion rechtwinklig gedachten – Flächen auf gleicher räumlicher Ebene liegen und dabei leicht schräg gegeneinander versetzt sind oder ob zwischen ihnen eine Bodenabsenkung anzunehmen ist. Die das hintere Feld auf der linken Seite begrenzenden weißen Balken verlaufen nicht parallel, sondern nähern sich im spitzen Winkel einander an – auf reale Architektur bezogen wären solche Asymmetrien unvorstellbar. Offenbar hat der Künstler hier während des Malvorgangs seine Konzeption geändert. Ehemals mag die aus dem Nebeneinander verschiedener Stadien der Planung resultierende irritierende Wirkung durch Übermalungen bzw. Lasuren, die sich noch in Resten nachweisen lassen, ansonsten aber bei einer früheren Restaurierung weggeputzt worden sind, abgemildert bis verdeckt gewesen sein.

Bei alledem stellt sich die Frage, ob das vorliegende Gemälde als fertiges Bild oder aber als vorbereitende Studie anzusehen ist. Während die Tempelanlagen, die Rückenfigur mit Dienerin und die auf dem Strand verstreut liegenden Opfergeräte mit feinem Pinsel differenziert ausformuliert sind, bleiben insbesondere die um den Felsen der rechten Bildhälfte zwischen den Wellen auftauchenden Wesen schematisch angelegte Farbflecken. Die in mehreren Schichten aufgetragenen Lasuren sprechen demgegenüber eher für ein vom Maler weitgehend vollendetes Bild.

3. Restaurierungsbericht und technische Untersuchungen

Im aktuellen Erscheinungsbild des Gemäldes spiegelt sich, neben dem vom Maler intendierten Zustand, seine Entstehungsgeschichte und sein späteres Schicksal. Beim Erwerb auf der Auktion war das Gemälde stark verschmutzt, der Firnis und die Farben trocken. Es war mit einem um die Mitte des 20. Jahrhunderts entstandenen grauen Rahmen versehen und doubliert. Die originale Leinwand war dabei bis zum Bildrand beschnitten respektive die ehemalige Nagelkante vollständig entfernt worden. Die zur Alt-Doublierung verwendete Leinwand war nun ihrerseits brüchig, sodass aktuell, nach einer ersten Reinigung und Regenerierung, eine neue Doublierung vorgenommen werden musste. Nach Abnahme aller alten Retuschen und Übermalungen, wobei darauf geachtet wurde, die originalen Lasuren unversehrt zu lassen, wurden zahlreiche kleinere Abplatzungen sowie an zwei Stellen gravierendere ältere Beschädigungen sichtbar. Ein längerer, schräger Kratzer zieht sich durch den Himmel im rechten Teil des Bildes. Auf der linken Seite, im Bereich der unteren Tempelstadt, zum Meer hin, hatte das Bild offenbar einen Brandschaden erlitten (beispielsweise durch eine dort zu nahe herangeführte Kerze). Die Farbe war dort in mehreren größeren Blasen abgeplatzt und die unmittelbar angrenzenden Partien schwarz verfärbt. Alle Fehlstellen wurden so zurückhaltend wie möglich retuschiert, wobei bewusst ein die Erhaltungsmängel auch mit bloßem Auge erkennbar lassender Zustand angestrebt wurde. Schließlich wurde das Bild neu gefirnisst.

Das Gemälde wurde 2008 in den Werkstätten der Staatsgalerie Stuttgart und in der Staatlichen Akademie der bildenden Künste Stuttgart technisch untersucht. Beim Röntgen ergaben sich keine Anhaltspunkte für eine Zweitverwendung der Leinwand, weitergehende Untermalungen oder – für Kopien vielfach übliche – Unterzeichnungen. Ein ähnlicher Befund zeigte sich bei der Infrarotreflektographie. Nur an einigen Stellen, insbesondere im Bereich der Architektur, hatte der Maler wenige prägnante ›Konstruktionslinien‹ in die grundierte Leinwand gezogen, etwa ein – relativ zur definitiven Ausführung etwas zu groß geratenes – Dreieck, um das Giebelfeld des den Tempelberg bekrönenden Bauwerkes zu positionieren (Abb. 1b), und drei parallele Linien, die Basis, Kapitel- und Gesimshöhe des hinter dem Pfeilermonument stehenden Tempels festlegen (Abb. 1c). Die Figuren, insbesondere auch das an der Mole stehende Paar, wurden somit ohne entsprechende Markierungen oder Vorzeichnungen anderer Art gemalt.[7] Auch wenn u. a. Erhaltungsmängel die Aussagekraft technischer Untersuchungen limitieren, wird angesichts der technischen Befunde evident, dass der Maler des Bildes keineswegs akribisch von einer Vorlage aus-

7. Die Leinwand wurde, wie dargelegt, bei der alten Doublierung beschnitten, eine exakte Bestimmung der ursprünglichen Größe ist nicht möglich. Aus der Komposition selbst ergibt sich, dass diese nur wenig von den aktuellen Maßen abgewichen haben kann. In der Leinwand finden sich keine Hinweise auf frontale Nagelung, was entweder mit der bei der Alt-Restaurierung vollzogenen Beschneidung oder aber mit einem, von Anfang an regulär aufgezogenen Zustand erklärbar wäre. Rückseitig finden sich auf der oberen Seite des Keilrahmens mit schwarzer Farbe rechts: GSC BR (?) und dann 19 (?), links kaum lesbar, eine Kombination aus Zahlen und Buchstaben: 19 III (?).; auf der rechten oberen Ecke klebt zudem eine vorgedruckte runde Marke mit handschriftlich eingetragener Inventarnummer (55), was auf die Provenienz des Bildes aus einer derzeit nicht identifizierten, offenkundig umfangreicheren, um 1900 inventarisierten Kunst-Sammlung verweist (Abb. 1d).

ging und sich der Komposition eben nicht in Form einer detaillierten Vorzeichnung näherte – wie es mutmaßlich ein das Londoner Bild paraphrasierender Kopist getan hätte. Zudem entsprechen die wenigen Konstruktionslinien nicht den betreffenden Motiven und deren räumlicher Anordnung des Londoner Bildes (vgl. Anm. 65).

Bereits mit bloßem Auge fallen an mehreren Stellen des Gemäldes Pentimenti auf, etwa unterhalb der zur ersten Terrasse führenden Treppe – hier ist unter der transparent aufgetragenen Farbe eine Gruppe paralleler, vertikaler Linien zu erkennen, die offenbar Teil einer zunächst anders angelegten Architektur sind. Wie bereits bei der Beschreibung des Bildes dargelegt, wurde selbst die Hero-Leander-Gruppe sekundär über die bereits bestehende Mole gemalt. Der heutige transparente Eindruck dieser Figuren geht zum einen auf einen dünnen Farbauftrag zurück; zum anderen war die Farbe der Mole, zum Zeitpunkt, als die Figuren gemalt wurden, wohl bereits getrocknet, sodass sich die Farbschichten nicht verbanden. Dies wiederum hat die Gefahr des Abriebes eben dieser Figuren bei späteren Reinigungen erhöht.

Das Gemälde hatte offenkundig eine wechselvolle Geschichte und zumindest eine eingreifende Restaurierung, einschließlich Doublierung, hinter sich. Um 1900 muss es Teil einer größeren Kunstsammlung gewesen sein, worauf die rückseitig auf den Keilrahmen aufgeklebte Inventarnummer 55 verweist (Abb. 1d, s. Anm. 7). Nach dem partiellen Brandschaden war das Bild dann offenbar nur mit geringer Sorgfalt behandelt und großflächig übermalt worden. Der beim Verkauf vorhandene Rahmen war wohl nur zu diesem Zweck angepasst worden. Über Jahre bis Jahrzehnte hinweg dürfte das Bild eher abgestellt denn aufgehängt gewesen sein.

4. »Hero und Leander«: die 1837 ausgestellte Fassung und das ›neue‹ Bild im Vergleich

Das Thema des zur Diskussion stehenden Bildes klärt sich, wie bereits erwähnt, angesichts eines erheblich größeren (146 x 236 cm) Gemäldes »The Parting of Hero and Leander«, das Turner 1837 in der Royal Academy, begleitet von einem programmatischen Gedicht und dem Hinweis »from the Greek of Musaeus« ausstellte.[8] Es geht also um die unter anderem vom spätantiken Dichter Musaios überlieferte Geschichte von der in Sestos am Hellespont lebenden Aphrodite-Priesterin Hero. Auf einem Fest lernt sie den aus Abydos, von der anderen Seite der Meerenge, angereisten Leander kennen. Beide verlieben sich unsterblich ineinander. Aufgrund

---

8. Zu Hero und Leander, Londoner Fassung, NG LOI I44, ausgestellt in der Tate Gallery Saal 104, vgl. *Turner Bequest*, 59, s. Butlin & Joll, *Paintings*, 200 f., Nr. 370, Pl. 348; Finberg, *Life of Turner*, 367, 501, Nr. 474, Pl. 19; Lindsay, *Turner*, 183; Gage, *Turner*, 61, 171; Reynold, *Turner*, 170–173, Abb. 152; Gaunt, *Turner*, Pl. 39; Hamilton, *Turner*, 274 f.

von Heros Gelübde als Priesterin (und je nach Überlieferung auch anderer Gründe) ist eine offizielle Verbindung zwischen ihnen jedoch ausgeschlossen. Leander durchschwimmt daraufhin nachts, geleitet vom Schein der von Hero entzündeten Lampe, den Hellespont. Nach gemeinsam verbrachter Nacht muss er seine heimliche Braut verlassen und in seine Heimat zurückschwimmen. Eines Nachts zündet Hero, von Sehnsucht nach dem Geliebten verzehrt, trotz eines drohenden Sturms die Lampe an. Diese erlischt, Leander ertrinkt. Am Morgen, als Hero die ans Ufer geschwemmte Leiche ihres Geliebten sieht, stürzt sie sich von ihrem Turm herab, um mit dem Geliebten im Tod vereint zu sein.

Bei direkter Gegenüberstellung der beiden Gemälde, im Folgenden als Londoner bzw. große und kleine Version bezeichnet, fällt zunächst der erhebliche Größenunterschied auf. Während die kleine Fassung einem mittleren Ölskizzenformat Turners entspricht (ca. 58 x 80 cm), ist das Bild in London ein repräsentatives, für die Ausstellung in der Royal Academy geschaffenes Werk. Aber auch die Proportionen sind anders. Die Londoner Version ist etwa 2,5 mal so hoch aber 3 mal so breit wie das kleine Bild, also deutlich breitformatiger angelegt, und fokussiert zudem auf einen engeren Bildausschnitt. Die Rückenfigur ist hier dem unteren Bildrand deutlich näher, der über dem obersten Tempel gezeigte Ausschnitt des Himmels knapper. Besonders augenfällig sind auch die veränderten Proportionen am rechten Bildrand. Der hier von hohen Wellen umspülte, zuckerhutförmige Felsen wirkt auf der Londoner Version noch mächtiger, räumlich näher und wird zudem durch eine zusätzliche Mauer bzw. Mole gegen das Meer abgesetzt. Auch die das Felsentor bildende Formation ist auf der Londoner Version dem Betrachter näher und imponiert als deutlich größer. Aus diesen Modifikationen resultiert eine an drei Seiten vom Meer abgegrenzte Bucht, die sich auf der kleinen Version so nicht findet. Zudem zeigt die Londoner Fassung, auf einem weiter hinten liegenden, spitz zulaufenden Felsen, einen runden Turm.

Auch im Bereich der Uferpromenade und des Strandes unterscheiden sich die beiden Bilder deutlich, wobei der Strand mitsamt den Opfergerätschaften auf der Londoner Version komplett fehlt. Stattdessen erscheint hier eine zusätzliche, reliefverzierte Mole (s. u.) und, neben der Rückenfigur, eine weitere Frauenfigur, die einen Krug auszuleeren scheint. Unmittelbar davor taucht ein mächtiger, an einen Wels gemahnender Fisch aus dem Boden auf (oder ist eine Wasserspeier-Figur gemeint?). Die Promenadenanlage der Londoner Fassung ist relativ zu der des kleineren Bildes noch prächtiger und zudem perspektivisch stimmiger. Das von weißen und dunklen Balken eingefasste vordere Fußboden-Feld ist hier kleiner und wird links von drei (anstatt zwei) weißen Balken bzw. (Steinplatten)-Reihen eingefasst. Hell beleuchtet, zeigt die Fläche nun eine Art Gemälde, mit Architektur und Wasser. Ein weiteres »Fußbodenbild« ist in Höhe der Terrasse, vor dem Springbrunnen, erkennbar (s. u.). Schräg dahinter liegen ein Bogen und ein Köcher, die Waffen Amors, auf dem Fußboden.

Anstelle der auf der kleineren Version an die vordere Bodenfläche anschließende zweite Fläche, findet sich auf der Londoner Fassung eine nach unten, zu einem tiefer gelegenen Teil der Promenade führende Treppe. Die gesamte Konstruktion der Promenade, einschließlich aller zur Tempelstadt führenden Treppen, ist auf der Londoner Version zentralperspektivisch ausgerichtet. Die bereits dadurch gesteigerte monumentale Wirkung wird durch die reichere und in den Proportionen wuchtigere architektonische Ausstattung mit Balustraden, Geländern und Pfeilern weiter gesteigert. Den Springbrunnen im mittleren Teil der Promenade umgeben hier entsprechend noch ein ovales Becken und Figurenschmuck. Die die Promenade zum Meer hin abgrenzenden Installationen sind zwar auf beiden Bildern motivisch ähnlich, auf der Londoner Version aber deutlich gewichtiger ausgeführt. Zunächst führt ein Balustraden-ähnliches Geländer parallel zur Treppe hinab zum tiefer gelegten Teil der Anlage. Oben ist die Balustrade mit einer Statuengruppe bzw. einem Hochrelief verziert, das ein sich innig umarmendes, nur spärlich bekleidetes Paar zeigt. Die Frau wird als Rückenakt gezeigt und vom Mann, die Linke über den Rücken, die Rechte über den Oberschenkel, an sich gedrückt. Unter dieser Skulptur entspringt eine Quelle, deren Wasser seitlich der Treppe herabfließt. Unten, anschließend an einen Pfeiler, setzt sich die nämliche Balustrade dann in Form einer niedrigen Mauer fort und endet an der ersten von zwei monumentalen Giebelstelen. Aber während die Treppe rechts neben diesem Mauerstück weiter in die Tiefe zu führen scheint, bleibt die Höhe der Mauer gleich, ohne dass deren oberer Abschluss als schräg gekennzeichnet wäre. Dieses gewissermaßen als Nebenwirkung der durch die nach unten führende Treppe entstandene perspektivische Problem kaschierte der Maler mit einem architektonisch unplausiblen weißen Dreieck. Zwischen den beiden monumentalen Pfeilern, die im oberen Register einen umlaufenden Fries mit Figurenschmuck tragen, befindet sich ein zum Meer bzw. zur Mole hinführender Durchgang (die kleinere Version zeigt an dieser Stelle eine Mauer).

Auch die Stadt- und Tempelanlagen der beiden Gemälde sind zwar in ihren architektonischen Grundkonzeptionen sehr ähnlich, unterscheiden sich aber in signifikanten Details. Die Londoner Version imponiert diesbezüglich durch eine weniger kleinteilige, vor allem aber hinsichtlich der archäologischen Bezüge konkretere Ausführung. So hat der Tempel auf dem obersten Plateau nun dezidiert die Gestalt des Athener Parthenons, einschließlich der links davon erkennbaren Propyläen. Das rechts neben dem Tempel stehende Pfeilermonument wiederum lässt sich auf das Agrippa-Monument der Akropolis zurückführen.[9] Der auf der kleineren Ver-

---

9. Dass die Tempel der Londoner Fassung von Hero und Leander nach Stuart und Revett, *Antiquities of Athen*s, gemalt sein könnten, wurde bereits anderweitig vermutet (vgl. *The Age of Neo-Classicism*, Ausstellung The Royal Academy and the Victoria and Albert Museum, London: Arts Council of Great Britain, 1972, Nr. 254). Zu antiken griechischen Monumenten im

sion als Säulenreihe gestaltete Unterbau des über den Viadukt erreichbaren Plateaus erinnert auf der Londoner Fassung an die Engelsburg, das Grab des Kaisers Hadrian in Rom. Entsprechend erscheint hier der Unterbau als schlichter Rundbau mit von halbrunden Stützbögen gegliedertem auskragendem oberem Abschluss. Der darauf stehende Querbau mit mittiger Vorhalle ist hingegen auf beiden Bildern identisch. Das Tor- bzw. Bogen-Monument ist auf der Londoner Version klar als Tor des Hadrian in Athen erkennbar.[10] Das daneben stehende hohe Pfeilermonument hingegen, das auf der kleinen Version dem Agrippa-Monument ähnlich ist, wurde auf der Londoner Version als niedrigerer, breiterer, von einem pilasterverzierten Raum bekrönter Turm gestaltet. Auch die Rundtempel beider Bilder unterscheiden sich. Während das kleinere Bild hier eine Vielzahl eng stehender Säulen andeutet, zeigt die Londoner Version einen breiteren, mit weniger Säulen auskommenden Bau. Darüber hinaus finden sich auf der Londoner Version, der relativen Größe dieses Bildes entsprechend, zahlreiche Details, die auf dem kleineren Gemälde fehlen, unter anderem Zierelemente am Treppengeländer, Reliefschmuck an der Balustrade der ersten Terrasse sowie ebendort schemenhaft angedeutete Personen...

Wenden wir uns den zentralen Figuren und damit einem für die unterschiedliche Gesamtaussage der Bilder entscheidenden Detail zu. Die Rückenfigur der kleineren Fassung ist eine Frau, deren Gewand auf Schoß und Schenkel herabgerutscht ist. Die parallele Figur der Londoner Fassung meint hingegen offenbar einen halbwüchsigen Amor, der durch zwei kleine, auf den Schulterblättern ansetzende Flügelchen – und die hinter ihm auf dem Boden liegenden Attribute Pfeil und Bogen – als solcher charakterisiert, mit einem kurzen, transparenten um die Hüfte gebundenen Schurz bekleidet ist. Auch Körperhaltung und Proportionen unterscheiden sich in – auf den ersten Blick – dezenten, gleichwohl markanten Aspekten. Während Hero auf der kleineren Version schlank ist und ihre Arme eher ornamental in Richtung Meer geschwungen sind, streckt ihr stämmiger wirkendes Armor-Pendant nun die Lichter annähernd gerade nach oben. Ein die Sehnsucht nach dem nahenden Geliebten verdeutlichendes Entgegenstrecken steht einem heftigen, ungerichteten Gestikulieren gegenüber.

Diese Unterschiede korrespondieren mit den Standmotiven der Figuren. Hero steht aufrecht und vergleichsweise sicher auf dem gestreckten linken Bein, ihr rechtes Knie ruht auf der Balustrade. Die Dienerin hält sie davon ab, weiter nach vorne, zum Ufer hin, zu laufen; als »Stütze« wäre sie nicht erforderlich. Der puber-

---

Werk Turners vgl. Gage, *Turner*, 24 f., 206 ff. – u. a. »The Temple of Jupiter Panellenius in the Island of Aegina, Restored«, um 1810, »The Duke of Northumberland«, Butlin & Joll, *Paintings*, Nr. 134, nach einer Zeichnung von Henry Gally Knight; Shanes, *Human Landscapes*, 213 ff.; John Gage, Turner and the Greek Spirit, in: *Turner Studies* 1 (1980), Nr. 2, 14–25.

10. Auch das Hadrians-Tor in Athen dürfte nach einer Zeichnung oder einem Stich, vermutlich nach Stuart und Revett, *Antiquities of Athens*, wiedergegeben worden sein, vgl. Anm. 9.

täre Amor der Londoner Fassung lehnt demgegenüber mit leicht angewinkeltem linkem und stärker angewinkeltem rechtem Bein an bzw. auf einer mit Tüchern und Decken versehenen steinernen Bank, die hinter einer mit schwungvoller Volute auslaufenden Uferbefestigung angebracht ist. Diese Bank ist deutlich niedriger als die Balustrade, auf der Heros rechtes Knie ruht. Insgesamt gerät Amor damit in eine durch halbes Stehen und nicht wirkliches Knien statisch erheblich instabilere, nur mit Hilfe der zu seiner Linken befindlichen Figur ausbalancierte Lage.[11]

Anstelle der Dienerin der kleineren Fassung findet sich hier ein lockenköpfiges, knabenhaftes Wesen, das mit angewinkelter Rechten aus dem Bild hinausschaut. Gemeint ist, was sich allerdings so nur aus dem begleitenden Gedicht ergibt (s. u.), die Personifikation der Hochzeit bzw. ein kindlicher Hochzeitsgott: Hymen. Durch Amor teils verdeckt, ist diese Figur in ihrer Körperhaltung und Kleidung nur bedingt rekonstruierbar; Rumpf und ein nacktes rechtes Bein werden annähernd frontal gezeigt. Dabei scheint sich Hymen seinerseits an eine hinter ihm befindliche, in ein rotbraunes Gewand gekleidete, nach vorne gebeugte Figur unbekannter Identität zu lehnen, deren Arme und Kopf wiederum von Amor und Hymen verdeckt werden. Insgesamt ist die Figurengruppe des Londoner Bildes somit komplizierter und hinsichtlich Komposition und Statik erheblich weniger plausibel als ihr Pendant. Insbesondere Hymen und die dahinter befindliche, schemenhafte Figur wirken dabei improvisiert und sind bezüglich der konkreten Konstellation undefiniert. Möglicherweise könnte eine technische Untersuchung durch Nachweis von Vorzeichnung bzw. Untermalungen den zu diesem merkwürdigen Ergebnis führenden Prozess aufklären.

Ähnlich der kleinern Fassung zeigt auch die Londoner Version am unteren Ende der Mole das zum Abschied bereite, in zärtlicher Umarmung verharrende Hero-und-Leander-Paar. Die Haltung der Figuren unterscheidet sich jedoch deutlich. Die bekleidete Hero steht auf der Londoner Fassung hinter dem bereits bis Kniehöhe

---

11. Mit entblößtem Oberkörper wird die Aphrodite-Priesterin Hero selber zu einem Abbild ihrer Göttin, vgl. Gage, *Turner*, 31 ff. zu Turners Rezeption antiker Venus-Statuen. Shanes, *Human Landscapes*, 309 ff., Abb. 202, 203, sieht namentlich in der Gruppe mit der Rückenfigur den Einfluss von Johann Heinrich Füssli (1741–1825): »And perhaps nowhere in his many works does Turner's stylisation of human forms come closer to Fuseli than in *The Parting of Hero and Leander* of 1837. Here the waving figures on the terrace and the embarking protagonists beyond them strike a particularly Fusselian note, as does the rhythmic interweaving of figures and architecture« – wobei der Autor die Identität der »waving figures« nicht hinterfragt und die Darstellung ausschließlich unter stilistischen Aspekten diskutiert. Ob dies tatsächlich, im Sinne einer bewussten Übernahme Füsslischer Kompositionen durch Turner, oder einer tradierten, aus barocken Traditionen abgeleiteten Formensprache heraus entstand, ist offen. So erinnert u. a. der Rückenakt der Londoner Fassung, der in den anatomischen Qualitäten klarer erfasst ist, mit seinen stämmigeren Proportionen entfernt an Frauenfiguren des P. P. Rubens, vgl. Nicholson, *Classical Landscapes*, 202 ff.

im Wasser befindlichen Leander und legt ihre Arme um seinen Hals. Diese Figuren wurden, im Gegensatz zur kleineren Version, zwar auch in matten, allerdings in hinreichend kräftigen, deckenden Farben ausgeführt und waren offenbar als integraler Teil der Komposition angelegt.

Dass das größere, in London aufbewahrte Bild als solches vollendet(er) und detaillierter ausgeführt ist, überrascht per se nicht. Dies betrifft vor allem auch die Darstellungen der in bzw. über den Wellen und der Gischt – um den am rechten Bildrand stehenden Felsen – schwebenden, auf der kleineren Version nur mit wenigen Strichen angedeuteten, auf der Londoner Fassung hingegen sorgfältig-luzide gemalte Nereiden. Der direkte Zugang der Meerestöchter zu ihrem Element wird hier allerdings durch einen kulissenhaften Unterbau erschwert.

Ein für die Gesamtwirkung der Bilder bezeichnender Unterschied betrifft die Gestaltung von Himmel und Meer sowie die Lichtregie. Das kleinere Bild wirkt trotz aller dramaturgischen Effekte relativ ruhig. Über der Stadt und dem Meer des Londoner Gemäldes hingegen umkreisen unruhige, sehr hell und schwer wirkende Wolkenformationen den Mond. Von der Sonne ist kaum mehr etwas zu sehen, nur ein Schimmer rötlichen Lichts leuchtet am Horizont auf. Die Quellen und Qualitäten der die Szenerie illuminierenden Lichter bleibt letztlich undefiniert; die Lichtregie wirkt primär als von dramaturgischen Überlegungen und nicht von realen Verhältnissen bestimmt. Ähnliches gilt für die Darstellung des Meeres. Während es, vom Horizont bis zum Ufer, auf dem kleineren Bild von leichten Wellen durchzogen ist, die nur vor dem Nereiden-Felsen aufschäumen, finden sich auf der Londoner Version diverse Meeresformationen. Über dem offenen Meer braust ein Sturm, hohe Wellen brechen… während in der Bucht unten rechts Windstille herrscht und das Wasser passagenweise spiegelglatt ist. Vom Maltechnischen aus betrachtet wird die Wirkung der Londoner Fassung, welche die natürlichen Verhältnisse in erheblich größerem Maße übersteigert, maßgeblich durch eben diesen Reichtum an virtuos dargebotenen Effekten bestimmt.[12]

Zusammenfassend wird deutlich, dass der Maler des Londoner Bildes, verglichen mit dem der kleineren Version, schwerpunktmäßig architektonische Qualitäten und archäologische Bezüge herausarbeitete, sich durch den Identitätswechsel der Rücken- und der diese begleitenden Figur auf ein inhaltlich erheblich komplexeres

---

12. Nicholson, *Classical Landscapes*, 204 f., interpretiert die Dramaturgie der Szene folgendermaßen: »While Turner's indictment against women and their entrapment of love and marriage is more serious, its didacticism is tempered by the phantasmagoric fascination of the scene as a whole. The close values and sombre coloring convey a hint of sorrow, while the unsettling and nervous brushwork in the areas of sky and sea evoke the emotional chaos of love, the streaky dawn literally chiding the night sky and wan moon so that the celestial spheres are in conflict too. Overall, the presentation is as unstable, visually, as the relationships and emotions of those who love«.

Abb. 1:
W. Turner, » Hero
und Leander «
(1. Fassung),
(Öl auf Leinwand
58 x 60 cm),
um 1828
(Aufnahme:
Staatsgalerie
Stuttgart)

Abb. 1a: W. Turner, »Hero und Leander« (1. Fassung),
Detail: die zentralen Personengruppen

Abb. 1 b: Infrarotreflektographie – Ausschnitt aus dem Gemälde Abb. 1:
Konstruktionslinien des Giebelfeldes des den Berg bekrönenden Tempels
(Aufnahme: Prof. Dr. Ch.Krekel, Staatliche Akademie der bildenden Künste Stuttgart)

Abb. 1 c: Infrarotreflektographie – Ausschnitt aus dem Gemälde Abb. 1:
Konstruktionslinien zum Tempel oberhalb des Pfeilermonumentes
(Aufnahme: Prof. Dr. Ch. Krekel, Staatliche Akademie der bildenden Künste Stuttgart)

Abb. 1d: Inventarnummer (um 1900) rückseitig auf dem Keilrahmen

Abb. 1e: Inventarnummer rückseitig auf dem Keilrahmen; Vergrößerung aus Abb. 1d

Abb. 2: W. Turner, »The Parting of Hero and Leander – from the Greek of Musaeus«, (Öl auf Leinwand, 146 x 236 cm), London National Gallery, 1837

Abb. 3: W. Turner, Vorstudie zu »Hero und Leander« aus dem Calais-Pier-Skizzenbuch, Finberg, *Sketches*, LXXXI 57, um 1805

Abb. 4: W. Turner, Skizze zu »Hero und Leander« aus dem »Yorkshire 1«- Skizzenbuch, Finberg, *Sketches*, TB CXLIV 103a, um 1813 – 1816

Abb. 5: W. Turner, Skizze zu »Hero und Leander«, Finberg, *Sketches*, CCCXLIV d 427, um 1830 (die Abbildung ist kontrastverstärkt)

Abb. 6: W. Turner, »Archway with Trees by the Sea« (Öl auf Leinwand, 60 x 87,5 cm), Tate Gallery Inv. 3381, um 1828

Abb. 7: W. Etty, »The Parting of Hero and Leander« (Öl auf Leinwand, 80 x 83,8 cm),
Tate Gallery Inv. Nr. 5614, 1827

Abstraktionsniveau begab und in hohem Maße maltechnische Effekte zur Drama-
tisierung und emotionalen Aufladung nutzte. Damit einher geht ein partieller Verzicht auf kompositionelle und inhaltliche Stimmigkeit, etwa was die unvermittelt
nebeneinander stehenden Meeresformationen anbelangt. Offenbar war der Maler
des Londoner Bildes bestrebt, sein Werk hinsichtlich des intellektuellen und sen-
timental-dramatischen Gehaltes zu optimieren. Ist die kleinere Version nun – wie
vom Experten postuliert – eine Kopie respektive eine von anderer Hand stammen-
de Variante nach dem Londoner Bild?

5. Original und Kopie oder Original und (Vor-)Studie?

Dass keines der beiden Hero-und-Leander-Gemälde, in welcher Abfolge auch immer, als sklavische Kopie des jeweils anderen entstanden sein kann, wird angesichts
der erheblichen Unterschiede evident. Ebenso unübersehbar bleibt die enge Verwandtschaft der beiden Varianten. Soweit bekannt gibt es nur diese beiden Gemälde, die bei vergleichbarem Bildaufbau und vielen parallelen Formulierungen das
Hero-und-Leander-Thema auf die beschriebene, markante Weise darbieten. Dass
zwischen den beiden Bildern eine direkte Beziehung besteht, ist somit sicher. Es
fragt sich eben nur, welcher Art diese Beziehung ist.

Die Interpretation der meisten stilistischen und kompositorischen Unterschiede,
die bei der Gegenüberstellung der beiden Gemälde auffielen, ist schwierig, da sie
zwangsläufig Hypothesen über die künstlerische Entwicklung des bzw. der Künstler
voraussetzen. So ist beispielsweise die Lichtregie des Londoner Bildes eher virtuell-
dramatisch, die des kleineren Bildes relativ dazu zurückhaltender und ›realistischer‹.
Sofern beide Bilder von einem Maler stammen, könnte sich dieser dementsprechend
vom realistischeren zum dramatischeren entwickelt haben, oder aber umgekehrt.
Und wenn die Bilder von zwei verschiedenen Malern geschaffen worden wären,
dann hätte der zweite sein Vorbild entweder dramatischer oder aber eben realitäts-
näher weiterentwickeln bzw. rückstilisieren können. Selbst der Umstand, dass das
kleinere Bild in mehreren Hinsichten skizzenhaft-unfertig wirkt, etwa im Hinblick
auf die nur schemenhaft ausgeführten Nereiden am Felsen rechts, legt zwar nahe,
dieses Bild als vorbereitende Studie zu identifizieren. Da es aber auch Kopien gibt,
auf denen komplexe Formulierungen vereinfacht und schematisiert wiedergegeben
werden, bleiben von solchen Aspekten abgeleitete Schlussfolgerungen vage.

Das in der Kunst- bzw. Gemäldeforschung übliche Procedere zur Klärung der
Frage, ob eine Kopie oder aber ein Original vorliegt, geht von der Überlegung aus,
dass ein Kopist bzw. der ein Bild rezipierende Maler dieses eben nicht neu erfinden
muss. Er hat vielmehr bereits fertige bildnerische Lösungen vorliegen. Entsprechend
zeigen auf diese Weise entstandene, kopierte oder rezipierte Bilder auch keine Penti-

menti und/oder Übermalungen, zumindest nicht in den entsprechend übernommenen Partien. Umgekehrt: wenn sich auf einem Gemälde Hinweise darauf finden, dass der Maler während des Malprozesses den Entwurf verändert hat, also eine erste Fassung verworfen bzw. geändert wurde, dann kann eben dieses Bild nur ein bzw. das Original sein. Von dieser plausiblen Grundannahme[13] und den dargelegten Beobachtungen ausgehend, lässt sich das Verhältnis zwischen den beiden Hero-und-Leander-Fassungen nun unschwer und eindeutig bestimmen. Während das Londoner Bild, wie seinerzeit vom Restaurator der National Gallery festgestellt[14], keine (zumindest keine ohne technische Untersuchungen nachweisbare) Hinweise auf Überarbeitungen, Pentimenti und/oder Übermalungen zeigt, weist die kleinere Fassung mehrere diesbezügliche Auffälligkeiten auf. Besonders aussagekräftig sind folgende Aspekte:

– Im Bereich des Fußbodens der Promenade wurden auf der kleineren Fassung zuerst die weiß umrahmten Innenflächen angelegt. Der vorderen Fläche liegt dabei ein Parallelogramm zugrunde, eine zentralperspektivische Ausrichtung fehlt. Die hintere Fläche hingegen ist perspektivisch auf einen in Höhe der zur ersten Terrasse führenden Treppe liegenden Fluchtpunkt hin konzipiert. Angesichts des

---

13. Generell wird der Nachweis von Pentimenti bzw. Hinweisen auf Konzeptionswechsel während des Malvorganges als Beweis für das Vorliegen eines Original-Gemäldes gewertet, u. a. in folgenden prominenten Fällen: so zeigt das Röntgenbild des Gemäldes der Hamburger Kunsthalle (Inv. 88) »Simeon und Hanna im Tempel«, dass das Bild zunächst als Lobpreisung Simeons konzipiert war, Thomas Ketelsen, 5 ff., in: *Rembrandt, oder nicht?* Ausstellung Hamburg und Bremen 2000, 25 ff., womit das Gemälde trotz Restaurierungen, ungesicherter Provenienz und fraglicher Signatur als echter Rembrandt erwiesen ist. Eine Kopie nach Adam Elsheimer »Die Verspottung der Ceres« im Museo del Prado in Madrid (Inv. 2181), es stammt aus der Sammlung von P. P. Rubens und wurde von König Philipp IV. von Spanien erworben, galt lange als Original. Eine ohne vergleichbare Provenienz in den Besitz von Dr. Alfred und Isabel Bader, Milwaukee, gelangte, stark beschädigte Fassung zeigt verschiedene Pentimenti, die auf Veränderungen u. a. der Stellung der Figuren während der Genese hinweisen. Sie gilt seit 1991 als Original, s. Rüdiger Klessmann (Hg.), *Im Detail die Welt entdecken. Adam Elsheimer 1578–1610.* Ausstellung Frankfurt, Edinburgh und London 2006, 138 ff., Nr. 26 und 27. Bis 1981 schließlich galt eine in Paris befindliche »Die Insel Cythera« als ein frühes Werk von Antoine Watteau (Heuge-Version), bis eine seit dem 18. Jahrhundert in England befindliche Fassung auftauchte und durch einige Pentimenti und technische Details, u. a. die feine schwarze Umrandung der Putti, als Original nachgewiesen werden konnte (seit 1982 in der Städtischen Galerie im Städelschen Kunstinstitut, Frankfurt am Main), s. Margaret Morgan Grasselli & Pierre Rosenberg (Hg.), *Watteau 1684–1721.* Ausstellung Washington, Paris und Berlin 1984–1985, 261–264, Nr. 9 mit Abb. und Lit.

14. Butlin & Joll, *Paintings,* 201: »But the canvas is a fine one, and the picture seems to have been painted rapidly, not heavily reworked (the compiler is indebted to Arthur Lucas, Chief Restorer at the National Gallery, for a report on this picture.)«

uneinheitlichen, wenig befriedigenden Erscheinungsbildes hat der Maler die
Konstruktion der Promenade dann offenbar grundlegend überdacht und eine
stringentere Zentralperspektive mit etwas höherem und nach links, auf die Tempelstadt hin verschobenem Fluchtpunkt eingeführt. Entsprechend wurden dann
die äußeren weißen Steinplatten-Reihen ausgerichtet. Schließlich wird der Maler
das Dilemma mit – mehr oder weniger deckenden, heute weitgehend verlorenen
– Lasuren kaschiert haben. Einem Kopisten, ausgehend von der diesbezüglich
perspektivisch klar strukturierten Londoner Fassung, wären solche perspektivischen Irrwege erspart geblieben.

– Noch eindeutiger ist die Situation hinsichtlich des sich am Ufer umarmenden,
im Abschied begriffenen Hero-und-Leander-Paares. Auf dem Gemälde in London ist diese Gruppe Teil der ursprünglichen Konzeption. Auf dem kleineren
Bild wurde sie hingegen offenkundig erst nachträglich hinzugefügt. Kein Kopist
hätte dies für das Thema insgesamt (schließlich lautet der Titel: »The Parting of
Hero and Leander«) zentrale Bildelement übersehen.

Im Sinne einer bei der Begutachtung von Gemälden üblichen Argumentation ergibt
sich aus diesen Aspekten eindeutig, dass das kleinere Bild nicht nach der Londoner
Version gemalt worden sein kann. Vielmehr war es umgekehrt: die kleinere Version
war unmittelbar (oder mittelbar, über weitere, nicht erhaltene bzw. nicht nachweisbare Versionen) Vorlage bzw. Vorstudie für die 1837 ausgestellte Londoner Fassung.
Dies wiederum legt – im Kontext des Schaffens von W. Turner (s. u.) – nahe, dass
auch die kleine Fassung von ihm stammen muss.

6. »Hero und Leander«: Thema, Varianten und Entwicklung eines tragischen Liebes-
Themas im Werk Turners

Wie lässt sich die bislang unbekannte, kleinere Version des Hero-und-Leander-
Bildes im Werk von Turner verorten? Bislang haben wir die beiden Gemälde for-
mal-deskriptiv betrachtet und deren Verhältnis untereinander, soweit auf diese
Weise möglich, bestimmt. Im Folgenden soll der Schwerpunkt auf inhaltlichen,
historischen und biographischen Aspekten liegen: Was ist überhaupt dargestellt, in
welcher Art und Weise setzte sich Turner mit dem Thema auseinander, in welchem
Kontext verlief diese Entwicklung und wie erklären sich die Unterschiede zwischen
den beiden Fassungen? Da das 1837 in der Royal Academy ausgestellte Gemälde
vergleichsweise gut dokumentiert ist, bietet es sich als Ausgangspunkt zur Annäherung an diese Fragen an.

Im Katalog der Ausstellung der Royal Academy von 1837 ist das Hero-und-
Leander-Bild unter dem Titel »The Parting of Hero and Leander – from the Greek

of Musaeus« verzeichnet. Erläutert wird es ebendort von einem von Turner selber stammenden Gedicht[15]:

> The morning came too soon, with crimsoned blush,
> Chiding the tardy night and Cynthia's warning beam;
> But love yet lingers on the terraced steep.
> Upheld young Hymen's torch and failing lamp,
> The token of departure, never to return.
> Wild dashed the Hellespont its straited surge,
> And on the raised spray appeared Leander's fall.

> Der Morgen kam zu früh, mit purpurfarbenem Schein,
> scheltend die zögernde Nacht und Cynthias warnenden Strahl.
> Aber die Liebe zögerte noch auf dem terrassenförmigen Weg.
> Hochgehalten wurde Hymens Fackel und die verlöschende Lampe,
> das Zeichen des Abschiedes, um niemals wiederzukehren.
> Wild peitschte der Hellespont die Wogen durch die Meerenge,
> und auf der aufschäumenden Gischt stürzte Leander in den Tod.

Das Gedicht erläutert das Londoner Gemälde, wodurch die Figur Amors (»love«) und seines Begleiters (»young Hymen«) als solche identifiziert werden. Insbesondere fällt auf, dass Turner, obwohl er sich dezidiert auf Musaios bezieht, hier einen ganz anderen Ablauf der Geschichte postuliert, als ihn seine literarische Vorlage schildert. Turner zufolge stirbt Leander nicht bei dem Versuch, trotz schlechten Wetters zu Hero zu gelangen, sondern auf dem Rückweg. Aus Sicht eines Malers, dem es darum geht, die Einheit von Abschied und Tod zu kondensieren, mag dies dramaturgisch überzeugend sein; gleichzeitig gehen damit jedoch Motive verloren, die dem üblichen Ablauf immanent und in der Diskussion des Mythos zentral sind. So etwa die Frage, inwieweit Hero, die, getrieben von Sehnsucht und Liebesverlangen, trotz drohenden Unwetters die Lampe entzündete, die Schuld an Leanders Untergang trägt. Wohl auch aus diesem Grund bleibt Turners Umdeutung und das Auftauchen von Amor und Hymen in der Szene einzigartig.[16]

---

15. Gedicht Turners nach Butlin & Joll, *Paintings*, 201; Übersetzung des Autors.

16. Zum vieldiskutierten, von den verschiedenen Autoren unterschiedlich akzentuierten Topos der Schuld Heros am Untergang Leanders, vgl. Nicholson, *Classical Landscapes*, 204 f., wobei bei Ovid (und z. B. Keats in seinem Sonett von 1816 »On a Leander Gem«) das durch das Anzünden der Lampe signalisierte Verlangen Heros Leander gewissermaßen verführt, den letztlich tödlichen Versuch zu wagen. Bei Musaios hingegen trägt Leander, der wider besseres Wissen losschwimmt, eine – gleichwertige? – Mitschuld. In der von Turner modifizierten Variante, bei der Leander auf dem Rückweg umkommt, ist eine Schuld Heros in diesem Sinne

Die Kritiken zu den insgesamt vier von Turner auf der Ausstellung der Royal Academy 1837 gezeigten Bildern waren heterogen. Während ein Venedig-Bild durchweg positiv und ein dramatisches Landschaftsbild sowie das andere mythologische Werk zumindest anerkennend quotiert wurden, erntete »Hero und Leander« durchwegs Verrisse[17]:

Spectator, 6. Mai 1837
> »an architectural composition with sea and storm, and some incomprehensible fantasies«, positiv wurde allerdings »extraordinary for colour and effect« vermerkt.

Athenaeum, 6. Mai 1837
> »full of imagination – but it is imprudent imagination ... and its coarse glaring faults can be only let pass by the exercise of the strong forbearance«. Die Figuren werden als »gross and deformed in their shapes« beschrieben.

Blackwood's Magazine, July–December 1837
> »the dream of a sick genius [...] It is an indistinct dream, blending the ridiculous and the mysterious; yet are there in it the elements of a good picture. Go to a distance, and imagine it to be a sketch in chalk as a design, and you would expect something from it; but what all that white has to do in the picture, it would puzzle any one to find out.«

Turner hat das Gemälde, dessen dezidierter Inhalt offenbar von den Zeitgenossen nicht verstanden wurde, nie verkauft. In seiner Privat-Galerie ausgestellt bzw. deponiert, wurde bereits 1844 eine erste Reinigung und Restaurierung nötig, deren Ergebnis dann Jahre später von Ruskin in *Modern Painters* als zu invasiv kritisiert wurde.[18] Mit Turners Nachlass gelangte das Bild 1859 in die National Gallery (Inv. Nr. 521). Von 1929 bis 1961 in der Tate Gallery, kam es zurück in die National Gallery und ist nun seit 1987 in der Clore-Gallery, der dem Turner-Nachlass gewidmeten Anbau der Tate Gallery, ausgestellt.

---

ausgeschlossen, es sind die Verhältnisse, die ihn zur Rückkehr zwingen und in den Tod treiben, ein Aspekt, den u. a. auch Nicholson unberücksichtigt lässt und dafür den in der Turner-Diskussion häufigen – aber offenbar problematischen – Topos, das Bild bringe letztlich »Turner's indictment against women« zum Ausdruck, wiederholt.

17. Kritiken an der Londoner Fassung von Hero und Leander zitiert nach Butlin & Joll, *Paintings*, 201.

18. Im Rahmen von Ruskins Beschreibung von Turners Maltechnik (»Turner's storm-blues, for instance, were produced by a black ground with opaque blie, mixed with white, struck over it«) findet sich die Fußnote: »Hero and Leander [...] these upper glazes were taken off, and only the black ground left. I remember the picture when its distance was of the most exquisite blue«, zitiert nach Butlin & Joll, *Paintings*, 201.

Verglichen mit anderen Gemälden Turners war und ist die Popularität von »Hero und Leander« beim Publikum wie in der wissenschaftlichen Literatur eher gering. In vielen Turner-Monographien und einschlägigen Abhandlungen zu seinem Werk wird das Bild, wenn überhaupt, nur am Rande erwähnt.[19] Eingehend diskutiert wurde es bislang nur von Kathleen Nicholson, die es im Rahmen ihres Buches über Turners mythologische Landschaften in den Mittelpunkt eines Kapitels stellte. Die Gründe für diese Rezeption sind mehrschichtig. Zum einen wurde die Distanz zu Turners mythologischen Landschaften in zunehmend realistisch-impressionistisch-moderner empfindenden Epochen größer. Vermeintlich voraussetzungslos(er) konsumierbare Bilder, allen voran die Venedig-Veduten, hatten und haben es beim Publikum entsprechend leichter. Zum anderen mag das Hero-und-Leander-Gemälde, trotz der relativ zu anderen mythologischen Bildern Turners allgemein bekannten Geschichte, aufgrund seines vergleichsweise plakativ barock-pathetischen Erscheinungsbildes rätselhaft und anachronistisch wirken.[20]

7. Hero und Leander: Entwicklung eines Themas im Werk von Turner

In dem um 1805 entstandenen Calais-Pier-Skizzenbuch, also in einer bezüglichen der Suche nach Motiven sehr kreativen Zeit Turners, findet sich, als bislang frühestes Dokument seiner Auseinandersetzung mit der Thematik, eine mit »Hero und Leander« bezeichnete Szene. Die in schwarzer und weißer Kreide auf grauem

---

19. »Hero und Leander« wird u. a. im *Katalog Hamburg 1980*; Gage, *Turner*; Wilton, *Turner*; *Katalog Essen/Zürich 2001/2002*; Költzsch, *Turner*, und in den meisten populären »Bilderbüchern« über Turner, etwa Michael Bockenmühl, *J. M. W. Turner. 1775–1851. Die Welt des Lichtes und der Farbe*, Köln: Taschen-Verlag, 1992, mit Nachdrucken u. a. 2007 (unter dem Motto: »Back to visual basics«) weder abgebildet noch erwähnt.

20. Auf der Homepage der Tate Gallery (www.tate.org.uk/britain/turner/lloyd.htm) äußert sich die Journalistin und Wetterbericht-Sprecherin Siàn Lloyd zu dem Bild. Zuerst habe sie die Strahlkraft des Mondes fasziniert, der wie die Sonne dargestellt sei, mit breitem Lichtwurf auf dem Wasser. Turner verwende »artistic weather«. Zudem gefällt ihr die Symmetrie des Bildes, die scharf gezogene Diagonale »So who cares if the weather depiction is realistic or not! There's a sense of gloom and doom, and that's brilliantly conveyed in the strange and uncomfortable skies above.« Offen bleibt, ob sich die Wetter-Spezialistin selbst das Bild als Gegenstand ihres Kommentars aussuchte oder es angesichts dieser Qualität vorgelegt bekam. In der Formulierung »so who cares --- there's a sense of…« kondensiert die Kommentatorin eines der zentralen Probleme in der Geschichte der Turner-Rezeption, wobei er aktuell vorzugsweise als (fast schon oder auch ganz) moderner Farbvirtuose, für den Inhalte nebensächlich waren, apostrophiert wird, vgl. u. a. Gage, *Turner*, 1 ff., zum Thema: Turner und die Moderne. Vgl. dagegen Heinz Ohff, *William Turner. Die Entdeckung des Wetters*. München: Piper Verlag, 1987; Susan Sidlauskas, Creating Immortality. Turner, Soane, and the Great Chain of Being, *Art Journal* 52 (1993), Nr. 2, 59–65.

Papier ausgeführte Skizze zeigt das abschiednehmende Paar vor einer Stadtkulisse am Meeresufer, wobei die Komposition in etwa der linken Seite der späteren Gemälde entspricht (Abb. 3).[21] Auf einer ins Meer führenden Treppe umarmt Hero von hinten den bereits eine Stufe weiter hinabgestiegenen Geliebten. Im Bildhintergrund ist das gegenseitige hügelige Ufer angedeutet, auf der rechten Seite ein flacher Strand. Das nächtliche Meer – auch durch das dunkle Papier vermittelt – ist ruhig. Die Darstellung konzentriert sich auf den Moment des Abschiedes. Hinweise auf das künftige Schicksal des Paares, insbesondere auf den Sturm und Leanders Tod, gibt es nicht.

Es ist das Verdienst von Kathleen Nicholson, auf eine kleine (9,4 x 15,4 cm) Federzeichnung in dem um 1813 – 1816 entstandenen »Yorkshire 1«-Skizzenbuch als Vorstudie zu »Hero und Leander« aufmerksam gemacht zu haben (Abb. 4).[22] Die Studie ist nicht bezeichnet. Bei ihrer – sicher zutreffenden – Identifizierung ging Kathleen Nicholson vom Londoner Bild, konkret der Rückenfigur aus, die sich auf der Zeichnung, mit übereinander geschlagenen Beinen an eine Brüstung gelehnt, am linken unteren Bildrand findet. Hier ist es jedoch sicher kein Amor, sondern eine – flügellose – Frau, also Hero, die nur den rechten Arm, mit dem sie wohl eine Lampe hält, erhoben hat. Dass diese Figur sicher nicht Amor meint, unterstreicht ein hinter Hero auf einem Pfeiler stehender, geflügelter, in typisch-kindlichen Proportionen wiedergegebener Amor-Knabe. Ob dessen reale Erscheinung oder aber eine im Aphrodite-Tempel aufgestellte Statue gemeint ist, kann angesichts der Zeichnung nicht entschieden werden. Offenbar hat sich somit zwischen Turners erster Zeichnung und seiner erneuten Beschäftigung mit dem Thema etwa 10 Jahre später ein Perspektivwechsel vollzogen. Der Fokus liegt jetzt nicht mehr auf dem Abschied des Paares, sondern auf der – letztlich zum fatalen Ende – führenden Liebessehnsucht Heros. Und eben dieses Motiv wird durch die Anwesenheit Amors deutlich gemacht.

Eine weitere, heute sehr blasse, nur durch digitale Kontrastverstärkung hinreichend klar lesbare Skizze findet sich auf der Rückseite eines an den 1825 verstorbenen Walter Fawkes gerichteten Briefentwurfes; die 18,6 x 22,4 cm messende Zeichnung wird »circa 1830 – 41« datiert (Abb. 5).[23] Vor einer linksseitig das Blatt

---

21. Skizze aus dem Calais-Pier-Sketchbook, Finberg, *Sketches*, LXXXI 57 (D04902-D05072) 43,3 x 27,2cm, Reynold, *Turner*, 172, Abb. 151; Nicholson, *Classical Landscapes*, 193ff. Fig. 98.

22. Finberg, *Sketches*, TB CXLIV, »Yorkshire 1«, 103a; Nicholson, *Classical Landscapes*, 193 ff., Fig. 99.

23. Finberg, *Sketches*, CCCXLIV d 427, wobei die stark verblasste Feder- und Tuschzeichnung zwischen der kleinen und der Londoner Gemälde-Version entstanden sein dürfte. Wie im Text beschrieben, werden Einzelaspekte der früheren Fassung variiert: die Körperhaltung von Hero, die noch nicht ein geflügeltes Wesen ist, wird variiert (nur der linke Arm ist erhoben), eine Turner dann offenbar letztlich nicht überzeugende Formulierung. Hinsichtlich der Architektur greift er ausschließlich die unmittelbar auf dem Tempelberg liegende, nun im

einnehmenden Tempelkulisse steht nun eine – weiterhin flügellose – Figur mit erhobener Linker (mit Fackel?) auf einer Art Terrasse über dem Meer, hinter ihr eine oder mehrere kleinere Figuren (Amor?). Unter der Rückenfigur, an der Mole, zeichnet sich schemenhaft das Hero-Leander-Paar ab (?). Auf der rechten Seite der Zeichnung ist ein Felsenmassiv, davor die Schemen von Figuren, ähnlich den Meerwesen der Gemälde-Fassungen, zu erkennen.

In der Literatur und den Verzeichnissen der Tate Gallery werden darüber hinaus, angesichts fehlender konkreter Argumente jedoch wenig überzeugend, vier weitere Turner-Skizzen mit dem Hero-und-Leander-Thema in Zusammenhang gebracht. Praktisch auszuschließen dürfte die Zuordnung der Skizze »Study for an Historical Subject: A Town with Towers and a Bridge, in a Thunder Storm, circa 1799 – 1805 « und eines ähnlichen Blattes sein. In zwei hochformatig angelegten Kreidezeichnungen, die jeweils Meer, Berg und Architekturstaffagen zeigen, ging es Turner wohl primär um die Lichteffekte von Blitzen.[24] Zwei weitere Blätter aus Skizzenbüchern[25] zeigen Architekturkulissen. Auf einer der Zeichnungen ist unter anderem ein eine Treppe herabsteigendes Paar zu erkennen, was die Hero-und-Leander-Assoziation begründet haben mag. Ansonsten dominiert ein – auf den übrigen Hero-und-Leander-Versionen unbekannter – bildfüllender, architektonischer Prospekt aus Säulen, Bögen und anderen, einen Palast charakterisierenden Versatzstücken das Blatt.

Somit bleiben, neben dem Londoner Gemälde von 1837, drei mit einiger Sicherheit Hero und Leander thematisierende Zeichnungen übrig, anhand welcher sich zumindest ansatzweise Turners diesbezügliche Entwicklung erschließen lässt. Zunächst fokussierte er auf den sentimentalen Abschieds-Aspekt, dann auf die das Unheil heraufbeschwörende Hero und schließlich auf eine Allegorisierung der Szene, wobei die Figur der den Geliebten erwartenden Hero in einen ihre bzw. die Liebe schlechthin symbolisierenden Amor mutiert. Dabei dürfte die Zeichnung aus dem Calais-Skizzenbuch (Abb. 3) den Anfang und die Londoner Fassung (Abb. 2) das Ende der Entwicklung markieren. Wann und mit welcher inhaltlichen Implikation ist die kleinere Gemälde-Fassung (Abb. 1) entstanden?

Stilistisch und von der Komposition her hatte bereits Finberg angesichts der 1837 ausgestellten Londoner Fassung die Vermutung geäußert, dass das Bild deut-

Erscheinungsbild der Athener Akropolis dargestellte Gebäudegruppe heraus; die übrige Architektur wird weggelassen bzw. Einzelaspekte werden »pars pro toto« konkretisiert. Zudem wird nun der Nereiden-Felsen ähnlich der Londoner Fassung in den Vordergrund gerückt.

24. »Study for an Historical Subject: A Town with Towers and a Bridge, in a Thunder Storm, Perhaps for ›The Destruction of Sodom‹ or Possibly ›Hero and Leander‹ circa 1799 – 1805 «, Finberg, *Sketches*, LXXXI 110 und LXXXI 111.

25. Finberg, *Sketches*, Nr. CCLXXVIII 1a und CCLXXVIII 2, letztere Zeichnung zeigt u. a. das eine Treppe hinaufsteigende Paar.

lich früher, im Kontext von Turners zweiter Italienreise, also um 1828, entstanden sein müsste. Der Einschätzung, dass die klassische, an Claude Lorraine erinnernde Komposition und die detaillierte Ausführung etwa der Architektur am ehesten in eben diese Schaffensphase Turners passen würden, gingen auch Butlin und Joll nach.[26] Hierbei lag als Parallelfall das 1828 in Rom entstandene, 1837 überarbeitete und erneut ausgestellte Regulus-Bild nahe.[27] Nachdem jedoch die Londoner Fassung (vgl. Anm. 8) keine Hinweise auf Überarbeitungen zeigt, wurde die Entstehung 1837 als solche konstatiert und die Diskrepanz zwischen diesem Datum und den deutlich früher wirkenden Aspekten des Bildes bis dato nicht mehr diskutiert.

Aber wie bzw. anhand welcher Vorlage hat Turner 1837 ein an Bilder von 1828 erinnerndes Gemälde geschaffen?

8. Turner (vor oder) in Rom 1828 / 1829

Seine zweite Italienreise, die von Anfang August 1828 bis Februar 1829 dauerte, hatte Turner dezidiert mit dem Vorsatz angetreten, in Rom großformatige Gemälde zu schaffen und auszustellen. Entsprechende Materialien und Räumlichkeiten (Piazza Mignanelli Nr. 12) hatte er sich zuvor von in Rom weilenden Freunden besorgen bzw. anmieten lassen, so dass er nach seiner Ankunft im Oktober 1828 unmittelbar mit der Arbeit beginnen konnte.[28] Mehr oder weniger gleichzeitig habe er an

---

26. Finberg, *Turner*, 367: »The serenity, happiness, and freshness of this lovely painting [›Apoll und Daphne‹, s. u. Anm. 52] is in marked contrast with the tumultuous splendour of its companion, ›The Parting of Hero and Leander‹. These two pictures had been in hand probably for some years – perhaps as long as the ›Regulus‹, which had been exhibited earlier in the year at the winter exhibition of the British Institution«, Butlin & Joll, *Paintings*, 200 f. Reynold, *Turner*, 170–173, fasst die von den meisten Autoren diesbezüglich geäußerte Meinung wie folgt differenziert zusammen. »In this picture Turner takes up a classical theme in the true manner of the history painter and in succession to his Ulysses deriding Polyphemus. The great difference in the treatment between this and his other exhibits seems partly due to the fact that he had planned such a picture many years before, in the sketchbook [...]1802. The range of classical architecture climbing the hill to the left echo this early phase of his devotion to Poussin, and the classical decorum of the whole echoes the epic nature of the myth. But to the more composed arrangement of his earlier style for historical painting Turner added the richness and variety of colouring which had been evident in his more recent work [...].«

27. Zum »Regulus«: Finberg, *Turner*, 367; Butlin & Joll, *Paintings*, Nr. 294; Gage, *Turner*, 228; Shanes, *Human Landscapes*, 133 ff.; Wilton, *Turner*, 173; Nicholson, *Classical Landscapes*, 111 ff., Fig. 50; zuletzt *Oxford Companion to Turner*, 256 (Martin Butlin).

28. Zu Turners Aufenthalt 1828/1829 in Rom s. Finberg, *Life of Turner*, 306 ff.; Lindsay, *Turner*, 166 f.; Reynold, *Turner*, 128 ff.; Hamilton, *Turner*, 235 ff. (»Claude's own city«); Wilton, *Turner*, 155 ff. – mit Wortlaut des Briefes an Charles Lock Eastlake, in dem er seine für Rom geplanten Gemälde erwähnt. Bailey, *Life of Turner*, 252 ff.; Hamilton, *Turner*, 235 ff. In Rom

acht bis zehn Bildern gearbeitet, eine größere Zahl Ölskizzen nicht eingerechnet. In einer privaten Ausstellung präsentierte er schließlich, in aus Tauen improvisierten Rahmen, eine Ansicht von »Orvieto«, »Regulus« und die »Vision der Medea«.[29] Zudem entstanden größere italienische Landschaftsbilder (z. B. von Palestrina), zwei unvollendet gebliebene Venus-Darstellungen sowie ein ebenfalls unvollendetes großformatiges Bild mit zwei liegenden Aktfiguren.[30] Neben diesen Großformaten (bis zu 175 x 250 cm) werden mindestens 15 kleinformatigere Ölskizzen, jeweils im Format vom ca. 60 x 80–120 cm als in dieser Zeit, d. h. in bzw. kurz vor dem römischen Aufenthalt entstanden postuliert.[31] Diese Skizzen malte Turner auf einer vorgrundierten, unzerschnittenen Leinwand. Hierzu wurden die jeweiligen Abschnitte von vorne auf einer Unterlage angeheftet. Sieben dieser Skizzen wurden erst 1913–1914 auseinandergeschnitten und einzeln gerahmt. Alle wurden

---

führte Turner, ähnlich ehemals Goethe, relativ frei von Konventionen, ein kommunikatives und offenbar sehr kreatives Künstlerleben.

29. Zu den 1828 in Rom ausgestellten Gemälden: Butlin & Joll, *Paintings*: »Regulus« Nr. 294, »Medea« Nr. 293, »Orvieto« Nr. 292; zudem u. a. Wilton, *Turner*, 156 ff. In Turners Briefen aus Rom werden nur die in Anm. 39 und 40 genannten ›großen‹ Bilder erwähnt, s. Anm. 27 (»Regulus«) und 36 (»Medea«).

30. Zu vermutlich in Rom entstandenen, seinerzeit nicht ausgestellten Gemälden vgl. Butlin & Joll, *Paintings*, Nr. 295–301 sowie Anm. 31.

31. Zu den »Roman Sketches, 1828 ?« s. Butlin & Joll, *Paintings*, 160–163, Nr. 302–317 (zu einer vom Format her kleineren Gruppe von Ölskizzen, s. ebendort Nr. 318–327); Reynold, *Turner*, 146 ff., Abb. 132, 133; Gage, *Turner*, 107 f. »[...] the small oils made on Turner's second visit in 1828, where the designs are usually Claudian, but the breadth and flatness of the handling and the softness of the colours again recall Wilson.« Dieser gewissermaßen traditionellen Auffassung widersprach Jan Warrell (*Turner on the Seine*, Ausstellungskatalog London, Tate Gallery, 1999, 95, Nr. 88) mit dem Nachweis, dass einigen dieser Skizzen 1821 in Frankreich entstandene Zeichnungen (Aquaedukt von Arcueil, Rouen u. a.) zugrunde liegen. Entsprechend, da Turner ja diese Zeichnungen in Rom nicht zur Hand gehabt habe, wären die Ölskizzen in jedem Fall in London, zwischen 1821 und wohl kurz vor der Romreise, entstanden. So zwingend, wie es Ian Warrell und Cecilia Powell im *Oxford Companion to Turner*, Roman oil sketches, 266–268, meinten (»This discovery necessitates a radical revision of the estimated date [...]«), ist die Konstellation vermutlich nicht. Es ist davon auszugehen, dass Turner, als er nach Rom aufbrach und dort Leinwände vorab bestellte, zumindest einige Bilder inhaltlich und kompositorisch so weit vorbereitet hatte, dass er unmittelbar mit den Arbeiten beginnen konnte. Zu diesem Zweck wird er Skizzen mitgenommen haben, was u. a. auch im Falle der »Medea«, s. u. Anm. 36, anzunehmen ist. Unter dieser Voraussetzung ist es durchaus nicht auszuschließen – und im Rahmen der Vorgehensweise Turners plausibel –, dass in Rom Ölskizzen nach älteren Zeichnungen entstanden sind. Hinsichtlich der Einordnung der kleineren Fassung von Hero und Leander ergäbe sich aus dem Warrell-Postulat, dass dieses Bild ebenfalls noch vor der Rom-Reise entstanden sein dürfte (u. a. auch das frühe Calais-Skizzenbuch wird Turner kaum im Gepäck gehabt haben). Für die Einordnung des Gemäldes in den Kontext der Auseinandersetzung Turners mit der Hero und Leander-Thematik ist diese Frage letztlich unerheblich.

von Turner weitgehend im Stadium des ersten Farbauftrages belassen. Angaben zu Details der Architektur und Überarbeitungen – insbesondere auch mit Bleiweiß – finden sich kaum. Nur eine Ölskizze, eine italienische Landschaft mit Turm, die von der Größe (58,5 x 76 cm) her den letztgenannten Bildern entspricht, wurde weiter ausgearbeitet und offenbar schon früh auf einen Keilrahmen gezogen.[32]

Die etwa 60 x 80 cm messenden Skizzen zeigen vornehmlich südländische Ideallandschaften; nur eine, »Odysseus verspottet Polyphem«, lässt sich auf ein 132,5 x 203 cm großes Gemälde beziehen, das Turner 1829 in der Royal Academy ausstellte.[33] Gleichwohl dürfte Turner das ausgestellte Bild kaum anhand der Skizze ausgeführt haben. Zum einen unterscheiden sich die Kompositionen erheblich; zum anderen wurde die Skizze, wenn sie denn in Rom gemalt wurde (s. Anm. 31), zusammen mit anderen Bildern per Schiff nach London gebracht. Hier traf sie jedoch verspätet, in jedem Fall erst nach Eröffnung der Ausstellung, ein. Entweder hat Turner das große Polyphem-Gemälde somit rein aus dem Gedächtnis geschaffen, oder aber es muss andere, heute verlorene, zumindest aber in Turners Nachlass nicht nachweisbare Entwürfe gegeben haben.

Eine sich eindeutig auf »Hero und Leander« beziehende Öl-Skizze, ähnlich der zum »Polyphem«, gibt es im Bestand des Turner-Nachlasses respektive der Tate Gallery nicht. Angesichts des immanenten, bereits dargelegten Problems der ›verspäteten‹ Entstehung des Hero-und-Leander-Bildes wird dort jedoch seit einigen Jahren eine Skizze aus der oben genannten Serie als Studie zu »Hero und Leander« ausgewiesen. Es handelt sich um »Archway with Trees by the Sea«, Tate Gallery Inv. 3381 (Abb. 6).[34] Dieses Bild zeigt zwar auch Spuren einer frontalen bzw. provisorischen Befestigung, wurde aber wohl schon zu Turners Lebzeiten auf einen Keil-

---

32. Vgl. Butlin & Joll, *Paintings*, 165, Nr. 328.

33. Skizze zum »Polyphem« (60 x 89,2 cm): Butlin & Joll, *Paintings*, Nr. 302; das Gemälde: Butlin & Joll, *Paintings*, Nr. 330; vgl. S. Gage, *Turner*, 197 f. – zu einem Lied von Charles Dibdin, in dem das Schicksal Polyphems in einem komischen, 1819 uraufgeführten Singspiel »Melodrame Mad«, besungen wird, und möglicherweise – ähnlich Medea – Turner zur Wahl des Stoffes angeregt haben könnte. Zudem: Finberg, *Life of Turner*, 313 f.; Reynold, *Turner*, 130 ff. Abb. 111; Gaunt, *Turner*, Pl. 27/28; Hamilton, *Turner*, 242 f.; Wilton, *Turner*, 159 ff.; Költzsch, *Turner*, 64 ff. mit Abb. Die ausgestellte Fassung von »Odysseus verhöhnt Polyphem« wurde insbesondere wegen der grellen Farben kritisiert (»Gipfel des unnatürlich Aufgedonnerten«, von Ruskin (R., XIII, 136) später als »das zentrale Bild« Turners gefeiert. Zum Vergleich von Skizze und Gemälde s. Kathleen Nicholson, Style as Meaning: Turner's Late Mythological Landscapes, in: *Turner Studies* 8 (1988), Nr. 2, 50.

34. Zur Ölskizze Tate Nr. 3381 s. Butlin & Joll, *Paintings*, 161, Nr. 310; Gaunt, *Turner*, Pl. 26, der auch die diesbezügliche Standard-Meinung zusammenfasst »with one exception – a sketch for Ulysses – none relates directly to a finished picture.« In der aktuellen Internet-Präsentation der Tate Gallery ist das Bild mit dem Vermerk »Sketch for ›Parting of Hero and Leander‹ ?1828« versehen.

rahmen gezogen. Auf eben dieses Bild bezog sich der eingangs erwähnte Turner-Experte: so habe Turner seine großen Gemälde vorbereitet!

Beide Bilder, die Ölskizze wie die Londoner Hero-und-Leander-Fassung, zeigen Felsen, Meer und Himmel. Ein Baum bildet das pittoreske Zentrum der Ölskizze; auf dem Gemälde gibt es keine Bäume. Vom Genre »Felsen und Gebäude am Meer« abgesehen, gibt es de facto keine ikonographischen Parallelen zwischen den Bildern, zumal keine, die ein Vorlage-Gemälde-Verhältnis nahe legen würden. Es ist vor allem die geheimnisvoll-düstere Stimmung, die Assoziation aufkommen lässt. Anders herum betrachtet, dienten diese und die anderen Studien der Serie Turner offenkundig dazu, Möglichkeiten einer malerisch-dramatischen Gestaltung südländischer (Ideal-)Landschaften auszuprobieren, ein Aspekt, der dann auch in das Hero-und-Leander-Bild einfloss. Darüber hinausgehende Argumente, wonach ausgerechnet die Skizze Inv. Nr. 3381 eine Studie zu »Hero und Leander« sein soll, fehlen. Keines der die Hero-und-Leander-Komposition charakterisierenden Bildelemente findet sich auf der vermeintlich als dessen Vorbild herangezogenen Skizze. Dass Turner angesichts der stimmungsvollen, ansonsten aber ikonographisch grundverschiedenen Skizze die komplexe Hero-und-Leander-Fassung von 1837 malte, ist de facto auszuschließen. Zu Recht wird dementsprechend der Bezug dieser Skizze zum Hero-und-Leander-Gemälde in den Katalogen der Tate Gallery zumeist mit einem Fragezeichen relativiert. Das in der oben zitierten Expertenmeinung implizit anklingende Argument, wonach es Turner kraft seines Genius gar nicht nötig gehabt habe, die komplexen Kompositionen seiner ausgestellten Gemälde in vorbereitenden Studien zu entwickeln, führt konsequent zu Ende gedacht zudem in eine rhetorische Sackgasse. Einerseits hätte sich Turner dann ja überhaupt sein notorisches Skizzieren und das Sammeln von Skizzen und Skizzenbüchern sparen können. Andererseits könnte dann mit gleichem Recht fast jede seiner Studien auf »Hero und Leander« bezogen werden. Und warum hat Turner z. B. eine Ölskizze zum »Polyphem« gemalt, wenn er solche thematisch eindeutig ein Ausstellungs-Bild vorbereitende Skizzen sowieso nicht benötigt hätte?

9. Kontext-Fragen

Die aus den Zeichnungen zum Hero-und-Leander-Thema und der Diskussion um die Version von 1837 resultierenden Koordinaten ergeben einen komplexen Bezugsrahmen, in den sich die neu aufgefundene Version stimmig einfügt. Vom Format und vom Stil her entspricht sie den um 1828 entstandenen Werken Turners[35] und bietet

---

35. Ob sie von der gleichen Leinwandrolle stammt, ließe sich gegebenenfalls durch eine vergleichende Materialanalyse klären.

sich schon deshalb als *missing link* in der Genese des Londoner Bildes an. Dass die kleinere Version deutlich differenzierter ausgeführt ist als alle anderen Ölskizzen der Serie, insbesondere auch als die Studie zum »Polyphem«, verweist darauf, dass Turner das Bild seinerzeit eben nicht als Skizze, sondern als kleinformatiges, aber ›gültiges‹ Gemälde ausgeführt hat. Was den Grad der Fertigstellung anbelangt, wobei sich differenziert ausgemalte und einige skizzenhaft belassene Partien gegenüberstehen (s. o.), unterscheidet sich das Bild nicht von den in Rom gemalten und ausgestellten Großformaten, etwa dem Medea-Gemälde.[36] Im Kontext seiner Auseinandersetzung mit dem Thema schließt das Gemälde an die 1813-1816 datierte Zeichnung aus »Yorkshire 1« (Abb. 4) an und stellt die ihren Geliebten am Ufer erwartende Hero in den Vordergrund. Dass Hero hier neben dem Öllämpchen auch die Fackel, das Attribut Amors, hält, ist inhaltlich plausibel und zudem kompositorisch wichtig. Mit zwei erhobenen Armen wirkt die Figur erheblich kraftvoller und als optischer Gegenpol zum von Wellen und Nereiden umtosten Felsen überzeugender, als es eine nur den rechten Arm erhebende Geliebte gewesen wäre. Durch Abdeckung der entsprechenden Stelle lässt sich dies unschwer ausprobieren: ein vorgestreckter Arm alleine bleibt im Kontext der Szene in hohem Maße fragil. Die Figur der Dienerin und vor allem auch die archäologisch inspirierten Opfergefäße verweisen auf eine in dieser Zeit für Turner offenbar im Vordergrund stehende Beschäftigung mit den literarischen und antiquarischen Quellen. Dafür, dass Turner dann auf diesem Bild, das der nach vollzogenem Opfer an die Liebesgöttin den Geliebten erwartenden Hero gewidmet ist, später das Hero-und-Leander-Paar am Ufer ergänzte, sind mehrere Gründe denkbar. Kompositorisch erhält die ansonsten leere Bildmitte so mehr Gewicht; zudem wird das sich jenseits der Darstellungs-Konventionen des Themas bewegende Bild erst durch das charakteristische Paar eindeutig identifizierbar. Turner selber war ehemals von eben diesem Topos ausgegangen (Abb. 3). Zudem hatte William Etty 1827 in der Royal Academy ein erfolgreiches Bild ausgestellt, das auf das sich am Meeresufer trennende Paar fokussiert (Abb. 7).[37] Möglicherweise war

---

36. Zur »Medea« (s. o. Anm. 30), s. zudem Hamilton, *Turner*, 242 f. – das Bild befand sich noch im März 1829 in Rom; Cecilia Powell, ›Infuriate in the wreck of hope‹: Turner's Vision of Medea‹, in: *Turner Studies* 2, (1982), Nr. 1, 13–18; Jerrold Ziff, But why ›Medea‹ in Rome? In: *Turner Studies* 2 (1982), Nr. 1, 19. Nicholson, *Classical Landscapes*, u. a. 274 ff., Color Plate 8 – die Rückenfigur der vorderen, am Boden sitzenden Parze ist in der wenig organischen, die Arme eher ornamental ausgeschwungen zeigenden Formulierung der Rückenfigur der Hero (Abb. 1) eng vergleichbar! Zudem zeigt Turner auf beiden Bildern verschiedene Szenen der jeweiligen Geschichte.

37. William Etty (1787–1849), »The parting of Hero and Leander« (1827), Öl auf Leinwand, Rundformat, 80 x 83,8 cm, Tate Gallery Nr. 5614; D. Farr, *William Etty*, London 1958; Nicholson, *Classical Landscapes*, 197 ff., Fig. 100. Zwei Jahre später malte Etty gewissermaßen die Fortsetzung der Geschichte: »Hero stirbt bei dem Leichnam Leanders« (1829), Öl auf Leinwand, 77,5 x 94,6 cm; von den Freunden der Tate Gallery 2006 aus Privatbesitz erworben

es das Bild von Etty, das Turner, gewissermaßen im künstlerischen Wettstreite, mo-
tivierte, selbst ein Gemälde zu diesem Thema zu schaffen. Die Zeichnung auf der
Rückseite des Briefes an Walter Fawkes (Abb. 5) wird dann vermutlich einige Jahre
später entstanden sein und zeigt, was Turner an der kleinen Version, die er, soweit bekannt, nie ausstellte, letztlich missfallen haben dürfte. Die Rückenfigur hat hier nur
die die Fackel haltende Rechte erhoben, hinter ihr erscheint der kleine Amor. Beide
stehen auf einer Art Balkon und damit deutlich über dem Meer, an dem sich die
Abschiedsszene ereignet. Noch hat die Rückenfigur keine Flügel. Turner arbeitete offenbar daran, über die eigentliche Abschieds-Handlung hinaus, inhaltlich wie kompositorisch, eine allegorische Ebene zu entwickeln, was dann die Londoner Version
von 1837 auszeichnet – und gleichzeitig so komplex macht, dass sich die Betrachter
bis heute damit schwer tun und vorzugsweise die virtuose Malerei bewundern... (vgl.
Anm. 20).

10. Literarische Vorlagen und Bildtraditionen

Im Katalog der Ausstellung von 1837 und im Titel des Bildes beruft sich Turner
dezidiert auf Musaios als Quelle. Die entsprechende Beschreibung der Szene lautet
ebendort wie folgt[38]:

Musaios, »Hero und Leander«, 256 ff.
  Hero jedoch, mit der Leuchte hochoben auf ragendem Turme,
  schirmte, wo immer ein Hauch heranblies mit zartestem Wehen,

---

  und der Tate Gallery geschenkt. Das Gemälde zeigt links vorne die Leiche Leanders, darüber,
  diagonal durch das Bild, die herabgestürzt-sterbende Hero. Farr, *William Etty*, a. a. O., 55 f.,
  145 f., Pl. 31; Ausstellung München, 1979/1980, 455–456, Nr. 301.
38. Musaios-Übersetzung nach Färber, *Hero und Leander*, 6 ff. Vermutlich ging Turner von der
  Übersetzung von Francis Fawkes (1720–1777) aus, Erstausgabe 1760, Reprint im Rahmen
  einer Anthologie 1810. Die Überlieferung zu Hero und Leander wurde von Gerhard Schott,
  Hero und Leander bei Museios und Ovid, Diss. Köln 1957, zusammenfassend diskutiert; zudem F. Köppner, *Die Sage von Hero und Leander*, Komotau: Butter, 1894; L. Malten, in: *RhM*
  93 (1950), 65 ff.; *Der Kleine Pauli* 2 (1967), 1089 (H. v. Geisau); Kemp-Lindemann, Hero
  und Leander, 201–205, mit Anm. 1; Marcus Beck, *Die Epistulae Herodium XVIII und XIX
  des Corpus Ovidianum. Echtheitskritische Untersuchungen* (= Studien zur Geschichte und
  Kultur des Altertums, NF Reihe 1, Bd. 11), Paderborn–München u. a.: Schöningh, 1996.
  Demnach stammen die ältesten sicher datierbaren Texte aus dem 1. Jhdt. v. Chr. Bei Vergil,
  Horaz, Ovid, Strabo, Antipater von Thessaloniki, Lukan, Martial und Statius findet der Hero
  und Leander-Mythos zumindest Erwähnung, neuere Funde, u. a. ein Papyrus des 1. Jhdts.,
  verweisen wohl auf hellenistische Vorbilder des 3. Jhdts. v. Chr. Die erhaltenen bildlichen
  Darstellungen – s. u. Anm. 43 – setzen somit deutlich später ein als die Texte.

oft mit dem Schleier das Licht, bis endlich nach hartem Bemühen
zum schiffsbergenden Strande von Sestos Leander hinanstieg.
Zum Turme empor wies den Weg sie, noch in der Pforte
Schlang um den heftig atmenden Liebsten sie die Arme,
dem in Tropfen die Flut aus dem Haare schäumend herabrann,
[...]
Nacht also deckte fortan die Vermählung, niemals traf Eos
Je auf dem ruhmvoll bekannten Lager Leander als Gatten,
sondern schwamm schon wieder hinüber zur Flur von Abydos,
nimmer gesättigt, noch immer verlangend nach nächtlicher Wonne.
Hero jedoch, in langem Gewande, war ohne der Eltern
Wissen nur Jungfrau am Tag, in der Nacht Gemahlin [...].

Demnach erwartete Hero Leander, dem das Licht ihrer Lampe den Weg wies, auf ihrem Turm. Bei Morgengrauen kletterte Leander den Turm herunter, um dann, unbegleitet von seiner Gefährtin, loszuschwimmen. Eine Szene der beiden Liebenden am Ufer kommt hier nicht vor, weder bei der Ankunft Leanders, noch bei dessen – bei Musaios inhaltlich für den Ablauf der Handlung vorausgesetzten, aber nicht dezidiert geschilderten – Abschied. Eine Hero begleitende Dienerin kennt Musaios nicht. Abgesehen vom allgemeinen Hero-und-Leander-Thema hat Turners Bild, entgegen seinem programmatischen Titel, überhaupt keine spezifischen Bezüge zum Musaios-Text! Turners Beschäftigung mit Hero und Leander in der Zeit um 1805 ist somit bestenfalls allgemein von der Lektüre des Musaios-Textes inspiriert worden. In der wohl von Turner verwendeten englischen Übersetzung des Textes finden sich allerdings zwei Sätze, die die Hochzeitsfackel und den Hochzeitsgott Hymen, im Sinne einer Negation erwähnen: eben diese Aspekte fehlten der Liebe von Hero und Leander. Es ist, wie Kathleen Nicholson vermutete, durchaus wahrscheinlich, dass Turner um 1837 von diesem Text zur Uminterpretation der Rückenfigur und deren Begleitung inspiriert wurde, wobei es zur von ihr als »no small irony« empfundenen Gleichsetzung von Liebes- und Hochzeitsgott mit Todesgottheiten kommt.[39]

In Form eines von Leander an Hero geschriebenen leidenschaftlichen Briefes schildert Ovid die nämlichen Szenen des Mythos[40]:

---

39. Nicholson, *Classical Landscapes*, 202: »No youth with measure'd dance the nuptial crown'd / No tuneful Hymen's congratulation found. / [...]. / No nuptial torch its golden lustre shed / Bright torch of love to grace the bridal bed. (395–96; 399–400).

40. Ovid, *Heroides* (Briefe der Leidenschaft): *P. Ovidii Heroidum epistulae XII–XIX*, Übersetzung nach Färber, *Hero und Leander*, 41 f.

Ovid, »Hero und Leander«, 95 ff.

> Jetzt trieb der Eifer mich an, dass mein Schwimmen der Herrin gefalle.
> Kraftvoll heb' ich den Arm, als deine Augen mich sehn.
>
> Kaum hielt die Amme dich ab, ins Meer mir entgegen zu stürzen:
> Das hab' ich selbst ja gesehen, nicht deinem Wort nur geglaubt.
> Hielt sie dich auch zurück, so konnte sie doch nicht verhindern,
> dass dir die seichte Flut doch noch benetzte den Fuß.
> Dann umarmtest du mich und gabst mir beglückende Küsse –
> Küsse, ihr Götter, die wert, dass übers Meer man sie holt;
> Hingst mir dein Gewand, von deiner Schulter genommen,
> trocknetest ab mir das Haar, das von dem Meere noch troff.
> Aber das übrige weiß nur die Nacht und der Turm und wir beide
> Und das Licht, das die Bahn über die Wogen mir zeigt!
> [...]

Im Abgleich von Text, der Zeichnung Abb. 4 und der kleineren Gemälde-Fassung
(Abb. 1) wird deutlich, dass Turner in dieser Phase seiner Beschäftigung mit dem
Thema von den hier zitierten Textstellen ausgegangen sein wird. Bei Ovid steht bzw.
eilt Hero an das Ufer, begleitet und gestützt von einer Amme, die nicht verhindern
kann, dass die Herrin zumindest einen nassen Fuß bekommt und ihr Gewand ab-
legt, um den Geliebten zu bergen. Auch das Licht der Lampe, das Leander den Weg
wies, wird erwähnt. Das Treffen der Liebenden beginnt aber nicht nur unmittelbar
am Ufer, es endet dort auch:

> Doch schon wollte die Nacht vor Tithonos' Gemahlin entfliehen,
> Luzifer strahlte schon hell, kam als Herold voraus:
> Ach, da küssten wir uns überstürzt und von Eile getrieben,
> klagten, wie kurz doch immer die Nächte vergehen.
> Und, nach diesem Verzug, von der lästigen Amme getrieben,
> eil' ich vom einsamen Turm wieder zum eisigen Strand.
> Weinend trennten wir uns, dann warf ich mich ins Meer,
> blickte, solange es nur ging, nach meiner Herrin zurück.

Auf der frühen Zeichnung (Abb. 3), beiden Gemälden und wohl auch der in Vorbereitung der Londoner Fassung entstandenen Zeichnung (Abb. 5) sowie auf dem Gemälde von W. Etty (Abb. 7) findet sich, ganz im Sinne der von Ovid geschilderten
Handlung, das sich umarmende Liebespaar, kurz vor dem Abschied, am Ufer stehend. Entgegen seinem Verweis auf Musaios geht Turner bei der Gestaltung des
Hero-und-Leander-Themas somit ureigentlich von Ovid aus!

Der Titel des Londoner Bildes »The parting of Hero und Leander« wurde bislang pauschal auch auf die Zeichnungen bezogen. Im Abgleich der jeweiligen Darstellungen müssten die Titel der Zeichnungen und der kleineren Fassung jedoch anders bzw. differenzierter formuliert werden: die frühe Zeichnung (Abb. 3) stellt *einen* Abschied da, und zwar im Sinne der von Ovid geschilderten Handlung. Hier wird Leander sicher durch das ruhige Meer in die Heimat zurückschwimmen und erst bei einem späteren Versuch, zu Hero zu gelangen, ertrinken. Die Zeichnung Abb. 4 hingegen müsste korrekt als »Hero, Leander erwartend« betitelt werden, wobei letzterer im Bild nicht erscheint und es offen bleibt, ob sie diesen gleich in die Arme schließen oder als im Meer treibenden Leichnam erblicken wird. Die kleinere Gemäldefassung (Abb. 1) wiederum stellt zwei Szenen gegenüber: die Leander erwartende Hero und die Abschiedsszene. Ankunft und Abschied – angesichts des drohenden Unterganges – werden damit gewissermaßen als zyklisches Geschehen dargestellt. Ein allgemein-umfassender Titel wie »Die Geschichte von Hero und Leander« wäre angemessen. In der Londoner Fassung (Abb. 2) schließlich geht es um *den* Abschied, im Sinne der von Turner in seinem Gedicht dargelegten Variante der Handlung. Leander wird auf dem Rückweg, unmittelbar nach dem hier dargestellten Abschied, den Tod finden.

In welchem Maße sich Turner um die literarischen Hintergründe seiner Bilder bemüht hat, belegen bislang unbeachtet gebliebene bzw. anderweitig erklärte Details der Hero-und-Leander-Gemälde. So erscheint auf der Londoner Fassung sowohl im Bereich der Terrasse vor dem Springbrunnen als auch auf der von weißen Streifen gerahmten Fußbodenfläche der Promenade links je ein Bild. Die entsprechend gerahmten Flächen der Promenade der kleineren Fassung dürften, dort befindlichen Farbspuren zur Folge, ehemals ähnlich gestaltet gewesen sein. Was haben Bilder dieser Art auf dem Fußboden verloren respektive welchen Realitätsgehalt haben sie? Spiegelt sich eine Architekturlandschaft in einem Wasserbecken, aber wozu gibt es hier überhaupt ein Wasserbecken, noch dazu gänzlich flach und wellenfrei, unmittelbar am Meer? Kathleen Nicholson, die einzige, die diese Merkwürdigkeiten bisher erwähnenswert fand[41], sieht diese an Claude Lorrain erinnernden »paintings within the painting« auf interpretatorischer Metaebene als Aufforderung an den Betrachter zur Reflexion seiner Wahrnehmung (»literally and figuratively force us to shift our perspective in order to come to terms with what we see«). Da Reflexionshinweise dieser Art letztlich auf allen mythologischen Turner-Bildern gleichermaßen angemessen wären, de facto aber nur auf dem Hero-und-Leander-Bild zu finden sind, liegt es näher, sich hinsichtlich dieser Phänomene nach möglichen literarischen Anregungen umzusehen.

---

41. Nicholson, *Classical Landscapes*, 197; vgl. David Hill, Review – Kathleen Nicholson, Turner's Classical Landscapes: Myth and Meaning (1990), in: *Turner Studies* 11 (1991), Nr. 1, 51–52.

Christopher Marlowe, »Hero and Leander«

[...]

So fair a church as this had Venus none,
The walls were of discoloured jasper stone
Wherein was Proteus carved, and o'erhead
A lively vine green see agate spread,
Where by one hand lightheaded Bacchus hung,
And, with the other, wine from grapes wrung.
Of crystal shining fair the pavement was.
The town of Sestos called it Venus' glass.
There might you see the gods in sundry shapes
Coming heady riots, incest, rapes.
For know, that underneath this radiant floor
Was Danae's statue in a brazen tower [...].

[...]

And in the midst a silver altar stood.
There Hero, sacrificing turtle's blood [...]

Das aufgrund der Ermordung Marlowes unvollendet hinterlassene Gedicht[42] nimmt in der Rezeptionsgeschichte des Mythos eine herausragende Rolle ein. Die

---

42. Christopher Marlowe (1564–1593) hinterließ bei seiner Ermordung das Hero-und-Leander-Gedicht als Fragment; 1598 wurde es von Georg Chapman vollendet. Christopher Marlowe, *Edward II. – Doctor Faustus – The First Book of Lucan – Ovid's Elegies – Hero and Leander – Miscellaneous Poems*, 2. Aufl., Cambridge, CUP, 1981; ders. *Hero and Leander*, London: Wildside Press, 2007 – in der 1598 von Georg Chapman vollendeten Fassung, mit einem Vorwort von Edward Blunt. Zur reichen literarischen Rezeption s. Färber, *Hero und Leander*, 96 f.; vgl. Hans Sachs (1494–1576), »Historia. Die unglückhafft lieb Leandri mit fraw Ehron«; Ludwig Christoph Heinrich Hölty (1748–1776), »Leander und Hero«; Friedrich Schiller (1759–1805), »Hero und Leander«; Friedrich Hölderlin (1770–1843) »Hero«; Franz Grillparzer, *Des Meeres und der Liebe Wellen*, Wien: Wallishauser, 1842 (Uraufführung 1831 im Hofburgtheater Wien); Richard Schott, *Hero und Leander. Schwank in einem Aufzug*, Leipzig: Reclam, jun., o. J. [1887]; John Keats, »The Bride of Abydos« (1816); »El Hor« (Wien, um 1913–1920); Georg Schaffs, *Goethes Hero und Leander und Schillers romantisches Gedicht*. Strassburg: Trübner, 1912; bis zum Gedicht von Heinz Erhardt: »Der Hero und auch die Leander, die hatten gar nichts miteinander [...].«. Zur Rezeption in der Musik s. Julius R. Rietz, Ouvertüre zu »Hero und Leander«, von Felix Medelsohn 1841 uraufgeführt; Fanny Hensel-Mendelssohn, *Hero und Leander: dramatische Szene für eine Singstimme in Begleitung des Orchesters*, Erstveröffentlichung Kassel: Furore-Verlag, 1995; Paul Caro, »Hero und Leander«, Oper in 3 Aufzügen (Text nach Grillparzer), 1912 in Breslau uraufgeführt; Günter Bialas, *Hero und Leander* (nach Grillparzer und Musaios von Eric Spiess), Klavierauszug von Heinz Möhn, Kassel: Bärenreiter Verlag, 1966; Dimitri Terzakis: *Hero und Leander*. Rapsodia für einen Sprecher, Klavier und Tonband nach Texten von Ovid und Schiller, Brühl: Edition Gravis 2003.

oben genannten Details, Opfergeräte (die sich auf der kleineren Gemälde-Fassung – Abb. 1 – in großer Zahl finden, einschließlich eines silbernen Altares!) und insbesondere auch der Bilder spiegelnde Fußboden (»Venus' glass«), kommen in den antiken Überlieferungen so nicht vor. Entsprechend diesen markanten Motiven dürfte Turner durch Marlowe angeregt worden sein, den er demnach in Vorbereitung spätestens der kleinen Gemälde-Fassung gelesen haben muss. Durch seine eingehende Auseinandersetzung mit den diversen literarischen Quellen seines Themas erweist sich Turner als ein in hohem Maße intellektueller Künstler. Dass ihm weder seine Zeitgenossen noch moderne Betrachter (die ihn vorzugsweise als einen zur Abstraktion neigenden Prä-Impressionisten erleben), als einen solchen sehen wollen bzw. können, ist – wie gesagt – ein zentraler Topos der Turner-Rezeption (vgl. Anm. 20).

11. Bildtraditionen

Verglichen mit seinen philologischen Ambitionen gibt es bemerkenswerterweise kaum Hinweise darauf, dass sich Turner – wenn man von dem Bild von Etty absieht (s. o. Anm. 37) – mit ähnlicher Intensität mit der Bildtradition von Hero und Leander auseinandergesetzt hat. Antike Darstellungen zum Thema fokussieren auf das Motiv des schwimmenden Leander und seine auf ihrem Turm sitzende Geliebte.[43] Seit der Barockzeit, soweit es sich um Einzeldarstellungen handelt, wurde dann

---

43. Zu den antiken Darstellungen von Hero und Leander: Anneliese Kossatz-Deissmann, Hero und Leander, in: *LIMC* (*Lexicon Iconographicum Mythologiae Classicae*) VIII, Zürich 1997, 619–623; Kemp-Lindemann, Hero und Leander, 201–205. Die frühesten Denkmäler, Fresken aus Pompeji, einige Reliefs, Mosaiken, Öllämpchen und Reliefkeramik, Gemmen, vor allem aber Münzen des 2.–3. Jhdts. der beteiligten Städte Sestos und Abydos (geprägt unter Commodus, Septimius Severus, Caracalla und Alexander Severus) sowie Kontorniaten aus dem späten 4. Jhdt. zeigen das Bild des schwimmenden Leander vor der auf bzw. in ihrem Turm sitzenden Hero. Ein Relief in Tunis wird durch die kauzige Inschrift: »Leander schwimmt beim Licht einer einzigen Kerze, der Tölpel« erläutert (A. Schulten, in: *Archäologischer Anzeiger* 1905, 84). Gelegentlich werden auf der gegenüberliegenden Seite Leanders Diener, einmal auch mit Pferd, oder seine zurückgelassenen Kleider gezeigt. Im Meer können sich Delphine tummeln, seltener wird Leander von Amor begleitet, einmal deuten Windgötter den drohenden Sturm an. Keine der antiken Darstellungen zeigt den Tod Leanders und die sich herabstürzende Hero. Die Aussage der Darstellungen zielt vielmehr auf die Tapferkeit des Schwimmers ab, der auf diese Weise bei der Geliebten ankommt. Abgesehen von diesem charakteristischen Motiv gibt es keinen Hinweis darauf, dass die überlieferten Denkmäler auf ein oder mehrere gemeinsame, möglicherweise prominente Kunstwerke zurückgehen. Die Verbreitung der Darstellungen, gerade auch in entfernteren Provinzen, Gallien und Nordafrika, wird mit entsprechender Streuung illustrierter Schriften in der Kaiserzeit erklärt.

vorzugsweise die Szene gestaltet, in der Hero vom Turm herab zu Leanders Leichnam und damit selbst in den Liebestod springt. Am prominentesten wurde hier das
in mehreren Fassungen überlieferte Gemälde von Peter Paul Rubens, das bildmittig den von Nereiden geborgenen Leichnam Leanders und darunter den aus den
Wellen auftauchenden Kopf eines gigantischen Fisches bzw. Monsters zeigt.[44] Ein

---

44. Zumindest zwei auf Peter Paul Rubens und/oder seine Werkstatt zurückgehende Versionen
von »Hero und Leander« haben sich erhalten. Dargestellt sind die Nereiden, die den Leichnam Leanders bergen, während sich Hero von ihrem Turm herab ins Meer stürzt. Die jetzt in
New Haven/Conn., Yale University Art Gallery (um 1606, Öl auf Leinwand, 98 x 132 cm)
befindliche Fassung gilt heute als Original, die Version in Dresden als Schülerkopie (Gemälde-
galerie alter Meister, Inv. 1002, um 1619, Öl auf Leinwand, 128 x 217 cm), s. *Peter Paul Rubens
1577–1640*, Katalog I: *Rubens in Italien. Gemälde, Ölskizzen, Zeichnungen*. Ausstellung Köln
1977, 147 ff., Nr. 8 (Justus Müller Hofstede) mit Lit.; Katalog der ausgestellten Werke, Dresden 1992, 336, Nr. 1002. Nicholson, *Classical Landscapes*, 202 f., Anm. 59 – ob und (wenn ja)
welche Version des Bildes Turner kannte, bleibt offen. Rubens plante einen Kupferstich nach
dem Gemälde, eine Stechervorzeichnung hat sich erhalten, danach ausgeführte Stiche sind
nicht bekannt.
Eine zusammenfassende Bearbeitung der nachantiken Hero und Leander-Darstellungen
bleibt ein – angesichts der Beliebtheit des Themas und der Häufigkeit entsprechender Werke
absehbar umfangreiches – Desiderat. Allein in den Ausstellungen der Royal Academy wurden
zwischen 1773 und 1827 insgesamt neun Hero und Leander-Bilder ausgestellt, darunter das
von W. Etty (s. o. Anm. 37). Weitere Beispiele: Domenico Fetti (1589–1623), Öl auf Holz
(97 x 41 cm), Wien, Kunsthistorisches Museum: (Kopie nach diesem Gemälde von David
Teniers d. J. (1610–1690), Öl auf Holz (31 x 23 cm); Paris, Musée du Louvre: Leanders
Leichnam wird von den Nereiden geborgen, am rechten Bildrand stürzt sich Hero von ihrem
Turm; Nicolas Regnier, um 1626, National Gallery of Victoria, Australien; Philip James de
Loutherbourg, Plymouth City Museum and Art Gallery, Feder und Tuschzeichnung: Hero,
Leanders Leichnam am Ufer erblickend, stürzt sich von ihrem Turm, s. Nicholson, *Classical
Landscapes*, 193 ff., Fig. 97; Moritz von Schwind, Schack-Galerie, München, s. Ernst Vogt,
Moritz von Schwinds Gemälde ›Hero und Leander‹ und seine literarischen Quellen, in: Ni-
klas Holzberger, Friedrich Maier u. a., *Ut poesis pictura. Antike Texte in Bildern*, Bd. 2: *Unter-
suchungen* (= Auxilia 33), Bamberg 1993, 127–138; Frederic Leighton, »The Last Watch of
Hero«, wobei die frontal gezeigte, antikisch gekleidete Hero ängstlich in Richtung des Be-
trachters blickt; Ferdinand Keller, Hero, vom Felsen herabsteigend, findet den im Meer treibenden Leichnam Leanders, Öl auf Leinwand, 201 x 140 cm; Axel Anderson, »Leander's
Body Washed Ashore« – der nur mit einem über das Geschlecht drapierten Tuch bedeckte
Leichnam Leanders am Strand liegend, 1884, Öl auf Leinwand, 119,3 x 179 cm; Evelyn de
Morgan, »Hero Holding the Beacon for Leander (Awaiting the Return)«, um 1885; Theodo-
re Matthias von Holst, Der Abschied von Hero und Leander vollzieht sich bei Mondschein,
am Meeresufer, in inniger Umarmung, wobei Leander als reizvoller Rückenakt erscheint,
Öl auf Leinwand, 128,5 x 101,5 cm, Christie's London 12.4.1991 (Lot 37); Emil Bruno, der
Leichnam Leanders am Ufer liegend, die rechts stehende Hero verhüllt ihr Gesicht mit ihrem
Gewand, dat. 1930, Öl auf Leinwand, 160 x 129,5 cm, Dorotheum, Wien 26.1.1994 (Lot 55).
Auch in der Plastik wurde das Thema bearbeitet, von der Marmorgruppe von C. Steinhäuser,

gutes Beispiel für einen klassizistische Formeln verwendenden, romantisch-senti-
mentalen Zugang ist demgegenüber Ettys Gemälde (s. o. Anm. 37) (Abb. 7). Turner
hatte ein ähnliches Motiv bereits um 1805 gezeichnet (und es somit nicht von Etty
übernommen). Gleichwohl dürfte der Erfolg von Ettys Bild Turner stimuliert haben, sich selber an ein Hero-und-Leander-Gemälde zu wagen.

Offenbar waren für den Maler Turner die literarischen Versionen des Hero-und-
Leander-Themas wichtiger und ergiebiger als Bilder. Dies wird auch angesichts der
Rückenfigur deutlich. Als Bild der ihren Gatten herbeisehnenden Hero entspricht
die nahe dem Ovid-Text erdachte Pose einer von Turner auch in anderen Kontexten
verwendeten Pathos-Formel (vgl. Anm. 36). Der daraus entwickelte, mit merkwürdig
kleinen (Stutz-)Flügeln versehene androgyne Amor der Londoner Fassung hingegen
fällt zumindest ein Stück weit aus dem Rahmen der in Turners Zeit üblichen ikonographischen Muster. Jünglingshafte Eroten lassen sich seit der griechischen Spätklassik,
dem 4. Jhdt. v. Chr., nachweisen. Zumindest seit dem Frühhellenismus gibt es, neben
den immer zahlreicher werdenden (klein)kindlichen bzw. Putto-Eroten, halbwüch-
sige Eroten mit deutlichen effeminierten Zügen, breitem Becken, voluminösen
Schenkeln, zarten Brüsten, weiblicher Haartracht und Schmuck. Eben so wurde die
Schönheit des Eros u. a. in Platons Gastmahl beschrieben.[45] Dass Turner antike Plas-
tiken dieser Art im Original, als Gipsabguss oder graphische Reproduktion gekannt

---

1845, bis zu einer Porzellanfigurengruppe, »Der Jüngling steigt über Stufen zur jungen Frau
an, die ihn mit der Lampe in der erhobenen rechten Hand erwartet«, Meißen, vor 1924, nach
einem Modell von Ch. G. Jüchtzer, H 30 cm, Van Ham, Köln 15.–17.11.2007, Lot 1342 –
wobei Hero vom entsprechend aus der literarischen Schilderung ableitbaren Typus ähnlich
der Rückenfigur u. a. auf der kleinen Fassung (Abb. 1) dargestellt ist.

Darüber hinaus gibt es den Mythos illustrierende Bilderzyklen, angefangen von der so genannten Mortlake-Tapisserie ca. 1660–1670, nach Francis Cleyn, um 1625, Serie von sechs
Tapisserien zu Hero und Leander (286 x 311 cm), Lady Lever Art Gallery, Liverpool, LL5464
(eine weitere Serie in Bratislava) über Lithographien von Erich Stephani, in: *Musaios, des
Schriftgelehrten, Weise von Hero und Leander*, München: Georg Müller, 1922, bis zu Anke
Feuchtenberger, *Hero und Leander: nach dem Text von Musaios*, 1. Aufl., Zürich: Edition Mo-
derne, 2004 – Comic als Programmheft zur 4. Symphonie von Daniel Hess, 2004, mit mo-
dern verfremdenden Effekten. Hero sieht ihren Geliebten hier meist auf der Mattscheibe des
Fernsehers, bis dieser, als Leichnam, diese durchbricht. Hero stirbt am Stromschlag, als sie den
Stecker des Fernsehers aus der Dose zieht. ... und in den 80er Jahren schuf Cy Twombly ein
Triptychon »Hero & Leander«, das 2008 in der Tate Modern in London ausgestellt wurde.

45. Zur Ikonographie des Eros s. Hartmut Döhl, *Der Eros des Lysipp. Frühhellenistische Eroten*,
Diss. Göttingen 1968; Magdalena Söldner, Untersuchungen zu liegenden Eroten in der helle-
nistischen und römischen Kunst, Frankfurt/M.: Peter Lang, 1986; *LIMC* III (1986), 850 ff.;
Magdalena Söldner, Der sogenannte Agon, in: Gisela Hellenkemper-Salies, Hans-Hoyer von
Prittwitz und Gaffron & Gerhard Bauchhenß (Hg.), *Das Wrack. Der antike Schiffsfund von
Mahdia*. Ausstellung Bonn (1994), 399–429; ebendort Stephanie Böhm, Zwei Erotenstatuet-
ten, 505–513, sowie Hilde Hiller, Zwei bronzene Figurenlampen, 515–530.

hat, ist anzunehmen. Die Idee, die schlanke, insofern wenig weibliche Rückenfigur der Hero der kleinen Fassung (Abb. 1) in einen, mit zumindest angedeuteter Brust, deutlich weiblicher wirkenden Eroten zu verwandeln, mag sich angesichts solcher Werke ergeben haben. Letztlich bleibt Turners juvenil-femininer Amor eine bezüglich der Flügel aber auch des Körperbaus ungewöhnliche, primär dem elaborierten inhaltlichen Konzept verpflichtete Gestalt[46], deren Erscheinungsbild letztlich nur aus der Ableitung der Figur, aus der Lampe und Fackel haltenden Hero, verständlich wird.

12. Turner und die Ausstellung der Royal Academy von 1837

In den Jahren um 1837 ergaben sich für Turner neben einigen Höhepunkten einschneidende Veränderungen. Im Jahr zuvor hatte er in der Royal Academy unter anderem »Juliet and her nurse in Venice«[47] ausgestellt, eine die Ansicht des Markusplatzes mit einem literarischen Thema verbindende ›romantische Landschaft‹, die dann von der Kritik – namentlich von Reverend John Eagles – im *Blackwood's Magazine* zerrissen wurde. Dies wiederum hatte den damals 17jährigen John Ruskin zu einer dezidierten Erwiderung motiviert, die er an Turner schickte, was zwar nicht zu deren Veröffentlichung (Turner entgegnete, dass solche Kritik für ihn keine Bedeutung habe), aber mit einiger Verzögerung zu einer zumal kunsthistorisch folgenreichen Freundschaft führte.[48]

---

46. Caravaggios seinerzeit und heute wieder berühmter »Amor als Sieger«, der mit gespreizten Schenkeln über den Symbolen der Wissenschaften hockende frühpubertäre, deutlich weniger weiblich angelegte Jüngling, hat im Vergleich zu Turners Eros der Londoner Fassung zudem erheblich größere Flügel; gewisse Ähnlichkeiten des Sitz-Motivs dürften zufällig sein. Eine eigene Bildtradition hatte Caravaggios provokantes Werk, das Turner vermutlich nicht gekannt hat, nicht, s. zuletzt J. Harten & J.-H. Martin (Hg.), *Caravaggio. Original und Kopien im Spiegel der Forschung*. Katalog Ausstellung Düsseldorf 2006, 205, Nr. 1, mit Lit.

47. »Julia und ihre Amme in Venedig«, s. Finberg, *Life of Turner*, 359 ff.; Butlin & Joll, *Paintings*, Nr. 366; Reynold, *Turner*, 150, 167 ff., Abb. 147 – »his own artistic licence to transport Juliet from Verona to Venice [...]«; Shanes, *Human Landscapes*, 30 ff., Abb. 12 – mit differenzierter Interpretation; Bailey, *Life of Turner*, 265 f.; Hamilton, *Turner*, 270 f.; *Oxford Companion to Turner*, 154 f. (Evelyn Joll).

48. S. Hamilton, *Turner*, 270 f., mit Zitat des *Blackwood's Magazine*: »Amidst so many absurdities, we scarcely stop to ask why Juliet and her Nurse should be at Venice [...]«. Auf Ruskins Replik auf die Kritik am »Juliet and her Nurse«–Bild, antwortete Turner: »[...] but I never move in these matters – they are of no import save mischief [...]« und ließ es nicht zu einer Veröffentlichung des Textes kommen. Dass dies nur ein Teil der Wahrheit bzgl. Turners Reaktionen auf heftige Kritik an seinem Werk war, deutet u. a. seine ebenfalls von Ruskin überlieferte Reaktion auf Kritik an »Snowstorm – Stea-Boat off a Harbour's Mouth« an: »I wonder what they tink is the sea's like? I wish they'd been in it.«, s. Butlin & Joll, *Paintings*, XIII. Zu sensibleren Reaktionen Turners auf Kritik 1813 vgl. Reynold, *Turner*, 90.

Aus gesundheitlichen und anderen Gründen hatte Turner seine Perspektivevor-
lesungen an der Royal Academy seit Jahren ausgesetzt. Die hieraus resultierenden
diplomatischen Verwicklungen wiederum konnte die Academy mit Hinweis auf das
Ansehen Turners einstweilen aussitzen. Trotz angeschlagener Gesundheit wurde
Turner im November 1836 in den Akademierat gewählt. In der Winterausstellung
der British Institution im Januar 1837 zeigte er dann den »Regulus«, das bereits
1828 in Rom gemalte und dort seinerzeit erstmals ausgestellte Bild, das er nun –
spätestens an den Firnistagen –, insbesondere was die Intensivierung der Lichteffekte, des gleißend über dem Meer liegenden Sonnenlichtes anbelangt, überarbeitete (s. o. Anm. 29). Die Ausstellung der Royal Academy, die am 28. April 1837 durch
William IV. eröffnet wurde, war für Turner in mehreren Hinsichten bedeutsam.
Zum einen fand die Ausstellung erstmals in den Räumen der National Gallery
statt, zum anderen war er Mitglied des Ausstellungskomitees, was neben organisa-
torischen Verpflichtungen mit entsprechender Prominenz, einschließlich der Ehre,
den König bei dessen Ausstellungsbesuch begleiten zu dürfen, einherging.[49] Turner
selbst war auf der Ausstellung mit vier Gemälden vertreten:

»Scene – a street in Venice«[50];
»Snow-storm, avalanche, and inundation – a scene in the upper part of Val
d'Aout«[51];
»Apollo and Daphne«[52], sowie
»The parting of Hero and Leander – from the Greek of Musaeus« (Abb. 2).

Offenbar war Turner daran gelegen, mit dieser Auswahl das Spektrum seiner bevorzugten Themen aufzuzeigen. Neben einer hochdramatischen, die Kraft der Naturge-
walten offenbarenden Landschaft zeigte er wieder eine der beim Publikum beliebten
Venedig-Veduten und zwei antiken Stoffen gewidmete ›heroische‹ Landschaften.

---

49. Zur Chronologie Turners 1837 s. Finberg, *Life of Turner*, 365 ff. – »Early in April Turner was
busy, with Hilton and Etty, as one of the commitee of arrangement for pictures in the exhibition«; Lindsay, *Turner*, 182; Hamilton, *Turner*, 273 ff.; zusammenfassend Wilton, *Turner*,
206 f.

50. »The Grand Canal, Venice (Scene – a Street in Venice)«: Butlin & Joll, *Paintings*, 198 f.,
Nr. 368, mit erläuternden Zeilen aus Shakespeares »Kaufmann von Venedig«.

51. »Schneesturm, Lawine und Überschwemmung, eine Szene aus dem oberen Aostatal, Pie-
mont«: Butlin & Joll, *Paintings*, Nr. 371; Reynold, *Turner*, 169, Abb. 148 – »one of his most
turbulent pictures of destruction«.

52. »Apoll und Daphne«: Butlin & Joll, *Paintings*, Nr. 369 – mit ausführlichen Erläuterungen
von Ruskin; Hamilton, *Turner*, 274; Nicholson, *Classical Landscapes*, 179 ff., Fig. 93. Dieses
Bild wurde 1837 von der Kritik in hohem Maße gelobt; vgl. Shanes, *Turner*, 139 ff.; Kathleen
Nicholson, Style as Meaning: Turner's Late Mythological Landscapes, in: *Turner Studies* 8
(1988), Nr. 2, 45–54.

Im Verlauf des Jahres 1837 starb William IV., Victoria kam auf den Thron. In diesem feierlichen Kontext wurden Künstler wie August Calcott und Richard West-
mancott Adelstitel verliehen. Turner ging diesbezüglich leer aus. Im Oktober starb
sein langjähriger Freund und Gönner Lord Egremont. Im Dezember schließlich
trat Turner, erneut schwer erkrankt, von seiner Professur für Perspektive zurück.
Im folgenden Jahr zeigte er auf der am 7. Mai eröffneten Ausstellung der Royal Academy drei Gemälde, zwei davon zu antiken Themen: »Phryne begibt sich als Venus
ins öffentliche Bad, Demosthenes wird von Aescines verhöhnt« und »Das alte Italien – Ovid wird aus Rom verbannt«. Das dritte Bild mit dem Titel »Das moderne
Italien – die Pifferari«[53] fungierte als Gegenstück zum »Das alte Italien«.

Neben seinem offiziellen Leben als Künstler und Mitglied der Royal Academy
pflegte Turner in diesen Jahren ein geheimes, nichts desto weniger intensives, zumindest freundschaftliches Verhältnis mit Sophie Booth, die er regelmäßig, das
Dampfschiff von London aus benutzend, in Margate besuchte.[54]

13. Auf der Suche nach biographischen und anderen persönlichen Wahrheiten

Ein zentrales Anliegen jeder historischen Forschung ist »Verständnis« im Sinne einer Klärung von bzw. Annäherung an Kausalitäten (bzw. »Wahrheiten«), also der
Frage nach dem Warum eines Ereignisses. Hierzu gilt es, das Ereignis bzw. Werk u. a.
aus der politisch-gesellschaftlichen und persönlichen Situation der Protagonisten
heraus zu erklären. Warum interessierte sich Turner überhaupt für die Hero-und-
Leander-Geschichte, warum konkretisierte sich dies um 1805, 1828 und schließ-

---

53. Zu »Phryne Going to the Public Baths as Venus – Demosthenes Taunted by Aeschines«,
   s. Butlin & Joll, *Paintings*, Nr. 373, zusammenfassend: Thomas H. Coolsen, Phryne and the
   Orators: Decadence and Art in Ancient Greece and Modern Britain, in: *Turner Studies* 7
   (1987), Nr. 1, 2–10; zu: »Das alte Italien – Ovid wird aus Rom verbannt«: Finberg, *Life of
   Turner*, 370; Butlin & Joll, *Paintings*, Nr. 375; Költzsch, *Turner*, 89 ff.; Das moderne Italien –
   die Pifferari«: Butlin & Joll, *Paintings*, Nr. 374 mit Lit.

54. Sophie Booth lebte seit 1827 in Margate, 1833 wurde sie zum zweiten Mal Witwe; sie hatte
   einen Sohn aus erster Ehe, John Pound. In Margate führte sie eine Pension, wo Turner zunächst als Pensionsgast wohnte. Später siedelte sie, offenbar auf Veranlassung Turners, nach
   Chelsea über, dem Haus, wo er dann seine letzten Lebensjahre verbrachte und starb; vgl. Finberg, *Life of Turner*, 371; Lindsay, *Turner*, 10 f.; Gage, *Turner*, 152 ff.; Wilton, *Turner*, 201 ff. –
   »[…] es besteht kein Grund, daran zu zweifeln, dass Turner bei ihr mehr als bloße Unterkunft
   fand.«; Bailey, *Life of Turner*, 269 ff. – wobei er zweimal darauf verweist: »Like Turner, she
   was presumably glad of an occasional partner to keep her bed warm«, und bemerkt (270), dass
   Turner, was die Geheimhaltung seines Verhältnisses mit Sophie Booth anbelangt, erfolgrei-
   cher war als seinerzeit mit Mrs. Danby. Charles Turner, *Diary*, 6. September 1852, schilderte
   sie als »wie eine dicke Köchin, nicht wie eine gebildete Frau«.

lich 1837? In jeder dieser Situationen hätte es Alternativen gegeben. Das Spektrum sentimental-schicksalsträchtiger antiker Stoffe ist groß …

Zumal im Rahmen der Turnerforschung hat man sich mit Fragen dieser Art entweder recht leicht oder aber sehr schwer getan, wobei die Schuld nicht zuletzt bei Turner selber liegt. Ihm war offenbar wenig daran gelegen, die seinen Bildern zugrundeliegenden Beweggründe und Botschaften verbal zu kommunizieren. Im Gegenteil, es hat ihn gereizt, den geheimnisvollen Charakter seiner Bilder durch kryptische Äußerungen zu steigern. So kokettierte und orakelte er etwa, dass man nicht nach Erklärungen in seinen Bildern suchen solle, da er sie selber nicht kenne.[55] Angesichts u. a. der am Beispiel des Hero-und-Leander-Bildes offenkundigen, hochgradig intellektuellen Ableitung der Motive müssen Turners diesbezügliche Offenbarungen primär als das Geheimnis um seine Bilder erhöhende Selbstdarstellung verstanden werden. Dass ihm darüber hinaus gewisse Motive seines Werkes partiell tatsächlich nicht bewusst gewesen sind, kann als menschlich vorausgesetzt werden.

Trotz des von Turner selbst aufgestellten Anti-Erklärbarkeits-Postulates wurden und werden die Hintergründe seiner Bilder vorzugsweise im politisch-gesellschaftlichen und/oder aber in seinem biographischen Kontext gesucht. So wurden beispielsweise seine frühen Hauptwerke zum Aufstieg und Fall von Karthago[56] zum einen als kritischer Kommentar auf die gesellschaftlichen Verhältnisse der Zeit, den Glanz und einen drohenden Untergang des britischen Empires gelesen. Anderen Interpreten hingegen erschien wichtiger, dass Turner offenbar eine Vorliebe für Witwen hatte und mit diesen, ähnlich Äneas und der karthagischen Königin Dido, intensive Beziehungen pflegte. Wie sein »Lieblingsheld« Äneas sei Turner bemüht, bei aller emotionalen Annäherung dann letztlich doch Distanz zu den Frauen zu halten, um seine (künstlerische) Mission erfüllen zu können.[57] Angesichts der spärlichen Informationen, die Turner über seine privaten Verhältnisse, geschweige denn seine diesbezüglichen Gedanken und Gefühle, bekannt werden ließ, sind Erklärungen der letztgenannten Art nahe an Verlautbarungen der Regenbogenpresse – was nicht ausschließt, dass sie einen wahren Kern haben. Ausgehend von der Gewissheit, dass – zumal bei einem Künstler vom Range Turners – eindimensionale Erklärungen in jedem Fall unzureichend sind und sich die in einer Persönlichkeit zusammenwirkenden, handlungsbestimmenden Aspekte letztlich nicht im Sinne

---

55. »There is something very strange and sorrowful in the way Turner used to hint only at these und meanings of his; leaving us to find them out, helplessly, and often we did not find them out, no word more ever came from him. Down to the grave he went, silent.« »You cannot read me; you do not care for me; let it all pass; go your ways.«, John Ruskin 1856, zitiert nach Shanes, *Human Landscapes*, 339.
56. Zu den Karthago-Gemälden s. Reynold, *Turner*, 90 ff.; Gage, *Turner*, 210 ff.; Shanes, *Human Landscapes*, 191 ff.; Költzsch, *Turner*, 54 f.; *Oxford Companion to Turner*, 77 (Martin Butlin).
57. Zu Turner und Äneas vgl. *Oxford Companion to Turner*, 1 (Martin Butlin).

von Vektoren isolieren und in ihrem Zusammenwirken mathematisch beschreiben lassen, laufen Rekonstruktionsversuche entsprechender Wahrheiten auf rhetorische Prozesse hinaus, deren Überzeugungskraft wesentlich auch vom Weltbild des jeweiligen Rezipienten abhängt. Die Angelegenheit wird zumal in unserem Fall noch dadurch kompliziert, dass die hier rekonstruierte Entwicklung Turners bezüglich seiner Varianten des Hero-und-Leander-Themas ja nur einen Bruchteil seines Schaffens darstellt. In den Jahrzehnten von 1805 bis 1837 schuf Turner Tausende von Zeichnungen und mehr als hundert Gemälde zu den unterschiedlichsten Themen und natürlich ist auf den verschiedenen Ebenen mit Interaktionen zu rechnen. Vor diesem Hintergrund – auch trotz lückenhafter und vermutlich selektiver Quellenlage (s. u.) – kann es bezüglich der Hero-und-Leander-Thematik somit nur darum gehen, assoziativ möglicherweise für Turner relevante Aspekte anzusprechen, im Bewusstsein dessen, dass sich daraus bestenfalls eine nicht nur von der Betrachterperspektive dominierte Annäherung ergibt.

Die Geschichte von Hero und Leander war für Turner zumindest vor 1828 ein Thema neben vielen anderen. Eine potenziell bildträchtige, tragische antike Liebesgeschichte mit über die Handlung hinausweisendem moralisch-emotionalem Gehalt. In den Jahren um 1805 hat er sich Themen dieser Art gewissermaßen in Serie erarbeitet und Skizzen dazu geschaffen, auf die er dann in den folgenden Jahren und Jahrzehnten zurückgreifen konnte. Dass antike Themen für ihn wegen des spezifischen Ambientes und intellektuellen Anspruches und auch wegen der Möglichkeit, potenziell persönliche emotionale Aspekte auf diese Weise in unverfänglicherer Distanz zu gestalten[58], attraktiv waren, ist anzunehmen. Die Liebestragödie von Hero und Leander im Speziellen bot für Turner mehrdimensionale Assoziationsmöglichkeiten. In der Fassung von 1805 (Abb. 3) ist es ein liebendes Paar, dem das Schicksal nicht erlaubt, zusammen zu leben. Auf der kleineren Gemälde-Version (Abb. 1) wurde Hero zur tragischen Protagonistin, deren Verlangen trotz widriger Verhältnisse letztlich zum Tod des Geliebten führte. Im Kontext der in Rom entstandenen Werke wird diese Hero formal wie inhaltlich damit zum Pendant bzw. zum Gegenentwurf der Medea. In beiden Bildern steht eben nicht ein Paar, sondern die Frau im Mittelpunkt (s. o. Anm. 36), Medea als von Jason betrogene Geliebte, sich grausam rächende, ihre Kinder tötende Zauberin und Hero als allen Konventionen zum Trotz Liebende und wieder Geliebte, gleichwohl schuldhaft das Unglück heraufbeschwörende Frau. Eindimensionale moralisch wertende Urteile über seine Heldinnen liegen Turner offensichtlich fern. Vielmehr schildert er sie in aller körperlichen Attraktivität, gleichermaßen als tragische Täter und Opfer ihres Schicksals. Dass sich in der Wahl und der Aufbereitung dieser Themen Aspekte von

---

58. Zu antiken Themen im Werk Turners s. Reynold, *Turner*, 119 ff.; Shanes, *Human Landscapes*, 176 ff., zu Szenen nach Ovid; Gage, *Greek Spirit*, 14 ff., sowie oben Anm. 8.

Turners Verhältnis zu Frauen spiegeln, liegt nahe. Niemand hatte ihm die Themen vorgegeben. In den Jahren um 1828 war Turner, soweit bekannt, partnerschaftlich ungebunden. Die Sehnsucht nach einer attraktiven, charakterstarken Frau und zugleich die Furcht, dadurch in Abhängigkeit und Verderben zu geraten, wird – in welcher Intensität auch immer – in die Bilder eingeflossen sein. Hinsichtlich der Londoner Fassung (Abb. 2) ist bemerkenswert, dass Turner hier gewissermaßen, über inhaltlich wie ikonographisch verschlungene Wege, an den Ausgangspunkt, zum im Abschied vereinten Paar zurückkehrt. Und an Leanders Tod, den er nun auf dem Rückweg erleidet, trägt Hero hier sicher keine Schuld.

Mit dem wohl ebenfalls in Rom von Turner bearbeiteten »Polyphem« (und auch dem »Regulus«, s. o. Anm. 27) hat das Hero-und-Leander-Thema die komplexen inhaltlichen Brechungen der Licht-Thematik gemeinsam. Bei Odysseus bedeutet der Sonnenaufgang die Erlösung, für Hero und Leander das Gegenteil davon. Polyphem wurde vom Feuer einer Fackel geblendet, in der Hand der Aphroditepriesterin Hero ist sie das Symbol Amors, der Liebe und auch der Ehe. Das Licht der gleißend aufgehenden Sonne bedeutet für Odysseus die erfolgreiche Flucht aus der Höhle und dem Machtbereich des Riesen, wobei dieser nur deshalb geblendet werden konnte, weil ihm das Licht der Erkenntnis gegenüber den Listen des Odysseus gefehlt hatte.[59] Entgegen der für Odysseus gewissermaßen üblichen romantischen Konnotationen des Sonnenaufgangs als Zeichen der Hoffnung und des Neubeginns wird dieser bei Hero und Leander zum negativen, die Liebenden trennenden Fanal. Die Hoffnung auf das von Menschen domestizierte Licht, die Lampe, zu setzen, erweist sich als trügerisch.

Und schließlich lassen sich Turners Hero-und-Leander-Gemälde, wie bereits angedeutet, als Antwort auf Ettys Bilder zu diesem Thema verstehen (Abb. 7). Während Etty sein Werk ausschließlich auf den Aspekt des Abschieds fokussiert bzw. auf den darin enthaltenen sentimentalen Aspekt herunterbricht, schöpft Turner das in der Geschichte angelegte Spektrum an Implikationen in exponentiell höherem Maße aus. Zwischen Ettys vergleichsweise oberflächlichem, dafür aber erheblich eingängigerem Zugang und Turners Anliegen liegen Welten – wem man die Palme gibt, hängt von den jeweils angelegten Kriterien ab.

Dafür, dass Turner sich 1837 erneut mit der Thematik beschäftigte, sind verschiedene Motive vorstellbar. Hat Turner die Zurückweisung des Julia in Venedig-

---

59. Die zeitgenössischen Kritiker verstanden das Licht in Turners Bildern mitunter als direkte, an sie gerichtete Botschaft, wobei sie zeitweilig über den Gelbstich oder zu helle, blendende Effekte klagten, weitergehende Bedeutungsebenen aber kaum reflektierten. Dass für Turner das immanent um das Licht-Thema kreisende Hero und Leander-Bild aus inhaltlichen und malerischen Gründen interessant gewesen sein dürfte, kann zumindest vermutet werden. In der Vielzahl der von ihm eröffneten Dimensionen lässt er die eingefahrenen Argumentationsebenen seiner Kritiker jedenfalls spielend hinter sich, vgl. Költzsch, *Turner*, 71 ff.

Bildes dann doch nicht so locker genommen, wie er es dem jungen Ruskin gegen-
über schrieb (s. o. Anm. 48)? Demonstrativ verweigert sich Turner den Kritikern.
Anstatt nun inhaltlich eindeutige Werke abzuliefern, präsentiert er – zumal mit
»Hero und Leander« – eine in hohem Maße hintergründige, bedeutungsschwan-
gere und geradezu exzentrisch eigenwillige Komposition. Indem sich die Kritiker
des Bildes wiederum nur auf dessen oberflächliche Erscheinung und vermeintliche
Unverständlichkeit beschränken, konnte Turner – auf seine Art im Stillen – seine
Überlegenheit den Kritikern gegenüber feiern. Stille Rache ist süß und mitunter
dauert es knapp 200 Jahre, bis sich der Sachverhalt klärt (vgl. Anm. 36 – insbesondere den Beitrag von Jerrold Ziff).

Zudem hatte Turner in diesen Jahren wieder Beziehungen zu einer Witwe aufgenommen (wobei der Hinweis, dass Hero kurzfristig auch Witwe wird, sicher eine den
Bogen überspannende Spitzfindigkeit wäre). Die Parallele zwischen Hero und Sophie
Booth liegt vielmehr in der räumlichen Konstellation zwischen der betreffenden Frau
und dem Geliebten. Leander musste über den Hellespont schwimmen. Turner benutzte zumeist das Dampfschiff, um auf die Themse nach Margate zu gelangen. Und
hoffentlich wurde er dort ebenso sehnsuchtsvoll erwartet wie seinerzeit Leander von
Hero. So gesehen bekäme die architektonisch in hohem Maße merkwürdige Skulp-
tur des erotischen Paares an der Balustrade des Londoner Gemäldes eine zusätzliche
pikante Note[60], und auch der Umstand, dass in dieser Fassung der Schuld-Aspekt
Heros aufgehoben wird, wäre stimmig erklärt. Zudem mussten die antiken wie die
modernen Protagonisten ihre Beziehung nach Außen hin geheim halten. Turners
Situation um 1837 dürfte dies recht gut treffen… Und dann gibt es auch noch die
Überlegungen von Alexander Joseph Finberg, wonach das dramatisch-emotionale
Erscheinungsbild der Londoner Fassung auf den seinerzeitigen gesundheitlichen Zu-
stand Turners zurückgeht: er habe das Bild gewissermaßen im Fieber gemalt.[61]

Sicher reicht keine dieser Hypothesen für sich genommen aus, die komplexen
Hero- und Leander Gemälde zu erklären. Inwieweit kann bzw. will man Turner die

---

60. Wie bei allen Prominenten hat auch das sexuelle Leben W. Turners (und haben erotische
    Aspekte seiner Kunst) die Phantasien von Zeitgenossen und Nachwelt beflügelt, angefangen
    von J. Ruskin, der – angeblich – erotische Zeichnungen Turners aus dem Nachlass vernichte-
    te, um das Angedenken an den Künstler rein zu bewahren. Laut Ian Warrell, in: The British
    Art Journal 4 (2003), Nr. 1, hat diese Barbarei nie stattgefunden (was zu Schlagzeilen wie:
    »Bonfire of Turner's erotic vanities never took place« führte – The Guardian). Methodisch ist
    es leider unmöglich, u. a. mit dem Fehlen von Lücken in Skizzenbüchern und Widersprüchen
    in den Angaben Ruskins die betreffenden Folgerungen zu beweisen und damit zu postulieren,
    dass Turner niemals andere Erotik-Zeichnungen geschaffen habe als die, die sich jetzt in der
    Tate Gallery befinden.
61. Finberg, Life of Turner, 367, 501, Nr. 474, Pl. 19 – Finberg erinnert der »tumultuous splend-
    our« des Gemäldes an einen fiebrigen Zustand. Er vermutet, dass Turners Influenza Anfang
    1837 hierfür mitursächlich gewesen sein könnte.

hier durch Gegenüberstellung unterschiedlicher Motive bzw. Motiv-Dimensionen angedeutete Mehrdimensionalität, zwischen intellektuellem Anspruch, existenzialistischen Bekenntnissen, kunstpolitischen Sticheleien und privaten Assoziationen als Basis seiner Kreativität zutrauen? Auch wenn – wie bei allen historischen Erklärungen – die Gefahr, sich selbst in eine historische Figur zu projizieren, groß ist, dürfte es durchaus vertretbar (und letztlich ohne Alternative) sein, Turner eine solche mehrdimensionale motivationale Gemengelage und einen souverän-kreativen Umgang damit zuzutrauen. Über die Gewichtung der jeweiligen Aspekte lässt sich weiterhin trefflich streiten.

14. Kunsthistorische Irrtümer und Wahrheiten – eine Frage der Perspektive(n)?

Es hat vieler Seiten bedurft, um die kleine Hero-und-Leander-Fassung (Abb. 1) deskriptiv, technisch und inhaltlich zumindest einigermaßen sorgfältig unter die Lupe zu nehmen. Hierbei ergaben sich Argumentationsketten, die die Zuweisung an Turner respektive die Verankerung in seinem Werk plausibel begründen. Vor diesem Hintergrund wurden mögliche Bezüge des Bildes zu Turners privatem und sozialem Leben in den betreffenden Jahren skizziert. Relativ zu dem dazu nötigen Aufwand an Worten, Vergleichen und Verweisen ist die Leistung des Experten, das Bild innerhalb kürzester Zeit abzuurteilen, umso erstaunlicher. Dies ist weder als Vorwurf noch ironisch gemeint, schließlich machen wir es ja auf Gebieten, auf denen wir uns als Experten fühlen, aus guten psychologischen Gründen in aller Regel ähnlich: Wahrnehmung ist im Wesentlichen Informationsreduktion. Experte wird man durch Lernprozesse, die darauf hinauslaufen, neben einer Mehrung des Fachwissens die Fähigkeit zu erwerben, relevante Aspekte unmittelbar zu erkennen und anderes auszublenden. Und was als relevant gilt, wird im Zirkelschluss aus dem eigenen Vorwissen und u. a. von den Traditionen eines Faches, akademischen Lehrern und darüber hinaus den ex- und impliziten Zielen der eigenen Beschäftigung mit den jeweiligen Themen determiniert. Im Rahmen akademischer Sozialisation gilt bis heute der deskriptiv-analytische Zugang als eine von Anfängern zu erlernende und zu praktizierende Basis, auf der dann von Fortgeschrittenen die Kür, die Interpretation bis in die Höhen des kulturellen und gesellschaftlichen Gesamtkontextes, betrieben wird. Und wenn dann der Experte vor einem Bild innerhalb eines Augenblickes die Gewissheit entwickelt, jawohl, ein echter oder falscher Turner, dann verweist diese intuitive ›Erkenntnis‹ primär eben auf eine Passung zwischen Merkmalen des Bildes, der (als solche nur partiell bewussten) individuellen Lerngeschichte und der Motivationslage des Rezipienten.

Dass natürlich nicht alles minutiös deskriptiv aufgearbeitet werden kann, macht nicht zuletzt die Länge dieses über weite Strecken den systematischen Weg beschreitenden Beitrages deutlich. In unserem Fall wird das detektivische Vorgehen durch die sentimentalen bis finanziellen Implikationen eines ›neuen‹ Turners gerechtfertigt. Wollte man jedoch auf diese Weise die restlichen 99,99 % von Turners Gesamtwerk bearbeiten, ergäben sich in jeder Hinsicht ungenießbare Papierberge. Insofern ist es nicht verwunderlich, dass die Mehrzahl wissenschaftlicher wie populärer Schriften zu Turner, in denen es nicht um Schatzsuche, sondern Erkenntnisgenerierung, Erkenntnisvermittlung und/oder Unterhaltung geht, auf trockene deskriptive Untersuchungen zugunsten von inhaltlichen und biographischen Überlegungen nach Möglichkeit verzichten. Zudem werden auf höheren Abstraktionsebenen angesiedelte Argumentationen üblicherweise als inhalts- und erkenntnisträchtiger erlebt.

Das Hero-und-Leander-Beispiel macht eindrucksvoll deutlich, wo – zumindest unter wissenschaftlichen Gesichtspunkten – das fundamentale Dilemma dieser Konstellation liegt: für die allermeisten Autoren, die sich mit dem Londoner Hero-und-Leander-Bild beschäftigten, stellte sich z. B. die Frage, wen die Rückenfigur meint und ob sie ggf. ikonographisch merkwürdig sein könnte, bislang gar nicht. Selbst Kathleen Nicholson, deren souveräne Untersuchung die absolute Spitze dessen ist, was die Turner-Forschung diesbezüglich bisher vorgelegt hat, fiel offenbar nicht auf, dass die Rückenfigur auf den Zeichnungen keine Flügel hat respektive dass sie im Laufe der Bildgenese ihre Identität wechselte. Wenn man bereits auf anderer, vermeintlich höherer Ebene Sinnzusammenhänge erkannt hat, verlieren damit nicht konforme Details ihre Relevanz und werden nicht wahrgenommen (s. o. Anm. 2). Grundsätzlich wurde unlängst postuliert, dass die werkimmanente Beschäftigung mit Turner praktisch abgeschlossen sei und es nun darum ginge, den Künstler im Rahmen seiner bis unserer Epoche zu diskutieren. Unter anderem hiermit wurde das Ende des dem Künstler gewidmeten Turner-Journals begründet.[62] Wozu also auf deskriptiver Ebene Fragen stellen, wenn die Turner-Diskussion über die zu erforschenden Wahrheiten somit – ganz offiziell – längst auf elaborierteren Meta-Ebenen stattfindet?

Natürlich soll hier kein Plädoyer für anachronistische, papierfressend-akribische, dabei ihrerseits oft ziellose Abhandlungen gehalten werden. Vielmehr geht es in kunstbezogenen Wissenschaften darum, soweit möglich, dezidiert und als Bestandteil der wissenschaftlichen Arbeit, die eigenen Motive, Ziele und Voraussetzungen zu reflektieren. Nach dem postmodernen Sündenfall dürfte es zu einer solchen Annäherung an ›Wahrheiten‹ keine Alternativen mehr geben. Nur wenn die eigenen Perspektiven und Vorgehensweisen in ihren spezifischen Implikationen und Relativitäten expliziert werden, ist zu erwarten, dass die dann vorgelegten Abhandlungen

---

62. John Parker, How Should Turner Studies Progress? In: *Turner Studies* 10 (1990), Nr. 1, 2–4; Barry Venning, ›How Should Turner Studies Progress?‹ A Reply, in: *Turner Studies* 10 (1990), Nr. 2, 2–6.

und Urteile mehr über ihren Gegenstand als über ihre Autoren aussagen. Dass der Autor dieses Beitrages mit detektivischen Mitteln den Nachweis der Authentizität der kleinen Fassung des Hero-und-Leander-Bildes begründen und, von einem institutionalisiert Deutungshoheit beanspruchenden Expertentum verärgert, methodologische Fallen aufzeigen wollte, dürfte hinreichend deutlich geworden sein. Dass ihm dabei selber Fehler unterlaufen sind, ist anzunehmen, weil bei weitem nicht allen Spuren nachgegangen werden konnte. Er ist jedoch zuversichtlich, dass ggf. nötige Korrekturen und Ergänzungen im Kontext des gewählten methodischen Vorgehens konstruktiv, im Sinne einer Vertiefung des Wissens um das Werk von William Turner, eingebracht werden können.

Bezüglich der von ihm eingenommenen Perspektive stieg der mehrfach zitierte Turner-Experte demgegenüber ganz hoch oben ein. Es ging ihm verständlicherweise darum, möglichst schnell zu einem eindeutigen Ergebnis zu kommen, mit einer Stringenz, die es erlaubt, selbst den allgemein bekannten Umstand, nämlich dass es de facto unmöglich ist, anhand von Fotos die Farbqualität von Gemälden zu beurteilen – durch entsprechende Justierung bei der Aufnahme und/oder seines PCs wäre jede Variante problemlos herzustellen – außer Acht zu lassen. Anfragen überhaupt zu beantworten, ist eine freundliche Geste, für die keine Gegenleistung zu erwarten ist. Darüber hinaus ging der Experte offenbar von impliziten Grundannahmen aus, die in der aktuellen Turner-Forschung von zentraler und dabei offenbar limitierender Bedeutung sind:

– Unwahrscheinlichkeitsannahme: Dass ein Werk Turners, zumal im diesbezüglich überaus armen Deutschland[63] auftaucht, ist und bleibt so unwahrscheinlich wie die legendäre Stecknadel im Heuhaufen. Wozu sich angesichts dessen die Mühe machen, in eine eingehendere Betrachtung eines Bildes einzusteigen, das per se eine Kopie sein wird?
– Turner-Nachlass-Vollständigkeits-Annahme: diesem im- bis explizit vertretenen Postulat nach sind fast alle Werke, einschließlich der kleinsten Skizze, die Turner

---

63. Aktuell ist »Ostende«, entstanden 1844, Butlin & Joll, *Paintings*, Nr. 407, in der Neuen Pinakothek, München, Inv. 14435 (erworben 1976), das einzige wichtige Gemälde Turners in einem deutschen Museum (Erich Steingräber (Hg.), *Neue Pinakothek München, Erläuterungen zu den ausgestellten Werken*. Katalog München 1981, 346f. – Christoph H. Heilmann). Turners großes Interesse an Deutschland, den Landschaften wie den Kulturdenkmälern, blieb zu seinen Lebzeiten weitgehend unerwidert; paradigmatisch dafür ist die Ablehnung seines zur »Eröffnung der Walhalla« geschaffenen und nach München geschickten Gemäldes von 1842, das 1845 auf der XI. Kunstausstellung präsentiert und von den Kritikern regelrecht zerrissen wurde. Turner erhielt das Bild in beschädigtem Zustand und nach Übernahme der Transportkosten zurück, s. Cecilia Powell, *William Turner in Deutschland*. Ausstellung Mannheim und Hamburg 1995/1996, zur »Walhalla« 107 ff.

jemals geschaffen und nicht verkauft (oder selten einmal verschenkt) hat, erhalten und befinden sich in seinem in der Tate Gallery verwahrten Nachlass. Schon der schiere Umfang des Nachlasses scheint dies zu belegen. Wenn es dann im Turner-Nachlass beispielsweise zu einem ausgestellten Gemälde keine Vorstudien gibt, dann hat es – dem Postulat zur Folge – eben nie welche gegeben. Eine solche gleichsam zum Gesetz erhobene Vorannahme erklärt unter anderem, warum eine inhaltlich praktisch nichts mit dem Hero-und-Leander-Gemälde verbindende Ölskizze (Abb. 6) als Studie zu eben diesem Gemälde aufgefasst werden kann.

Ungeachtet der Frage nach der Authentizität der kleinen Hero-und-Leander-Version erscheint es sinnvoll, das in der Turner-Forschung zumindest implizit vertretene Vollständigkeits-Postulat eingehend zu diskutieren. Anstatt stillschweigend die weitgehende Vollständigkeit des Nachlasses als gegeben vorauszusetzen, läge es aus mehreren Gründen näher, die durchaus spannende Frage, nach welchen mehr oder weniger systematischen Kriterien Turner selber seinen Fundus selektiert hat und wie er mit ihm gearbeitet hat, zu stellen. Hat er wirklich jeden seiner Pinsel- und Bleistiftstriche aufgehoben? Gab es für Turner ggf. eine Zwischenkategorie von Werken, Zeichnungen und auch Ölskizzen, die für ihn weder für seinen Fundus als Ideenskizze wichtig noch als gültiges Bild wertvoll waren, sondern unmittelbar zur Herstellung von Bildern dienten und nach Abschluss des Projektes überflüssig wurden und entsorgt werden konnten? Warum gibt es zu einigen Ausstellungsbildern Ölskizzen und zu anderen nicht (wobei sich z. B. die mit anderen zusammen aufgerollte »Polyphem«-Skizze offenbar eher zufällig erhalten hat)? Um beim Hero-und-Leander-Beispiel zu bleiben: Suchte er, wenn er nach Jahren wieder das Thema aufgriff, tatsächlich aus seinem riesigen Bestand die letzte diesbezügliche Skizze hervor, um dann eine einzige weitere Skizze zu zeichnen, die er dann wieder archivierte? Wie erarbeitete Turner die komplexen Architekturprospekte – etwa die Tempelstadt der Hero-und-Leander-Gemälde? So gesehen ist die Werk-bezogene Turner Forschung doch noch nicht ganz am Ende ihrer Fragestellungen und Möglichkeiten angelangt! Im Gegenteil, mit substanziellen und spannenden Ergebnissen wäre zu rechnen…

15. Epilog

Ölskizzen respektive unvollendete, nicht als repräsentativ erachtete Ölbilder waren für Turner weder Ausstellungsstücke noch Handelsware. Nachdem die kleinere Hero-und-Leander-Version sich nicht im Nachlass befunden hat, wird Turner sie noch zu Lebzeiten aus der Hand gegeben haben. Diesbezügliche Dokumente fehlen bzw. sind nicht bekannt. Grundsätzlich kämen viele Freunde und Gönner Turners in Frage, die er nach 1837, nachdem die kleinere Fassung ihren Dienst als Vorlage der großen geleistet hatte, mit dem Bild beehrt haben könnte. Da es, soweit absehbar, in den dokumentierten Kollektionen der einschlägigen Turner-Sammlungen nicht auftaucht, liegt – hypothetisch – folgende Geschichte nahe. Ausgehend von der spezifischen Konstellation der persönlichen Beziehung Turners zu Sophie Booth (die wie oben angedeutet, möglicherweise ein (Teil-)Motiv für ihn war, sich wieder mit dem Thema zu beschäftigen), hätte eben diese die geeignete Adressatin des Gemäldes abgegeben. Auch Turner lebte von seiner Hero durch ein breites Gewässer getrennt. Ihre Verbindung hielten sie, wie ehemals das legendäre Paar, vor der Welt geheim. Immer wieder gab es Ankünfte und Abschiede, wobei in jeder Ankunft bereits der Abschied, aber im Fall von Turner und Sophie Booth erfreulicherweise bis zu Turners natürlichem Tod, jedem Abschied auch eine Ankunft innewohnte. Ein Teil des persönlichen Nachlasses von Sophie Booth, der auch verschiedene kleinere Ölbilder enthielt, wurde 1865 bei Christies versteigert. Andere Zeichnungen und Gemälde werden ihr Turner-Verehrer vorher abgekauft bzw. abgeschwatzt haben, anderes mag irgendwo hängen geblieben bzw. gestrandet sein..., um dann nach knapp 200 Jahren irgendwo im Kunsthandel wieder aufzutauchen.[64] Auch wenn sich die konkrete Provenienz der kleinen Fassung von »Hero und Leander« derzeit nicht konkreter fassen lässt, kann das Bild aus vielerlei Gründen weder eine Kopie noch eine spätere Variante noch eine Fälschung sein.[65] Die technischen, ikonogra-

---

64. Hamilton, *Turner*, 282f.: »The number of oil paintings, a dozen or more, which emerged with a Booth/Pound provenance in 1865 suggests that Turner must have given some of them at least to his Margate companion, and given them with kindness.« In dem 1865 bei Christies versteigerten Nachlass von Sophie Booth und ihrem Sohn, Auktionskatalog Christies, Christie's Sale 25.3.1865, ist kein zwingend mit der kleinen Hero und Leander-Version in Verbindung zu bringendes Bild zu finden. Parallel zur Auktion haben die Erben dieser Bestände Werke auch privat veräußert; vgl. Gage, *Turner*, 156ff. – wobei deutlich wird, dass ein solches Geschenk an einen von Turners bekannten Gönnern singulär wäre; unter Sammler-Freunden machte er bei Gemälden mitunter günstigere Preise, verschenken tat er sie nicht.

65. In seiner Galerie war Turner stets darauf bedacht, das Kopieren seiner Bilder zu verhindern: »Though the visitor would see Turner unless he chose to come out of the studio, Turner could watch his visitor's every move from the small peephole in the dividing wall. If he saw anybody touching his pictures, or making discreet copies, he would rush out like a terrier and send them off at once.« Ruskin bekam einen Tag Hausverbot, als er beim Skizzieren eines Turner-Gemäldes in der Ausstellung der Royal Academy erwischt wurde, Finberg, *Life of Turner*, 396; Hamilton, *Turner*, 213. Angesichts dessen kann eine Kopie/Paraphrase nach dem Hero-und-Leander-Bild respektive eine Kopie nach einer dann zu postulierenden, heute verschollenen Vor-Version kaum zu Turners Lebzeiten entstanden sein. Bei einer postumen Replik würde sich die Frage stellen, warum der Kopist so viele Aspekte, von den Proportionen bis zu charakteristischen Details, veränderte, sich selbst bzgl. der wenigen Konstruktionslinien nicht an sein Vorbild hielt, um dann gleichermaßen ökonomisch und hochsouverän die komplexe Komposition mitsamt diverser Modifikationen während des Malvorganges frei zu malen. So legte er in Kompositionslinien das Giebeldreieck des zentralen Tempels (Abb. 1b) zu groß an; in der

phischen und stilistischen Aspekte der kleinen Fassung von »Hero und Leander«
ergeben vielmehr ein dichtes Indizien-Netz, die das Gemälde fest in Turners Werk
verankern und dessen Authentizität begründen.[66]

Ausführung reduzierte er die Dimensionen der Architektur ein Stück weit. Ausgehend von
einer die Architektur und ihr Verhältnis zum Gesamtbild nur andeutenden Skizze (Abb. 5) ist
dies zwanglos im Rahmen der Bildgenese nachvollziehbar. Wäre ein Maler vom Londoner Bild
(Abb. 2) ausgegangen, wäre ein solcher kompositioneller Rückschritt zumindest merkwürdig.
Um schließlich den Eros in eine Hero zurückzuverwandeln, hätte sich ein imaginärer Kopist
oder Fälscher akribisch in die sehr spezielle Thematik einarbeiten und hiervon ausgehend die
zu Hero, nicht aber zum Eros passenden Opfergerätschaften hinzufügen müssen. In dieser unserer Welt ist sprichwörtlich zwar nichts unmöglich, aber dies alles dann doch hochgradig unwahrscheinlich (und zudem bei Repliken nach Turner-Gemälden singulär). Das nachträgliche
Hinzumalen der beiden Titelhelden und die verschiedenen Änderungen während der Planung
schließlich wären nur mit einer böswilligen Fälschung – also im Sinne einer retrospektiven Re-
konstruktion einer ersten Fassung Turners – erklärbar. Hierzu hätte der Fälscher, neben allem
zu betreibenden technischen Aufwand, die bis dato gar nicht bekannte Genese des Themas im
Werk Turners studieren und somit diesen Aufsatz lesen müssen.

66. Der Autor ist Herrn Dr. Christofer Conrad, Konservator für Malerei & Skulptur des 19. Jahrhunderts, Staatsgalerie Stuttgart, für kompetente, unbürokratische und moralische Hilfestel-
lungen in hohem Maße zu Dank verpflichtet! Ohne die Unterstützung von Sean Rainbird,
Direktor der Staatsgalerie Stuttgart, Hermann Degel, Gemälderestaurator der Staatsgalerie
Stuttgart (für die Röntgenuntersuchung) und Prof. Dr. Christoph Krekel, Staatliche Aka-
demie der bildenden Künste Stuttgart, der die Infrarotreflektorgraphie durchführte und die
Abbildungsvorlagen für die Abb. 1b/c anfertigte, wäre dieser Aufsatz nicht entstanden. Prof.
Dr. Otto Neumaier danke ich nicht zuletzt sehr herzlich dafür, den überlangen Beitrag in
diesen Band aufgenommen zu haben. Peter Pamminger, Schadeck, danke ich für wichtige
Hinweise und eine kritische Revision des Manuskriptes. Und ohne die Tatkraft meiner Frau
Christina Lemnitz und unserer Tochter Sophia wäre das Turner-Abenteuer möglicherweise
schon zuvor, wie weiland Leander bei der Durchquerung des Hellespont, in Strömungen und
Untiefen, in diesem Fall denen des kunstwissenschaftlichen Establishments, gescheitert.

Abgekürzt zitierte Literatur

Bailey, *Life of Turner* – Anthony Bailey, *Standing in the Sun, A Life of J. M. W. Turner*, London: Sinclair–Stevenson, 1997.

Butlin & Joll, *Paintings* – Martin Butlin & Evelyn Joll, *The Paintings of J. M. W. Turner*, 2 vols., rev. ed., London: Thames & Hudson, 1984.

Färber, *Hero und Leander* – Hans Färber, *Hero und Leander. Musaios und die weiteren antiken Zeugnisse*, München, Heimeran, 1961.

Finberg, *Turner* – Alexander J. Finberg, *The Life of J. M. W. Turner, R. A.*, rev. and with a suppl. by Hilda F. Finberg, Oxford: Clarendon Press, 1961.

Finberg, *Sketches* – Alexander J. Finberg, *Turner's Sketches and Drawings*, London: Methuen, 1910.

Gage, *Turner* – John Gage, *J. M. W. Turner. ›A Wonderful Range of Mind‹*, New Haven–London: Yale University Press, 1987.

Gage, *Greek Spirit* – John Gage, Turner and the Greek Spirit, in: *Turner Studies* 1 (1980), Nr. 2, 14–25.

Gaunt, *Turner* – William Gaunt, Turner, rev. and enl. ed., Oxford: Phaidon, 1981.

Hamilton, *Turner* – James Hamilton, *Turner. A Life*, London: Hodder & Stoughton, 1997.

Katalog Hamburg 1980 – Werner Hofmann (Hg.), *William Turner und die Landschaft seiner Zeit. Kunst um 1800*. Ausstellung Hamburg 1976, München: Prestel, 1976.

Katalog München 1979/1980 – *Zwei Jahrhunderte englische Malerei. Britische Kunst und Europa 1680 bis 1880*. Ausstellung Haus der Kunst München, 1979/1980, München: Thiemig, 1980.

Katalog Essen/Zürich 2001/2002 – Georg-Wilhelm Költzsch (Hg.), *William Turner. Licht und Farbe*. Ausstellung Essen und Zürich 2001/2002, Zürich: Kunsthaus, 2001.

Kemp-Lindemann, Hero und Leander – Dagmar Kemp-Lindemann, Hero und Leander, in: Ursula Höckmann & Antje Krug (Hg.), *Festschrift für Frank Brommer*, Mainz: Zabern-Verlag, 1977, 201–205.

Költzsch, *Turner* – Georg-Wilhelm Költzsch, *William Turner. Die Wahrheit der Legende*, Köln: Dumont, 2002, 2. Aufl. 2003.

Lindsay, *Turner* – Jack Lindsay, *J. M. W. Turner, His Life and Work. A Critical Biography*, London: Cory, Adams & Mackay, 1967.

Nicholson, *Classical Landscapes* – Kathleen Nicholson, *Turner's Classical Landscapes: Myth and Meaning*, Princeton/NJ: Princeton University Press, 1990.

Oxford Companion to Turner – Evelyn Joll, Martin Butlin & Luke Herrmann (Hg.), *The Oxford Companion to J. M. W. Turner*, Oxford u. a.: Oxford University Press, 2001.

Reynold, *Turner* – Graham Reynold, *Turner*, London: Thames & Hudson, 1969 (mehrere Nachdr. 1974–1994).

Shanes, *Human Landscapes* – Eric Shanes, *Turner's Human Landscapes*, London: Heinemann, 1990.

Wilton, *Turner* – Andrew Wilton, *Turner und seine Zeit*, übers. von Annemarie Seling, München: Hirmer, 1987.

Otto Neumaier (Hg.): *Fehler in Wissenschaft und Kunst*, Möhnesee: Bibliopolis, 2010: 165–186

GIBT ES FEHLER IN DER MUSIK?
EIN GESPRÄCH

Wolfgang Brunner, Wolfgang Gratzer,
Otto Neumaier und Christian Ofenbauer

Ofenbauer: Auf den ersten Blick erscheint mir die Frage, ob es Fehler in der Musik gibt, etwas eigenartig. Warum sollten wir nach Fehlern in der Musik suchen?

Brunner: Aber Fehler sind doch die Würze in der Musik und im Leben. Die Frage ist dabei nur, wie man Fehler definiert, ob Fehler in unserer Gesellschaft etwas negativ Bewertetes sind und wie man damit umgeht.

Neumaier: Um über Fehler in der Musik zu sprechen, gibt es in meinen Augen mehrere mögliche Ansatzpunkte, ästhetische und nicht-ästhetische. Denken wir etwa an die Behauptung von Karl Rosenkranz, dass das Hässliche in der Kunst immer in einem Zuviel oder Zuwenig bestehe. Das heißt also, wenn irgendein musikalisches Werk in irgendeiner Hinsicht ein Zuviel oder Zuwenig aufweist, dann ist es hässlich, und daraus ergibt sich dann die Frage, ob es ein Fehler ist, wenn das Stück hässlich ist.

Ofenbauer: Natürlich kann man die Frage von dieser ästhetischen Seite betrachten. Ich gebe zu, dass es im Tonsatz Fehler geben kann. Deshalb unterrichte ich ja auch nicht irgendeinen Tonsatz, sondern einen historisch bezogenen. Dann kann ich nämlich genau sagen, was ein Fehler ist, etwa wenn das Thema der Bach'sche Choralsatz ist.

Neumaier: Das erscheint mir als wichtiger Punkt, denn es zeigt sich, dass wir einen Bezugsrahmen brauchen, um sinnvoll von einem Fehler sprechen zu können.

Ofenbauer: Das ist völlig richtig. Als *Künstler* – nicht als Tonsatzlehrer – behaupte ich aber dennoch, dass es in der Kunst, das heißt in der Produktion von Kunst, keine Fehler gibt, denn in der Kunst steht im Prinzip *alles* zur Disposition.

Neumaier: Gilt das nicht auch für die Interpretation von Kunst? Haben nicht die reproduzierenden Künstler genauso viel Freiheit? Das gilt zumindest im Sinne der These von Roland Barthes, dass »der Autor tot« sei, wodurch auch Texte einfach Verfügungsmasse sind. Ebenso könnte man sagen, dass Noten, die jemand in einer Partitur niedergelegt hat, auch nur Verfügungsmasse sind.

Ofenbauer: Roland Barthes war fraglos ein kluger Kopf, aber das heißt nicht, dass alles, was er gedacht und gesagt hat, auch wirklich gescheit ist. Selbstverständlich

gibt es den Autor. Wer sollte denn sonst etwa Gedichte schaffen? Sicher nicht die
Burgschauspieler, die sie nachher sprechen. Sprechen ist einfach nicht dichten. Und
noch ein zweites: Wenn Werke umstandslos zu einer Verfügungsmasse gerinnen, in
der scheinbar individuell formuliert werden kann, dann halte ich das auch für problematisch. Der Begriff »Originalkopie« ist zwar witzig, aber trotzdem unhaltbar.

Brunner: Die Frage der Autorschaft ist gerade für die Ausbildung an Musikhoch-
schulen von zentraler Bedeutung, denn es geht dabei ständig um sogenannte Fehler,
und zwar nicht nur bei Prüfungen, sondern auch und zunächst in der Ausbildung.
Mit Bezug auf die Interpretation von Werken erziehen wir die Leute im Stil des
19. Jahrhunderts, was Intonation, Artikulation, den Umgang mit Verzierungen, mit
Phrasierung betrifft. Das heißt also, wir produzieren zu 90 Prozent noch eine Ästhetik des 19. Jahrhunderts und projizieren diese auf Musik des 18. Jahrhunderts. Und
dann wundern wir uns, dass die Musik des 18. Jahrhunderts auf einmal langweiliger
ist, und zwar deshalb, weil das falsche Wertesystem darauf angewendet wird. Ebenso halte ich es im Bereich der Musiktheorie für einen Fehler, wenn mit Funktions-
analyse versucht wird, an Mozart, Bach und ähnliche Musik heranzugehen, gar
nicht zu reden von früherer Musik, und das, obwohl die Funktionsharmonik als
System erst im Laufe des 19. Jahrhunderts entstanden ist. Der gleiche Fehler liegt
vor, wenn wir versuchen, die Sonatensatzform auf Musik des 18. Jahrhunderts an-
zuwenden, denn auch dieses System wurde erst um 1840 von Adolf Bernhard Marx
in seiner *Lehre von der musikalischen Komposition* entworfen. Dieses Vorgehen erinnert mich an den Volkskundler, der in Afrika die Cola-Flasche sucht und feststellt,
dass die Leute nichts trinken, weil es dort keine Cola-Flasche gibt. So gesehen ist für
uns die Frage, wo Fehler stecken, existentiell, und zwar so sehr, dass wir die Zukunft
der Musikausübenden und unserer Profession aufs Spiel setzen.

Ofenbauer: Meine Bemerkung war nicht so gemeint, dass wir uns in Zusammenhang mit Musik in keiner Weise mit Fehlern beschäftigen sollen. Natürlich müssen
wir uns zum Beispiel Gedanken über die Frage machen, welche klingende Umsetzung ein musikalisches Werk braucht, was dem Kunstwerk gerecht wird. Das ist
eine legitime und zum Kunstwerk selbst gehörige Frage, die folglich auch ein Gegenstand der Musiktheorie sein muss. Dagegen fällt es mir einerseits ein bisschen
schwer, den Ort des musikalischen Kunstwerks selbst festzustellen, andererseits
sehe ich den Komponisten immer noch als Autor. Ich sehe also noch keinen Grund,
den Autor in der Musik nicht mehr anzuerkennen. Das zu tun, halte ich für eine
Modeerscheinung oder für Larifari.

Neumaier: Wenn wir die Rolle des Autors anerkennen, dann folgt daraus aber, dass
es auch falsche Interpretationen geben kann, und zwar insofern, als sie den Inten-
tionen des Autors widersprechen. Damit ist natürlich nicht ausgeschlossen, dass
dabei mehrere Möglichkeiten der Interpretation offen bleiben oder sogar offen bleiben müssen.

Gratzer: Um mehr Klarheit zu gewinnen, sollten wir versuchen, den Begriff des Fehlers etwas genauer zu bestimmen. Ich bezeichne einen Fehler als unerwünschte Abweichung von einem erwünschten Zustand. So kann ich als Musikhistoriker sagen, dass in allen drei Bereichen der Musik, nämlich der Komposition, der Interpretation und der Rezeption, Fehler festgestellt wurden und werden. Ob man das für richtig hält oder nicht, ist eine andere Sache. Wenn Giovanni Artusi kurz nach 1600 ein Madrigal von Monteverdi »zerlegt« und bemerkt, dass dieser Komponist nicht komponieren kann, weil er die Tonsatzregeln nicht beherrscht, dann hat er Fehler festgestellt. Ähnliches hat später etwa Georg Joseph Vogler in Bezug auf die Musik von Bach gemacht; er ist sogar so weit gegangen, von ihm fehlerhaft eingeschätzte Merkmale Bach'scher Choräle zu verbessern. Im Bereich der Interpretation brauchen wir nur Zeitschriften aufzuschlagen, die Rezensionen enthalten, um festzustellen, dass ständig von Fehlern gesprochen wird, und zwar vielfältigen Abstufungen: Manchmal wird nur mangelnde Sorgfalt festgestellt, aber gelegentlich werden richtiggehend Entgleisungen beklagt. Auch im Bereich der Rezeption kommt es andauernd vor, dass jemand etwas über Musik sagt und jemand anderer diese Äußerung als fehlerhaft, als falsch oder zumindest als problematisch kritisiert, weil sie einem Idealzustand nicht entspricht. Bei der Betrachtung solcher Beispiele ist es interessant zu analysieren, wie genau die Vorstellung des Idealzustandes ist. Da eine präzise Vorstellung davon, wie ein künstlerischer Idealzustand sein sollte, nicht ganz leicht zu argumentieren ist, geraten diesbezügliche Fehlerdiagnosen vergleichsweise leicht ins Wanken.

Neumaier: Gibt es Gründe für die Annahme, dass in der Musik von Monteverdi Abweichungen von einem erwünschten Zustand vorkommen, die für ihn selbst unerwünscht waren? Die gleiche lässt sich natürlich auch für die Musik von Bach stellen. Oder mit anderen Worten: Haben die Wissenschaftler bzw. die Theoretiker die alleinige Autorität, darüber zu entscheiden, ob ein Komponist, ein Autor, einen Fehler gemacht hat oder nicht? Immerhin sind die Namen Monteverdi und Bach bis heute bekannter als die ihrer Kritiker.

Gratzer: Die Abweichungen waren für Monteverdi wohl keinesfalls unerwünscht. Monteverdi hat auf Artusis Vorwürfe reagiert; auch in seinem Familienumfeld wurde darauf reagiert. Und dabei wurde Mehrerlei festgestellt: Erstens hat Monteverdi die fraglichen Passagen bewusst gesetzt, zweitens hat er gewusst, dass er damit gegen die alte Tonsatzlehre von Gioseffo Zarlino verstößt, und drittens hat er das begründetermaßen getan, denn sein Ideal war die Textausdeutung und nicht der korrekte Vollzug konventioneller Tonsatzregeln. Die Frage, was als Ideal gewollt ist, öffnet das Tor zu einer überaus heiklen Debatte im Bereich der Kunst, nämlich darüber, was die Intention des Künstlers ist: Was ist gewollt? Welches Ideal existiert in seiner Vorstellung? Das ist in den wenigsten Fällen klar zu fassen. Wir können nur von Äußerungen und Handlungen ausgehen, kennen aber vielfach nicht den Kontext.

Brunner: Vorstellungen von einem Ideal beruhen stets auf einem System von Werten, die sich natürlich fortwährend ändern können, selbst im Leben eines Komponisten. So hat etwa Bach Stücke später überarbeitet, das heißt, er hat eine frühere Arbeit weiter komprimiert, stärker fokussiert, ausdrucksstärker geschaffen, also ein neues Ideal formuliert. Deswegen war aber die frühere Form noch lange kein Fehler, auch nicht rückwirkend, sondern es war ein anderer Entwicklungsstand. Mir kommt ein Fehler eher wie ein absichtliches oder unabsichtliches Blockieren von Kommunikation vor. Es gibt ja sehr viele absichtliche Fehler. Der berühmteste ist der Trugschluss. Das ist das billigste, netteste, fröhlichste Spiel mit der enttäuschten Erwartung, die dann den Anlass gibt, ein Stück noch weiter zu führen.

Ofenbauer: Das Spiel mit der Erwartung halte ich für keine gute Kategorie. Wenn ich mir einen Vordersatz anhöre, dann habe ich nicht unbedingt die Erwartung, dass er auf der Dominante schließen muss. Wenn dann ein Trugschluss vorkommt, dann falle ich keineswegs vom Stuhl oder denke mir, dass damit eine Erwartung von mir enttäuscht worden ist.

Brunner: Doch, und zwar kommt es auf das Wertesystem an, in dem wir stecken. Wenn wir in der Volksmusik einen viertaktigen Vordersatz haben, dann erwarten wir einen viertaktigen Nachsatz. Wie bei sogenannten Kleinmeistern wie Diabelli oder Kuhlau zu sehen ist, geht uns so etwas in der Klassik auf die Nerven, weil es allzu perfekt ist. Wenn andererseits die Klassiker Volksmusik spielen, dann geht den Volksmusikern auf die Nerven, dass sie alles so perfekt, glatt und geschniegelt spielen, weil die klangliche »Würze« des Bogenstrichs, des Anblasgeräusches plötzlich fehlt; dabei haben sich jene, die klassische Musik spielen, mühsam antrainiert, dass das endlich verschwindet. Die Vorstellungen vom Ideal hängen also sehr stark mit dem sozialen Umfeld zusammen, durch das unsere Erwartungen geprägt sind.

Neumaier: Diese Überlegung wirft die Frage auf, ob Erwartungen etwas sind, das primär die Rezipienten betrifft, und ob die Komponisten dann mit solchen Erwartungen spielen. Wenn das so ist, dann handelt es sich aber um eine Form von Kommunikation, nicht unbedingt ein Blockieren von Kommunikation.

Brunner: Es geht um beide, um Komponisten und Rezipienten. Ich komponiere ja nicht nur für die anderen, sondern auch für mich selbst; ich beobachte beim Spielen auch nicht nur mein Publikum, sondern möchte auch selbst meine Freude daran haben.

Neumaier: Aber kann man beim Komponieren seine eigenen Erwartungen enttäuschen?

Gratzer: Das ist sehr wohl möglich, das hat zum Beispiel Cage versucht, indem er Zufallsoperationen in den Entstehungsprozess eingeschleust hat und dann zu Texturen wie in »Music of Changes« gekommen ist. Interessanterweise hat Cage, wie wir heute wissen, diese Zufallsentscheidungen aber nicht immer respektiert, sondern mitunter nachbearbeitet. Wenn es beispielsweise durch Zufall zu tonalen Elementen gekommen ist, hat Cage sie nachträglich wieder herausgenommen. Wenn man die Skizzen studiert, die in New York liegen, dann kann man also solch ein Spiel mit Erwartungen, auch mit eigenen Erwartungen gleichsam »beobachten«.

Ofenbauer: Das ist aber der einzige Komponist, der wirklich seine eigenen Erwartungen ausschließen konnte. Wenn ich nämlich den Zufall in den Kompositionsprozess einlasse, dann muss ich ja akzeptieren, was dieser ästhetisch liefert. Dieses Vorgehen ist seinerseits zu einer Art Technik geworden: Zahllose Leute bemühen inzwischen die Prozeduren oder den Ansatz von Cage, und deshalb ist das nichts Originelles mehr. Im Allgemeinen gilt aber meines Erachtens: Sowie jemand versucht, *Zusammenhänge* zu schreiben, kann er die eigenen Erwartungen nicht hintertreiben.

Brunner: Auch das erscheint mir als zeitliches Phänomen. Am deutlichsten zeigt es sich, wenn auch heute noch jemand improvisiert, wie es früher selbstverständlich war. Beim Improvisieren spielt jemand eigentlich ständig am Rande der Gefahr, des Fehlverhaltens, es sei denn, er ergeht sich nur noch in Klischees, also in irgendwelchen vorgegebenen Mustern. Das kann zwar vorkommen, aber das ist keine Improvisation. Wer wirklich improvisiert, kann sich dagegen ständig auf gefährliches Terrain begeben und schauen, wie er wieder heraus kommt. Derselbe Prozess vollzieht sich meiner Ansicht nach aber auch beim Komponieren, nur in einer zeitlich vollkommen anderen Dimension. Beim Komponieren kann man ja nachträglich noch korrigieren und Fehler übertünchen. Dagegen muss man beim Improvisieren mit Fehlern, die man anscheinend oder scheinbar begeht, sofort kreativ umgehen. Zugleich kann man sich freuen, dass man dadurch auf neue Ideen gekommen ist, die einen zu neuen Entscheidungen zwingen. Das geschieht letztlich aber auch beim Komponieren. Wenn ich selbst komponiere, kann es etwa sein, dass es Motive oder Ordnungssysteme gibt, Reihen oder so und so viel Takte, die mich zu etwas zwingen. Damit umzugehen, erlege ich mir als Aufgabe auf, und dann gefällt es mir oder auch nicht, bzw. bin ich erstaunt, was zustande kommt, und behalte das oder gehe von dort aus wieder weiter. Der Prozess des Komponierens bedeutet also für mich, dass ich mich in fixe Rahmen hineinbegebe, die mich zwingen, mich neu zu entwickeln, damit ich aus meinem eigenen Saft heraus komme. Darin besteht für mich auch die Lust zu komponieren. Eben das ist in der Improvisation und letztlich auch in der Interpretation dasselbe, denn eine lebendige Interpretation reagiert auch auf den Saal als vergrößertes Instrument, auf sein Publikum sowie auf die heutige Stimmung, die anders ist als gestern, auf die Müdigkeit oder die Wachheit. Letztlich ist das auch ein ständiges Austarieren von etwas, das zwar gewöhnlich nicht Fehler genannt wird, aber wenn plötzlich die Akustik fehlt, die ich tags zuvor hatte, dann muss ich anders spielen, das heißt, ich reagiere auf einen Fehler.

Gratzer: Auch hier zeigt sich, dass wir ein relativ klar definiertes Bezugssystem benötigen, um von einem Fehler sprechen zu können. Wenn Schönberg sich bestimmten

Regeln der Zwölftonmusik verpflichtet fühlt und nach dem achten Ton einer Reihe den siebten Ton noch zwei Mal hintereinander wiederkehren lässt, dann kann das aus bestimmter Perspektive als Fehler ausgelegt werden. Schönberg hat sich jedoch in der Regel gegen solche Diagnosen verwahrt und gemeint, nicht das Regelwerk stehe im Vordergrund, sondern seine Intuition. Daher liegt kein Fehler vor, sondern die Abweichung entspricht seiner Vorstellung.

Neumaier: Wie ist das bei Cage, wenn er Zufallsprozeduren einführt? Einerseits könnten wir ja sagen, dass es ein Fehler ist, wenn er sich selbst nicht daran hält, andererseits scheint es aber doch so zu sein, dass er das Gefühl hatte, es sei ein Fehler, wenn dabei ein tonaler Zusammenhang im klassischen Sinn entsteht, weshalb er dann diesen Fehler verbessert.

Gratzer: Darüber können wir nur spekulieren. Aufgrund neuerer Skizzenforschungen erhalten wir Vorstellungen, wie Cage vorgegangen ist. Warum er jene Elemente herausgenommen hat, können wir im Hinblick auf ästhetische Äußerungen vermuten. Es ist durchaus argumentierbar, dass er eine gewisse Skepsis gegen die Weiterverwendung von tonalen Klängen gehegt hat und dadurch zu solchen Entscheidungen gekommen ist.

Brunner: Interessanterweise hat der Umgang mit Fehlern in unserer Gesellschaft immer sofort eine ethische Komponente. Wie ich einmal beobachtet habe, zeigt die Art, wie jemand mit Fehlern umgeht, letztlich die Liebe des Menschen zu sich selbst. Das Betrachten von Fehlern zielt so gesehen letztlich immer auf ein Betrachten der menschlichen Identität. Als positive Aufforderung formuliert: Liebe deine Fehler wie dich selbst.

Gratzer: Im Unterschied zum Alltag besteht im Bereich der Kunst ein starker Vorbehalt, überhaupt von Fehlern zu sprechen, und zwar deshalb, weil die Kunst einen gewissen Freiraum darstellt. Im Alltag sind Fehler negativ konnotiert; wenn beispielsweise meine Kaffeemaschine nicht funktioniert, dann ist das ein Fehler, über den ich mich ärgere. Diese Konnotation finden wir in der Kunst eher selten. Das zeigt etwa Heft 79 (2009) der deutschen Musikzeitschrift *Positionen*, das dem Thema »Fehler« gewidmet ist. Für dieses Heft wurden etliche Komponistinnen und Komponisten befragt, wie sie mit dem Begriff »Fehler« umgehen. Bei ihren Antworten fällt auf, dass die Konnotation durchwegs positiv ist, im Sinne von »Ein Fehler ist etwas, das meine Kreativität fördert und fordert«. Das Heft enthält auch Beispiele, etwa dafür, wie das Thema »Fehler« in künstlerischen Konzepten auf die Bühne gebracht wird. So führten zum Beispiel die jungen deutschen Komponistinnen Sabine Ercklentz und Andrea Neumann 2008 eine »Videobrücke Stockholm-Berlin« auf. Das Publikum betritt in Berlin den Konzertsaal, erhält die Zuspielung von einer der beiden Künstlerinnen aus Stockholm, die andere improvisiert dazu. Wie es bei solchen Übertragungen vorkommt, treten dabei immer wieder technische Störungen auf, weil die Leitungen nicht ganz so funktionieren wie geplant. Letzten Endes besteht der Witz des Stückes freilich darin, dass die zweite Musikerin am Ende des Stückes auf die Bühne kommt. Das Ganze stellt sich also als »Fake«, als Täuschung, heraus, durch die das Publikum sozusagen in seiner Erwartung getäuscht wurde. Ich halte das für eine sehr sympathische Form, auf das Themenfeld »Fehler« mit heutigen Mitteln aufmerksam zu machen. Der Ausdruck »Fehler« hat ja etymologisch auch was mit »fehlen« zu tun, mit »täuschen«. Im Bereich der Komposition wie auch der Interpretation kann man aber nur dann von Fehlern sprechen, wenn man ein klar bestimmtes Bezugssystem hat. Wenn ich etwa im Bereich der Interpretation der Meinung bin, Wiederholungszeichen zur Zeit der Wiener Klassik seien verbindlich, dann werde ich wahrscheinlich dazu kommen, Furtwänglers Interpretation von Mozarts g-Moll-Symphonie (KV 550) als fehlerhaft zu bezeichnen, weil er sich nicht an die Wiederholungszeichen hält. Harnoncourt nimmt die Wiederholungszeichen bei dieser Symphonie ernst, bei neueren Einspielungen etwa von Jaap ter Linden »gelten« die Wiederholungszeichen dagegen wieder nicht.

Neumaier: Bei seiner Interpretation der Jupiter-Symphonie nimmt Harnoncourt die Wiederholungszeichen inzwischen ebenso wenig ernst.

Gratzer: Das mag sein, ändert aber nichts daran, dass schon ein sehr starres Bezugssystem vorliegen muss, um einen wirklichen Fehler argumentieren zu können. Und das ist im Bereich der Kunst ausgesprochen schwierig, denn wie Wolfgang Brunner bereits richtig bemerkt hat, hängt die Interpretation, also die Aufführung eines Werkes ja nicht nur von der Notation ab, sondern auch von vielen anderen Faktoren, zum Beispiel der Akustik des Raumes, vom übrigen Programm und dergleichen. Und insofern ist die Diagnose von Fehlern im Bereich der Musik meist heikel.

Neumaier: Es ist richtig, dass Fehler etwas mit Fehlen zu tun haben, aber das heißt nicht in jedem Fall, dass etwas nicht da ist und in diesem Sinne fehlt, sondern es kann auch heißen, dass in Bezug auf die Übereinstimmung mit einem Ideal etwas fehlt, und das kann auch ein Zuviel sein. Dabei kann das Tun oder Schaffen von etwas, von dem es zunächst so aussieht, als ob es mit irgendwelchen Rahmenbedingungen, die wir voraussetzen, nicht übereinstimmt, zwar als Fehler bezeichnet werden, aber das heißt nicht unbedingt, dass das der eigentliche Fehler ist. Der eigentliche Fehler wäre vielmehr, dasselbe immer wieder zu tun, also eine Art von Nichtübereinstimmung immer wieder zu begehen, denn wenn ich – unter Umständen zu Recht – feststelle, dass etwas mit vorausgesetzten Standards nicht übereinstimmt, dann geht es eben darum, daraus etwas zu machen, also zu lernen. Und es kann sich auch herausstellen, dass nicht meine Abweichung der Fehler war, sondern die Voraussetzung. Dann muss ich erst recht daraus lernen, und so gesehen ist die vorhin angesprochene ethische Frage eher die, wie man mit solchen Abweichungen umgeht. Sicher gibt es auch ein künstlerisches Ethos, mit Voraussetzungen oder auch mit Abweichungen von Voraussetzungen umzugehen. Wenn es stimmt, dass eine allzu perfekte Regelbefolgung eben als nervtötend nicht nur für die Rezipienten wirken kann, sondern auch für die Interpreten und vielleicht auch für die Komponistenkollegen, so kann auch eine allzu perfekte Übereinstimmung mit bestimmten Voraussetzungen als eine Art von Fehlern gesehen werden.

Brunner: Das ist wohl ein Grund, warum es in der Popmusik für den Drumcomputer extra den »Humanizer« gibt, also ein Programm, das Unregelmäßigkeiten in die Regelmäßigkeiten bringt und so ein allzu perfektes Ganzes wieder fehlerhaft erscheinen lässt.

Gratzer: Ein Komponist, der sich diesem Thema seit langer Zeit auf schöne Weise widmet, ist der 1939 geborene Amerikaner Tom Johnson. Tom Johnsons Werk »Rational Melodies« folgt mathematischen Formeln, wobei es, soweit ich sehen kann, immer auch »fehlerhafte« Stellen gibt. Das ist nur eine Möglichkeit, das Thema Fehler kreativ zu nützen. Zudem veröffentlicht Tom Johnson kompositorische Rätsel in Musikzeitschriften. So erschienen eine Zeit lang in den *Musiktexten* unvollständige Tonfolgen. Dabei fragt Johnson die Leserschaft entweder, welcher Ton logischerweise der nächste sein müsste, oder er fragt nach Fehlern in der abgedruckten Tonfolge. Man kann dann auf die Suche gehen, unter welchen Gesichtspunkten sich in dieser Tonfolge ein Fehler findet. In der Regel kann man sich dann an ihn wenden, und wenn man Glück hat, gewinnt man auch etwas. Johnson reagiert anscheinend auf dodekaphones oder serielles Systemdenken in der Musik des 20. Jahrhunderts.

Neumaier: Inzwischen sind wir schon lange jenseits von Zwölftontechnik und Serialismus. Ist es heute überhaupt noch sinnvoll, von einem Systemdenken zu sprechen? Solchen Überlegungen begegnet man heute bestenfalls mit Skepsis. Stattdessen ist der Glaube weit verbreitet, dass es in der zeitgenössischen Musik wie allgemein in der zeitgenössischen Kunst keine Standards mehr gebe, sondern dass jeder Alles tun kann. Ist diese Einstellung ein Fehler?

Gratzer: Sobald du die Hochschule verlassen hast, kannst du im Prinzip tatsächlich alles tun. Solange du in der Ausbildung bist, gilt das meist nicht: Je nach ästhetischen Prämissen ist mehr oder weniger »erlaubt«.

Neumaier: Mit Bezug auf die Ausbildung könnten wir ja in Anschluss an Wittgenstein sagen, diese sei zum Lernen da, also dafür, gewissermaßen auf der Leiter hinauf zu klettern, um sie dann, wenn man oben ist, wegzuwerfen. Wenn andererseits nach der Ausbildung jeder alles tun kann, so heißt das in gewissem Sinne dennoch nicht, dass jeder für sich alles tun kann. Die Frage ist vielmehr, ob sich Leute im Sinne eines erkennbaren Stils dafür entscheiden, gewisse Beschränkung der Möglichkeiten auf sich zu nehmen. Könnte man dann aber sinnvoll davon sprechen, dass sie unter Umständen auch mit Bezug auf ihre jeweils eigenen Voraussetzungen einen Fehler machen, der ihnen nicht bewusst ist?

Gratzer: Grundsätzlich sollten wir nur von einem Fehler sprechen, wenn eine Handlung vermeidbar gewesen wäre, wenn also innerhalb eines vorgegebenen Rahmens eine Alternative existiert hat. Wenn ich mich ausschließlich Tonsatzregeln des

19. Jahrhunderts, etwa von Adolf Bernhard Marx, verpflichtet fühle, dann kann ich Fehler machen, indem ich Alternativen wähle, die nicht mit diesen Regeln vereinbar sind. Wenn mehrere Regelsysteme zur Auswahl standen, dann wird es überaus schwierig, von Fehlern zu sprechen, allein schon deshalb, weil sich allzu oft nicht beweisen lässt, ob für einen Komponisten zum Zeitpunkt der Handlung eine Alternative bestanden hat.

Brunner: Wenn jemand nur in seinem System ist und darin absolut perfekt ist, dann ist das auch schon wieder ein Fehler. Das ist nämlich die Vollkommenheit, die ja theologisch ein Fehler ist, nämlich wie Gott sein zu wollen. Wenn man keinen Fehler mehr hat, dann ist das ein Fehler. Jedes andere System ist dann wieder in Frage gestellt, Gott sei Dank.

Gratzer: Das ist das Wunderbare an den *Alten Meistern* von Thomas Bernhard. In diesem Buch lebt jemand in einer völlig hermetischen Welt. Er entschließt sich, jeden zweiten Tag seines Lebens nur in *ein* Museum und dort immer nur in denselben Raum zu gehen und in diesem einen Raum immer nur dasselbe Bild zu betrachten, mit einem Ziel, einen gravierenden Fehler zu finden. Und Bernhard legt dieser Person den Gedanken in den Mund, ein guter Kopf sei jemand, der sich auf Fehlersuche begibt, ein ausgezeichneter Kopf ist einer, der Fehler tatsächlich findet, und ein genialer Kopf ist jemand, der die anderen auf diesen Fehler hinweist. Diese Vorstellung spielt Bernhard mit literarischen Mitteln manisch, ja vielleicht sogar krankhaft erscheinend durch.

Neumaier: Gibt es geniale Köpfe im Sinne von Bernhard nur in der Musikkritik oder auch in der Musik selbst? Es ist eine durchaus interessante Frage, ob im Bereich der Komposition selbst diese Suche nach Fehlern sowie der Hinweis auf Fehler und das Demonstrieren von Fehlern auch so eine Rolle spielen kann. Eine Möglichkeit, etwa den sogenannten »Musikalischen Spaß« von Mozart zu verstehen, ist in meinen Augen, dass er das schlechte Komponieren seines Vaters demonstrieren wollte.

Brunner: Nicht nur des Vaters, sondern allgemein des Zeitgeschmacks. Die Zeitgenossen fanden ja Mozart fehlerhaft. Man warf ihm nicht nur den übermäßigen Gebrauch von Bläsern vor, sondern fand seine Musik auch zu bunt, zu einfallsreich. Der Komponist Dittersdorf bewundert ihn zwar, weil niemand so viele Ideen habe wie er, er sei unzweifelhaft der genialste Tonkünstler seiner Zeit, aber Dittersdorf fügt hinzu: »Ich wünschte, er wäre nicht so verschwenderisch mit seinen Ideen.« Diese Kritik richtet sich dagegen, dass Mozart einen mit dem Überfluss an Ideen nicht zur Ruhe kommen lässt. Im »Musikalischen Spaß« ist die Geigenkadenz eindimensionaler, sie lässt einen harmonisch zumindest mehr in Ruhe.

Gratzer: Die Diagnose von Fehlern oder von Schwächen ist eben zeitbedingt. Eine andere Generation kann etwas ganz anders sehen und empfinden. Das zeigt sich beispielsweise auch bei Vogler, wenn er sagt, Händels »Messias« sei trocken und langweilig und müsste eigentlich überarbeitet werden, um ein »ordentliches« Musikstück darzustellen. Wenn jemand mit einem gewissen Geschmack, mit gewissen Vorstellungen lebt, dann ist es auch legitim, dass er zu einem solchen Urteil kommt. Das Urteil, dass Mozart nicht gut komponiert hat, ist aus der Zeit verständlich. Heute kommt es den meisten absurd vor. Am berühmtesten sind aber wohl die Urteile über Beethoven. Da gibt es in Hülle und Fülle Rezensionen aus seinen späten Jahren, in denen Beethoven jegliches kompositorische Vermögen abgesprochen wurde. Das ist vor dem Hintergrund der Zeit oder des Horizonts, den man damals hatte, durchaus nachvollziehbar, obwohl es heute lächerlich wirkt.

Neumaier: Dennoch stellt sich die Frage, ob das Urteil, dass ein Fehler vorliegt, ausschließlich zeitbezogen ist. Sind nicht auch Fälle denkbar, von denen man mit Recht und »für alle Zeit« sagen kann, dass sie fehlerhaft sind?

Gratzer: In meinen Augen kann so etwas bloß behauptet, aber nicht argumentiert werden. Dass etwas für alle Zeiten gültig ist, lässt sich nur mit Bezug auf sogenannte Fakten feststellen. Wenn ich jetzt behaupte, Mozart sei 1791 geboren, dann wird das vermutlich auch in 200 Jahren einhellig noch als Fehler eingeschätzt werden. Bei künstlerischen Entscheidungen geht es aber meist nicht um diese Art von Fakten.

Brunner: Nun ja, man kann schon auch in der Kunst von Fehlern sprechen. Denken wir etwa an die Interpretation: Wenn ich ein Stück schlecht übe und dann so schlecht spiele, dass ich meinen Zuhörern die Zeit stehle, dann ist das Lebenszeitverkürzung, dann ist es Mord. Es ist zwar nicht ganz so schlimm wie der Kunstfehler eines Arztes bei der Herzoperation, aber es ist, als ob ich etwas von den Zuhörern tötete. Mord ist auch ein Fehler.

Neumaier: Wie ist es mit Kompositionen? Kann man etwa von Czernys Musik schlichtweg sagen, sie sei schlecht? Immerhin hat man ihn als Vorläufer der Minimal Music bezeichnet...

Brunner: Wenn diese Musik ihre Funktion erfüllt, dann ist daran überhaupt nichts fehlerhaft. Man kann sie beispielsweise als Schule der Geläufigkeit verwenden. Sie ist aber nicht für den Konzertsaal gedacht. Deshalb ist es ein Fehler, sie im Konzertsaal aufzuführen. Dadurch wird die Musik aus ihrem ursprünglichen Funktionszusammenhang gelöst. Das ist immer ein Fehler, es ist auch ein Fehler, Volksmusik auf der Bühne zu produzieren. Es ist vielleicht sogar ein Fehler, Musik auf CD zu produzieren, die für Live-Auftritte geschaffen wurde.

Gratzer: Demnach wäre es aber auch ein Fehler, wenn ich eine Kantate von Bach nicht in Leipzig am Ort der Uraufführung höre, sondern etwa in der Münchner Philharmonie. Das zeigt, dass Urteile über Fehler eine heikle Sache sind, aber auch, dass die Fragen dahinter nicht wirklich müßig sind, obwohl es vielleicht so scheinen mag. Kritische Urteile – und viele von uns urteilen in Jurys, in Gutachten oder mündlich nach einem Konzert – lassen jeweils an die Frage denken: Gibt es so etwas wie einen musikalischen Fehler? Die Urteile über ein Musikstück, das in einem Konzert gespielt wird, sind mitunter drastisch und gehen dabei über die Diagnose eines Fehlers hinaus. Insofern ist die Frage nach den Kriterien dafür, warum etwas ein Fehler ist, berechtigt. Leider werden in Diskussionen solche Kriterien eher selten benannt.

Neumaier: Bei solchen Diskussionen geht es in meinen Augen nicht darum, dass wir zu einhelligen Urteilen über etwas kommen. Viel wichtiger ist, dass jeder, der sich bemüßigt fühlt zu urteilen, auch seine Kriterien offen legt. Dann kann man nämlich schauen, worum es überhaupt geht, was tatsächlich der Gegenstand des Urteils ist und wie und wonach dieser Gegenstand beurteilt wird. Von dieser Situation sind wir allerdings weit entfernt.

Ofenbauer: Wie ich schon sagte, sind die Verhältnisse im Tonsatz klar. Da gibt es einen relativ eng gezogenen Bezugsrahmen, und da kann man unmissverständlich sagen, was falsch und was richtig ist. Eben das ist jedoch die Crux des Faches Tonsatz. Wenn jemand an der Universität studiert, wird ihm nämlich der Eindruck vermittelt, dass er mit dem Studium des Tonsatzes etwas macht, was sein eigenes Komponieren befördert. Das ist Unsinn. Ich würde eher sagen, wenn man wirklich ein guter Tonsatzstudent ist, dann braucht man nach dem Studium zehn Jahre, um diese ganzen geglückten Tonsatzaufgaben wieder aus den Kopf zu bekommen. Das Studium des Tonsatzes ist also auf spezielle Weise kontraproduktiv. Genau genommen gibt es ja das Moment des Handwerklichen im zeitgenössischen Komponieren nicht mehr. Deshalb ist es ein ausbildungstechnischer Wahnsinn, die Leute damit zu behelligen.

Brunner: Gibt es das wirklich nicht? In der bildenden Kunst ist das etwa immer noch zu sehen. Beuys hat stets großen Wert darauf gelegt, dass die Leute handwerklich auch fit sind.

Ofenbauer: Das ist klar. Um zu malen, musst du die Farbe richtig mischen, sonst fällt dir die Farbe vom Tafelbild herunter. Das ist eine Frage des Handwerks, die auch in der Musik eine Rolle spielt: Du musst beispielsweise wissen, dass du für die Harfe nicht chromatisch schreiben kannst. Aber das heißt noch lange nicht, dass ich mich am Satzideal eines Fux oder Palestrina orientieren muss, damit mein Orchesterstück besser wird.

Gratzer: Demnach ist es für Kompositionsstudenten zwar nützlich, sich im Studium mit solchen handwerklichen Aspekten vertraut zu machen, aber welchen Sinn hat es dann heute noch, sie im Tonsatz zu unterrichten?

Ofenbauer: Tatsächlich bin ich dafür, solche Lehrveranstaltungen für Komponistinnen und Komponisten abzuschaffen. Dann lieber eine profunde Analyse von älteren ästhetischen Zuständen. Für Musikerinnen und Musiker würde ich Tonsatz dagegen nicht abschaffen, denn ich meine, dass es für diese eine wirklich gute Erfahrung ist. Diese Leute spielen ja gewöhnlich Musik von anderen, durch den Tonsatzunterricht bekommen sie es dann aber mit deren Rahmenbedingungen zu tun. Plötzlich sitzen sie einmal selbst vor einem leeren Notenblatt. Natürlich kann man immer noch diskutieren, was es denn nützt, wenn ich beispielsweise einen Bachschen Choralsatz kopieren kann. Ich glaube aber, es nützt einem Oboisten, wenn er einmal

Noten schreibt, unabhängig davon, wie die Rahmenbedingungen sind. Einfach, um von der Produktionsseite her denken zu lernen und ihre Bedingungen zu kennen.

Brunner: Dem kann ich mich nur anschließen: Wenn du einmal ein Stück im Stil von Bach geschrieben hast, dann hast du einfach einen wacheren Sinn dafür, was Kollege Bach dir für deine Oboe oder für dein Klavier vorsetzt, und du wirst es wacher, sensibler und damit wieder lebendiger interpretieren können.

Gratzer: Das kann ich gut nachvollziehen. Eben deshalb verstehe ich nicht, warum ein solcher Unterricht nicht auch Komponisten wacher machen sollte. Oder sind Komponisten generell Leute, die sich so unausweichlich von historischen Stilen beeinflussen lassen, dass sie dann die Selbstständigkeit verlieren? Diese Vorstellung wäre ja erschreckend.

Ofenbauer: Das habe ich natürlich nicht gemeint. Ich möchte aber auf ein Moment hinweisen, das immer unterschätzt wird, ohne jetzt darüber eine Entscheidung zu fällen oder Konsequenzen daraus zu ziehen. Darüber wäre dann nämlich noch einmal gesondert nachzudenken. Und zwar geht es um Folgendes: Wenn du in einem bestimmten Bezugsrahmen denken und schreiben lernst, dann geht dieser Bezugsrahmen sofort ins Hirn und wirkt sich dort subkutan aus. Ich kann zum Beispiel an gewissen Orchestersätzen sehen, wer ein eifriger Tonsatzstudent war und wer nicht. Weil sich das durch das Manuelle, durch die Hand, durch das Denken in der Schreibtätigkeit, in der Schreibbewegung, einfach überträgt.

Neumaier: Aber lässt sich das überhaupt vermeiden? Die gesamte Sozialisation ist doch ein Hineinwachsen in bestimmte Bezugsrahmen. Die Frage, um die es in diesem Zusammenhang geht, ist doch, ob es nicht möglich ist, mehrere Bezugsrahmen kennen zu lernen.

Ofenbauer: Das ist natürlich nicht nur möglich, sondern auch nützlich. Bildung schändet ja niemanden. Wir können eine Vielfalt von Bezugsrahmen kennenlernen, wahrscheinlich sind es sogar nahezu unendlich viele. Klarerweise lässt sich das wohl rein praktisch in einem sechsjährigen Universitätsstudium nicht abhandeln, aber es ist wirklich nichts dagegen zu sagen, dass jemand viele Bezugsrahmen kennenlernt. Das Handwerkliche hat allerdings einen anderen Stellenwert: Es geht nicht darum, dass ich einen Satz ohne parallele Quinten schreiben kann; für einen lebenden Komponisten besteht Handwerk vielmehr darin, dass er in einer technisch schwierigen Situation in der Lage ist, sich zu helfen. Handwerk hat nichts damit zu tun, dass jemand einen alten ästhetischen Zustand reproduzieren kann. Das halte ich nicht für Handwerk, weil dieses zur Voraussetzung hat, dass es gewisse ewig gültige Verhaltensformen geben muss, und die gibt es in ästhetischer und kompositorischer Hinsicht nicht.

Brunner: Trotzdem liegt ein gewisser Reiz darin, nach einer entsprechenden Ausbildung souverän über diesen Verhaltensformen zu stehen. Jedes System ist erst einmal eine Laufschule, ein Geländer, an dem man sich anhält, um Laufen zu lernen, und irgendwann kann man dann das Geländer loslassen, wie Otto Neumaier schon gesagt hat.

Ofenbauer: Tatsächlich kennen wir viele Komponisten, die im Tonsatz ganz schlecht waren, aber dennoch gute Komponisten wurden. Ebenso kennen wir aber auch Leute, die im Tonsatz gut waren und ebenso gute Komponisten waren. Das zeigt doch nur, dass die Kenntnis der historischen Vorbilder für die kompositorische Qualität irrelevant ist.

Neumaier: Besteht in dieser Hinsicht ein wesentlicher Unterschied zwischen Wissenschaft und Kunst? In den Wissenschaften ist es eine notwendige Voraussetzung, dass man einen relativ guten Überblick darüber hat, was in einem bestimmten Problembereich bereits gemacht worden ist. Es heißt etwa von Einstein, dass er das System Newtons und alles, was danach gekommen ist, so gut gekannt hat, dass er daraus etwas Neues machen konnte. Gilt diese Voraussetzung in der Kunst denn gar nicht? Denn sonst müsste doch jemand, der kreativ sein will, sich eben mit Bach, Beethoven, Schönberg usw. auseinander setzen, damit aber auch gewissermaßen rekonstruieren, wie all diese Vorbilder komponiert haben.

Ofenbauer: In gewisser Hinsicht gilt das auch in der Kunst, aber man muss sich mit den Vorbildern nicht unbedingt *schaffend* auseinander setzen. Die historischen Vorbilder müssen *gekannt*, nicht unbedingt *gekonnt* werden. Um mir den ästhetischen Zustand eines älteren Kollegen zu vergegenwärtigen, muss ich nicht in seinem Stil komponieren. Ich kann etwa lesen, analysieren, ein Modell entwickeln, in die Interpretationsarbeit einsteigen, und da ist es natürlich nützlich, wenn ich weiß, was andere Leute schon vor mir dazu gedacht und sich überlegt haben. Die historischen Vorbilder lassen sich also zwar in die Ausbildung einbringen, aber nicht, indem man komponiert, sondern auf andere Weise.

Brunner: Das ist das zentrale Problem seit dem 19. Jahrhundert: Wir sind in unserem Denken auf das Schriftliche fixiert. Wir alle sind seit der Einführung der Lithographie schriftlich verseucht. Im 18. Jahrhundert hat der Musikunterricht völlig anders ausgesehen.

Ofenbauer: In diesem Zusammenhang sind wohl auch andere gesellschaftliche Entwicklungen zu berücksichtigen. Wir sind ja endgültig im Kapitalismus mit seiner Arbeitsteilung angekommen. Auch in der Musik ist die Arbeitsteilung inzwischen so dominierend, dass die Produzenten, das heißt die Komponistinnen und Komponisten, die ich immer noch für die Hauptpersonen halte, de facto schon beinahe am Verschwinden sind. Der Kanon der Toten ist nämlich so übermächtig geworden, dass die Lebenden da kaum mehr vorkommen. Aufgrund der Arbeitsteilung ist es zudem zu einer zweiten, noch problematischeren Verschiebung gekommen, nämlich dass die Interpreten anfangen, sich wie die Chefs aufzuführen. Ich weiß, das ist der Gang der Welt: Wenn beispielsweise der Herr Karajan, ohne schamrot zu werden, von *seiner* Musik spricht und damit das Repertoire, das er dirigiert, meint, so ist das nicht nur eine Frechheit, sondern eine Umkehrung der Werte. Er ist ein Kapellmeister, meinetwegen ein guter, aber eben nur ein Kapellmeister. Er ist kein Genie, vielleicht nicht einmal ein Künstler.

Brunner: Vielleicht ist ja nicht zuletzt deshalb diese Form von bürgerlicher Musikkultur im Verschwinden begriffen. Sie stirbt aus, und wir können vielleicht sogar sagen: Gott sei Dank, weil sie aus unserer Sicht fehlerhaft ist. Viel lebendiger ist in meinen Augen, wenn Jugendliche am Computer komponieren. Sie haben nämlich sofort einen Bezug zu dem, was sie hören, und können sofort Fehler ausbessern. Diese jungen Leute produzieren eine Musik, die zumindest insofern ansprechender ist, als sie viel mehr Leute anspricht; ob man diese Musik auch als qualitativ höher oder tiefer empfindet, ist natürlich eine andere Frage. Auch wenn diese Musik manchen von uns vielleicht »billiger« erscheint, müssen wir doch zugeben, dass wieder Musizierformen in einer Lebendigkeit vorhanden sind, die in ihrer Unmittelbarkeit an ein Musizieren des 18. Jahrhunderts anknüpfen. Ich lebe zwar in einer anderen musikalischen Welt, aber ich kann diese jungen Leute gut verstehen, und ich kann verstehen, dass ihre Lebendigkeit jetzt tiefer greift und deswegen vielleicht mehr Zulauf hat. Dabei fasziniert mich auch eine veränderte Einstellung zu sogenannten Fehlern.

Ofenbauer: Diese Erfahrung mache ich auch in meinem Bereich. Unter den jungen Kompositionsstudenten pfeifen viele auf den »Betrieb«. Stattdessen vertrauen sie auf ihre eigene Programmierung, auf ihre eigene Psyche. Sie sind gar nicht mehr heiß darauf, unbedingt einen Auftrag zu erhalten. Ihnen geht es eher darum, dass sie arbeiten und für sich ein soziales Netzwerk von befreundeten Musikerinnen und Musikern aufbauen, so dass sie als Instrumentalkomponisten sozusagen über einen Pool von Interessierten verfügen, welche die klingende Version ihres Werks dann herzustellen vermögen. Diese Leute versuchen dann auch gar nicht, im Großen Saal des Mozarteums aufgeführt zu werden, sondern sie holen sich beim Portier der Kunstuniversität einen Schlüssel, gehen mit einem Pulk von zehn, fünfzehn Freunden in ein leeres Zimmer, und dann findet irgendwo an einem Nachmittag eine Uraufführung statt. Das ist ihnen wichtiger, als etwa einen Wettbewerb zu gewinnen oder dergleichen. Da ist einiges in Bewegung. Aber auch für Kids, die auf ihren Notebooks Stücke schreiben, gelten natürlich gewisse Rahmenbedingungen, denn die Programme können auch nicht alles, und um das Repertoire der Computerprogramme zu erweitern, muss man auch wieder sehr viel wissen. Der Spielraum an Möglichkeiten, den diese Rahmenbedingungen bieten, ist eine interessante Angelegenheit, aber so etwas kommt natürlich im Bewusstsein eines Menschen, der sich an einer Kunstuniversität ausbilden lässt, kaum mehr vor. Diese jungen Leute, zum Beispiel aus der Techno-Szene, sind eine Klientel, die nie den Weg zu uns finden wird, weil sie uns nicht brauchen.

Neumaier: Diese Entwicklung erscheint mir als Übergang zu einer anderen Lebensform oder musikalischen Kultur, in der das Hören wieder eine größere Rolle spielt und das Schriftliche an Bedeutung verliert. Würde jemand aus dieser Gruppe anfangen, im klassischen Sinn zu komponieren, so würden das die anderen wohl auch wieder als Fehler ansehen.

Ofenbauer: Für die jungen Leute, die mit ihren Notebooks Musik machen, könnte das durchaus zutreffen. Ich kann das freilich allenfalls vermuten, aber nicht bestätigen oder widerlegen, weil ich zu diesem Bereich nur wenige Kontakte habe.

Gratzer: Historisch betrachtet ist diese Entwicklung gut zu verstehen, weil die Vorstellung, für Interpreten zu komponieren, einen Auftrag zu erhalten und in einem Saal des 19. Jahrhunderts aufgeführt zu werden, denkbar konservativ ist. Dagegen wenden sich die gerade angesprochenen heutigen Formen von Musik, nicht zuletzt in der radikaleren Ausprägung der Netzmusik, bei der musikalische Partikel ins Internet gestellt werden, auf dass andere damit etwas machen und dies wiederum im Internet verfügbar wird. Diese Form des kollektiven Musikmachens hat tatsächlich viel mit Hören zu tun. Für manche wirkt sie wohl neuartig, aber sie hat sehr viel mehr mit dem Musikleben vor 1800 zu tun und vielleicht sogar etwas Archaisches an sich. Sie lässt sich aber auch als Ausdruck eines mehr oder weniger bewussten Protests gegen Regeln und damit auch gegen die Diagnose von Fehlern sehen. Das ist keine regellose Musik, sie ist nur in ganz anderer Form regelgeleitet als das traditionelle Komponieren, wie wir es unterrichten.

Neumaier: In der Musikgeschichte und überhaupt in der Kunstgeschichte kommt doch andauernd vor, dass Regeln in Frage gestellt werden und dass sich daraus neue Regeln für das Schaffen entwickeln. Ich sehe in diesem Zusammenhang aber ein anderes Problem, nämlich dass das Dogma des Neuen und des Fortschritts auch mit Bezug auf die Musik bis zu einem gewissen Grad immer noch vorausgesetzt wird. Demnach gehört zu unserem kulturellen Bezugsrahmen, dass das, was jemand schafft, möglichst auf irgendeine Weise neu sein soll. Natürlich kann man auch gegen diesen Bezugsrahmen verstoßen. Wie der Fluxuskünstler Ben Vautier bereits kritisiert hat, ist der Rahmen an sich nämlich paradox: Wenn wirklich verlangt wird, dass immer wieder Neues geschaffen wird, dann bleibt den Künstlern letztlich bloß noch über, etwas zu schaffen, das *nicht* neu ist, und zu sagen, dass dies eben das Neue an dem ist, was sie schaffen.

Ofenbauer: Das halte ich für einen problematischen Gedankengang. Wir sollten uns vom Begriff des Fortschritts nicht so einfach verabschieden, auch wenn er schwierig ist. Mir ist dabei bewusst, dass der Anspruch des Neuen irrsinnig schwer zu erfüllen ist. Ich weiß nicht, ob mir das in einer einzigen Komposition wirklich gelungen ist. Vielleicht werde ich das erst dann, wenn ich auf dem Sterbebett liege, vernünftig diskutieren können. Aber die Existenz des Ideals sollten wir nicht abstreiten, da es uns zwingt, Momente zu verändern, die wir auch verändern können. Wenn die Kunst in der menschlichen Existenz irgendeine Funktion hat, dann die, dass sie uns dazu bringt, mit Veränderungen umgehen zu lernen. Die Kunst trai-

niert mich als Mensch, macht also quasi eine existentielle Übung mit mir. Diese
Vorstellung von Kunst leitet mich. Deshalb ist es für mich auch eine moralische
Frage, ob wir uns von dieser Leitlinie verabschieden wollen oder sollen, weil es aus
verschiedenen Gründen opportun wäre, das zu tun. In meinen Augen heißt das,
dass ich mich verraten würde. Mir fallen keine besseren Begriffe ein als »Betrug«,
»Verrat«, »Schlechtigkeit«.

Neumaier: Gegen das eigene Ideal zu handeln, ist mehr als ein Fehler, das ist dann
schon eine wissentliche Täuschungsabsicht. In dieser Hinsicht könnten wir etwas,
das Nietzsche der Wissenschaft zuschreibt, auch auf die Kunst anwenden, nämlich
dass unser Tun eine moralische Grundlage hat, die letztlich lautet: »Ich will nicht
täuschen, auch mich selbst nicht.«

Ofenbauer: Ja sicher, aber da ist jeder für sich selbst verantwortlich. Die Eigenver-
antwortung spielt doch in der Kunst sowieso eine große Rolle, allein die Vorlieben
und Abneigungen, die einen leiten, sind doch ganz wesentlich. Vom Wesen der
Sache her lässt sich das unmöglich objektivieren. Vielmehr müssen wir mit diesen Subjektivitäten haushalten, und wir müssen uns auch darüber unterhalten, das
heißt, wir müssen über diese Phänomene streiten und wir müssen Schnittmengen
finden und sichtbar machen. Wir müssen also akzeptieren, dass es mitunter einen
Dissens geben wird. Das einzige, das wir gegenüber den Phänomenen nicht machen
dürfen, ist zu schweigen, auch wenn das anscheinend viele tun. Ich kann das jedenfalls nicht machen. Ich kann nicht einfach hergehen und den Einspruch, den ich der
Kunst in meiner Existenz zugestehe, so weit reduzieren, dass er für meine Existenz
keine Konsequenzen mehr hat. Also muss ich mich über gewisse Sachen aufregen.
Das heißt allerdings nicht, dass ich mich über etwas aufrege, weil es »falsch« ist. Ich
weiß ja noch gar nicht, *ob* es überhaupt so ist. Deshalb ist die Geschichte mit den
Fehlern für mich so kompliziert.

Gratzer: Statt von Fehlern könnte man in diesem Zusammenhang vielleicht davon
sprechen, dass eine bestimmte Musik vom falschen Bewusstsein geleitet ist. Das ist
aber wiederum eine sehr heikle Geschichte. Das zeigt etwa das Beispiel von Claus-
Steffen Mahnkopf, einem Fürsprecher des Neuen, der in seiner *Kritik der neuen
Musik* (1998) versucht, eine bestimmte Form von Musik als *die* Musik der Zukunft
durchzusetzen. Er ist in diesem Punkt bemerkenswert konservativ – und wider-
sprüchlich. Ich sympathisiere damit, ein individuelles musikalisches Bezugssystem
zu schaffen, das einem die Möglichkeit gibt, sich als Interpret oder Komponist
bewusst für etwas und nicht für etwas anderes zu entscheiden. Wer das nicht tut,
riskiert, farblos in der Menge unterzugehen. Als Interpret oder Komponist seine
eigene Position zu finden, setzt aber Wissen voraus, sowohl von eigenen Maßstäben
als auch von anderen. Jemand wie Morton Feldman hat es geschafft, eine individuelle Klangästhetik zu finden, die ihn erkennbar macht. Das haben im 20. Jahrhundert nur wenige geschafft. In unserer Zeit ist eine der größten Schwierigkeiten, in

der Überfülle von Angeboten so etwas wie eine eigene Identität zu finden, erkennbar zu werden. Auf der Seite der Interpreten hat es etwa Glenn Gould geschafft, jederzeit als Glenn Gould identifizierbar zu sein.

Neumaier: Ist die Frage der Erkennbarkeit nicht auch eine zeitliche Angelegenheit? Für uns heute ist es doch einfacher, auf frühere Musik zurückzublicken und die wenigen Riesen zu erkennen, die herausragen. Aber war es für die Leute damals nicht genau so schwer, erkennbar zu sein? Wenn man eben um Haydn und Mozart herum das ganze Umfeld mitberücksichtigt, dann ist doch auch damals sozusagen sehr viel mehr Geräusch dabei. Wolfgang Brunner hat vorhin gesagt, die Zeitgenossen hätten Mozarts Musik fehlerhaft gefunden. Aber bestand nicht eben darin das Fruchtbare an diesen »Fehlern«, dass Mozart sozusagen gegen das Akademische komponiert hat und so für uns heute viel besser erkennbar ist als jene, die sich bemüht haben, streng nach Rezept zu komponieren?

Ofenbauer: Ich gebe zu, dass man in der Musik des 19. Jahrhunderts oft sehen kann, dass es mit der Bildung auch ein Kreuz sein kann. So viele, ob es jetzt Riesen oder Kleinmeister sind, schreiben Sonatensätze und kaum einer traut sich, diesen dämlichen Sonatenhauptsatz wegzuwerfen. In den meisten Stücken wird er einfach weiter rezipiert und tradiert.

Gratzer: In der Musik des 19. Jahrhunderts gibt es genauso wie in anderen Jahrhunderten Stücke, die mit solchen Konventionen brechen oder damit spielen. Ein Werk, das Komposition und Interpretation mit der Frage des Fehlers verbindet, ist etwa die zweite Klaviersonate von Schumann, sein Opus 22. Da steht am Beginn des ersten Satzes »So rasch wie möglich«, knapp vor dessen Ende heißt es aber »Schneller« und dann »Noch schneller«. Wenn man diese Formulierung wörtlich nehmen will, dann zwingt einen dieses Stück, Fehler zu produzieren.

Ofenbauer: Es könnte sein, dass Schumann auf eine ganz spezielle Art von Tempo anspielt. Wenn man ordentlich übt, dann erreicht man einen Punkt, an dem man die Bewegungen in eine gewisse Schnelligkeit hineintrainiert hat. Das Problem ist freilich, dass mitunter ein Rädchen losgeht, wenn man sich selbst nicht mehr genau zuhört. Dieses Rädchen fängt dann an, beim Spielen immer schneller zu werden. Die funktionellen, virtuosen Bewegungen automatisieren sich. Plötzlich wird es dann so schnell, dass es wirklich noch schneller als möglich wird. Ich könnte die Schumannsche Anweisung so interpretieren, dass ich das Stück zu Beginn so schnell spielen soll, dass ich als Spieler gerade der Musik noch folgen kann, also an der Grenze dieses Ausspielens von Automatismus und Wahrnehmung.

Brunner: Meiner Ansicht nach sollten wir das nicht so tragisch nehmen. Ich sehe das Problem eher in der Dominanz des Schriftlichen, die ich bereits erwähnt habe. Wir nehmen alles, was geschrieben ist, sehr ernst oder viel zu ernst. Schumann hatte vielleicht gar kein Problem damit, so schnell wie möglich und dann noch schneller zu spielen. Aber wir setzen das, was geschrieben steht, absolut, das ist unser Fehler.

Gratzer: Wenn Schumann schreibt »So rasch wie möglich«, dann »Schneller« und schließlich »Noch schneller«, so müssen wir das nicht unbedingt als Fehler registrieren, sondern wir können es auch als Pointe auffassen.

Neumaier: Wenn wir mit Christian Ofenbauer die Bedeutung des Autors anerkennen, müssen wir dann nicht auch zugestehen, dass ein Autor mit Recht erwartet, dass das, was er schriftlich niedergelegt hat, dann auch ernst genommen wird?

Brunner: Das ist eine Frage des Stils oder der Epoche. Wenn ich Musik des 18. Jahrhunderts oder des frühen 19. Jahrhunderts spiele, dann besteht meine Verantwortung darin, die Schrift so ernst wie möglich zu nehmen, aber nicht ernster als nötig. Wenn ich Musik von Schönberg spiele oder von Bartók, der etwa genau vorschreibt, wie lang das Stück zu dauern hat, dann ist das Musik, bei der das Schriftliche wahrscheinlich eine viel stärkere Rolle spielt.

Neumaier: Solche Vorgaben haben wohl mit veränderten Interpretationsgegebenheiten zu tun. Wenn der, der die Musik schreibt, und der, der sie interpretiert, nicht mehr in direktem Kontakt miteinander stehen, dann muss man Vieles festlegen, um die intendierte Interpretation so weit wie möglich zu gewährleisten.

Gratzer: Ein interessantes Beispiel für dieses Problem gibt Strawinsky, der in der *Musikalischen Poetik* schreibt, dass man sich als Komponist sozusagen des Interpretendaseins enthalten soll. Man soll den Notentext spielen und keinerlei subjektiven Empfindungen »hineinlegen«. Nun, Strawinsky hat eigene Werke sein ganzes Leben lang dirigiert. Allein vom *Sacre du Printemps* existieren über dreißig Aufnahmen. Wenn wir uns seine eigenen Interpretationen dieses Werkes anhören, können wir feststellen, dass für Strawinsky der Notentext nicht im strengen Sinn verbindlich war und dass seine Interpretationen in Bezug auf Tempo, Lautstärke oder Dramaturgie zum Teil beträchtlich voneinander abweichen. Strawinsky fordert also einerseits auf, als Interpret eigener Werke möglichst nicht zu gestalten, andererseits hat er selbst größtmöglich gestaltet. Dabei ist zu überlegen, ob das an seinem Unvermögen liegt, als Dirigent das umzusetzen, was er sich als Komponist gedacht hat, oder ob die Unterschiede anders zu erklären sind, etwa durch Hinweise auf die Raumakustik.

Brunner: Ein paralleler Fall sind Beethovens Metronomangaben zu seinen Symphonien, die immer wieder ganz anders aufgefasst wurden. Trotzdem ist wahrscheinlich keine davon ein Fehler, zumindest nicht in dem Moment, in dem Beethoven sie gibt. Im übrigen divergieren ja teilweise auch seine eigenen Metronomangaben zum selben Satz.

Neumaier: Eine Zeit lang wurden ja viele Metronomangaben von Beethoven als falsch eingestuft und man hat ihm vorgeworfen, er hätte selbst nicht verstanden, was er hingeschrieben hat, bis dann jemand wie Roger Norrington kam und sie wieder ernst genommen hat. So hat sich das Ideal gewandelt, und mit ihm die Vorstellung davon, was falsch ist.

Gratzer: Das führt mich an den Beginn unseres Gesprächs zurück, an dem ich einen Fehler als unerwünschte Abweichung von einem wünschenswerten Idealzustand bestimmt habe. Ich glaube, dass der zweite Teil dieser vorläufigen Definition insofern hilfreich ist, als sich die Idealvorstellung ja tatsächlich ändert. Als Komponist wie als Interpret macht man die Erfahrung, dass sich die Vorstellung von einer Sache auch im Prozess wandelt, so dass man nicht immer das Gefühl hat, es mit demselben Gegenstand zu tun zu haben. Es wird immer wieder davon geschrieben, dass Komponisten Fremdheitserfahrungen haben, wenn sie eine Partitur aufschlagen, an der sie noch tags zuvor geschrieben haben. Cage hat Feldman in solchen Momenten geraten, er solle doch einfach die letzten Seiten noch einmal abschreiben. Feldman hat das dann auch getan, allerdings auf eine Weise, die Cage nicht gemeint hatte, denn Feldman hat dabei alles so stehen lassen, wie er es geschrieben hatte. Was ich sagen will, ist, dass sich die Vorstellung von einem idealen Zustand wandelt – sowohl die musikalische Vorstellung von einer Komposition als auch die von ihrer Interpretation. Auch das ist ein Grund dafür, dass es so schwierig, ja vielleicht sogar unmöglich ist, die Behauptung von künstlerischen Fehlern zu argumentieren. Natürlich kann ich schlichtweg behaupten, etwas sei ein Fehler oder jemand spiele schlecht, das passiert im *Fonoforum* und anderen Zeitschriften ja Ausgabe für Ausgabe. Das ist relativ rasch behauptet. So etwas wirklich zu argumentieren, ist aber vor dem erwähnten Hintergrund, gelinde gesagt, anspruchsvoll.

Neumaier: Eine Frage ist, ob es Gründe dafür gibt, dass sich Vorstellungen von einem Ideal ändern. Mir fällt es heute etwa schwer, bestimmte Interpretationen von Musik aus den 50er und 60er Jahren des 20. Jahrhunderts, etwa manche Aufnahmen von Karl Böhm, noch anzuhören. Ich weiß nicht, ob das wieder rückgängig zu machen ist. Wie mir scheint, haben sich inzwischen durch andere Formen von Interpretation *neue* Aspekte eröffnet, die es schwer machen, dorthin zurück zu gehen. Wenn das stimmt, dann ändern sich Vorstellungen von Idealzuständen jedoch nicht zufällig, sondern dann gibt es Gründe dafür.

Gratzer: Solche Gründe gibt es tatsächlich, und sie können sehr unterschiedlicher Natur sein. Ein Grund kann etwa sein, dass tatsächlich neue Einsichten dominieren, einen anderen Grund sehe ich aber auch darin, dass es zu einer Übersättigung kommt, so dass es als notwendig empfunden wird, die Interpretationskultur in verschiedenen Aspekten zu verändern.

Neumaier: Auch zu einer Zeit, als unsere Musikkultur wohl noch nicht von bestimmten Interpretationen übersättigt war, hat jemand wie Harnoncourt, als er bei den Wiener Symphonikern spielte, anscheinend bereits das Gefühl gehabt, dass die Musik dort falsch gespielt wird, schlichtweg falsch.

Gratzer: Harnoncourt hatte wohl gute Gründe, die mit seinem Wertesystem und seiner Auffassung von Musik zusammenhängen. Das heißt allerdings noch lange nicht, dass seine Auffassung im wissenschaftlichen Sinne als richtig gelten kann, allein schon deshalb, weil sich nur bis zu einem bestimmten Punkt rekonstruieren lässt, wie etwas früher aufgeführt wurde, wie etwas geklungen hat. Harnoncourt ist ein Verfechter intensiver Probenarbeit. Wenn wir lesen, wie im 18. Jahrhundert mit Proben umgegangen wurde, so könnten wir sagen, Harnoncourt habe etwas falsch verstanden oder er mache etwas falsch. So schrieb etwa Haydn anlässlich der Uraufführung einer seiner Londoner Symphonien, man möge dieses Stück vor der Uraufführung zumindest einmal spielen. Würden wir das damalige Regelsystem einfach übernehmen, so würde das heute heißen, zumindest gelegentlich »ungeprobt« zu spielen.

Brunner: Das heißt doch zunächst bloß, dass sich auch Haydn mehr Probenarbeit gewünscht hat. Wie wir wissen, hat er das Probieren mit dem Orchester auf Schloss Esterháza auch sehr genossen. Er hat nicht nur mit den Leuten geprobt, sondern auch seine eigenen Möglichkeiten erprobt, er hat etwas gehört und das dann wieder geändert. Er hat geprobt, kompositorisch geprobt, nicht unbedingt nur interpretatorisch.

Gratzer: Wenn wir uns mit älterer Musik und mit früheren Interpretationen beschäftigen, so liegt meines Erachtens die Schwierigkeit für uns darin, dass wir oft mit widersprüchlichen Angaben konfrontiert sind. So hat beispielsweise der schon erwähnte Morton Feldman 1981 das Stück »Triadic Memories« geschrieben. Dieses äußerst anspruchsvolle Stück hat exakt notierte rhythmische Module. Feldman war dafür bekannt, dass es ihm überaus wichtig war, dass man alles so spielt, wie es notiert ist, dass man insbesondere den Rhythmus getreu wiedergibt. Feldmann äußert sich nun aber in höchsten Tönen über Roger Woodward, der »Triadic Memories« uraufgeführt und als erster eingespielt hat. Wenn wir Woodwards Aufnahme hören und mit den Noten vergleichen, müssen wir jedoch erstaunt feststellen, dass seine Interpretation nur wenig mit dem Notentext zu tun hat. Woodward spielt »Triadic Memories« völlig gleichförmig und nimmt Feldmans differenzierte Notation rhythmischer Module in dieser Hinsicht überhaupt nicht ernst. Feldman aber meinte, niemand spiele das Stück so gut wie er. Ein anderer Pianist, nämlich Markus Hinterhäuser, hat mich deshalb vor einigen Jahren gefragt: »Ist das nicht eine fehlerhafte Interpretation?« Aus Woodwards Sicht ist das wahrscheinlich nicht der Fall, sondern er hat sie wohl ebenso wie Feldman aus bestimmten Gründen für stimmig gehalten. Aus dem Abstand einiger Jahre oder Jahrzehnte empfinden wir seine Interpretation jedoch als unstimmig im Verhältnis zur Partitur.

Ofenbauer: Unsere Einstellung dazu ändert sich wohl auch durch die Vertrautheit mit einem Werk. Wenn jemand eine Klaviersonate von Mozart aufführt und daneben greift, so können wir sofort die falschen Töne erkennen; viel interessanter ist aber, wenn jemand die Sonate in einem falschen Tonfall spielt. Das kann positiv oder negativ aufgefasst werden. Ich gebe natürlich zu, dass wir nicht objektiv sagen können, was der richtige Tonfall ist, aber mich interessiert dennoch, wenn ein Tonfall so fremd daher kommt, dass ich ihn eigentlich nicht verstehe. Mir gefällt das – besonders im Fall meiner eigenen Arbeiten – sogar eher, als wenn der Tonfall so schmierig ist, dass ich den Eindruck habe, dass ich das in- und auswendig kenne. Dann habe ich keine Freude mit der Aufführung. Ähnliches gilt wohl auch für andere zeitgenössische Musik: Wenn du etwa die erste Einspielung von »Marteau sans Maître« von Boulez hörst, dann hörst du im Klangbild, wie er dirigiert »tok tik tak tik chr«, und die Instrumente machen »chik chak chik chak«, wobei dieses mechanisch Eckige wahrscheinlich seinen Grund im Denken hat. Wenn Boulez dasselbe Werk heute aufführt, dann hat es plötzlich so viel soundmäßiges Schlagobers, dass das Stück viel weicher klingt. Das heißt nicht, dass das Stück jetzt alt geworden ist, ich halte es nach wie vor für eine große Komposition. Aber ich habe den Eindruck, dass sich nicht nur Boulez verändert hat, sondern auch ich als Hörer. Als ich das Werk über die Schallplatte kennen gelernt habe, hat mich dieses Eckige wahnsinnig angezogen. Heute wird mir das Werk anders vorgespielt und ich empfinde das sogar als Verlust. Das heißt nicht, dass der sahnige »Marteau« einen schlichtweg falschen Tonfall hat, aber ich war als Siebzehnjähriger so beeindruckt von der Vehemenz, von der Kälte, von der Brutalität der Komposition, die ich aus dieser ersten Einspielung herausgehört hatte. Ich war so beeindruckt, dass ein Komponist so etwas überhaupt machen, mir so auf den Schädel hauen kann, dass ich die weichere Version als Verlust empfinde. Mir fehlt jetzt etwas! Ich bin offenbar ein sentimentaler Mensch. Ich kann mich von der Vergangenheit und vor allem von der Erinnerung nicht lösen.

Brunner: Nun ja, das hat wohl auch mit den Zeitumständen zu tun. Zeitweise tut ja das Fette gut. Nach dem zweiten Weltkrieg haben die Leute gehungert und sich über den fetten Sound von Richter und Karajan gefreut. Später, als sie satt waren, haben sie sich über den nackten, kargen, eckigen Klang von Boulez oder auch Harnoncourt gefreut, und dann, als das wieder gefettet war, haben sie sich allmählich wieder über opulente Continuo-Apparate der alten Musik gefreut. Es gibt also Wellen und Gegenbewegungen. Nach dem Fasten tut das Fett ganz gut, nach dem Fett wieder das Fasten und so weiter.

Gratzer: Auch das zeigt freilich wieder, dass es nur dann möglich ist, von Fehlern zu sprechen und entsprechend zu argumentieren, wenn man ein klares Bezugssystem hat, eben bestimmte Idealvorstellungen. Je schwächer diese sind, umso schwieriger wird es. Als Wissenschaftler sind wir gefordert, Argumente dafür anzugeben, warum wir etwas behaupten. Wenn man als Wissenschaftler sagt, eine Interpretation sei gelungen oder nicht gelungen, dann ist man mit der Erwartungshaltung konfrontiert, seine Entscheidungen zu begründen. Das macht einen wesentlichen Unterschied zwischen Kunst und Wissenschaft aus. Als Komponist oder als Interpret ist man in der Regel nicht genötigt, künstlerische Entscheidungen zu argumentieren. Man »darf« solche Entscheidungen – bewusst oder unbewusst – »einfach« fällen.

Ofenbauer: Ich kann diesen Standpunkt durchaus verstehen. Tatsächlich sieht es so aus, als ob für Komponisten kein Legitimationszwang besteht, wenn ihnen ein

Werk aus den vorhin von mir skizzierten Gründen gelingt und etwas Neues zu fassen vermag. Klarerweise gibt es ja für das gelungene Werk aus dieser Perspektive noch gar keinen verständlichen Bezugsrahmen, denn dieser muss ja erst in der Rezeption entstehen, und zwar durch einen allgemeinen Diskurs über den Wert der geleisteten kompositorischen Arbeit. Dabei kommen wir aber nicht umhin, zwischen Komponisten und ausführenden Musikern zu differenzieren, auch wenn der eine auf den anderen verwiesen bleibt: Zum einen wären die Musikanten im europäischen Kontext schlicht stumm, wenn sich nicht jemand anderer die Mühe gemacht hätte, ihnen Konzepte in die Hand zu geben, zum anderen könnten kompositorischen Konzepte nicht klingen, wenn die Musikanten nicht guten Willens wären. Beide sind aber in meinen Augen von der Argumentation ihrer Entscheidungen nicht zu dispensieren: Ich würde gerne beide, den schaffenden wie den nachschaffenden Künstler, ermuntern, die sie leitenden Grundsätze in einem Diskurs offen zu legen. Damit verschwindet aber die ominöse Trennung von Wissenschaft und Kunst. In diesem Sinne träume ich davon, dass an einer *Universität der Künste*, die ihrem Anspruch gerecht zu werden vermag, diese beiden Bereiche einander so nahe kommen, dass Forschung und Produktion bzw. »Erschließung der Künste« – wie es so schön im Gesetz heißt – ungeahnte Schnittmengen, wenn nicht gar Kongruenzen, bilden. Das Spannende an diesem Projekt ist, dass wir nicht wissen, wie das geht. Wir werden also nur durch eine experimentelle Praxis Erkenntnisse darüber gewinnen können. Aber genau das ist ja unser gesellschaftlicher Auftrag. Ob so eine Praxis unserer Frage nach dem Fehler in der Musik eine neue Richtung gibt, kann ich allerdings auch noch nicht sagen.

Otto Neumaier (Hg.): *Fehler in Wissenschaft und Kunst*, Möhnesee: Bibliopolis, 2010: 187–198

DER FEHLER ALS EINSICHT UND EINFALL

Rainer Buland

Der Fehler und seine Möglichkeiten

Die Möglichkeit, Fehler zu machen, ist für das Lernen nicht nur notwendig, sondern vor allem förderlich. Darüber hinaus ist der Fehler eine Quelle der Kreativität. Diese beiden Aspekte sind im Titel als »Einsicht und Einfall« benannt und stellen das zentrale Thema des vorliegenden Aufsatzes dar.

Bevor wir uns jedoch dem besonderen Wert des Fehlers für die Pädagogik zuwenden können, müssen wir erst einige Eigentümlichkeiten klären. Diese Klärungen werden im einleitenden Kapitel »Fehlermöglichkeiten« unternommen.

Das zweite und zugleich letzte Kapitel, unter der Überschrift »Die Möglichkeiten im Fehler«, widmet sich gänzlich der Einsicht und dem Einfall. Weil es leichter ist, den kreativen Prozess, den ein Fehler ausgelöst hat, von innen her zu beschreiben, habe ich zwei Beispiele aus der eigenen Kreativ-Werkstatt ausgewählt.

1. Fehlermöglichkeiten

1.1. Fehler und System

Kein Fehler existiert an sich. Genau wie Höhlen oder Löcher nur durch die sie umgebende Materie sichtbar werden, so existiert ein Fehler ausschließlich in und durch ein System. Wir können den Fehler nicht betrachten, ohne das System wahrzunehmen, in dem er auftritt. Umgekehrt braucht es, um einen ordentlichen Fehler zu machen, ein schon hinreichend etabliertes System. Auch Sprachen sind ein umfangreiches System von Vokabeln, grammatischen Regeln und umgangssprachlichen Gewohnheiten. Ich muss das System einer Sprache erst einmal in seinen Grundzügen beherrschen, dann erst ist es mir möglich, einen Fehler zu begehen. Da ich z. B. nicht Chinesisch kann, kann ich zwar einige Laute produzieren, welche die chinesische Sprache imitieren, aber eine Imitation ist kein Fehler.

Nehmen wir ein Beispiel aus einem Medium, mit dem ich praktisch und theoretisch gut vertraut bin, der Musik. Auch sie ist ein umfangreiches System von Regeln und rein handwerklichen Fertigkeiten. Ich muss erst ein Instrument in seinen Grundzügen beherrschen, ich muss ein Musikstück erst spielen können um eine falsche Note hervorzubringen. Da ich die Geige nicht beherrsche, kann ich zwar auf den Seiten herumkratzen, aber ich kann weder falsche noch richtige Töne produzieren.

Einen Fehler zu machen, setzt also bereits Können voraus. So paradox das vielleicht klingt: Wenn ich einen Fehler machen kann, dann kann ich bereits etwas.

1.2. Fehlermachen ist nicht gleich Nicht-Können und nicht gleich Nicht-Wissen

Der Fehler ist kein Nicht-Wissen. Wenn ich etwas nicht weiß, dann weiß ich es nicht. In diesem Fall kann ich lediglich zugeben: Ich weiß es nicht. Ein Fehler passiert erst dann, wenn ich es eigentlich wüsste, momentan jedoch durch einen kreativen Akt des Unbewussten auf eine falsche Fährte gelockt worden bin. Freuds psychoanalytische Sicht der Fehlleistungen hat diesen Zusammenhang erhellt. Die Fehleranalyse kann die kreative Spur nachvollziehen.

In diesem Aufsatz wollen wir jedoch nicht die Spur der Fehlleistung nachverfolgen, um verdrängte Bewusstseinsinhalte zu heben, sondern wir wollen den Fehler selbst als eine neue kreative Lösung betrachten. Ich kann mich noch sehr gut an den ersten mündlichen Englisch-Vokabeltest im Gymnasium erinnern. Ich wurde gefragt, was »schön« auf Englisch heißt. Ich sagte: »Pulcher.« Das ist natürlich falsch. Der Lehrer sagte aber nicht einfach, dass dies falsch sei, sondern er fragte mich, wie ich auf dieses Wort käme. Ich brauchte nicht lange zu überlegen: Wir hatten in der Stunde vorher gelernt, dass »schön« im Lateinischen »pulchra« heißt, und da fast alle europäischen Sprachen irgendwie vom Lateinischen abstammen, muss es, so dachte ich, wohl irgendetwas in diese Richtung heißen. Der Lehrer lachte und war von meiner Argumentation überzeugt, sagte mir allerdings, dass das konkret gesuchte Wort einer gänzlich anderen Wortwurzel entstammt. Das Wort »beautiful« wollte mir jedoch nicht einfallen. Dem erfahrenen und verständnisvollen Englischlehrer war klar, dass mir unter diesen Umständen, wenn mir ein bestimmtes Wort im Bewusstsein ist, das andere Wort schwerlich einfallen wird. Ich bekam kein Minus, dafür aber den Rat, in Zukunft gut darauf Acht zu geben, die Sprachen nicht zu vermischen.

Ich habe in diesem Augenblick mehr gelernt, als mir damals bewusst war. Nicht nur habe ich eine Achtsamkeit dafür entwickelt, die Sprachen in meinem Gedächtnis säuberlich zu trennen, ich habe auch sozial gelernt, dass nicht jeder Fehler bewertet werden muss und dass auch ein Erwachserner, ein Pädagoge zumal, durchaus auch großzügig über einen Fehler hinweggehen kann. Diese Großzügigkeit tut der Autorität keinen Abbruch, im Gegenteil zeugt es von einer gefestigten und wirklichen Autorität. Aber ich habe noch etwas gelernt, das ich erst als Erwachsener ausdrücken konnte: wie wichtig es ist, Fehler zu analysieren. Erst dann entfaltet sich das große Lernpotenzial.

1.3. Der Fehler als Unfall – die Fehlertoleranz

Die Beschäftigung mit dem Fehler ist kein pädagogisches Randthema, sondern von zentraler Wichtigkeit. Um die ganze Bedeutung zumindest anzudeuten, möchte ich hier den Begriff der Fehlertoleranz einführen.

Manche Systeme sind fehlertoleranter als andere. Der Straßenverkehr z. B. ist wenig fehlertolerant. Schon eine kleine Unachtsamkeit kann verheerende Folgen haben. Der Fehler wird zum Unfall.

Je größer und wirkmächtiger eine Technik wird, desto intoleranter steht sie dem Fehler gegenüber. Im Flugverkehr z. B. wirkt sich ein Fehler noch verheerender aus als im Straßenverkehr. Während beim Autofahren nicht jede kleine Abweichung zu einem Unfall führt und nicht jeder Unfall einen großen Schaden verursacht, braucht ein Flugzeug noch viel mehr Sicherheitsvorkehrungen, weil jeder kleine Fehler einen überaus gravierenden Unfall verursachen kann.

Die mächtigste Technik, die wir zum gegebenen Zeitpunkt einsetzen, ist die zum Betreiben eines Atomkraftwerks. Dieses besteht fast ausschließlich aus Sicherheitstechnik. Die Folgen eines Unfalls sind so katastrophal, dass dafür eine neue Bezeichnung geprägt wurde: GAU – größter anzunehmender Unfall. Heutzutage sind wir sogar noch einen Schritt weiter beim Super-GAU, ohne dass ich den genauen Unterschied zu benennen wüsste.

Das ist das eigentliche Problem der technischen Moderne, dass uns die Großtechnik zwingt, immer mehr und noch mehr in die Kontrolle zu investieren, um Unfälle zu vermeiden. Am Beispiel der Kernenergie formuliert: Wie auch immer wir die Vor- und Nachteile abwägen wollen, wir können die Kontrolle der Produktion und der Produktionsrückstände nicht dauerhaft garantieren.

Daher müssen wir selbst um den Preis der Einschränkung unseres Energieverbrauchs auf eine kleinteiligere und damit auch fehlertolerantere Energieproduktion umstellen. Ich habe dieses Beispiel gebracht, um zu zeigen: Die Betrachtung des Fehlers ist kein kleines pädagogisches Randthema, sondern zeigt zentrale Notwendigkeiten der Zukunftsbewältigung. Wir können die ganze wirtschaftliche und ökologische Krise auch als ein Problem der Fehlertoleranz beschreiben. Das kann an dieser Stelle nicht ausgeführt werden, aber die Kernaussage ist einsichtig: Wir wären gesamtgesellschaftlich gut beraten, sofort auf fehlertolerante – und das heißt auch: ökologisch verträgliche – Systeme umzusteigen und vor allem breit eine fehlertolerante Technik zu etablieren.

Bevor wir uns den Möglichkeiten im Fehler zuwenden, möchte ich jedoch das Augenmerk auf den Umkehrschluss richten: Die Fehlertoleranz ist ein Gradmesser für die Lebendigkeit und Menschlichkeit eines Systems. Keinen Fehler machen zu dürfen, ist nicht nur unmenschlich, sondern auch lebensfeindlich. Das betrifft Atomkraftwerke in gleicher Weise wie zu starre Schulsysteme.

2. Die Möglichkeiten im Fehler

2.1. Fehler als Einsicht

Einen Fehler zu machen, ist noch kein Lernvorgang. Dazu braucht es noch drei Einsichten, nämlich erstens, *dass* etwas falsch ist, zweitens, *was* falsch ist, drittens und vor allem aber, wie es *richtig* wäre. Ich habe einmal mit einigen jungen Musikern einen Beatles-Song einstudiert. Alle spielten gut, die Begeisterung der Jugendlichen machte den Umstand wett, dass die Songs der Beatles eigentlich nicht interpretierbar und insofern für andere nicht spielbar sind. Die Klangvorstellung der Songs ist durch die Beatles selbst in optimaler Weise realisiert worden. Jede Interpretation kann daher nur ein Nachspielen sein, das sich dem Original mehr oder weniger annähert. Aber immerhin war ich mit dem Ergebnis zufrieden – bis auf eine d-moll-Stelle, die irgendwie falsch klang. Nach drei Anläufen, die jeweils zu genau demselben Ergebnis führten, ließ ich die Musiker ihren Part einzeln spielen. Ich analysierte gleichsam den Prozess des Musizierens. Dabei kam zum Vorschein oder besser Vorklang, dass die Gitarristin statt eines d-moll- einen D-Dur-Akkord spielte, einfach deshalb, weil sie den ersteren nicht greifen konnte. Sie glaubte in ihrer Unerfahrenheit, es mache wohl im Gesamtklang keinen hörbaren Unterschied, ob Dur oder Moll, Hauptsache ein D-Akkord. Der Unterschied ist wirklich sehr gering, gerade einmal ein einziges F statt eines Fis, und das in einem breiten Klangteppich. Tatsächlich hatte ich den einzelnen Ton gar nicht gehört, lediglich irgendetwas Störendes im Muster des Klangs wahrgenommen. Daraufhin erklärte ich ihr den Unterschied zwischen Dur und Moll und zeigte ihr, wie der d-moll-Akkord zu greifen ist. Die Aufführung wurde ein voller Erfolg.

Dem Fehler-Machen müssen Phasen des Analysierens, der Einsicht und des Korrigierens folgen, dann führt es zu Erkenntnis.

Das Negativ-Beispiel dafür, was entsteht, wenn Fehler nie korrigiert werden, haben wir in der so genannten Gastarbeitersprache vor uns. Die Arbeiter, die in den Jahren des Aufbaus nach dem 2. Weltkrieg in deutschsprachige Länder kamen, mussten so weit Deutsch lernen, um Anweisungen verstehen zu können. Ihnen zu sagen, dass die Verwendung des Infinitivs in Aussagesätzen falsch ist, dafür nahm sich niemand die Zeit. Auch wurden die Antworten und Anweisungen wieder in dieser Infinitiv-Sprache formuliert: »Du nehmen Hammer und Nägel einschlagen.« Deswegen konnte sich die Sprachmächtigkeit nicht verbessern. Als Folge entstand eine eigene Sprachvariante, die wiederum an die nächste Generation weitergegeben wurde. Dort wurde sie verbunden mit dem verkürzten Englisch der IT- und Internet-Welt – und heraus kam ein Sprachsystem als Hybridbildung zwischen Deutsch, Englisch und einer meist slawischen Muttersprache. Niemals kam es zu einer Korrektur, deswegen entstand eine Spreche, für welche die Bezeichnung Denglisch geprägt wurde.

Über die Schritte Fehler-Machen, Analyse und Antwort als Richtigstellung kommen wir zu Einsichten. Überhaupt die Möglichkeit zu haben, Fehler zu machen, sollten wir als einen wesentlichen Teil einer effizienten Lernkultur begreifen.

Aber das Fehler-Machen ist nicht nur ein erster Schritt, um ein System kennenzulernen und zu beherrschen, sondern es kann auch ein erster Schritt sein, das System selbst in seinen Möglichkeiten und Grenzen zu begreifen. So kann das Fehler-Machen der wichtige erste Schritt zur Systemverbesserung sein. Auch Personaltrainer und Teamentwickler fordern dazu auf, in einer möglichst frühen Phase Prototypen herzustellen, nur um möglichst schnell Fehler machen zu können. Das ist die Macht des Modells und der Simulationsspiele. Eine Simulation ist schon das zukünftige System in Aktion. Darin zeigt sich sehr rasch die Funktionstüchtigkeit einer Erfindung oder einer Innovation.

Der Wert der Simulationen und der Spiele im Sinne von »play« und »games« – nicht von »gambling« – liegt darin, in einem überschaubaren und sanktionsfreien Interaktionsfeld Erfahrungen sammeln zu können. Simulationen und Spiele sind Probehandlungen in einer Welt, die unüberschaubar und chaotisch ist. Um sich an der Welt zu bilden und die Welt kennen zu lernen, bedarf es eines Lernfeldes, das Fehler-Machen nicht mit Sanktionen belegt. Das können wir sehr gut bei Tierspielen beobachten. Tiere mit einem weniger komplexen Zentralnervensystem sind über Verhaltensprogramme optimal an ihre Umgebung angepasst. Sie brauchen nicht viel lernen, deswegen müssen sie nicht spielen. Anders sieht die Sache bei Tieren mit komplexem Zentralnervensystem aus, bei Vögeln, Säugetieren und Menschen. Das Verhaltensprogramm ist nicht so genau, dass es in jeder Situation die für das System richtige Entscheidung zur Verfügung stellen würde. Komplexe Nervensysteme müssen lernen, sie sind darauf angewiesen. Deswegen müssen sie spielen. Wenn jedes Herumtollen und Kämpfen eines jungen Tieres gleich ernst wäre, dann hätten sie keine Überlebenschance. Tiere – und damit auch Menschen – müssen spielen, experimentieren, ausprobieren und sanktionsfrei Fehler machen können, ansonst haben sie keine Chance, sich in die Welt, wie sie sie vorfinden, hinein zu bilden.

Eine Vorgehensweise wie derzeit noch in den Regelschulen, über die Vermittlung von Stoff Bildung erreichen zu wollen, ist viel zu ineffektiv, das können sich nur sehr reiche Gesellschaften leisten. In der Natur musste viel effizienter mit den Ressourcen umgegangen werden, deswegen hat die Evolution das Spiel hervorgebracht. Wir können uns heute eine Effizienzsteigerung durch Reduzieren von Druck und durch den Einsatz von Spielen und Simulationen nur schwer vorstellen, aber wir werden uns die Ineffizienz des Regelschul-Lernens nicht mehr lange leisten können. Ein Teil der Schwierigkeit, uns das wirkliche Potenzial von Spielen und Simulationen vorzustellen, liegt darin, dass wir bisher kaum kreative und bildungsmächtige Spielformen entwickelt haben.

Die anstehende Effizienz-Revolution wird Lernumgebungen schaffen, die zum Spielen einladen und zum Fehler-Machen ermutigen.

2.2. Fehler als Einfall

Die herkömmliche Pädagogik sieht im Fehler lediglich die Abweichung von gegebener Norm, den Störfall und benimmt sich damit selbst des großen kreativen Potenzials des Fehler-Machen-Dürfens. Das ist auch der eigentliche Grund, warum unsere herkömmlichen pädagogischen Institutionen in geradezu unfassbarer Weise unkreativ sind. Selbst die Spielpädagogik, die in den 1970er-Jahren das »freie Spiel« propagierte, tat sich schwer mit wirklich freien kreativen Prozessen.

Ab 1994 war ich Teil einer kleinen Gruppe um Christoph Riemer, die im Burckhardthaus bei Frankfurt erste Versuche mit kreativ-schöpferischem Spiel unternahm. Einer der ersten Ansatzpunkte war für uns die Filmreihe »Lob des Fehlers« von Reinhard Kahl. Wir stellten uns die Frage: Wie können wir eine Art Laborsituation herstellen, die uns selbst zu Experimenten inspiriert? Und wie können wir den Fehler nicht als Störfall ausschließen, sondern als Einfall in unseren weiteren kreativen Prozess einfließen lassen? Aus diesen ersten Versuchen entstand eine Spielbewegung, für die ich später den Namen *Playing Arts* erfand. Gemeint ist damit ein Spiel im Sinne von »play« als Bildungsprozess. Wie auch Kleinkinder im Spiel ihre ganze Umgebung zu einer Art Experimentallabor machen und sich so in kurzer Zeit und mit erstaunlicher Nachhaltigkeit die Welt, wie sie sie vorfinden, samt Sprache, Kultur und Bewegungsmöglichkeiten aneignen. Zentraler Punkt in diesem Spiel als Bildungsprozess ist das Fehler-Machen und die Antwort darauf. Die Antwort kann von einem Gegenüber kommen. Das Kind spricht z. B. ein Wort falsch aus, die Bezugsperson antwortet darauf und spricht dabei das Wort richtig. Aber nicht nur Personen können antworten, auch die Natur und die Dinge können antworten. Der große Erfolg der neuzeitlichen Naturwissenschaft beruht darauf, die Natur in Experimenten zu einer eindeutigen Antwort zu bewegen. Auch die Materialien und Dinge offenbaren ihre Möglichkeiten neben dem herkömmlichen Gebrauch erst in einem spielend experimentellen Umgang. Und genau dies begreifen wir leicht als Fehler.

Ein Fehler kann Ausgangspunkt für eine Systemverbesserung werden, ein Fehler ist aber auch ein Einfall, der ein System transzendiert. Jeder Fehler ist nicht nur ein Störfall innerhalb eines Systems, sondern auch eine kreative Neuerung. Nicht jeder Einfall ist interessant, aber es ist auf jeden Fall lohnenswert, jeden Fehler daraufhin zu betrachten, ob er eine interessante Lösung bietet, und vor allem auch mit Bezug darauf, welche neuen Assoziationsräume er erschließt.

Wenn ich Klavier unterrichte und ein Schüler spielt eine falsche Note, sage ich nie: Diese Note war falsch. Ich sage z. B.: Der Komponist hat an dieser Stelle kein

H, sondern ein B geschrieben, lass uns doch einmal hören, was besser klingt. In der Mehrzahl der Fälle klingt der Wunsch des Komponisten harmonischer und interessanter. Eben deswegen wird er ein »großer« Komponist genannt, weil er nicht nur regelrichtige, sondern auch überraschende und interessante Lösungen für kompositorische Probleme gefunden hat.

Wichtig ist mir auch, eine kurze Erklärung anzuschließen, warum dieses oder jenes richtiger und interessanter ist. Der Schüler hat damit gleichzeitig etwas über Harmonielehre erfahren. Es gibt jedoch auch andere Fälle. Ein Schüler kam einmal in die Klavierstunde und spielte einen kleinen Walzer von Chopin. An einer Stelle spielte er eine falsche Note, und weil ihm dies selbst als zu unharmonisch erschien, setzte er die Melodie eine Terz höher fort, um gleichsam den Fehler im Nachhinein zu rechtfertigen. Er kam somit auf eine falsche Spur und setzte das Stück bis zum Ende um eine Terz höher fort. Das Klangergebnis war durchaus harmonisch, weswegen ihm die Entfernung zum Notentext nicht aufgefallen war und er die Stelle in dieser Form einstudiert hatte. Ich hörte mir dies an, lachte und erklärte ihm, was er soeben produziert hatte. Wer jemals versucht hat, eine Chopin-Melodie eine Terz höher zu spielen, weiß, wie schwierig es ist, zu einem guten Ergebnis zu kommen. Ich machte dem Schüler klar, dass er – ausgelöst durch einen Fehler – eine sehr interessante neue Lösung gefunden hatte. Daraufhin stellte ich ihm frei, in Zukunft seine Lösung zu spielen oder dem Original zu folgen. Allerdings verwahrte ich mich dagegen, seine Lösung als von Chopin stammend auszugeben. Ein reproduzierender Künstler hat eine Verantwortung gegenüber dem im Notentext festgehaltenen Willen des Komponisten. Es steht jedem frei, selbst zu komponieren und z. B. Paraphrasen über einen Chopin-Walzer zu improvisieren oder aufzuschreiben.

Das Aufgreifen eines Fehlers als neue Lösung setzt die Bereitschaft und vor allem auch die Fähigkeit voraus, eingefahrene Wahrnehmungsmuster loszulassen und sich auf Neues einzulassen. Wie schwierig dies ist, zeigen alle Erfahrungen mit der jeweils zeitgenössischen Kunst.

Ich möchte dies anhand zweier Beispiele aus der eigenen Playing-Arts-Praxis demonstrieren.

Auch wenn ich mich wissenschaftlich mit einem Thema beschäftige, lege ich gerne parallel dazu ein Buch an, in das ich alle Bilder einklebe, die mir unterkommen, und die mit dem Thema in Zusammenhang stehen – oder auch nicht, sozusagen in direkter Zusammenhangslosigkeit. In das Buch schreibe ich auch meine Ideen, Träume und Beobachtungen. Immer wieder sind die Küche und der Esstisch der heißeste Ort, an dem mir die besten Ideen kommen. Deswegen habe ich das Buch fast immer am Esstisch liegen, meist aufgeschlagen. Aus gutem Grund wurde ich als Schulkind ermahnt, meine Hefte nicht am Tisch liegen zu lassen, wenn ich daneben esse. Das unvermeidliche passierte: Rotweinflecken in meinem schönen Buch!

Ich ärgerte mich und legte das Buch beiseite. Am nächsten Tag, als ich die Seite herausreißen wollte, fiel mir auf, dass in dem tiefen Rot des Weinflecks etwas glitzerte. Der Weinstein hatte einige winzige Kristalle gebildet. Die Bewertung dessen, was ein Fleck ist, der entfernt gehört, veränderte sich. Durch diese veränderte Betrachtungsweise konnte ich plötzlich wahrnehmen, welch schönes Rot der Wein

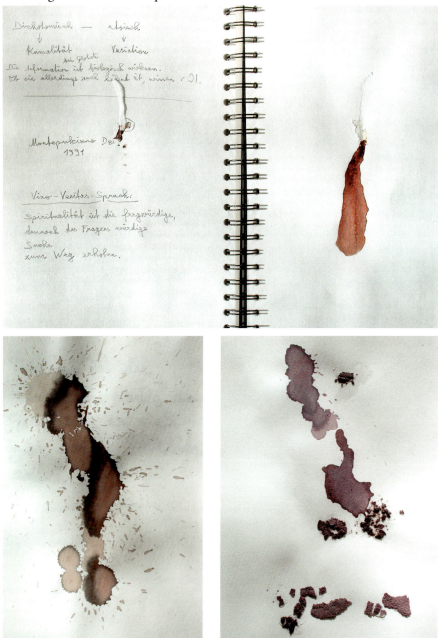

hinterlassen hatte. In den nächsten Wochen und Monaten tropfte ich immer dann, wenn ich eine Flasche Rotwein öffnete, einige Tropfen ins Buch. Die Unterschiede in den Farbnuancen erfreuten mich. Ich machte Versuchsreihen mit verschiedenen Weinsorten aus verschiedenen Ländern. Schließlich übernahm ich diese Idee für eine Ausstellung in einer Salzburger Kirche. Dabei machte ich Weinflecken auf die

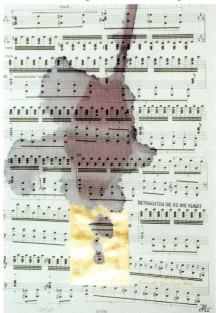

Noten eines Klavierstücks von Franz Liszt, das eine Pilgerreise zum Thema hat. Die entstandenen roten Flächen grenzte ich mit Goldfarbe ein, und hängte die einzelnen Blätter an Kirchengitter.

Aus dem Fehler war letztlich ein reizvoller Einfall entstanden. Die wichtigen Schritte in diesem Prozess waren: eine veränderte Wahrnehmung und Bewertung des Fehlers, ein Aufgreifen dessen, was gerade im Fehler sichtbar wurde, weiterführende Experimente und eine Formgebung.

In einem vergleichbaren Prozess entstanden die Tee-Engel: Um am Morgen den Tee heiß zu halten, stelle ich gewöhnlich die gläserne Teekanne auf den Elektroherd und drehe auf die niedrigste Stufe. Einmal, es war Anfang Dezember, kam es, wie es kommen musste, ich vergaß die Kanne am Herd und ging einkaufen. Als ich zurückkehrte, war das Teewasser verdunstet und der Tee als bräunliche Masse in das Glas eingebrannt. Ich ärgerte mich und verfluchte meine Vergesslichkeit. Etwas später stellte ich mir die Frage, wie ich das Eingebrannte aus der Kanne herausbekommen würde. Bevor ich ans Abwaschen ging, hielt ich die Kanne gegen das Licht und blickte hindurch: Wunderschöne Bernsteinfarben von Dunkelgold bis Kirchenbankbraun leuchteten in einem großen Rund. Begeistert holte ich meine Kamera und photographierte durch die Kanne, während ich sie gegen die Sonne hielt. Mit jeder kleinen Drehung zeigten sich andere Farben. Am Ende hatte ich einen ganzen Dia-Film verschossen. Es war noch die Zeit vor der Digitalkamera.

Als ich den nächsten Film einlegte, kam mir die Frage in den Sinn, was wohl herauskäme, wenn ich über diese Farbspiele eine zweite Belichtung photographieren

würde. Ich knipste noch zwei Filme und markierte sie genau, sodass ich sie später wieder in die Kamera einlegen kann.

So lagen die Filme unentwickelt in der Schublade. Der Tee war sehr leicht aus der Kanne zu entfernen.

Den ganzen Herbst schon hatte ich mich mit Engeln beschäftigt, ein Buch über Engel-Ikonen gelesen und anderes mehr. Als nun Weihnachten näher rückte, nahm die Engel-Dichte in ganz erstaunlicher Weise zu. Nicht, dass ich an Engel glauben würde, aber sie sind auch nicht wegzudenken. Ich bekam Engel-Postkarten geschickt, und ich bekam sogar einen kleinen Engel aus Bronze geschenkt. Nun ist dies in der Adventzeit keine Besonderheit, aber die Dichte war doch auffällig und ich begann, mich dafür zu interessieren. Wenn Engel wirklich existieren, dann müssen sie auch in irgendeiner Weise zu photographieren sein, fraglich ist lediglich die Art und Weise. Mir kamen die unentwickelten Filme in den Sinn. Mir kam die Idee, als Zweitbelichtung den Versuch zu machen, Engel zu photographieren. Wann könnte dies je gelingen, wenn nicht zur Weihnachtszeit?

Am Heiligen Abend, nach den Familienbesuchen, hatte ich Zeit für mich und die Engel. Ich holte die Kamera, legte den Tee-Film ein und suchte in meiner Wohnung nach Engeln. Erstaunlich, wie viele Engel im Keller, in den Stauräumen, in den Schubladen und in den Bücherregalen wohnen! Mit wilden Beleuchtungs-Improvisationen legte ich los und verschoss einen ganzen Film. Am nächsten Tag zog ich mit Kamera und Stativ durch Salzburg und lichtete alle Engel ab, die mir unterkamen. Wenig erstaunlich leben viele von ihnen auf und in Kirchen – davon

gibt es in Salzburg nun wirklich viele! Viele fand ich auch in Schaufenstern und auf Plakaten.

Nach Weihnachten brachte ich die Filme zum Entwickeln. Als ich sie abholte, war ich sehr gespannt: Ist auf den Dias überhaupt irgendetwas zu erkennen? Sind sie völlig überbelichtet? Oder sind sie ganz schwarz? Trotz gewisser Erfahrungswerte, die ich als Photograph gesammelt hatte, blieb das Ergebnis letztlich dem Zufall überlassen.

Als ich die fertigen Dias das erste Mal sah, war ich tief berührt. Auf den Bildern waren Wesen von Leuchtkraft zu sehen, die ich nie photographiert hatte. Seitdem glaube ich an Engel, aber sie zeigen sich erst dann, wenn wir zwei Wirklichkeiten übereinanderlegen. Übrigens hat ein zweiter Versuch einen Monat später, bei dem ich rein technisch ganz genau gleich vorgegangen bin, zu dem Ergebnis geführt, dass alle Bilder überbelichtet waren. Ich musste den ganzen Film wegwerfen, nicht ein einziges Bild war zu gebrauchen. Die naturwissenschaftliche These von der Gleichförmigkeit der Zeit mag für die Mechanik zutreffen, sicherlich jedoch nicht für kreative Prozesse. Es gibt so etwas wie den Kairos, den richtigen Zeitpunkt.

Das ist nun, so glaube ich, der rechte Augenblick, diese Ausführungen zu beenden.

Möge es uns gelingen, fehlertolerante Systeme zu etablieren und möge uns die Offenheit erhalten bleiben, den Fehler als Einfall aufgreifen zu können.

Otto Neumaier (Hg.): *Fehler in Wissenschaft und Kunst*, Möhnesee: Bibliopolis, 2010: 199–214

DER IRRTUM IST DEM MENSCHEN ZUMUTBAR

Kurt F. Strasser

I

Wer immer sich philosophisch mit der Wahrheit auseinandersetzt, läuft leicht Gefahr, den Boden der Tatsachen unter der Füßen zu verlieren und platonistisch ins Reich der Ideen oder logistisch ins Nirwana des reinen Formalismus abzuheben. Andererseits, wer ganz seinem Glauben lebt, dem wird auch in den seltensten Fällen die göttliche Wahrheit zuteil. Das Abgleiten erfolgt umso eher, je höher die Abstraktionsebene ist, auf der diese Auseinandersetzungen stattfinden. Das muss aber nicht so sein.

Der Prager Philosoph Bernard Bolzano (1781–1848) zum Beispiel setzt sich, in seiner weit ausgelegten *Wissenschaftslehre*[1], mit der »Wahrheit an sich« auf höchst abstrakter Ebene auseinander. Er tut dies zunächst, um den radikalen Skeptizismus, der dem Denkenden wirklich den Boden unter den Füßen entzieht, zu entkräften. Es folgen dann umfassende Begriffsanalysen und Begriffsbestimmungen. Diese gipfeln »in einer Theorie der logischen Wahrheit, die eine herausragende Leistung in der Geschichte des abendländischen Denkens darstellt«.[2] Bolzano definiert dabei die Philosophie folgendermaßen:

> »*Philosophie ist die Wissenschaft von dem objectiven Zusammenhange aller derjenigen Wahrheiten, in deren letzte Gründe nach Möglichkeit einzudringen, wir uns zu einer Aufgabe machen, um dadurch weiser und besser zu werden*«[3]

Hier ist die Verankerung auf dem Boden der Tatsachen sicher: Die Wahrheiten interessieren uns im Grunde nur, so Bolzano, sofern sie uns helfen, bessere, weisere und glücklichere Menschen zu werden. Die höchste dieser Wahrheiten ist für Bolzano das »oberste Sittengesetz«: Darunter versteht er »eine praktische Wahrheit, aus der sich jede andere praktische Wahrheit (also auch jede einzelne Pflicht, die

---

1. Bolzano, *Wissenschaftslehre* (1837) (BGA I,11–14).
2. Jan Berg in BGA I,11/1, 20.
3. Bolzano (1849), 29.

den Menschen betrifft) *objectiv*, d.h. so, wie die Folge aus ihrem *Grunde*, ableiten läßt«.[4] Bolzanos Gesetz lautet so:

>*Wähle von allen dir möglichen Handlungen immer diejenige, die, alle Folgen erwogen, die Tugend und Glückseligkeit des Ganzen, gleichviel in welchen Theilen, am meisten befördert«*[5]

und bedeutet im wesentlichen, dass wir all unser Handeln, und darunter fällt natürlich auch das wissenschaftliche Forschen, so einzurichten haben, dass damit das Gemeinwohl der Menschheit befördert wird.

Die Religion eines Menschen definiert Bolzano ganz allgemein als die Menge der religiösen Sätze, die für ihn Gültigkeit haben. Sie ist der Inbegriff [die Menge] aller derjenigen Meinungen eines Menschen, die religiös sind. Religiöse Sätze sind »der Inbegriff aller derjenigen Meinungen eines Menschen, die einen entweder wohlthätigen oder nachtheiligen Einfluss auf seine Tugend oder auf seine Glückseligkeit äußern«.[6] Die Tugendhaftigkeit eines Menschen besteht in der Übereinstimmung seines Verhaltens mit dem »obersten Sittengesetz«, sie ist eine Funktion daraus. – So hat Bolzano Vernunft und Glauben auf höchster Ebene gekoppelt und zugleich ganz handfest geerdet. Für ihn geht es immer um eine dem Menschen gemäße, dienliche, »wirkliche«, also: Wirkung zeigende Wahrheit.

Daraus ergibt sich auch sein eigenes Verhältnis zum Irrtum. Und dieses gipfelt in seiner Theorie der »weisen Selbsttäuschung«. Diese Theorie stellt er in einer Serie von zwei seiner sogenannten »Erbauungsreden«[7] dar, die er, in seiner Funktion als Professor für Religionswissenschaft, vor dem Auditorium des Philosophicums der Prager Universität, von 1805 bis zum Jahr seiner Absetzung, 1820, zu halten hatte.[8] Die Reden beginnen stets mit einer Bibelstelle (Perikope) und sind in »Eingang« und »Abhandlung« gegliedert. Wir wollen die beiden Reden »*Von der weisen Selbsttäuschung*«, im Juli 1810 gehalten, kurz analysieren:

1810.47 *Von der weisen Selbsttäuschung in gewissen Fällen*

Eingang: Eine große Persönlichkeit kennenzulernen, kann von Vorteil sein, so Bolzanos Ausgangsbehauptung. Die große Persönlichkeit, die er hier meint, ist der

---

4. Bolzano, *Religionswissenschaften* (1834) I § 87, 228.
5. Bolzano, *Religionswissenschaften* I § 88, 236.
6. Bolzano, *Religionswissenschaften* I § 20, 60 f.
7. Bolzano, *Erbauungsreden* (1805 ff.) BGA IIA 15–20. [Angabe der Reden weiterhin mit den in der BGA verwendeten Kürzeln].
8. 1810.47 und 48 (BGA IIA 17/2, 488–504) [Seitenangaben in Klammern].

Apostel Paulus. Das Glaubensverständnis des Paulus prägt Bolzanos Theologie. Die Perikope zu dieser Rede stammt aus Paulus' Brief an die Philipper (Phil 3,8–16). Paulus ist eine bedeutende Persönlichkeit, so Bolzano, weil seine nicht selten in Eile verfertigten Briefe oft tiefsinniger waren, als die in Muße entstandenen Schriften der Weisen Griechenlands und Roms (489), und vor allem, weil er mehr für die Menschheit bewirkt habe, als selbst der größte Mann des Altertums, Sokrates (489), indem er wesentlich zu der großen moralischen Wende im Abendland beigetragen hat, – durch die Verbreitung des Christentums.

Wichtig sei es auch, behauptet Bolzano weiter, die Mittel kennenzulernen, die einen weisen Menschen wie Paulus zu seiner Größe geführt haben. Gerade die von Bolzano ausgewählte Bibelstelle gibt Einblick in diese Mittel, und das wichtigste heißt: *weise Selbsttäuschung*. Paulus schreibt, er sehe nicht auf das, was er schon geleistet habe, sondern darauf, was noch zu leisten ist (Phil 3,13) und auf den Preis der Seligkeit, der ihm am Ende winkt (Phil 3, 14). Er ruft zur Selbsttäuschung auf, so Bolzano, wenn er das den Philippern anrät, nämlich die Dinge sich anders vorzustellen, als sie sich tatsächlich verhalten!

Abhandlung: Bolzano zeigt nun, (1) dass die Täuschung und der Irrtum zuweilen auch ihren Nutzen haben, (2) dass nicht Unsinniges in dem Vorschlag liege, sich wissentlich zu täuschen, und (3) dass es zuweilen geradezu unerlässlich sein könnte, sich zu täuschen.

(1) Irrtum und Täuschung haben durchaus ihren Nutzen, denn wir haben es als Menschen nirgendwo mit Idealbedingungen zu tun. Für allwissende Menschen (ein Oxymoron), deren Willen »allezeit und ohne Ausnahme nur das, was der Verstand als recht und gut erkennt, beschlösse und ausführte« (491), gälte das nicht, hier wäre jede Täuschung fehl am Platz. Aber damit haben wir es nicht zu tun, sondern mit dem menschlichen Verstand. Und hier gilt, »dort, wo der Irrthümer einmal schon mehrere vorhanden sind: da kann ein neu hinzugekommener, statt ihre Anzahl zu vermehren, selbe im Gegentheil vermindern; die neue Täuschung kann oft die schädliche Wirksamkeit anderer, zu welchen sie hinzukommt, heben; der neue Irrthum dient oft nur dazu, dass wir aus einem falschen Vorhersatze, mit welchem wir ihn zusammennehmen, nur eine wahre und richtige Folgerung herleiten« (491).
Bolzanos Beispiele dazu:
(a) Angenommen, jemand leidet an der törichten Einbildung, er könne auf einem schmalen Pfad, an dem zu beiden Seiten unermessliche Abgründe liegen, nicht sicheren Schrittes gehen. Dem ist nur abzuhelfen, wenn man ihn vergessen macht, wie tief es zu beiden Seiten hinuntergeht. Etwa indem man die Abgründe bedeckt und so der Sicht entzieht.

(b) Ähnliches gelte auch von »Fehlern des Herzens«: Wie leicht verhelfen einem, der üble Laster verfolgt oder sich mit üblen Absichten trägt, neue Kenntnisse zur Ausführung seiner Übeltat, und ein Segen wäre es, wenn er diese Kenntnisse nie erlangt hätte. In diesem Fall wäre es doch sinnvoll, dieses Wissen gar nie erlangt zu haben. Und wenn schon, dann wäre es sinnvoll, er stellte sich die natürlichen Folgen seiner Laster und die Strafen seiner Übeltat noch viel lebhafter und fürchterlicher vor, als sie es tatsächlich sind. (492)

Niemand, fügt Bolzano hinzu, auch der Weiseste nicht, sei über solche Hilfsmittel erhaben: »Der Grund, auf welchem die Möglichkeit des Nutzens jener Täuschungen beruht, ist ein allgemeiner Grund, der sich auf alle Menschen, auf alle endliche Wesen ohne Ausnahme erstreckt«.

(2) Dem Einwand, man könne wohl andere täuschen, aber nicht sich selbst, begegnet Bolzano mit dem Hinweis darauf, dass es augenscheinlich sehr verbreitet sei, sich seine eigenen Fehler geringer vorzustellen, als sie tatsächlich sind. Beispiele:

(a) Viele leben in der arroganten Einbildung, Gott selbst habe einen Unterschied unter den Menschen geschaffen, sodass manche zum Herrschen, andere zum Dienen bestimmt seien.

(b) Viele Lasterhafte stellen sich nicht vor, dass es einen Gott gebe, und mithin auch keine Strafen, die einen gerechten Ausgleich herbeiführten. Damit tilgen sie jede mögliche Hemmung bei der Ausübung ihrer Laster und Verbrechen an der Menschheit.

In einem törichten Sinn ist also Selbsttäuschung durchaus üblich, und sie kann zu einem zunehmenden Wirklichkeitsverlust des Betroffenen führen. »Daher scheint es denn eben zu rühren, dass die an sich unschädliche Kunst der Selbsttäuschung in einen so ungünstigen Ruf gekommen ist« (493). Aber dabei soll es nicht bleiben.

(3) Wenn es nun möglich ist, dass sich der Mensch auch selbst täuscht, dann muss es auch Fälle geben, wo eine solche Täuschung nicht nur erlaubt, sondern selbst Pflicht ist. Hier liegen zwei Einwürfe nahe; Bolzano entgegnet ihnen vorweg:

(a) ›Es ist erniedrigend für einen vernünftigen Menschen, sich selbst zu täuschen; er habe Vernunft, um nach Wahrheit zu streben, nicht um sich selbst in die Irre zu führen‹: Dies ist ein eitler Einwurf, so Bolzano. Zuweilen einer Täuschung zu bedürfen, um seine Tugend zu retten, ist zwar beschämend; aber es ist nichts als der Beweis der Endlichkeit des Menschen, und als Folge davon, »dass sein Verstand beschränkt und sein Herz nicht durchaus fehlerlos ist« (494).

»Die Selbsttäuschung, meint man, sei mit der Pflicht, nach Wahrheit zu streben, im unvereinbarlichen Widerspruche. Wir läugnen es gar nicht, meine Freunde, daß es die Pflicht des Menschen sei, nach Wahrheit zu streben: aber nur das

behaupten wir: daß diese Pflicht keine von jenen unbedingten und ausnahms-
losen sei; nämlich nur abgeleitet ist diese Pflicht von jener ersten und obersten,
das Wohl des Ganzen zu befördern; nur abgeleitet ist sie und also nur insoweit
geltend, als die Beförderung des allgemeinen Wohles es fordert« (495).
(b) ›Wenn die Täuschung zum Ziel führt, so könne das höchstens eine zufällige
Auswirkung sein; besser wäre es doch, den ursprünglichen Irrtum auszurotten‹:
»Das ist sehr wahr und schön gesprochen, meine Freunde, so oft es möglich ist,
es zu erfüllen« (496). Aber oft ist es eben nicht möglich.

Daraus schließt Bolzano, die Täuschung sei eben nicht »durch bloßen Zufall, sondern
aus weiser Berechnung vortheilhaft; und es liegt eine eigene Kunst und eine große
Weisheit darin, sich selbst zu rechter Zeit und am rechten Orte zu täuschen. Denn
was Licht dem Auge, das ist die Wahrheit dem Verstande; und wie nicht alles Licht,
sondern nur Licht am rechten Orte nützt, so auch nicht alle Wahrheit, sondern nur
Wahrheit am rechten Orte ist Wohlthat für den Menschen. Lasset uns also nicht unbedingt nach neuer Wahrheit streben, sondern nur mit Behutsamkeit und Auswahl;
lasset uns nie vergessen, daß es auch Weisheit sei, am rechten Orte zu irren!« (496)

1810.48 *Über Selbsttäuschung – Nähere Bestimmung dieser Pflicht*

Eingang: Diese Gedanken setzt Bolzano in der nächsten Rede fort. Das dazu ge-
wählte Bibelzitat von Jesus Sirach (Sir 3,17–26) unterstreicht, »dass nicht ein jedes
Wissen fromme, sondern dass es auch Kenntnisse gebe, welche dem Menschen eher
gefährlich und nachtheilig, als heilsam und zuträglich sind« (497). Mit Horaz gesprochen: »Misce stultitiam consiliis brevem: dulce est desipere in loco« (Mische
etwas Torheit in deine Gedanken. Süß ist etwas Leichtsinn am rechten Ort).[9]

Abhandlung: Aus der Aussage, dass nicht jede Wahrheit frommt, folgt, dass es auch
Fälle gibt, in denen der Irrtum frommt. Da dies nicht für jeden Irrtum gilt, bedarf es
(1) bestimmter Regeln der Anwendung und (2) eines praktikablen Beispiels.

(1) Bolzano gibt zunächst Regeln an, (a) in welchen Fällen die Selbsttäuschung
nützlich sei, (b) wie der Irrtum beschaffen sein müsse, auf den wir uns einlassen
können, und (c) auf welche Weise wir uns ihm hingeben sollen.
(a) Die »*Nothwendigkeit, an irgend eine Selbsttäuschung zu denken, tritt nur
dann erst ein, wenn wir die Thorheit oder Leidenschaft, die wir durch eine Täuschung zu besiegen wünschen, nicht selbst geradezu angreifen und alsogleich selbst*

---

9. Horaz, *Carmina* 4,12, 27–28; vgl. Horatius (1984), 120; Anmerkung Bolzanos.

vernichten können«. Das Vorurteil zum Beispiel, »dass nur das Ausländische allein gut und geschmackvoll sein könne«, lässt sich (wie auch das gegenteilige) nicht gut direkt bekämpfen: Man muss dieses verbreitete Vorurteil nicht dadurch auszurotten suchen, dass man Werke und Erfindungen, die im Inland entstanden sind, als ausländische angebe. Es genügt vielmehr, sein Augenmerk auf all das Vortreffliche zu richten, das »unser Vaterland« [bei Bolzano: Böhmen] hervorbringt (499). Davon gibt es in der Regel ausreichend. Das Vorurteil hingegen, »dich selbst für etwas Besseres und Wichtigeres, als andere Menschen zu halten, weil du von hohen Ahnen abstammst«, ist schon leichter direkt anzugehn: Hier ist es wichtig, »all die prächtigen Titel und Ehrenbezeugungen, die nur den Kopf verrücken«, zu vergessen, sich, unter Bekannten zumindest, die Verwendung solcher Formen zu untersagen.

(b) Wir »*dürfen uns nur einer solchen Täuschung überlassen, von der wir uns schon im voraus überzeugt haben, daß Wahrheit und Tugend ihre Wirkung sein werde, und daß die Irrungen, die sie vielleicht auch nebenher veranlaßt, mit ihren Vortheilen verglichen, von keiner Bedeutung sein werden*«. Die Neigung zum Menschenhass soll nicht etwa durch die andere Einbildung bekämpft werden, alle Menschen seien gut, treu und redlich. Das würde uns nur von einem Fehler in den anderen stürzen, vom Menschenhass in die Leichtgläubigkeit, die am Ende doch wieder in verschärften Menschenhass umschlagen müsste. Ein geeignetes Mittel wäre vielmehr, zugefügte Beleidigungen möglichst schnell wieder zu vergessen und seine Aufmerksamkeit auf Positives zu richten.

(c) Es kommt auch auf Grad und Dauer der Hingabe an Täuschungen an. Sich immer einer Täuschung hinzugeben, ist vielleicht nur in den wenigsten Fällen nötig. Meistens genügt es, wenn wir ihr nur für gewisse Stunden die Herrschaft über uns verschaffen. »Von zwei einander entgegengesetzten Ansichten kann, an und für sich betrachtet, freilich nur höchstens Eine wahr und richtig sein. Aber nichtsdestoweniger kann für gewisse Augenblicke des Lebens die Annahme der Einen, auf andere Zeitpunkte dagegen die Festhaltung der anderen Ansicht für uns am wohlthätigsten sein« (501f.).

(2) Das wichtigste Anwendungsgebiet der Kunst der weisen Selbsttäuschung ist laut Bolzano eben die Religion, die er an Kanzel und Katheder vertritt, das katholische Christentum. Daran zu glauben, sei (a) nützlich, weil es unsere Sittlichkeit nur positiv beeinflusst. (b) Die katholische Religion erfülle die Bedingungen eines möglichen Irrtums, auf den wir uns einlassen dürfen. Daher ist es Pflicht, ihm aus weiser Selbsttäuschung anzuhängen, solange wir von seiner Wahrheit nicht vollständig überzeugt sind.

(a) »*Unser katholisches Christenthum enthält nur lauter solche Ansichten, die, auch wenn sie falsch sein sollten, dennoch zu unserem größten Vortheile von uns geglaubt werden würden*« (502). Das, was das Christentum verbreitet – die Lehren vom ewigen Leben, einer ausgleichenden Gerechtigkeit, einem Fortschreiten des Menschen zur Vollkommenheit etc. –, ist es wert, geglaubt zu werden, »gesetzt auch, dass es nie in Erfüllung gehen sollte«. Bolzano geht davon aus, dass sich unsere Begriffe von diesen Dingen weiterentwickeln, und dass die Bilder, die wir uns davon machen, sich einmal als unwahr erweisen können – ohne dass es uns im geringsten geschadet hätte, an sie zu glauben. Wie etwa die Vorstellung vom Christkind oder wie Märchen für Erwachsene nicht mehr in dem Sinn glaubhaft sein können, in dem sie Kindern wahr erscheinen und nützlich sein können. »Ihr Glaube, war er auch Wahn und Täuschung: brachte er nicht doch die seligste Wirkung und Wahrheit hervor?« (503)

(b) Daraus zieht Bolzano den Schluss, »*es sei Pflicht für uns Alle, die herrlichen Lehren des Christenthumes, solange wir noch keine hinreichenden Gründe für ihre Wahrheit zu haben meinen, wenigstens aus einer weisen Selbsttäuschung zu glauben?*« es ist immer nur ein Irren in Nebensachen, in der Hauptsache führt es zur Wahrheit.

(c) Zum Schluss weist Bolzano mit Bezug auf Jesus Sirach noch darauf hin, dass wir wieder etwas von dem Vertrauen zurückgewinnen müssen, in dem Kinder, oder die frühen Christen, dem Wort Gottes begegnet sind.

Fassen wir also zusammen: Bernard Bolzano, der Vertreter von Kirche und Staat an der prominenten Stelle des Professors für Religionswissenschaften an der Philosophischen Fakultät, die alle Studenten propädeutisch zu absolvieren haben, in Prag, einer der ersten Universitäten des Kaiserreiches, empfiehlt den katholischen Glauben, aber er räumt ein, dass es sich dabei um einen Irrtum handeln könnte. Das zugrunde liegende Dogma stützt er auf die Autorität der kirchlichen Gemeinschaft und bezieht sich dabei grundsätzlich auf Vinzenz von Lérins.[10] Doch selbst in dem Fall, dass es sich um einen Irrtum handeln würde, sollte man diesen Glauben für wahr halten, bis seine Wahrheit endlich entdeckt oder widerlegt werden würde. Der Gedanke erinnert an die bekannte Wette Blaise Pascals in den *Penseés* 233, »*c'est en faisant tout comme s'ils croyaient…*«[11]; wir tun also einfach so, als ob Gott existierte. Andererseits; Bolzano, der sich später als Ahnherr der modernen analytischen Philosophie[12] erweisen sollte, empfiehlt, gerade dort, wo die Gefahr droht, in den reinen Formalismus abzuheben, Wahrheit nur insofern in Betracht zu ziehen, als sich ein Zusammenhang zum Gemeinwohl herstellen lässt. In seiner *Wissenschaftslehre* beschäftigt er sich neben der Auseinandersetzung mit der »Wahrheit an sich« im-

---

10. Vinzenz von Lérins, *Commonitorium* (434); Vgl. Vinzenz (1985), 149.

11. Pascal (1964), 134–138; hier: 137 (Orig. 1670).

12. Vgl. Dummett (1993), ixf; 171.

mer wieder mit den menschlichen Befindlichkeiten und Bedingungen, die seitens des Wahrheitssuchers damit verbunden sind. Damit behält er den Menschen im Auge und damit das Ende aller menschlichen Forschung.

Sein Weg zur Wahrheit vermeidet blinde Frömmelei ebenso wie abgehobenen Formalismus.

II

Setzen wir Bolzanos Sicht der Dinge mit der Geschichte der Fehler und Irrtümer in den Wissenschaften in Beziehung, und mit den Gewährsleuten, die Otto Neumaier in seiner Einführung zum Band *Fehler und Irrtümer in den Wissenschaften* aufruft.[13] Das zwingt uns, einiges anders zu sehen als bisher:

Aristoteles' Annahme, »alle Menschen streben von Natur nach Wissen«[14], führt zwar auch und gerade bei Bolzano dazu, dass die Wahrheit im objektivierbaren Sinn zum »Grundwert der Wissenschaften« sich entwickelt; dies gilt jedoch für Bolzano nicht absolut, sondern nur unter der (humanistischen) Voraussetzung, dass diese Wahrheit, oder die Summe aller dieser Wahrheiten, dem Wohl der Menschheit in irgend einer Form dient.

Bolzano war Aufklärer auf seine eigene Art, und genau wie sein Vorläufer Francis Bacon sieht er das Streben nach Wahrheit als Mittel zur »Erleichterung und Verbesserung der Lage der Menschen«, wenn sie »durch die richtige Vernunft und die gesunde Religion« gelenkt wird.[15] Beides gleichermaßen, Wissen und Glauben, weiterzuentwickeln, ist Bolzanos Grundanliegen. Er steht dabei im schärfsten Widerspruch zu Immanuel Kants Auffassung, der Glauben sei aus den vernünftig zu begreifenden Gegenständen auszugliedern.

Gerade zu Bolzanos Zeit, am Beginn des 19. Jahrhunderts, finden ganz entscheidende Veränderungen im abendländischen Geistesleben statt, und Bolzano hatte eine eigene Lösungsvariante. Sie bestand in der vorbehaltlosen Vereinigung von Glauben und Wissen. Mit grundsätzlichen Klarstellungen in den Grundlagen der Mathematik und in der Dogmatik, mit geschärften logisch-mathematischen wie auch religiösen Begriffen wollte er den Weg weisen. Die verständliche Fassung des metaphysischen Wahrheitsanspruches in religiösen Angelegenheiten mit seiner Theorie der weisen Selbsttäuschung ist ein Element dieser grundlegenden Klarstellungen. Aber das ist erst der Anfang. Wir finden durchaus Stellen in Bolzanos religionswissenschaftlichen und rhetorisch-praktischen Ausführungen, die darauf

---

13. Neumaier (2007), 7–9.
14. Aristoteles, *Metaphysik* 980a21; vgl. Aristoteles (1989), 3.
15. Bacon (1990), 271–273 (Orig. 1620).

hinweisen, dass die Vorstellung »Gott« früher wichtiger zum Verständnis der Welt gewesen ist und dass die Begriffe, die wir uns von religiösen Dingen machen, sich in einer nicht vorherzusehenden Weise ändern.[16]

Bolzano geht davon aus, dass der Mensch grundsätzlich im Irrtum befangen sein kann, im Wissen wie im Glauben: So wie das Goethe im »Faust« annimmt und er seinen »Gott« sagen lässt: »Es irrt der Mensch, so lang er strebt«.[17] Bolzano, und so mancher Dichter mit ihm, räumt ein, dass der endliche Mensch dem Irrtum nie ganz entkommt.

Einerseits waren die Wissenschaften in der damaligen Beschaffenheit für Bolzanos logisch-mathematischen Arbeiten allgemein noch nicht ausreichend entwickelt; diese wurden erst mit gehöriger Verspätung erkannt und gewürdigt. Der Gedanke, den katholischen Glauben als möglichen Irrtum zu sehen, ist, an dieser einflussreichen Stelle vorgebracht, auf jeden Fall sehr gewagt, und es war wohl nur mehr eine Frage der Zeit, bis kirchliche und staatliche Autoritäten diesen Störfaktor beseitigen würden.

Auf die eintretenden Veränderungen im abendländischen Geistesleben konnte Bolzano keinen wesentlichen Einfluss nehmen; sein Wirkungskreis war nach seiner Absetzung unbedeutend. Die Entwicklung der westlich-abendländischen Wissenschaften ging jedenfalls einen anderen Weg als es der war, den Bolzano vorgezeichnet hat; der Hauptstrom der europäischen Wissenschaft bewegt sich anderswohin. Die tatsächlich eingetretene Wende zu einem unbedingten »Willen zur Wahrheit«, um die tatsächlichen Veränderungen mit Friedrich Nietzsche pointiert zu benennen, hat Bolzano zeitlebens bekämpft. Die Probleme der abendländischen Geistesgeschichte, von denen als einziger Philosoph vielleicht Nietzsche eine Ahnung hatte, wie Ludwig Wittgenstein einmal bemerkt[18], sie erhalten gerade jetzt, zu Beginn des 19. Jahrhunderts, eine neue Form.

Nietzsche stand als kritischer Beobachter gleichsam schon am Rande dieses Stroms. Er war keineswegs davon überzeugt, »dass es schädlich, gefährlich, verhängnisvoll ist, getäuscht zu werden – in diesem Fall wäre Wissenschaft eine lange Klugheit, eine Vorsicht, eine Nützlichkeit, gegen die man aber billigerweise einwenden dürfte: wie? Ist wirklich das Sich-nicht-täuschen-lassen-wollen weniger schädlich, weniger gefährlich, weniger verhängnisvoll: Was wisst ihr von vornherein vom Charakter des Daseins, um entscheiden zu können, ob der grössere Vorteil auf Seiten des Unbedingt-Misstrauischen oder des Unbedingt-Zutraulichen ist?«[19] So entsteht der unbestreitbar vorhandene Glaube an die Wissenschaft seltsamerweise ge-

---

16. Vgl. BGA IIA 16/2, 318–327.
17. Goethe, *Faust, Erster Theil* (1808), vgl. Goethe (1887), 22.
18. Wittgenstein (1994), 34.
19. Nietzsche (1990), 575 f. (Orig. 1882).

radezu entgegen dem fortwährend gelieferten Beweis der Unnützlichkeit und Ge-
fährlichkeit des Willens zur Wahrheit um jeden Preis:

> »›Um jeden Preis‹: oh wir verstehen das gut genug, wenn wir erst einen Glau-
> ben nach dem andern auf diesem Altare dargebracht und abgeschlachtet ha-
> ben! – Folglich bedeutet ›Wille zur Wahrheit‹ *nicht* ›ich will mich nicht täu-
> schen lassen‹, sondern – es bleibt keine Wahl – ›ich will nicht täuschen, auch
> mich selbst nicht‹ – *und hiermit sind wir auf dem Boden der Moral.* Denn man
> frage sich nur gründlich: ›warum willst du nicht täuschen?‹ namentlich wenn
> es den Anschein haben sollte, – und es hat den Anschein! – als wenn das Leben
> auf Anschein, ich meine auf Irrthum, Betrug, Verstellung, Blendung, Selbstver-
> blendung angelegt wäre, und wenn andrerseits thatsächlich die grosse Form des
> Lebens sich immer auf der Seite der unbedenklichsten πολύτροποι gezeigt hat.
> Es könnte ein solcher Vorsatz vielleicht, mild ausgelegt, eine Don-Quixoterie,
> ein kleiner schwärmerischer Aberwitz sein; er könnte aber auch noch etwas
> Schlimmeres sein, nämlich ein lebensfeindliches zerstörerisches Princip…«.[20]

III

Der Weg, den die westlich-abendländischen Wissenschaften nun gehen, verläuft
nicht bruchlos. Die einst fröhliche wird bald zu einer »traurigen Wissenschaft«. Besonders deutlich zeigt sich das in der Kulturkatastrophe der planmäßigen, fast »wissenschaftlich« durchgeführten Vernichtung willkürlich ausgewählter Menschen im
zwanzigsten Jahrhundert. Und nicht nur das; die Menschheit versinkt, »anstatt in
einen wahrhaft menschlichen Zustand einzutreten, in eine neue Art von Barbarei«.[21]
So sehen das die Denker der »Frankfurter Schule«, angesichts des menschlichen
Elends im Dritten Reich. Max Horkheimer und Theodor Wiesengrund Adorno
konstatieren, dass die Aufklärung auf diese Weise zu ihrer Selbstzerstörung führt,
in Mythologien zurückfällt und in der Furcht vor der Wahrheit erstarrt. In diesem »Verblendungszusammenhang« steht auch Adornos bekannter Sinnspruch:
»Das Ganze ist das Unwahre«, und die Folge: »Es gibt kein richtiges Leben im
falschen«.[22]

Aber damit ist die Katastrophe noch lange nicht erfüllt.[23] Die westlich-abend-
ländische Wissenschaft und Industrie hat weltweit das Heft in die Hand genommen
und feiert immer strahlendere Erfolge, wenn wir nur an die Entschlüsselung des

---

20. Nietzsche (1990), 576.
21. Horkheimer & Adorno (1971), 1 ff. (Orig. 1944/1947).
22. Adorno (1971), 42 (Orig. 1951).
23. Vgl. Amery (1998).

menschlichen Genoms denken oder an den 27 km langen unterirdischen CERN-Tunnel, in dem Teilchen mit 99.99999991 Prozent Lichtgeschwindigkeit bewegt werden, um Näheres über den Urzustand der Erde zu erfahren, und vor allem, wenn wir an die Kriegs- und Waffenindustrie denken, mit deren Hilfe es möglich ist, in Sekunden ganze Landstriche mitsamt aller Lebewesen zu vernichten. Andererseits erfahren wir täglich, dass die humanistische Bildung, also der Ausgangspunkt dieses Strebens nach Wissen, in tollem Reformtaumel abgebaut und wie Ballast über Bord geworfen wird, und damit auch das soziale Gewissen über Bord geht, denn das Elend und der Hunger von Millionen Menschen, die Verödung ganzer Erdteile werden als Preis für einen Fortschritt der Wissenschaften und den Wohlstand einiger weniger mit Achselzucken in Kauf genommen. Und schließlich können wir auch am eigenen Leib verspüren, wie Luft, Wasser, Erde unbrauchbar gemacht und so die Überlebensbedingungen der Menschheit zunehmend vernichtet werden. – Es gehört also nicht viel Scharfsinn dazu, heutzutage zu konstatieren, das »Ganze« der westlich-abendländischen Kultur und Wissenschaften habe seine Unschuld verloren, sei »unwahr« geworden, habe den »Boden der Moral« längst verlassen.

Ludwig Wittgenstein hat das sehr genau gesehen und seit den dreißiger Jahren immer wieder präzise Bemerkungen dazu gemacht, die sein Freund Georg Henrik von Wright behutsam zusammengetragen hat. Er ist, um es mit seinen Worten zu sagen, immer wieder zu den Quellen der Methoden niedergestiegen, um die vernachlässigten wie die bevorzugten Methoden, Bereicherung und Verarmung, nebeneinander zu sehen.[24] Er spricht von der einseitigen Überschätzung der Wissenschaften und beschäftigt sich, ebenso wie Bolzano, gerade deshalb ausführlich mit den Grundlagen der Mathematik. Aus dieser Überschätzung folgt auch, dass sich Menschen kaum noch wundern über die Dinge, so als ob die Wissenschaft gleichsam das Staunen behebe: »Als ob der Blitz heute alltäglicher oder weniger staunenswert wäre als vor 2000 Jahren. Zum Staunen muß der Mensch – und vielleicht Völker – aufwachen. Die Wissenschaft ist ein Mittel um ihn wieder einzuschläfern«.[25] Wissenschaft, so wie sie Bernard Bolzano gesehen und mit all seinen erheblichen Geisteskräften zur Durchsetzung zu bringen versucht hat, ist etwas grundsätzlich anderes als das, was man heute allgemein darunter versteht. Der Stellenwert von Fehler und Irrtum macht den Unterschied deutlich:

(1) Der heute herrschenden Auffassung von Wissenschaft liegt der Aberglaube zugrunde, die reine Wahrheit, völlige Freiheit von Irrtümern aller Art und Makel- oder Fehlerlosigkeit seien dem Menschen erreichbar und zumutbar. Das ist ihr eigentlicher Fehler – ein Fehler, der sehr gut und tief versteckt ist, nämlich

---

24. Wittgenstein (1994), 119.
25. Wittgenstein (1994), 28; 120.

als Selbstverständlichkeit vor unser aller Augen. Als »Fehler« und »Irrtümer«
werden zunehmend nur mehr Regelabweichungen von unfehlbar geglaubten
Regeln auf dem für sicher gehaltenen Weg zu dieser Wahrheit verstanden.

(2) Der Wissenschaft im Sinn Bolzanos sind Täuschung und Irrtum bewusst und
zunehmend bewusster inhärent. Sie nimmt Scheinwidersprüche wie »rationale
Durchdringung des Glaubens« oder »menschliche Grundlegung allen Wissens« gegen den Schein reiner Rationalität und Objektivität in Kauf. Glauben
ist zwar für Bolzano etwas grundsätzlich anderes als Wissen, aber beides muss
dem gesunden Menschenverstand einleuchten. Der Irrtum spielt dabei nicht
die banale Rolle eines »Fehlers« mit dahintersteckender Betrugsabsicht oder
gar Raserei, sondern es kommt ihm zuweilen die Größe einer vorläufigen Variante der Wahrheitssuche zu.

Aus der fatalen Lage, in die uns die modernen Wissenschaften gebracht haben, geht
im Sinne Bolzanos nicht hervor, dass es »kein richtiges Leben im falschen« geben
könne. Weder zur Zeit Christi Geburt, auf die er sich vergleichend bezieht, noch zu
seiner Zeit oder später. Im Gegenteil: Er rüttelt die Studenten auf und kämpft gegen
ihre »Geistesträgheit« an, als ob sie tatsächlich eingeschlafen wären:

> »Wenn wir nicht glauben sollten, daß es je besser mit der Menschheit werden
> könne; sagen Sie selbst, meine Freunde, mit welchem Muthe, mit welcher Lust
> sollten wir dann an der Verbreitung der Tugend und Glückseligkeit arbeiten,
> wenn wir im voraus wüßten, daß wir durch all unser Bestreben nichts größeres
> ausrichten, als daß sich die Menschheit in jenem Grade erhalte, auf welchem sie
> bereits steht! Wahrlich, auch wo die Hoffnung, von der wir sprechen, ein lee-
> rer Irrthum wäre, glücklich dennoch derjenige, der diesen Irrthum hätte!«[26]

Und er räumt von vornherein ein, dass dies nicht leicht sein werde:

> »Es ist unangenehm die leisen Regungen seines Gewissens laut werden zu las-
> sen, die Widerrechtlichkeit und Thorheit einer bisher beobachteten Lebens-
> weise recht lebhaft einzusehn, und absichtlich bei diesem Anblicke, der unsern
> Augen so widerlich ist, recht lange zu verweilen, endlich auch Aenderungen,
> mühsame Aenderungen zu treffen in seiner bisherigen Benehmungsart, und
> Neigungen und Wünsche, die uns schon zur Gewohnheit wurden, ihre Befrie-
> digung zu versagen. – Allein, wie thöricht wäre es, wenn wir aus feiger Furcht
> vor diesen Unannehmlichkeiten das heilsamste Geschäft unterließen?«[27]

---

26. 1808.13 (BGA IIA 15, 140).
27. 1808.2 (BGA IIA 15, 98).

Der Einzelne hat gerade angesichts schreienden Unrechts damals wie heute sein Leben ohne jede Ausrede, auch ohne die Ausrede vom »falschen Ganzen«, verantwortungsbewusst zu gestalten. In Schuld verstrickt er sich dort, wo er, in der Hybris seines unbedingten, gleichsam von allen irdischen Dingen abgehobenen Willens zur Wahrheit um jeden Preis, den Rahmen zerbricht, in dem menschliches Erkenntnis- und sonstiges Streben überhaupt sinnvoll ist; aber auch, wo er bequem mitläuft. Wo einer aus diesem Aberglauben einer hehren, fehlerfreien Wissenschaft erwacht, den Fehler in den Grundannahmen der herrschenden Wissenschaftsauffassung entdeckt und sich, mehr oder weniger bewusst, dagegen wehrt, kann ihn diese Schuld nicht treffen. Zu dieser Art von subtilem Widerstand leitet Bolzano die Studenten in seinen Prager Erbauungsreden ganz offen an.

Das »sapere aude« des Horaz[28] gilt auch weiterhin, und zwar in einem viel tieferen Sinn, als es der Aufklärung, die sich dem unbedingten Willen zur Wahrheit verschrieben hat, recht sein kann. Es fordert, den Mut zu haben, sich des gesunden Menschenverstandes zu bedienen, wenn es sein muss, auch jenseits des scheinbar gesicherten Weges einer ganzen Zivilisation weiterzugehen – einer Zivilisation, die sich mit einer aus den menschlichen Pflichten gleichsam entlassenen Wissenschaft arrangiert hat. Für Bolzano ist der Mut die unerlässliche Voraussetzung, die der wahre Aufklärer und »Wohlthäter der Menschheit« mitzubringen hat, und zwar so verstanden:

> »*Nur der,* behaupte ich, *besitzet echten Muth, der sich mit voller Besonnenheit zu einem Schritte zu entschließen vermag, der ihn bedeutenden Gefahren oder Leiden aussetzt, und wenn diese einbrechen, nicht gleich bereuen wird, den Schritt gethan zuhaben*«[29]

Auf diesem Weg ist es möglich und vielleicht wahrscheinlich, dass wir alle erdachten wissenschaftlichen und religiösen Gewissheiten verlieren. Es ist aber auch möglich, dass wir etwas von dem Vertrauen zurückgewinnen, das der vernünftige Mensch zu Recht in das Wissen oder in einen gemeinsamen Glauben legt. Dabei geht es weniger um die »Wahrheit an sich« als um vernünftige Wahrheiten und deren objektive Zusammenhänge, »*in deren letzte Gründe nach Möglichkeit einzudringen, wir uns zu einer Aufgabe machen, um dadurch weiser und besser zu werden*«. Auf diesem Weg wird der einzelne Mensch, und in der Summe die Menschheit, zunehmend mündig und sich der Verantwortung für die Schöpfung bewusst.

Diese vernünftigen Wahrheiten und deren objektive Zusammenhänge sind dem Menschen zumutbar. Ihre Verankerung in den Lebensformen der Menschen und auf

---

28. Horaz, *Epistulae* 1,2,40; vgl. Horatius (1984), 120; Anmerkung Bolzanos.
29. 1810.22 (BGA IIA 17/1, 254); vgl. dazu Strasser (2007).

dem Boden der Tatsachen bedeutet gar keinen wirklichen Verlust und auch nicht den Verzicht auf die höchste Abstraktionsebene. Das stellt Ingeborg Bachmann einmal, anlässlich der Verleihung des Hörspielpreises der Kriegsblinden, klar:

> »Es ist auch mir gewiß, daß wir in der Ordnung bleiben müssen, daß es den Austritt aus der Gesellschaft nicht gibt und wir uns einander prüfen müssen. Innerhalb der Grenzen aber haben wir den Blick gerichtet auf das Vollkommene, das Unmögliche, Unerreichbare, sei es der Liebe, der Freiheit oder jeder reinen Größe«.[30]

---

30. Bachmann (1982), 276 (Orig. 1959).

Literatur

ADORNO, Theodor W.

1971 *Minima Moralia. Reflexionen aus dem beschädigten Leben*, Frankfurt/M.: Suhrkamp.

AMERY, Carl

1998 *Hitler als Vorläufer. Auschwitz – der Beginn des 21. Jahrhunderts?* München: Luchterhand.

ARISTOTELES

1989 *Metaphysik,* Neubearb. der Übers. von Hermann Bonitz, hg. von Horst Seidl, 3., verb. Aufl., Hamburg: Meiner.

BACHMANN, Ingeborg

1982 Die Wahrheit ist dem Menschen zumutbar. Rede zur Verleihung des Hörspielpreises der Kriegsblinden, in: *Werke,* hg. von Christian Koschel, Inge von Weidenbaum und Clemens Münster, Bd. 4, München–Zürich: Piper, 275–277.

BACON, Francis

1990 *Neues Organon,* hg. von Wolfgang Krohn, übers. von Rudolf Hoffmann, Hamburg: Meiner.

BOLZANO, Bernard[31]

1805ff. *Erbauungsreden,* zit. nach BGA II A 15 ff.

1834 *Lehrbuch der Religionswissenschaft, ein Abdruck der Vorlesungshefte eines ehemaligen Religionslehrers an einer katholischen Universität, von einigen seiner Schüler gesammelt und herausgegeben.* 3 Teile in 4 Bänden, Sulzbach: Seidel [zit. nach der Originalpaginierung, in BGA I 6–8].

1837 *Dr. B. Bolzanos Wissenschaftslehre. Versuch einer ausführlichen und grösstentheils neuen Darstellung der Logik mit steter Rücksicht auf deren bisherige Bearbeiter.* 4 Bände, Sulzbach: Seidel [zit. nach der Originalpaginierung, in BGA I 11–14].

1849 *Was ist Philosophie?* Wien: Braumüller; in: BGA II A 12,3, 13–33 [zit. nach der Originalpaginierung].

DUMMETT, Michael

1993 *Origins of Analytic Philosophy*, London: Duckworth.

GOETHE, Johann Wolfgang von

1887 Faust. Erster Theil, in: *Werke,* Weimarer Ausgabe, I. Abt. , Bd. 14, Weimar: Böhlau.

---

31. Das in dieser Arbeit verwendete Kürzel BGA steht für *Bernard Bolzano-Gesamtausgabe,* hg. v. Eduard Winter, Jan Berg, Friedrich Kambartel, Jaromir Loužil, Edgar Morscher u. Bob van Rootselaar, Stuttgart–Bad Cannstadt: Frommann–Holzboog 1969 ff. [Die kritisch edierten Schriften der BGA werden hier ohne textkritische Zeichen wiedergegeben].

HORATIUS Flaccus, Quintus

1984 *Opera*, edidit Stephanus Borzsák, Leipzig: Teubner (= Bibliotheca scriptorum Graecorum et Romanorum Teubneriana).

1985 *Opera*, edidit D.R. Shackleton, Leipzig: Teubner (= Bibliotheca scriptorum
Graecorum et Romanorum Teubneriana).

HORKHEIMER, Max, & ADORNO, Theodor W.

1971 *Dialektik der Aufklärung*, Frankfurt/M.: Fischer.

NEUMAIER, Otto

2007 Fehlen – Irren – Täuschen – Trügen. Einige Vorbemerkungen, in: Otto Neumaier (Hg.), *Fehler und Irrtümer in den Wissenschaften*, Wien–Münster: LIT,
7–10 (= Austria. Forschung und Wissenschaft – Philosophie, Bd. 5)

NIETZSCHE, Friedrich

1990 Die fröhliche Wissenschaft, in: *Sämtliche Werke*. Kritische Studienausgabe,
hg. von Giorgio Colli und Mazzino Montinari, Bd. 3, Berlin–München: de
Gruyter–dtv, 343–651.

PASCAL, Blaise

1964 *Pensées*. Texte de l'édition Brunschvicg. Èdition précédée de la vie de Pascal
par M.me Périer, sa sœur. Introduction et notes par Ch.-M. des Granges. Paris: Garnier Frères.

STRASSER, Kurt F.

2007 Uiber den Muth. Bernard Bolzanos aufgeklärte Reden in einem reaktionär
geführten Staat, in: *Internationales Archiv für Sozialgeschichte der deutschen
Literatur* 32, H. 2, 30–54.

VINZENZ von Lérins

1985 Commonitorium adversus haereticos, in: *Corpus Christianorum Series Latina* 64, Turnhout: Brepols, 125–195.

Otto Neumaier (Hg.): *Fehler in Wissenschaft und Kunst*, Möhnesee: Bibliopolis, 2010: 215–232

JENSEITS VON »RICHTIG« UND »FALSCH«
GEDANKEN ZU EINER DAOISTISCHEN KUNSTÄSTHETIK

Herbert Hopfgartner

Als Musikpädagoge und Instrumentallehrer unterrichte ich seit 25 Jahren im schulischen wie außerschulischen Bereich. Beim Nachdenken über das »Falsche« und »Fehlerhafte« in meinem Beruf höre ich – quasi als kakophonischen Ohrwurm – immer wieder einige Misstöne, die meinem Gehör nach vor allem aus dem strukturellen Bereich zu kommen scheinen. Diese Unstimmigkeiten bestimmen die Exposition des Aufsatzes. In den Durchführungsteilen stelle ich als Alternative zu abendländischen Denkweisen die daoistische Kunstästhetik vor.[1] Eine spontane und praktische Umsetzung dieser Gedanken in die tägliche Arbeit des Musikerziehers ist nicht unbedingt und sofort möglich, obwohl einige essentielle Überlegungen – so die Reprise bzw. Coda – sehr wohl für eine Sensibilisierung in der europäischen Kunst- bzw. Musikpädagogik beitragen könnten.

Exposition: Eight Dirty Tones (gemäß der traditionellen Tonleiter)

Das Musische als die traditionell ungeteilte Verbindung aus Sprache, Bewegung und Musik wird heute zumeist in speziellen Einzeldisziplinen und -institutionen räumlich wie zeitlich getrennt gelehrt bzw. erlernt.

Der musische, kreative Bereich wird in Bildungsdiskussionen pejorativ gerne als »Erholungs- und Wellnessprogramm« und als »spielpädagogischer« Gegenpol zu vorwiegend kognitiv-rationalen und überprüfbaren Arbeitsgebieten (»Haupt- und Schularbeitenfächer« = Schlüsselqualifikationen, »Hard-Skills«) angesehen.

Namhafte Persönlichkeiten wie Nikolaus Harnoncourt, Simon Rattle u. a. beklagen, dass in der musikalischen Bildung das Lebendige und Individuelle zunehmend von der Technik und Technokratie verdrängt wird. Das herkömmliche Musiklernen und der alltägliche Musikkonsum sind zudem durch Reproduktion bzw. stereotypes Nachgestalten eines schon sattsam bekannten Werkes (*opus perfectum et absolutum*) geprägt.

---

1. Zu einer eingehenderen Diskussion vgl. auch Hopfgartner (2008).

In der Regel sind die Gegenstände der musikalischen Bildung längst vergangen. In dieser Konsequenz ist ein Auseinanderklaffen von längst geschaffenem Kulturprodukt und aktuellem Kulturprozess festzustellen.

Der heterogene »Leistungsstand« in einer Instrumental- bzw. Gesangsgruppe oder Schulklasse verhindert sehr oft ein kontinuierliches Zusammenspiel aller Kräfte.

Eurozentristische Perspektiven und eine gleichzeitige »Exotikvergaffung« verhindern kulturvergleichende Fragestellungen und provozieren Vorurteile und Stigmata gegenüber Andersdenkenden, die zu rückständigen Repliken der westlichen Zivilisation reduziert werden.

Die Freizeit des modernen Menschen ist zu einem industriell vorgefertigten Erlebnisprojekt geworden. Jedes Milieu, jede Generation wird mit einem Konsum-Slogan sowie mit einer passenden bzw. eigenen »Szene-Musik« versorgt.

Lifestyle ist auf den Augenblick, auf kritiklosen und bequemen Konsum, auf Event, Geschäft und Quantität ausgerichtet. Das Neuartige, Schnelle, Laute, Schrille und Überhitzte überholt sich in immer kürzer werdenden Zeitabständen und lässt die Menschen nicht zur Ruhe und Besinnung kommen.

Als Alternative dazu bespreche ich im folgenden Abschnitt wesentliche Elemente des Daoismus. Für das Verstehen der chinesischen Texte und in weiterer Folge auch der daoistischen Kunstästhetik ist es wichtig und notwendig, die vielfältigen Bilder und Zeichen daoistischen Denkens entschlüsseln und unterscheiden zu können. Gerade Laotse als rätselhafte, mythologisch-historische Figur und der vieldeutige Begriff des Dao verdienen es, in dem Zusammenhang etwas näher vorgestellt zu werden.

Durchführung I: Zum Daoismus

»Laotse ähnelt nach seiner eigenen Beschreibung einem Idioten. Er sieht aus, als wisse er nichts, als berühre ihn nichts. In dieser utilitaristischen Welt ist er praktisch unnütz. Er ist fast ausdruckslos. Und doch ist etwas in ihm, das ihn von einem unwissenden Einfältigen unterscheidet; er gleicht diesem nur äußerlich.«[2]

Laozi (Laotse) ist als geschichtliche Person umstritten[3], seine Geburt wird hypothetisch um 600 v. Chr. angenommen. In der chinesischen Überlieferung wird sein Beruf als Geschichtsschreiber des Staatsarchivs im Staate Tschou beschrieben. Laozi (»der alte Meister«, eigentlich ein später zugefügter Beiname) sah den Staat verfal-

---

2. Suzuki, in Fromm, Suzuki & de Martino (1971), 14.

3. Im Wesentlichen gibt es zu biographischen Angaben über Laozi drei unterschiedliche Quellen: Die Werke »Zhuangzi«, »Liji« und »Shiji«; vgl. auch Jiang (1995), 51 ff.

len und zog in die Einsamkeit. An einem Grenzpass angekommen, wurde er von dem Grenzbeamten gebeten, seine Gedanken in einem Buch niederzuschreiben. Laozi schrieb das Buch, »welches vom Dao und der Tugend handelt«[4], und wurde nie wieder gesehen.[5]

Für das Wort »Weg« existieren im Chinesischen zwei Begriffe, *lu* und *dao*. Der erste Begriff ist gebildet durch die Symbole für »Fuß« und »jeder«[6] und drückt den tatsächlichen, physikalisch »machbaren« Weg dar. Das chinesische Zeichen für Dao wird indes durch die Kombination der Symbole »Haupt« und »gehen« gebildet, das heißt, dass es sich um einen metaphysischen, nicht unbedingt gegenständlichen Pfad handelt.[7]

Ist der Begriff »Dao« mehr oder weniger unübersetzbar, existieren dennoch Sinnbilder, Motive bzw. Themen, die einen allegorischen und ästhetischen Zugang für eine daoistische Denk- und Lebensweise eröffnen.

1. *Die Leere* der Nabe, des Tonkruges bzw. des Fensters und der Türe ist für die Funktion des Rades, Gefäßes und des Raumes (Hauses) nicht nur wichtig, sondern allererste Bedingung.

(11. Kapitel)
»Dreißig Speichen sind vereint in einer Nabe. –
An ihren leeren Stellen liegt es,
Dass Wagen zu gebrauchen sind.
Ton wird gebrannt und es entsteht ein Krug daraus. –
An ihren leeren Stellen liegt es,
dass Krüge zu gebrauchen sind.
Türen und Fenster werden ausgemeißelt. –
An ihren leeren Stellen liegt es,
dass Zimmer zu gebrauchen sind.
Also
hat man die Fülle für den Zweck,
und hat für den Gebrauch die Leere.«[8]

---

4. Störig (1981), Bd. 1, 93. Ernst Bloch bezeichnet Laozi sowohl als »verschwindend« als auch als »Lehrer des stillen Wegs«; vgl. Bloch (1985), 1444.

5. Unter den Göttersagen existieren Geschichten über die göttliche Abstammung Laozis, der als Wiedergeborener des »gelben Alten« mit übernatürlichen Kräften ausgestattet worden ist; vgl. Wilhelm, Hg. (1994), 37 ff. und 77 f.

6. Vgl. die Übersetzung des Daodejing (»Tao Te King«) von Richard Wilhelm (Laotse 1991).

7. Vgl. Kapitel 1.1.

8. Laozi übers. v. Möller, 55. Abschnitt, Laotse (1995), 170.

Diese Paradoxa sind typisch für den Daoismus: Gerade die Leere im Zentrum des
Rades dominiert den Lauf des ganzen Rades, richtet die Speichen von Innen nach
Außen. Die monistische Struktur, d. h. die Annahme eines einzigen Gegenstandes
als Prinzip und Wirklichkeit wird im Rad als »Einheit der beherrschenden unbe-
stimmbaren Macht und des unmittelbar von ihr beherrschten und bestimmten Geschehens«[9] sichtbar. Das Dao ist gleichzeitig das leere Zentrum der Nabe und das
ganze bewegliche sichtbare Rad. Grundsätzlich ist die geistige und affektive Leere,
die Abwesenheit von voreingenommenen Gedanken, Sorgen und Ängsten, aber
auch bedeutungslosen Hirngespinsten die existenzielle Daseinsform dafür, dass alle
Dinge intuitiv und spontan wirken.

Die drei Bilder des 11. Kapitels machen deutlich, dass ein Geschehen nur dann
dauerhaft und verwendungsbereit ist, wenn eine »Fülle« mit einer »leeren Mitte«
korrespondiert. Das Gefäß nimmt auf (ein weiblicher Archetypus) und behält das
Nahrhafte in sich. Das »Nichts« in der Wand – in Form einer Türe oder eines Fensters – verbindet das Außen mit dem Innenraum. Die »Leerstelle« lässt das Dao
fließen (Nabe – Speichen, Krug – Wasser, Fenster – Luft), Bewegung erfolgt ohne
einen ursprünglichen Beweger und Initiator.

2. *Das Weibliche, das Wasser und die Wurzel* sind ebenfalls Symbole des unsicht-
baren Wachstums, der nährenden Fruchtbarkeit, der »triumphierenden« Weich-
heit über das Harte, Vordergründige[10]:

> (52. Kapitel)
> »Die Welt hat einen Anfang
> er gilt als Mutter der Welt.
> Erfasse die Mutter, um die Söhne zu kennen.
> Kehre um zur Mutter und bewahre sie,
> bleibe ungefährdet von der Vergänglichkeit des Leibes [...].«[11]

> (40. Kapitel)
> »Dass das Wasser das Massive besiegt, dass das Weiche das Harte besiegt –
> keiner auf der Welt, der das nicht wüsste, und doch keiner, der es anzuwenden
> vermag.«[12]

---

9. Ebenda.
10. Vgl. auch Schleichert (1990), 141 f.
11. Laozi übers. v. Möller, 11. Abschnitt (Laotse 1995), 71.
12. Ebenda, 40; vgl. auch 135, 140, 231.

(6. Kapitel)
»Der Geist des Tales stirbt nicht –
das heißt: verborgene Weiblichkeit.
Das Tor der verborgenen Weiblichkeit –
das heißt: Wurzel von Himmel und Erde.
Wie durchgängig!
Gleichsam anwesend.
Im Gebrauch unermüdlich.«[13]

Das Wasser sucht die verborgenen Tiefen (das Weibliche) und strömt – wie von selbst – hinunter, wobei das Meer als unversiegliche und grenzenlose Wassermasse das Unerschöpfliche und Umfassende repräsentiert.

Die Wurzel ist desgleichen ein Symbol für die Verbindung zwischen Erde und dem zum Himmel Strebenden. Ohne sie gibt es kein Blühen und Gedeihen der Pflanze – ihr eigener Wert ist gering.

(16. Kapitel)
»[...] Die zehntausend Dinge geschehen eines mit dem andern:
so schau ich darauf, wohin sie sich wenden.
Die Dinge der Welt bestehen in Vielfalt;
sie alle kehren sich wieder ihrer Wurzel zu. –
Das nennt man ›Stille‹.
›Stille‹ – so heißt die Rückkehr zu der Bestimmung [...].«[14]

Der Daoismus schildert weder die reale noch eine ideale Welt – stattdessen unterbreitet er eine Aufforderung zur Kontemplation, einer Betrachtungsweise, die durch Selbstvergessenheit eine neue Harmonie zwischen Außen- und Innenwelt zu schaffen imstande ist. Konsequenterweise »macht der Daoismus seit Anbeginn die Idee von der Vergeblichkeit der Sprache und des Denkens zur Grundlage seines Diskurses.«[15]

Der rationale Verstand – eine große Fehlerquelle des Menschen – ist »zum Schweigen« zu bringen, um die umgebende Welt ohne den intellektuellen Filter begrifflichen Denkens intuitiv zu spüren und zu erfahren.

3. *Die Gleich-Gültigkeit der Zeiten bzw. allen Tuns.* Ein besonderes Charakteristikum des Daoismus liegt darin, dass dem Weltlichen die gleiche Wichtigkeit wie

---

13. Ebenda, 158, 50. Abschnitt.
14. Laozi übers. v. Möller, 60. Abschnitt (Laotse 1995), 183.
15. Robinet (1995), 365.

dem Geistigen und Spirituellen beigemessen wird.[16] Im Verhältnis aller Dinge und
Gedanken wird zwischen Wichtigem und Unwichtigem, Großem und Kleinem
nicht unterschieden. Die ontologische Qualität entscheidet sich lediglich im momentanen Tun jeden Lebens.

Der westliche Begriff der »Spiritualität« existiert in der daoistischen Weltan-
schauung nicht ohne körperliche Konnotationen.

> »Der Geist, also das eigentlich ›Spirituelle‹ wurde in der Regel als eine kör-
> perliche Funktion unter anderen verstanden.«[17]

Die daoistische Medizin verbindet mit der Gesundheit das harmonische Fließen
der Lebensenergie *qi*, wobei das Wechselspiel der bipolaren Prinzipien von Yin und
Yang innerkörperlich wie äußerlich möglichst ausgeglichen zu erfolgen hat. Darüber hinaus integrieren die Tätigkeiten der daoistischen Mußekultur körperliche
und geistige Befindlichkeit.

Nachdem alle Wandlungsphasen einander ablösen, ohne dass eine Phase als aktiver Verursacher einer anderen gilt, werden sie als ebenbürtig bzw. »gleich wirklich« angesehen. In letzter Konsequenz werden auch Leben und Tod als zwei Wandlungen begriffen, wobei weder das Leben noch der Tod als Ursprung oder Grund
für das jeweilig andere gehalten werden. Das Fehlen eines teleologischen Denkens
hat zur Folge, dass eine hierarchische Beziehung von Leben und Tod (übertriebene
Diesseitsverbundenheit bzw. Jenseitsfanatismus) nicht entstehen kann.

Die Zeitlosigkeit inmitten der vergehenden Zeit, die ichlose Konzentration auf
den Augenblick als Entsprechung der Ewigkeit, aber auch die Gleich-Gültigkeit
bzw. Gleich-Wertigkeit allen Tuns führt (bei andauerndem Gelingen) zwangsläufig
in eine nicht definierbare Gedankenwelt.

> »Die Philosophie der leeren Mitte, des Vergessens, kann eigentlich noch nicht
> einmal etwas über die von ihr ständig postulierte Verschmelzung mit der Ge-
> schehenseinheit sagen, weil sie durch den Verlust des Ichs und durch den Verlust
> der Zeit ›automatisch‹ zu einer Philosophie des Schweigens werden muss.«[18]

4. *Dao als ordnende Vorstellung der Welt*. Ehe ein Fürst seine Herrschaft (und damit
seine Reise durch die Provinzen) antrat, musste er sich in einem Zeremoniell lot-
recht erheben, um mit der Weltachse zu verschmelzen.

---

16. So impliziert der Begriff »Dao« sowohl den tatsächlichen und alltäglichen Weg (*lu*) als auch
    den weltumfassenden Lauf aller Dinge.
17. Möller (2001), 88.
18. Feng Youlan (1895–1990), zit. in Möller (2001), 123.

»Wenn die Fürsten eine Hauptstadt gründeten und die Kreuzung der Wege bestimmten, auf welchen ihnen die Tribute aus den Vier Himmelsrichtungen herbeigeschafft werden würden, mussten sie auf das Spiel von Licht und Schatten (von Yin und Yang) achten und einen Gnomon (ein senkrecht stehender Stab, dessen Schattenlänge zur Bestimmung der Sonnenhöhe gemessen wird, Anm.) aufstellen. Im politischen Wunderglauben hat bei den Chinesen stets der Grundsatz Geltung behalten, dass in der Hauptstadt eines vollkommenen Herrschers der Gnomon am Mittag in der Sommermitte keinen Schatten werfen darf. [...] Im genauen Mittelpunkt des Kosmos – dort, wo die vollkommene Hauptstadt liegen sollte – ragt ein wunderbarer Baum empor und verbindet die Neunten Quellen mit den Neunten Himmeln, also die Tiefen der Erde mit ihrem First. [...] Dort erzeugt auch nichts einen Widerhall.«[19]

Der Begriff »Dao« wurde – in einem heiligen Moment – zum »Hoheitszeichen« einer alles beherrschenden Ordnung, einer Wirkkraft, Tugend und himmlischen Autorität (die Würdenträger wurden ja auch »Himmelssöhne« genannt).

5. *Die Rolle der alltäglichen Beschäftigung.* Als eine kontemplative Lebensform besagt der Daoismus, dass der Mensch sich des Lebens bewusst sein soll, ohne sich um die Funktionalität und Regelhaftigkeit einzelner Abläufe zu kümmern. Der Begriff *de* (*te*) als Ausdruck für »Tugend« und »Kraft« wird als Piktogramm durch die Verbindung mehrerer Einzelzeichen, einer angedeuteten Kreuzung und der Darstellung eines Auges und des Herzens abgebildet. Für Joseph Needham »war die ursprüngliche Bedeutung dieses Wortes wohl Begriffen wie *mana* oder *virtus* sehr nahe«.[20] Die Fähigkeit in der Wegkreuzung durch Sinneseindrücke und Intuition die richtige Entscheidung zu treffen, geht in der Folge auf die numinose Qualität verschiedener, auch unbelebter Dinge über. Daoistisch geprägte Handwerkstechniken und Künste sind so von einer »Verselbständigung« der Tätigkeit geprägt, wobei der betreffende Mensch sich in einer Art »Flow«-Zustand in die Wirkungsweise des Dao einklinkt.

»Die besten Beschreibungen, die ich über diese ›passive‹ Art des Erkennens gefunden habe, stammen von östlichen Philosophen, insbesondere von Laozi und den daoistischen Philosophen.«[21]

Zhang Zhan kommentiert im 3. nachchristlichen Jahrhundert die Texte des Liezi und beschreibt bezüglich einer daoistischen Arbeitsweise drei Qualitäten: Als erste Grundlage nennt er die »Schlichtheit«, die von einer Anspruchslosigkeit des

19. Granet (1985), 245.
20. Vgl. Needham (1988), 184.
21. Maslow (1973), 97f.

Künstlers geprägt ist, nicht sofort jeglichen Willen durchsetzen zu müssen. Die zweite Eigenschaft ist mit der Bereitschaft, sich zu fügen, am besten auszudrücken. So wie das Blatt dem Lauf des Wassers folgt (so das Piktogramm für »fügen«), soll der schaffende kreative Mensch nicht dem natürlichen Fluss widerstreben. Das Ziel, quasi das Ergebnis genannter Kriterien ist die »Natürlichkeit« und die Erkenntnis, dass diese »Echtheit« nicht durch Vernunft und Willen erreicht werden kann.[22]

6. Der Begriff *tzu-jan* bzw. *ziran*, wörtlich übersetzt »von selbst so seiend«[23], bezeichnet die Spontaneität bzw. das Freisein von menschlicher Willkür und äußeren Einflüssen. Dieser wichtige daoistische Gedanke korrespondiert eng mit dem Prinzip des *wu wei*: Die Harmonie mit sich selbst, die Haltung des Nicht-Eingreifens in den natürlichen Lauf ist frei von (ehrgeizigen) Absichten, Wünschen und Sehnsüchten. Der daoistische Adept lebt im Dao, wenn er die Ideale des *tzu-jan* bzw. *wu wei* befolgt. Wenn Jean Gebser den Begriff *Achronon* erwähnt, meint er damit eine »zeitfreie Gegenwart«, eine »Transparenz sowohl des Raumes als der Zeit« und die Überwindung der mental-rationalen durch eine integrale Bewusstseinsstruktur. Mit dem Vermögen die »Welt nicht nur als Vorstellung, sondern als Durchsichtigkeit wahrzunehmen«, sieht sich Gebser auch sehr nah an den soeben beschriebenen daoistischen Idealen.[24]

Durchführung II: Die daoistische Kunstästhetik

Der daoistische Künstler verzichtet auf eine konventionelle Kommunikation – der öffentliche Austausch traditioneller Bedeutungen und Werte von Zeichen und Symbolen findet kaum bzw. nur im auserwählten und privaten Kreis statt. Der Schöpfer eines Werkes nimmt es für selbstverständlich, dass der Rezipient die von ihm geschaffene innere Welt mit vollzieht bzw. sich mit dieser identifiziert. Die daoistische Kunst scheint – gerade in bewusster Abgrenzung zu konfuzianischen Ideen – (fast) ohne akustische Artikulationsebene auszukommen.

Gerade die Bedingung eines Verzichts auf allgemeingültige und herkömmliche Etiketten lässt sich als Wesensmerkmal einer Avantgarde interpretieren. Das Fehlen der sozialen Verwendung von Artefakten vermag auch die ausdrücklich gesuchte Unpopularität zu erklären, wobei der esoterisch anmutende Jargon erneut das Intellektuelle und Elitäre betont.

Der künstlerische Prozess ist sowohl durch die kognitive Verarbeitung als auch durch die Mehrdeutigkeit einer künstlerischen Aussage geprägt. Wenn Erich Fromm

---

22. Vgl. Möller (2001), 133 f.
23. Vgl. Needham (1988), 119, und Möller (2001), 129.
24. Vgl. Gebser (1999), 688.

meint, dass »die volle Empfindung tatsächlich nur bis zu dem Augenblick besteht, wo sie sprachlich ausgedrückt wird«[25], so gilt diese Vermutung für alle Künste. Die Entfremdung einer »vollen Empfindung« in »gegenständliche« Worte, Farben, Töne bevorzugt das Intellektuelle und Intentionale gegenüber der Absichtslosigkeit des Meditierenden. Die daoistische Erkenntnis eines künstlerischen Schaffens könnte man so als die Weisheit bezeichnen, die jenseits begrifflicher und emotionaler Projektionen ein Bewusstsein erlangt, die Welt wahrzunehmen, wie sie ist. Jede Willenserklärung zu einem noch zu gestalteten Werk bzw. jede nachträgliche Interpretation erscheint unter der daoistischen Perspektive als überflüssig.

> »Das Bewusstsein repräsentiert den sozialen Menschen, dessen zufällige Grenzen durch die historische Situation gezogen sind, in die ein Individuum geworfen ist. Das Unbewusste hingegen verkörpert den universalen, den ganzen Menschen, der im Kosmos verwurzelt ist; es verkörpert die Pflanze, das Tier und den Geist in ihm. Es verkörpert seine Vergangenheit bis zur Morgendämmerung des menschlichen Seins, und seine Zukunft bis zu dem Tag, wo der Mensch vollkommen menschlich und die Natur ebenso vermenschlicht wie der Mensch ›natürlich‹ geworden sein wird.«[26]

Ein wesentlicher Charakter daoistischer Kunst besteht in der Fähigkeit des Künstlers, in die Natur seines Seins zu spüren (blicken, lauschen, schmecken, tasten). Im Idealfall befreit er sich von jeglicher Konventionalität und Konformität – sein Leben bzw. sein Tun spiegelt jene Farben, Töne und Formen wider, die er aus der grenzenlosen Quelle seines Unbewussten schöpft. Ungewöhnlich für eine westlich-traditionelle Kunstästhetik, jedoch konsequent in der daoistischen Denkweise ist wie erwähnt die konsequente Einbeziehung des Körperlichen und des Alltäglichen.

> »Der Körper, der physische Körper, den wir alle besitzen, ist das Material und entspricht der Leinwand des Malers, dem Holz, Stein oder Ton des Bildhauers, der Geige oder Flöte des Musikers, den Stimmbändern des Sängers. Und alles, was zum Körper gehört, wie Hände, Füße, Rumpf, Kopf, Eingeweide, Nerven, Zellen, Gedanken, Gefühle, Sinne – kurz alles, was die gesamte Persönlichkeit ausmacht –, ist gleichzeitig das Material und das Werkzeug, mit dem der Mensch seine schöpferische Begabung in Verhalten, Benehmen, in alle Formen von Handlungen, kurz in das Leben selbst umformt.«[27]

---

25. Fromm, in Fromm, Suzuki & de Martino (1992), 140.
26. Ebenda, 136 f.
27. Suzuki, ebenda, 27. Daisetz Teitaro Suzuki, einer der herausragenden Vertreter des Zen-Buddhismus, bezeichnet Dao als »Alltagsgeist« des Menschen: »Unter Dao versteht das Zen natürlich das Unbewusste, das fortwährend in unserem Bewusstsein wirkt« (vgl. ebenda, 30).

Die Wölbbrettzither *qin*, der Pinsel des Kalligraphen bzw. die Spielsteine des chinesischen Schachs sind gewissermaßen als »physische« Fortsetzung des daoistischen Adepten zu verstehen – die eigentliche künstlerische Auseinandersetzung findet vor der Begegnung des Künstlers mit dem Material statt: In dieser vielleicht wichtigsten Zeit versucht er, auf meditativem Weg in das zu schaffende Werk einzudringen. Die Beschäftigung mit der Literatur, der Musik, der Malerei und Kalligraphie, die Konzentration auf das Spiel, die Spielsteine und das Spielfeld bzw. auf die körperlichen Bewegungen werden zur Methode des Lebensweges überhaupt.

Das vollendete künstlerische Tun ist sowohl als Ausdruck eines Eintauchens in die Wirkungsweise des Dao als auch (und unmittelbar mit dem ersten Aspekt verbunden) als Integration des eigenen Unbewussten in den Augenblick des Verschmelzens mit dem Kunstobjekt zu begreifen.

Diese Präsenz bedeutet, dass die Welt nicht wertend, sondern in einer Synthese aus Subjektivität und Objektivität erlebt wird: Im »Einklinken« in die natürliche (und nicht kultivierte) Umgebung genießt das Selbst intensiv – ohne dass das Objekt vereinnahmt und dadurch verzerrt wahrgenommen wird. Da es keine ausschließlich intellektuellen Antworten auf die existenziellen Fragen des menschlichen Lebens zu geben scheint, kann die Einsicht in das eigene Selbst bzw. die Vereinigung mit dem natürlichen Weltgeschehen das Rätsel um den Sinn lösen helfen.

Der autonome Charakter von Kunst im Sinne einer ihr innewohnenden Gesetzlichkeit negiert den gesellschaftlichen Nützlichkeitsgedanken[28], die teleologische Aktivität (europäischer) Kunstschaffender und in letzter Konsequenz auch die Person des Künstlers. Transzendente Eigenschaften von Kunst wie das »Gute, Wahre und Schöne« führen überdies zum Begriff der Onto-Theologie. Die Schönheit als sinnlich erfahrbare Vollkommenheit wird in Beziehung gesetzt zum metaphysischen Grund allen Seins.

Die chinesische Semiotik der Präsenz hingegen versteht sich nicht in der europäischen Tradition einer Semiotik der Repräsentation: Das künstlerische Abbild operiert mit dem Bruch zwischen der Wirklichkeit des zu Bezeichnenden und derjenigen des Wortes, Bildes oder der musikalischen Noten.

Die daoistische Semiotik der Präsenz, die ein künstlerisches Zeichen als eine gleich-gültige Dualität von Signifikant und Signifikat begreift, widersetzt sich der Forderung einer Gleichsetzung von Schönheit und Inkarnation.

»Im Gegensatz zum Modell der negativen Theologie, die das Unnennbare mit einer absoluten Präsenz gleichsetzt und so Gott als eine Art ›absolute Präsenz‹ oder ›absolutes Signifikat‹ entwirft, schließen die Daoisten aufgrund ihres semiotischen Paradigmas das Dao einfach aus der Zweiheit von Be-

---

28. Vgl. die aktuelle Diskussion um die Sekundärtugenden von Kunst.

zeichnendem und Bezeichnetem aus. Das Dao ist hier nicht das stets ›nur‹ repräsentierte, aber dabei nie erreichte eigentlich Wirkliche, sondern in der gleich-gültig zweigeteilten Welt der Benennung wird gar nicht versucht, das Dao abzubilden, ist es doch, wie die leere Nabe am Rad, nichts anderes als der nicht-präsente Angelpunkt, um den sich alle Präsenz mitsamt den Sachen und Namen dreht.«[29]

In der Entleerung des Geistes berührt der Mensch, ohne äußere Zeichen oder überlagerte Projektionen zu benutzen, unbewusste Regionen seines Geistes. In diesem Zustand nähert sich das Individuum dem Dao, das – jenseits jeder Beschreibung – als Leere den reinen Geist und als Nicht-Leere das Universum symbolisiert. Als Abstraktum ist es unpersönlich, unethisch und unbewusst.[30] Aus diesem Grund ist im philosophischen Daoismus eine anthropomorph vorgestellte Gottheit unvorstellbar.[31]

Die daoistische Kunstphilosophie beruht auf dem Verstehen einer daoistischen Alltagskultur, wobei »Kunst«, »Spiel« und »Leben« als Seinsqualitäten fließend und unmerklich ineinander übergehen. Das räumlich und zeitlich wenig determinierte Kunstwerk fordert einen ebenso undeterminierten Zuhörer und Zuschauer: Die Intentionslosigkeit und Entsubjektivierung rückt die Gleich-Gültigkeit und Zeitlosigkeit der Klänge, der Pinselstriche bzw. des Tuns an sich in den Moment der Unendlichkeit. Im Alleinsein verliert sich die Angst um eine negativ empfundene Einsamkeit in dem Augenblick, in dem die übrige Existenz der Dinge als nicht mehr abgetrennt wahrgenommen wird.

Der »Kunstgegenstand« entsteht ohne das Wissen und die Absicht um Kunst als Kunst – quasi nebenbei. Diese aus dem Unbewussten »erzeugten« Werke sind keine Imitationen bzw. Abbildungen der Natur, sondern authentische Zeugnisse gelebter Wirklichkeit. Aus diesem Grund erscheint es müßig, über Fehler bzw. falsche Töne, Klänge, Striche, Flächen bzw. »unrealistische« Bilder und Geschichten nachzudenken: Allein die Diskussion darüber ist schon absurd.

»Was kein Auge sieht und kein Ohr hört und keines Menschen Herz vernimmt: dein Geist wird deinen Leib bewahren, also dass dein Leib ewig lebt. Hüte dein Inneres, schließe dein Äußeres!«[32]

---

29. Möller (2001), 174.

30. Vgl. Wildish (2002), 23 ff.

31. Ernst Bloch spricht diesbezüglich von einem »letzten Spezifikum Ostasiens«. Götter sind »nur in der Natur, und die sie überwölbende, ihr superiore Welt ist nicht-theistisch«; vgl. Bloch (1985), 1441 f.

32. Zhuangzi übers. v. Wilhelm (Zhuangzi 1981), 121.

Basierend auf dem Prinzip des *wu wei* stellt die Geistigkeit der daoistischen Adepten einen Kontrast zur Sinnlichkeit der weltlichen Genüsse bzw. rastlosen Aktivität der durch Riten und Gebräuche funktionalisierten Gesellschaft dar. Die Wortlosigkeit des Heiligen bzw. Herrschers wird als ein wichtiger Topos im Daodejing beschrieben.

> (2. Kapitel)
> »[...] Gerade daher
> verweilt der Heilige beim Geschäft des Nicht-Handeln,
> und betreibt die Lehre des Nicht-Reden. [...]«[33]

> (43. Kapitel)
> »[...] Die Lehre des Nicht-Reden.
> die Nützlichkeit des Nicht-Handeln:
> in der Welt können wenige an sie gelangen.«[34]

Eine Langsamkeit ist unter dem Aspekt der Gemessenheit und Behutsamkeit zu betrachten. Erst die Abgeklärtheit von Begehrlichkeiten ermöglicht ein bedächtiges Sich-Öffnen gegenüber Vorgängen in der Natur bzw. im eigenen Körper.

Das »Von-selbst-so-sein« (*ziran*) ist gleichermaßen ein daoistischer Leitgedanke, wobei der spontane wie stetige Ablauf ohne einen äußeren Eingriff am besten »funktioniert«. Die gedankliche Verarbeitung würde eine unwillkürliche Empfindung vernunftsmäßig beschreiben, ohne dass der betreffende Mensch an der Empfindung »teilnimmt«.

> (23. Kapitel)
> »Stille Rede – eigner Lauf. [...]«[35]

Als geeignetes Umfeld daoistischer Kunst stellt sich der unzugängliche Lebensbereich der Eremiten dar: In vielen Gedichten verschmelzen naturalistische und poetische Stimmungen ineinander, wobei der Leser in der Begegnung des lyrischen Ichs mit der Natur (Welt, Kosmos) mittels Meditation und Introspektion die Gelassenheit und Ruhe findet.

Die typisch daoistische Färbung ergibt sich in der Naturverehrung, wobei die poesiehafte Umschreibung der Lebensenergie *qi*, der Eremitismus als höchste Lebensform, die Bewunderung einer Mußekultur sowie das zweckfreie Genießen der Künste im Vordergrund stehen.

---

33. Laozi übers. v. Möller, 46. Abschnitt (Laotse 1995), 149.
34. Ebenda, 46, 6. Abschnitt.
35. Ebenda, 203, 68. Abschnitt.

In der Landschaftsmalerei wird das Dao als »nahtloses Gewebe von ununterbrochener Bewegung und Wandlung, erfüllt mit wellenförmigen Bewegungen, Wogen, Kräuselmustern und zeitweilig ›stehenden Wellen‹ wie bei einem Fluss« interpretiert.[36] Dieses fließende, sich nie in gleicher Weise wiederholende Prinzip stellt die Lebensenergie *qi* dar. Ausdruckstarke Bilder für das Dao finden sich auf durch erosiven Prozess verwandelten Steinen: Die Verformungen, Höhlungen und Vertiefungen dokumentieren die sich nie wiederholende und nie endende Form. Die Strömungen des Wassers (Wellen, Wogen) und der Luft (Rauch, Nebel, Wolken) geben dem Bild den entscheidenden Ausdruck, obwohl sie selbst in der Form unbeständig und »leer« sind.

> »Sie [die Landschaftsmalereien] wurzeln in der Philosophie des Dao und verkörpern das Wesen der Natur in einer künstlerischen Symbolik, die dem Geheimnis des Kosmos und der Natur des Dao, d. h. der tiefsten und endgültigen Realität, Ausdruck verleiht. Überragende Berggipfel, knorrige Bäume, eine neblig verschleierte Atmosphäre bedeuten nicht nur Erscheinungen, sondern den wahrhaften Geist der Natur. Der Mensch erscheint nur im kleinsten Format (wenn überhaupt), um zu zeigen, wie unwichtig er in der Unendlichkeit des Kosmos ist.«[37]

Die Selbstvergessenheit des Musikers bzw. des (verstehenden) Zuhörers ermöglicht den geistigen Zustand, in dem die Töne der *qin* verstanden werden können. Die zarten Flageolett-Töne, die Vibratos und Glissandos, aber auch die langen »stillen« Abschnitte der Musik bedeuten für den Außenstehenden eine verschlüsselte und möglicherweise ereignislose Klangwelt. In der Ich-Leerheit streichen die Finger des Musikers über das Griffbrett der *qin* und erzeugen leise Klänge. Gerade diese im Geist erlauschte Musik kann weder sinnlich erfasst noch mit dem Verstand bestimmt werden – sie dient nicht der Sittlichkeit bzw. und beansprucht kein Wissen. Viele Titel von *qin*-Stücken sind mit Bildern aus der Natur versehen – also auch sehr stillen Szenen, die vor allem mit den Augen wahrzunehmen sind. Das Nach-Innen-Gekehrt-Sein der Musik, aber auch die Qualität des Schweigens zwischen Künstler und Zuhörer bzw. den ausübenden Meditierenden leben von der Besinnung auf diese Vorstellungen.

Generell ist die daoistische Kunstästhetik von einer Gegenwartsbezogenheit geprägt: Die Musik, aber auch ihre Schwesternkünste (Lyrik, Malerei, Kalligraphie) betonen die Dimension der momentanen Zeit- und Raumerfahrung. Große Auf-

---

36. Rawson & Legeza (1974), 11.
37. Münsterberg (1968), 11 f.; vgl. auch Rawson & Legeza (1974), 65 ff., Breier (2002), 115, und Chang (1999), 177.

führungen zur Vergnügung der Massen werden genau so abgelehnt wie ethische oder pädagogische Aspekte einer konfuzianischen Musikauslegung – diese sekundären Tugenden von Kunst werden aus daoistischer Sicht als elementare und schwere »Fehler« betrachtet.

Der Künstler sowie der ausgesuchte daoistische Freundeskreis (der gute Zuschauer bzw. Zuhörer genießt still) bilden den Rahmen einer Kunstausübung. Leise Töne, gedachte melodische Linien, zarte Pinselstriche um eine Leere, ein leises Gedicht, die Stille als zeitliche und räumliche Konstante, aber auch das Wissen um kosmische, philosophische Analogien in den kreativen Momenten bewirken ein Verschmelzen von Interpret, Zuhörer, Raum und Zeit. Die ästhetische Wirklichkeit der gehörten Töne, der gesehenen Striche, der vollzogenen Bewegung aber auch die Transzendenz des lediglich erahnten Klanges, Bildes, Symbols sind zugleich Urgrund und Mittel zur Ichlosigkeit und metaphysischen Welterfahrung.

Durchführung III: Mystik und Stille

Der Begriff »Mystik« ist etymologisch aus dem griechischen *mystos* (= verschwiegen) bzw. dem Stammverb *myein* (die Augen und Lippen verschließen) entstanden. Der lateinische Begriff einer *unio mystica* bezeichnet demnach die »Verinnerlichung« im Sinne einer »verschwiegenen Einswerdung« mit Gott.[38]

Das oben angeführte Nach-Innen-Gekehrt-Sein einer daoistischen Kunstausübung kann als mystische Eigenschaft verstanden werden, wobei nicht das Extrem einer völlig lautlosen bzw. reduzierten Kunst als sinnlich »leeres« Ereignis, sondern die innere Wahrnehmung der Töne, Klänge, Farben durch die Anwesenden als wichtigstes Element der Rezeption empfunden wird. In einer Mußekultur der Stille verbinden sich das »Aufgehen« des einzelnen Menschen in der Innerlichkeit und das Vernehmen der Welt jenseits eines Verhaftet-Seins an Gedanken, Gefühlen und Handlungen.

Die Übung des Versenkens ist von einem sensiblen Ausbalancieren von aktiver Konzentration und passivem Fallenlassen geprägt. Das Nicht-Denken ist nicht als Abwesenheit aller Gedanken im Sinne einer Bewusstlosigkeit, sondern als bewusstes, wertungsfreies Spüren zu verstehen. Analog ist nicht die Stille als alleinige Dimension, sondern der ruhige Wechsel von einzelnen Tönen und Farbnuancen, die aus der Unhör- und Unsichtbarkeit entstehen und wieder in sie entschwinden, entscheidend für den eigentümlichen Zauber dieser Fertigkeit.

Die leere Mitte ist spür-, sicht- und hörbar: In der Bewegungsmeditation »tanzt« der Mensch um eine unsichtbare Mitte. In der Kalligraphie bzw. Malerei ist es das

---

38. Vgl. Kluge (1999), 578, und Droskowski et al., Hg. (1963), 459.

Spiel zwischen zarter Farbigkeit und leeren Flächen. In der Musik kehren die Töne immer wieder in ihren Urgrund, die Stille, zurück.

Die Vorbereitungen zur eigentlichen »Tätigkeit« des Malens, des Musizierens etc. sind von einer gelassenen Langsamkeit geartet – das Gefühl der unendlich verfügbaren Zeit begleitet jeden Augenblick. Die Wiederholungen einfacher Handgriffe helfen dem Künstler, in einer weltentrückten Atmosphäre die innere Ruhe zu erreichen, die für jede »Übung« notwendig ist.

Der daoistische Adept, der sich dieser Lebensenergie überlässt, bringt aufgrund dessen eine meisterliche Leistung hervor – nicht das Ich ist für die spirituelle Kraft der Kunst zuständig, sondern der entleerte mit dem Kosmos vereinte Geist.

Das Nicht-Klingende, das Fehlen von störenden Geräuschen, das absichtliche Schweigen schafft die positiv empfundene Stille, aus der heraus eine einzelne Aktivität wirken kann. Stille ist also die *conditio sine qua non* für das »richtige« Verständnis daoistischer Lebenskunst. Zusammengefasst kann dieses akustische und psychische Phänomen unterschiedlich charakterisiert werden:

– Stille als potenzielles Prinzip und Ursache für jede Kunst
– Stille als die am besten geeignete Form der konzentrierten Wahrnehmung
– Stille als Metaebene künstlerischen Gestaltens bzw. Analysierens
– Stille des intentionslosen Künstlers als Entsprechung des Kosmischen

Das Schweigen, vermutlich vom althochdeutschen *swinan* (»verschwinden, abnehmen«)[39] abstammend, dokumentiert das »In-sich-gehen«, »Sammeln« und »Sprachlos-Sein« eines Menschen. Das Ich »verschwindet« in sich, »nimmt ab« und versenkt sich in das Selbst. In der daoistischen Philosophie bedeutet der Begriff des »Loslassens« das eremitistische Leben in der Natur, in einer privaten Mußekultur voller künstlerischer und spielerischer Aktivitäten. Der Dialog als Gespräch des daoistischen Künstlers mit seinem Instrument, seiner leeren Leinwand, seinem Körper, seinen Spielsteinen impliziert gerade das »Dazwischensein« (*diálogos* als »Zwischenwort«) und demzufolge die Gleich-Gültigkeit des vom Lärm und der Schnelligkeit des Alltags Entfernten. Diese »Entwöhnung« und »Entschleunigung« – abseits jeglicher gedanklicher Tätigkeit[40] – deutet einen Moment der Unendlichkeit an.

> »Der Mensch, der alles gedanklich verarbeitet, ist der Entfremdete, der Mensch in der Höhle, der, wie Platos Allegorie, nur Schatten sieht und sie für die unmittelbare Wirklichkeit hält.«[41]

---

39. Vgl. Kluge (1999), 749.
40. Das »Nach-Denken« deutet ja schon etymologisch auf ein »Hinter-her-Denken« hin.
41. Fromm, in Fromm, Suzuki & de Martino (1971), 140.

Karlfried Graf von Dürckheim-Montmartin zitiert den elften Spruch[42] aus Laozis
Daodejing, um die »Kultur der Stille« als die (fernöstliche) Qualität eines Geschehens zu bezeichnen, in der die Bewegung des Geistes nicht mehr in den Dingen
»verweilt«, sondern »durch sie hindurch in den lebendigen Grund, dem sie alle
entsteigen«, fortschreitet.

> »Kultur der Stille im Reich der geschaffenen Formen bedeutet also: Sprechen
> lassen des Großen Stummen, Hören lernen des Großen Lautlosen, Scheinen
> lassen des Großen Lichtlosen und Sehen lernen des Großen Unsichtbaren.
> In allem: Fühlbarmachen des Großen Leeren und Fassen lernen des Großen
> Unfassbaren.«[43]

Reprise

Die daoistische Mußekultur kennt den Fehler und Irrtum als gesellschaftlich kon-
statierte Normabweichung und Nichterfüllung eines festgelegten Anspruchs schon
deshalb nicht, weil sie sich als absolute Gegenbewegung zur herrschenden (konfuzianischen) Kultur bzw. einer menschlichen Gemeinschaft im politischen Sinn verstanden hat bzw. versteht. Dadurch, dass keine dogmatischen Schriften, Gesetze und
keine Lehre (und auch keine umfassende Ethik) vorliegen, fehlt die in so vielen Kulturen bekannte und unvermeidliche Ambivalenz bzw. der Dualismus von Theorie
und Praxis, Innen und Außen, Geist und Körper, Himmel und Erde, Gut und Böse.
Innerhalb der daoistischen »Gegenkultur« existieren natürlich Werte und Kompetenzen, die für die Mitglieder ein anzustrebendes Gut darstellen. Möglicherweise
gilt die mangelnde Bereitschaft, sich auf das Loslassen von gesellschaftlich normierten
Wichtigkeiten einzulassen, als Schwäche. Ein in unserem westlichen Verständnis ver-
standenes »Scheitern« scheint es allerdings nicht zu geben. Allein, dass der Mensch
aufgrund seines ausschließlichen physischen und psychischen Daseins als Teil des
Universums und nicht aufgrund seiner beruflichen Leistungen, seiner gesellschaftlichen Verdienste, der angehäuften materiellen Güter und seiner finanzieller Potenz
geschätzt wird, torpediert die europäisch-abendländischen Vorstellungen bezüglich
eines planbaren und zielorientierten Lebenswandels. Die Konzentration auf die Qualität des Augenblicks und das Fehlen gesellschaftlich anerkannter Ziele und Vorstellungen (als Ausnahme gelten ethische Grundregeln) enthebt den Daoisten auch dem
»Verhängnis«, ständig anderen Menschen gerecht werden zu wollen.

---

42. Dieses Kapitel beinhaltet u. a. das Bild der leeren Nabe des Speichenrades, die als unstoffli-
ches Zentrum das Wesen des Rades erwirkt.
43. Dürckheim-Montmartin (1954), 65.

Unsere alltägliche (westliche) Welt der Gegensätze, der religiösen, gesellschaftlichen und politischen Verpflichtungen und Verbindlichkeiten verlangt vom einzelnen Menschen den steten Willen zur Entscheidung. In dieser fortwährenden Zwangslage, nämlich unter Zeitdruck wählen bzw. auswählen, eben Entscheidungen treffen zu müssen, passieren notgedrungen Fehler und falsche Urteile.

Ein daoistischer Adept hingegen versucht sich (idealerweise) in seiner privaten, eremitistischen Abgeschiedenheit an seiner Ich-Losigkeit, an der Gleich-Gültigkeit allen Seins, der Leere der Gedanken und dem Aufgehen in kosmische Abläufe zu orientieren.

Er sucht die Weisheit nicht irgendwo, sie ist immer schon da – als Suchender muss er »nur« die Anstrengung aufgeben, die Existenz des »Ichs« bzw. dessen Illusion aufrecht zu erhalten. Wenn sich das selbstbezogene Denken in eine vollständige und bewusste Wahrnehmung des gegenwärtigen Augenblicks und in eine Achtsamkeit gegenüber der Umwelt ohne eigene urteilende Beteiligung auflöst, kann die absolute Realität als Ewigkeit erlebt werden. Keine Erinnerung an die Vergangenheit, keine Sehnsucht nach Zukünftigem stört die Wahrnehmung – in diesem Moment gibt es nichts (mehr) zu erreichen, nichts zu tun und nichts zu besitzen.

Die Namen- und Formlosigkeit des Dao kann gleichsam *ex negativo* als Bedingung und Konsequenz aus der Namhaftigkeit der gewöhnlichen Welt verstanden werden. Erst in der leeren, stillen und unbewegten Mitte wird die Fülle, Sinnlichkeit und Bewegtheit der Welt wahrgenommen. In dieser Fehlerlosigkeit nimmt alles ihren rechten, natürlichen Lauf.

Coda

Pädagogisch übersetzt meine ich, dass die aktive Auseinandersetzung mit essentiellen Themen und Sujets im Grunde eine entschleunigte »Zeit des Innehaltens« er- und einfordert: Ein Lauschen auf das, was sprechen und klingen will bzw. etwas zu erzählen hat, ist eine Qualität, die in einer reizüberfluteten Zeit des Überhörens und Übersehens besonders geschützt und genutzt werden müsste. Abseits einer Überprüfbarkeit von geregelten und vereinheitlichten Lernaufgaben sollte es in unserer Schulbildung (die Schule ist ja etymologisch ein »Ort der Muße«) auch Zeiten und Räume des kreativen-künstlerischen Arbeitens mit offenem Ausgang in einem unabgeschlossenen Geschehen, mit anderen Worten ein Lernen für das Leben geben. Die Wirklichkeit des Lebens wie der Kunst lebt von immer neuen (und auch improvisierten) Deutungen und unzähligen widersprüchlichen Versuchen.

Literatur

Bloch, E. (1985), *Das Prinzip Hoffnung*, Frankfurt/M.: Suhrkamp.

Breier, A. (2002), *Die Zeit des Sehens und der Raum des Hörens. Ein Versuch über chinesische Malerei und europäische Musik*, Stuttgart–Weimar: J. B. Metzler.

Chang Chung-yuan (1999), *Tao, Zen und schöpferische Kraft*, München: Diederichs.

Drosdowski, G., Köster, R., Müller, W. & Scholze-Stubenrecht, W., Hg. (1963), *Duden Band 7 – Etymologie, Herkunftswörterbuch der deutschen Sprache*, Mannheim–Wien–Zürich: Bibliographisches Institut–Dudenverlag.

Dürckheim-Montmartin, K. von (1954), *Japan und die Kultur der Stille*, München-Planegg: Otto Wilhelm Barth-Verlag.

Fromm, E., Susuki, D. & Martino, R. de (1992), *Zen-Buddhidmus und Psychoanalyse*, Frankfurt/M.: Suhrkamp.

Gebser, J. (1999), *Ursprung und Gegenwart*, Teil 2, Schaffhausen: Novalis Verlag.

Granet, M. (1985), *Das Chinesische Denken*, Frankfurt/M.: Suhrkamp.

Hopfgartner, H. (2008), *Der Klang des Dao*, Sankt Augustin: Academia Verlag.

Jiang Yimin (1995), *Große Musik ist tonlos*, Frankfurt/M.: Peter Lang.

Kluge, F. (1999), *Etymologisches Wörterbuch der deutschen Sprache*, Berlin: de Gruyter.

Laotse (1991), *Tao Te King*, übers. von R. Wilhelm, München: Diederichs.

Laotse (1995), *Tao Te King (Daodejing)*, nach den Seidentexten von Mawangdui hg. von H.-G. Möller, Frankfurt/M.: Fischer.

Maslow, A. A. (1973), *Psychologie des Seins*, München: Kindler.

Möller, H.-G. (2001), *In der Mitte des Kreises*, Frankfurt/M.–Leipzig: Insel Verlag.

Münsterberg, H. (1968), *Der Ferne Osten* (Kunst im Bild), Baden-Baden: Holle.

Needham, J. (1988), *Wissenschaft und Zivilisation in China*, Bd. 1, Frankfurt/M.: Suhrkamp.

Rawson, P. & Legeza, L. (1974), *Tao – Die Philosophie von Sein und Werden*, München–Zürich: Droemersche Verlagsanstalt–Knaur.

Robinet, I. (1995), *Geschichte des Taoismus*, München: Diederichs.

Schleichert, H. (1990), *Klassische chinesische Philosophie*, Frankfurt/M.: Klostermann.

Störig, H. J. (1981), *Kleine Weltgeschichte der Philosophie*, Bd. 1, Stuttgart: Fischer.

Wildish P. (2002), *Daoismus im Überblick*, Freiburg/Br.: Herder.

Wilhelm, R., Hg. (1994), *Chinesische Märchen*, Reinbek: Rowohlt.

Zhuangzi [Dschuang Dsi] (1981), *Das wahre Buch vom südlichen Blütenland*, übers. v. R. Wilhelm, Gütersloh: Bertelsmann.